生蕃行腳

森丑之助的台灣探險

森丑之助　原著

楊南郡　譯註

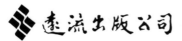
遠流出版公司

【目次】

森丑之助台灣探險文選

〈附錄〉

〈附圖〉

〈總序〉
台灣的田野是無盡的寶藏

　　我從小就存疑；人為什麼活？人為什麼打仗？後來走上人類學的道路，與期望解開這些疑問，相信是有一些關係的。一九五七年，我首次參加蘭嶼的民族學調查，從事雅美族的系譜採錄工作。我對所目睹、所接觸的現象，有強烈的想知所以然的欲望。譬如說，對系譜一面記錄一面問，「系譜空間」是什麼？其中所蘊藏的豐富資訊，如何開採而取用？雅美人居住的房屋，其大小有顯著的差異，但居住者所組織的都是核心家庭，為什麼其他類型都不見？有什麼定律可以證明大家庭之不可或無法存在？東南亞諸島因有獵首風俗的民族居住而著名，雅美族能擺脫此風俗，為什麼？加上淳樸和睦的民風，待人彬彬有禮，遇落成禮，賀客依序唱著古雅的禮歌，通宵達旦不停，祝福禮主鴻運亨通。他們建構以禮節規範的和平民主社會，我們不得不問，我們不能的，為什麼雅美族能？雅美族不喝酒、不抽煙，把人類的欲望壓低，這是維持和平必付的代價？後來有機會訪查其他族群的親屬結構，但知道得越多疑惑越深。譬如，為什麼母系社會只見於平原，而父系社會只見於山地？這是否偶然？若是非偶然，用什麼定律來證明其必然性？又，母系大家族和年齡組織為主軸的社會盛行於台灣平原地區，但這種組合卻不見於島外的任何族

群，爲什麼？這很可能是台灣平原族群的獨創，那麼原來的面貌又是如何？有無數個「爲什麼？」始終在腦際盤旋，所目所睹無一不使我深思，深感台灣田野資源的豐富，實是取之無盡的寶藏。

人類學者雖然認爲「系譜方法」是在田野採集親屬資料最佳的工具，但不認爲「系譜空間」是在研究室裡值得作進一步探討的範疇，無人相信其中充滿 DNA 般的訊息，足以成爲親屬研究的重心。在沒有多少資料可引爲奧援的情形下，我只好自己來尋覓自己所提問題的答案。親屬的 DNA 將呈顯何種面貌？親屬理論應該如何重建？那把解謎的密鑰，到底在那裡？這些都成爲近四十年來我日以繼夜，夢裡也不忘追求的中心課題。在多年的暗中摸索，偶遇志同者交換心得，深入討論，嘗試突破。在多項試行錯誤後，我們終於發現「數學」是一把能打開其門的鑰匙，一點一滴抽出來的訊息淬礪成「親屬數學」這一門新科學。至於其他問題，如在腦中埋著一些火種，時而冒煙，但始終尋找不到解決的鑰匙。

解決這些問題的線索來自古生物學的「島嶼律」。該律認爲動物體型如象般的巨大化，或如老鼠般的小型化，都與生態環境，如敵獸的存在等孜孜相關。同時維持巨大化或小型化的體型也要付出很大的代價，故在無敵獸的島嶼上，象的體型自然會恢復到原來的山豬般大小，老鼠則如兔子般大小。若容許我們把巨大化的觀念引進於社會科

學，來看家族、親屬團體、部落的規模大小問題，而從「島嶼律」的觀點來解釋，則雅美族的維護小家庭莫非是社會祥和的象徵？一千乃至二千的人口是否維持一個民族文化的最低界線？因此島嶼不容許居民玩戰爭遊戲，分成敵我陣營而互相攻殺？雅美族認為死亡是兇惡的象徵，是最忌諱的。整個文化朝避兇招祥的方向設計，上面所提的種種疑難，從這個觀點是否可以化解？

回顧這一段追索、探討的過程中，對於人類學、對於台灣這一片土地，我也逐漸有了一些更深入的認識：

第一、人類學雖然已有一百多年的歷史，也有一些資料的累積，但其理論的建構，只能說才就緒，無法回答一切的質疑或解惑。換個角度來看，人類學，事實上，是一門才剛起步的「新科學」。現階段，田野工作仍是最重要的，極需更多的參與、收集與記錄，來促進理論的建構。同時，學者與異文化接觸的過程中，可觸發出無數個「為什麼？」，進而探索這些疑難，追求其所以然，深思如何來建構知識體系。如此，田野與研究工作，一如「身與影」，是不可分離的。因此對於年青一輩的研究者，我想提出的忠告是「深入田野，體驗異文化」，這實是人類學的原點，切不可遺忘的。同時，打開疑難的鑰匙，如上面諸例所示，先進科學常提供線索，是故，學者具備幾門學科的素養，或者，有不同學科背景的學人來參加調查研究，這是對人類學的生長，尤其理論建構，是不可或缺

的。

　　第二、假如把文化當作海流來看，台灣是海流匯集的地方，所以食物豐富，有眾多的魚類群聚，是一個難得的大漁場。在這麼一個小島上，若連平埔族也算在內，加上近四百年前來台的漢族，及已遁跡的荷蘭、西班牙和日本諸族群，已經有超過二十個以上持有不同文化的族群居住或居住過。台灣不是一個平坦的島嶼，拜高山林立，地理複雜之賜，因此能保存這許多異質性極高的文化或族群。再從世界地理的角度來看，台灣正處於東西方交會的十字路口上，文化的發展與變遷過程也格外具有特色，引人注目——總之，真是社會科學的一個寶島！

　　世界上的任何角落，都見得到人類學者的踪影，在默默從事田野工作，但所收集的資料無論如何豐富，卻都有時間上的限制，這使得人類學者深深感覺，美中有所不足。這就是說，所獲得的資料都是同時性的，然而，文化有流動性或變易性，但相關的異時性資料卻極難或無法獲得。台灣的田野資料，我們擁有一百年前，鳥居龍藏和伊能嘉矩兩人所做的田野調查記錄，其難得與重要性，也就不言可喻了。

　　萬物在流轉，社會、文化也沒有例外，瞭解變遷的軌跡也就是瞭解文化時所不可或缺的。百年前的台灣到底是什麼模樣？漢人和原住民的關係又是如何？平地和山地有什麼樣的差異？前人所留下來的文獻資料雖然有一些，但

說到寬廣與正確性，恐怕還是不能不先想到，這二位受過人類學訓練的年輕學人所留下的田野調查記錄。百年來，台灣社會變得太多、太快速。許多事物、制度，到今天都已消逝不見了。但在鳥居龍藏與伊能嘉矩的時代，卻是活生生的存在著，他們兩人親自去接觸，正確地記錄下來。透過這些文獻，我們可以和百年前的台灣見面，但想要與當時的人們同行，是一件不容易的事。百年前的聚落，該當今天的何地？當年所走的路，今何在？今天這些文獻終於由勘查舊聚落、古道有深厚造詣的學人譯成中文，能與讀者見面，實是一件喜訊！

楊南郡先生是台大登山社的指導老師，熱愛登山活動，其熱情至今不變。楊先生不止於登高峰而滿足，他注意到通往山地的道路已有很大的變遷，早期地圖所記載的山路何在？許多聚落已遷移，其舊址如何訪查？楊先生旺盛的知識欲，使他走上孤獨的知識探索之旅。新知識的累積，自然形成一門學問。進入山地的先民，如何利用台灣特有的地勢，建構交通網或交易網？部落的遷移或民族的移動，是否恣意的？或者有定律可循？交通的難易對族群的形成無不影響，真正要了解台灣複雜的族群配置與其互動，交通是不可或缺的知識之一。譬如，鹽是不可缺乏的，山區的住民在異族環繞下，如何建立交易的關道？誰來扮演仲介人？占據交通的要津是福是禍？是四方八達或是四面受敵？跋涉峻嶺偶有新發現，在今天被認為人類不

能居住的高嶺發現部落舊址，又做何種解釋？脆弱的人類學理論立刻崩潰改寫，新解釋跟從而來，這是顯而易見的。

　　台灣在異文化的錯綜交織下，使田野充滿機鋒，處處都是寶藏所在。許多事物都為人帶來驚喜、帶來啟發、帶來震撼。任何的疑難，不要輕易打發掉，疑惑是對未知世界的探索原動力，是通往真理的羊腸小道，這是現象之後必有理則存在之故。最後，謹以「以知為知，以不知為不知」這一句千古箴言來勉勵讀者。學問不論大小，只問深淺。學問與知識已飽和者無緣，知識的女神只對承認自己知識有限，有疑惑者招手。面對未知的世界，勇敢地踏出一步，自然可以走出一條路來──路是人走出來的。楊南郡先生是開路的先鋒，勇者的典範，台灣充滿寶藏的最好見證人。

劉斌雄

一九九六年於南港

（本文作者原任中央研究院民族學研究所所長，「親屬理論」權威。）

〈序文一〉
令人感動的研究

我已經很久沒有看到令人感動的論文，最近，看到楊南郡先生所撰寫的〈學術探險家森丑之助〉，卻讓我深受感動。

早期的人類學探險家森丑之助，幾乎把他的一生都奉獻在台灣原住民的民族誌資料採集上。現在的國立台灣博物館的前身，台灣總督府博物館，可以說是以森氏的採集資料為基礎所創立的。森氏尋獲了一百多個考古遺址，包括著名的台灣東海岸巨石文化的發現，是台灣考古史上重要的事件。很可惜，這樣一個有貢獻的人，卻因為沒有學位，以及個性耿介，在當時受到刻意的排擠與忽視，而以跳海自殺來結束人生。很多寶貴的資料也因為沒有人替他整理而埋沒到現在。

由於森丑之助一直在台灣從事調查工作，很少回到日本，因此日本學術界對森氏也很陌生，甚至一九九四年日本NHK出版的《探險家群像》，都忽略了這一位最有資格列名的偉大探險家。忽略森丑之助的研究成果，不是森氏個人聲譽上的損失，而是台、日學術界共同的損失。

幸而有像楊南郡先生這樣用功的學者，花費那樣多的心力，去蒐集、整理、研究、翻譯、註解森氏的調查成果，並且以他研究森丑之助的心得，寫出了〈學術探險家

森丑之助〉這樣深入而完整的論文。楊先生雖然自己謙稱
爲「門外漢」，我卻認爲他已經具備超越專家的水準，我
甚至建議他：可以把這篇論文加上引用出處及註解，翻譯
成日文投稿日本的專業雜誌，必定造成轟動。

　　楊南郡先生在《生蕃行腳──森丑之助的台灣探險》
書中所投注的精神，絲毫不遜於森丑之助本人。我敢說這
一本書，不僅是台、日兩地最完整的森氏研究記錄，保證
也是全世界最完整的森氏研究。

宋文薰

一九九九年十一月於台北

（本文作者爲中央研究院院士、國際著名考古學者、國立台灣大學名譽教授）

〈序文二〉
台灣原住民的見證人

　　日本開始統治台灣後，森丑之助從一八九六年起，以將近二十年時間，單身走遍台灣山地部落，據說只剩下太魯閣少數部落沒去而已。他的踏查規模遠超過同時代到台灣來研究原住民的伊能嘉矩和鳥居龍藏。

　　那是歐美學術界建立於田野調查基礎上的人類學，才開始胎動的時代。

　　森丑之助所留下來的著作和論文，無疑的對一九三○、四○年代，以台北帝國大學爲中心，所開展的台灣原住民研究，投下強大的影響力。當時的人類學者宮本延人，稱讚森丑之助爲「早期台灣原住民研究的第一人」，「在台灣蕃界所做的實地調查，留下獨步古今的業績。」

　　森氏畢生獻身於台灣原住民研究，想到他的研究成果，已成爲百年前台灣原住民的珍貴證言。也許，我們可以說，森丑之助是台灣原住民特地請來爲他們作見證的人吧！

　　我很想把他的形象和另一位人類學者馬淵東一做一個比較，我認爲他們兩人同樣有豪放磊落的性格，與一般學者不太一樣，只稱作學者好像還不夠呢！

　　最近歐美學界對於所謂 "Early Contact" ──「文明」與「異文化」開始接觸時的狀況，更加關注，而投入

更多的研究。台灣原住民研究的原點，當然是最初著手從事台灣原住民研究的伊能嘉矩、鳥居龍藏、森丑之助三位先驅者的成果。其中，森丑之助所研究與記錄的　"Early Contact" 質量俱佳，更是彌足珍貴。後代學者假如忽略這些先驅者的研究成果，那麼所有的研究都將成爲「無根之草」。

森丑之助的一生事蹟留有許多不明的疑點，包括他如何能以一己之力，完成如此豐富的調查成果，以及他謎樣的投海失踪事件。

由於楊南郡先生的努力，森丑之助一生被埋沒的作品始能重見天日。此外，楊先生率先完成森丑之助的年譜，以及完整的著作目錄，並明晰地刻畫森氏作爲一個學術探險家的一生，提出獨創的見解；對於想要了解森丑之助一生行誼與學術成就的人，提供了完整的資訊。

對於楊先生的成就，本人除了表達由衷的敬意，同時也爲日本迄今尚未出版有關森丑之助的研究專書，而感到羞愧。

笠原政治

一九九九年九月於橫濱市

（本文作者現任日本橫濱國立大學文化人類學教授）

〈序文三〉
感激與榮幸

　　或許是早年家中存放的一些古書把我引進文化人類學的世界吧？我在大學主修文化人類學並擔任兼任講師，感覺到日本各學會的學者，對於未曾躋身大學學術殿堂的曾祖父森丑之助，顯得相當漠視。而在年輕學者方面，只有極少數研究者對曾祖父的事蹟產生興趣，而於近幾年來，才陸續有數篇論述發表。

　　一百多年前，處於日本民族學研究的草創時期，曾經有一個人，花了畢生心血調查研究，並寫下台灣原住民民族誌的眾多論述。身為這個人物的後代，我始終自我警惕，絕對不可自矜曾祖父的功業，並在心中醞釀著：總有一天我要自行探索曾祖父足跡的想法。

　　四年前，在一次餐會結束的歸途中，我把自己的想法告訴笠原政治教授。早在十五年前就認識我的笠原教授，一聽之下大為驚訝，他沒有想到台灣蕃族研究先驅者森丑之助的後代竟然還在世上，而且已與他結識十多年。

　　笠原教授當時驚愕的表情，使我感覺我們之間應該有許多話題可談。當時他告訴我：「台灣已經有人在研究森丑之助的事蹟，並作出很高的評價。」

　　去年我到台灣，和這位研究者楊南郡先生見面。從楊先生和其他有關人士的口中，獲悉曾祖父在台灣的調查研

究，有如此高的成就，使我十分感動，並感到驚訝與慚愧。相形之下，我對曾祖父的一生事蹟，竟然是如此無知。

過去，我曾經數次向祖母問起有關曾祖父森丑之助和台灣調查的事。但是，她可能是因爲自己的父親自殺失踪的事件衝擊太大，而不願意談起在台灣生活的情形。就這樣，她沒有留下什麼話就在一九八八年去世了。

如果祖母在世時，親耳聽到現代人對她父親森丑之助的評價，應該會願意多談一些吧？可惜，我當時沒有任何概念，無法引導她說出往事，現在想起來真是非常後悔。

丑之助和妻子龍子只生下一個女兒富美，就是我的祖母。當丑之助的失踪事件被傳爲自殺時，引起她們母女非常大的痛苦。後來我祖母富美招贅了竹井健藏先生（婚後他改姓名爲森健藏，當時在台北高校擔任教師）。他們繼續住在台北，直到生下長女惠美子。因爲祖父森健藏健康不佳而辭職搬回日本，我的父親森孝行就是在日本出生的。

丑之助的妻子，也就是我的曾祖母森龍子，於一九三五年去世，祖父森健藏也於一九四八年過世。當時，祖母爲了維持家計，把她父親所蒐集的民族誌標本之類的東西全部賣掉。我父親幼年時曾經有一個黑色的小陶甕和一個泰雅族的咒具當作玩具，他在學生時期也曾經看過一些照片和一個存放學術資料與物品的箱子。但是，後來都被祖

母處分掉了。現在家中唯一有的，就是一張曾祖父的遺照，以及另一張在神社舉行公祭的照片。很遺憾的，森丑之助在台灣蒐集的民族誌標本和所拍的照片，都沒有保存下來。現在，我們只能從他的遺著和散布在報章雜誌中的文章，找出一些線索，拼湊出森丑之助一生的行事風範和學術成就。

正如楊南郡先生所指出的，森丑之助走遍了台灣山地部落，使他對自己的調查成果有強烈的自負和信心，這是無可置疑的。大正初期森丑之助的構想是以個人實地探險的記錄，作為「蕃族志」十卷的總結。同時，在大正一○年代，他主張要重新調查當時已開始急遽變化的部落群，撰寫並出版《台灣蕃族志》的續卷，以及第一卷修訂本的重刊。

雖然森丑之助的計劃未能完成，但是從他的著作構想可以了解，他那充滿汗水泥土味，以田野調查為後盾的實證精神。

我很冒昧的認定：曾經走遍山地，尋訪先驅者足跡的楊南郡先生，同樣也有森丑之助這種嚴謹的治學精神吧！

楊南郡先生過去譯註鳥居龍藏與伊能嘉矩論述的實績，以及本書《生蕃行腳——森丑之助的台灣探險》的問世，讀者自然會給予十分的讚譽，這是不用我多說的。對於我本人來說，楊先生對森丑之助的熱烈共鳴，並努力把森丑之助的學問和事蹟傳達給學術界和一般讀者的熱情，

使身在東京的家父和我，感到無比的感動與欣慰。

　　最後，我想在本書出版前夕，轉述家父森孝行的感言：

　　　　在楊南郡先生超乎常人的努力下，先祖父森丑之助一生的業績得以彰顯，並介紹給現代的台灣各界讀者。對於這件事，本人內心充滿感激，並深感榮幸。

森　雅文

一九九九年九月於東京

（本文作者是森丑之助的曾孫，現任日本立教大學文化人類學兼任講師）

〈譯者序〉
攀登一座大山

被公認為台灣早期人類學調查三傑的鳥居龍藏、伊能嘉矩與森丑之助，前二者均有大量的著作傳世，享有崇高的學術地位，後代學者也不乏研究其調查成果者。然而，森丑之助在未及將大部分調查成果著書成冊，即懷抱遺恨投海，他的事蹟與著作也少有人知。

四年前，在完成譯註鳥居龍藏的《探險台灣》和伊能嘉矩的《平埔族調查旅行》、《台灣踏查日記》之後，就不斷有學術界人士及一般讀者詢問：「森丑之助的探險調查作品何時能夠出版？」森丑之助的作品何時能出版？啊，這個浩大的工程，我在有生之年能夠完成嗎？我完全沒有辦法回答。

同樣屬於日治時代初期的台灣人類學探險家，森丑之助在台灣山地部落的時間最長，可以說自從十八歲到台灣之後，他的餘生完全奉獻在台灣原住民的調查研究上。然而，自從他謎樣的失踪到現在的七十多年來，森丑之助所留下來的作品，完全未經整理。除了已經編輯成書的《台灣蕃族志》一卷及《台灣蕃族圖譜》二卷之外，其餘的全部散落在三十年間的台灣與日本的報紙與雜誌內。有些長篇論述，甚至分成十餘次，以一年多的時間連載於雜誌上。光是要蒐齊這些作品，就要從各大圖書館及舊書街的

龐大藏書裡，發揮大海撈針的精神去濾取所要的資料。

他的調查歷程與論述，星散在不同範疇的報章雜誌裡，彷彿到處都可以看到森丑之助的影子，卻摸不著頭緒。起初，我就像面對一座雲霧繚繞的巨大山脈，沒有地圖的在濃霧中登山，山頭有幾座？山路有多長？都沒有概念。摸索了幾個月，只覺得山脈廣袤浩大，根本不知道要從何處起步？

1887年清兵在中央山脈主脊上築造的關門營盤及木造華表。1910年森丑之助及野呂寧來探查時，遺跡尚存。1999年，筆者與台大、政大學生覆勘時，發現遺構已蕩然無存。現在僅餘木造華表兩支門柱柱洞，直徑各為40公分，深1公尺，洞內土壁光滑如初。營盤位於附近，也僅殘餘牆壁外圍排水溝了。（楊南郡提供）

不僅如此，從森丑之助死後到現在的七十幾年間，不論台灣或日本，幾乎沒有學者去研究森氏所留下來的龐大遺產，有些學者甚至連他的姓名也搞不清楚，而逕稱之為「森丑氏」。直到三年前，日本天理大學邱若山先生發表了一篇簡單的〈森丙牛考〉。一年後，人類學者宮岡眞央子女士發表了〈森丑之助著作目錄及解說〉、〈野人的文化人類學——森丑之助的生涯與研究〉，算是開啓了研究森

丑之助的序幕。然而宮岡眞央子也因爲面對森丑之助巨大且龐雜的資料而「廢寢忘食，殫精竭智，心力交瘁」，終於忍痛中止後續研究，並把手邊的資料寄贈給我。以我的年齡和體力，究竟有沒有能力去攀登這一座巨大的山脈？我沒有把握。但是，就像過去找尋古道或開拓登山新路線的傻勁發作，我帶著貧薄的資料上路了。

托宮岡女士之福，有了初步的著作目錄可循；中研院王淑津小姐，不辭辛苦地搜尋八、九十年前的《台灣日日新報》微縮膠卷，把森氏當年發表的調查經歷一一列印出來；而伊能嘉矩的孫輩江田明彥先生，則在日本國會圖書館，苦心耙梳遺漏的森氏作品及當時報章雜誌有關森氏的報導。國家文藝基金會也適時提供研究經費贊助，讓我可以循著森氏的足跡，去踏勘一些當年森氏造訪的部落遺址。

進入森丑之助這座大山脈，才發現處處奇峰突起，令人眼花撩亂、目不暇給。我一方面閱讀他的作品，研究內容，並盡可能去註解他筆下那一個充滿活力的台灣原住民世界；一方面努力勾勒他的形象，發現這個人的一生，眞是精采奇妙到極點，忍不住的就寫下〈學術探險家森丑之助〉，四萬字的論述，寫出森丑之助的成長、探險調查研究歷程與成果，以及他爲何投海自殺的原因探索，算是爲這個謎樣的偉大人類學家造像吧。

在譯註森氏作品的中途，我發現了幾個事實，那就是

雖然森氏的作品一直不爲人知，然而他的論點與調查成果，卻經常被後代學者所引用，只是他們不知道眞正的出處而已。此外，許多流傳於現在的未標明拍攝者的台灣原住民圖像，大家並不知道其實那都是森丑之助的作品。而我自己，當年譯註鳥居龍藏的〈台灣蕃地探險談〉，曾經有個懸案未獲解決，那就是在八通關古道「杜鵑」附近因患病落後而失踪的安井萬吉，後來有人去搜救他嗎？鳥居龍藏並沒有寫出下文，因而引起種種臆測。森丑之助總算給了我們答案：原來，他們一行人抵達太魯那斯社後，就請求頭目派人協助搜尋安井萬吉的踪跡。失踪之處的荖濃溪上游，屬於布農族與鄒族的領域交界，當時正處於時有紛爭的緊張狀態。然而頭目仍冒著與敵方衝突的危險，派出搜救隊伍，在濃霧瀰漫的溪谷，找到飢寒交迫奄奄一息的安井萬吉，把他揹回部落靜養數日，再揹他到花蓮玉里。森氏的細心解說，讓安井的失踪眞相終於大白，也解除了我數年來的懸念。

另外，研究森氏一生事蹟的過程，也得到鳥居龍次郎的協助，指認出極罕見的二張森丑之助的照片。那是森丑之助與鳥居龍藏在排灣族雕刻之村Puntei社（佳興）調查時，特別拍下的森氏與排灣侏儒的合照。鳥居龍次郎特別提及大正十五年，他十歲時，森丑之助曾經到東京鳥居龍藏家裡拜訪的情形。他說：

　　　大正十五年五月，有一天我放學回家時，看到一

森丑之助與排灣族侏儒合照。照片中的日本人，以往一直被認為是鳥居龍藏，經鳥居的次子龍次郎證實，此人是森丑之助。（採自《鳥居龍藏映像資料—台灣》，東京大學出版）

個身材瘦小，皮膚黝黑，頭髮剪得很短的人，在客廳和父親談話。他帶來一些文件給父親看，兩個人熱切的交談。我父親平時很少與人如此專心談話，甚至可以說，在別人對他說話時，他仍在專心思考自己的事，或者沒有停下手邊的工作，渾然不關心別人談話的內容。

　　然而這一次他卻專心的聽那位矮小的客人說話，還不時做筆記，令我感到很驚訝。後來我問父親那位出差來日本的客人是誰？他說：「那是我在台灣調查時，幫了我很大忙的森丑之助。他在蕃界調查有很大的成就，這一次來日本安排新書出版的事，他是一個偉大的人類學家。」

沒想到一個多月後，就聽說那位森丑之助先生去世了。

　　森丑之助外形瘦小，性情溫和，心思細密，當年有人甚至說他有如女人，然而他卻有與外表極不相稱的豪勇、氣魄與膽識，在那個人人皆視生蕃如鬼魅蛇蠍的年代，膽敢不帶武器隻身闖蕩高山蕃地，不用財物賄絡，而憑眞心誠意贏得友誼，的確不是常人可以做到的。然而，就像日本的森丑之助研究者宮岡眞央子所說的：「像森丑之助那樣度過豪快一生的人物，他的家族一定相對地受到很多痛苦。」

　　在研究森丑之助探險事蹟時，透過日本橫濱國立大學笠原政治教授的介紹，認識了森氏的曾孫森雅文。笠原敎授說他剛得知森雅文是森丑之助的後代時，曾經嚇了一大跳，因爲他們已經認識多年，而森雅文從未告知他是丑之助的親人。這件事情也讓我感慨很深，我曾經參加伊能嘉矩的故鄉，日本遠野市特別舉辦的「伊能嘉矩渡台百年紀念特展」，發現他的故鄉人人以他爲榮，伊能的書齋「台灣館」，依舊保存著當年的所有文物，他的「探險三原則」，也被製成銅雕鑲嵌在大石上，做爲伊能的紀念碑。我也曾到日本德島縣立鳥居龍藏紀念博物館訪問，由官方及民間「鳥居博士功業彰顯會」共同努力，將鳥居一生的調查成果完整展示，並不時出版專論。而館長鳥居龍藏的次子龍次郎先生終生未婚，以研究發揚父親的成就爲職

1998年8月，森丑之助曾孫森雅文在台北向楊南郡口述其曾祖父逝世以後的家族歷史。（楊南郡提供）

志，對於鳥居龍藏的一生經歷及所有論述，幾乎可說是巨細靡遺，字字句句了然於心。

　　然而，森丑之助由於並未將其絕大多數的調查成果整理出版，又因爲遽然投海自盡，造成家人極大的痛苦，其唯一的女兒森富美終身不願談及父親事蹟，並在戰後迫於生計而變賣父親遺留下來的所有作品原稿及收藏品。森丑之助的事蹟，不僅未如鳥居、伊能二人一樣獲得彰顯與尊崇，反而被刻意遺忘。好像在回應森氏自己於明治四十三年所寫的：

　　　　我在台灣的目的是蕃族調查，爲此十五年來放棄正常生活，回顧以往的日子，只能以「悽愴」或「慘澹」來形容。我所遭遇的事實，比小説情節還要離

奇，回想起來，只覺得慄然心驚。

　　生前過著悽愴、慘澹的日子，死後的遭遇更是只能用悽愴、慘澹來形容，對於這位奉獻一生於台灣的地理學、植物學、人類學探險家，他的境遇，讓我在研究與了解他的一生事蹟後，同樣感到慄然心驚。出版這一本森氏的作品選譯，算是還給他一點公道吧！

　　透過前述王淑津小姐、宮岡眞央子女士與江田明彥先生的協助，以及筆者在中央圖書館台灣分館、吳三連紀念圖書館、順益台灣原住民博物館及日本神田舊書街的盡力搜尋，共獲得森氏當年發表於報章雜誌的作品計一百十四篇（許多作品屬於長篇連載，一篇即包含十多個章節，幾乎可以成書了。一一四篇中並未包含已經成冊的《台灣蕃族志》），以及當時有關森氏的報導十三篇。這是台、日兩地首次較完整的整理出森丑之助著作、論文目錄。當然一定還有許多遺漏，希望將來從事森氏研究的學者發現森氏的其他作品時，可以繼續充實這一個目錄。此外，筆者也就森氏作品內文的蛛絲馬跡，追蹤他的一生事蹟，加上森氏曾孫森雅文先生提供的家族戶籍謄本，編成森丑之助年譜。由於資料有限，疏漏難免，只希望有志研究森氏的學者，以此為基礎，繼續完成眞正完備的年譜。

　　森丑之助的著作與論述，數量龐大，涵蓋面極廣，限於篇幅僅選擇譯註其中有關台灣原住民部落調查探險歷程的十篇，這是百年前異文化互相衝擊的現場，也是深藏於

台灣高山的原住民眞實的見證。相信循著森丑之助的足跡，讀者可以見識到以往所有文章內，從未出現過的台灣高山祕境。

本書的書名《生蕃行腳》，採自森丑之助同名的一篇作品。「生蕃」一詞，並非對原住民有所歧視，只是彰顯早期外來移民與原住民最初接觸時的強烈文化衝擊。

另外，書中所附的森丑之助調查路線圖，係根據森氏文章所述，再參照明治各年代出版的古地圖及筆者親自踏勘所得的結論繪成。原住民部落百年來幾經遷村，這些路線圖所繪爲森氏當年踏查的部落位置，與目前地圖標示的有很大的不同。

值得一提的是，本書收錄了近一百二十張圖片，大部分是來自於森氏《台灣蕃族圖譜》卷一、卷二，配合森丑之助的照片說明與筆者的譯註，可說是人類學的珍貴資產，值得讀者細看。

本書的出版，得到宋文薰教授與笠原政治教授的鼓勵與指導，同時，也獲得國家文化藝術基金會的獎助，以及太多人的協助，無法一一列名申謝，在此敬向所有出力過的人士致最深的謝意。

楊南郡
一九九九年九月於新店市

學術探險家森丑之助

楊南郡

一八九五年九月，一艘滿載日本陸軍的運輸艦在基隆外海下錨，等候小艇接駁上岸。經過七天的航程，早已厭煩海上生活的士兵們紛紛爬上甲板，倚舷眺望這個即將派駐的南方新領土。

那是什麼人啊？擠在士兵之間，一個瘦小而面容不怎麼討喜的少年，穿著寬大不相稱的軍服，而更不相稱的是他那

被譽為「台灣蕃界調查第一人」的森丑之助，一生熱愛台灣，身後卻蕭然飄零，不但手稿無存，僅存的正面相片也只有這一幀了。（森雅文提供）

蠟黃的臉上，一對閃閃發亮的眼神，充滿著熱切、探索與天不怕地不怕的豪情，那是探險家的眼神啊！

這個從外表看起來，可以說有辱皇軍威風的病弱少年是陸軍通譯森丑之助，當時他才十八歲，但是看起來比實際年齡還小得多。幾年後，當他成年時，身高也不過161公分，胸圍才29吋，天生一足微跛。誰也無法相信，日後他縱橫台灣山林三十年，走過的路徑之長、之險、之深入，採集的資料之精、之博、之珍貴，不但前無古人，至今也尚未有人能超越。

森丑之助曾以各種筆名在報刊雜誌發表文章,最常見的就是「森丙牛」。圖爲他的藏書章,印文即爲「丙牛圖書」四字。

然而,因爲他的離奇失踪,絕大多數的調查成果未能出版,而身後蕭條,辛苦蒐集的資料也散失殆盡。這位奉獻一生於台灣的人類學與植物學的偉大探險家,竟然無法享有他應得的榮耀,令我在研究及譯註森氏作品時,不時擲筆長嘆:單單以他傳世的《台灣蕃族圖譜》二卷(原訂出版十卷)、《台灣蕃族志》一卷(原訂出版十卷)、大量散布在報章雜誌的報導與論文,以及數十年來不斷被引用的照片與學術論點,就足以令他名留青史!然而,現在有多少人知道他呢?不過話說回來,以森丑之助的性格看來,這些身後聲名,他應是毫不放在心上的。

一八七七年出生於京都的森丑之助,是家中的次子。由於長男亡故,使他成爲獨子而受到過度的照顧與保護。據他自述:

> 因爲自幼病弱,被醫生判定活不過二十歲,在十六歲之前,一直被奶媽以照顧幼兒的方式撫育。十六歲的我,不甘心受到母親及乳母仍繼續把我當作小孩看待,爲逃離複雜家庭生活而棄家、輟學,決心身上不帶分文地到外地流浪。

這時候適逢中日甲午戰爭爆發，日本軍方亟需一批中文通譯派往中國戰區，曾經自修中國南方官話的森丑之助，雖然僅略通皮毛，也被錄用準備派往遼東半島服役。然而，戰爭很快結束，日本經由馬關條約獲得台灣。嚮往浪跡天涯生活的森丑之助，立刻提出派往台灣的申請書，終於如願以償的遠離家園，來到這個他幼年時聽聞：「有鬼魅一般可怕的生蕃居住的熱帶島國。」

抵達基隆時，他身懷一千五百日圓鉅款，這一筆相當於當時薪餉一百倍的安家費，據他的好友宮川次郎追述：「森丑之助在短短一個月內就揮霍一空。接下來，只好在公共澡堂打工三天，為人擦背賺取微薄的小費。」

好一個豪爽少年！我們幾乎可以想見他一擲千金的面不改色，以及屈身勞役的蠻不在乎，這就是森丑之助！了解他獨特的性格之後，對照他往後三十年間，不惜拋棄一切世俗的名利、頭銜與家庭親情，經年累月地在山地追尋他的理想，終致以身相殉，以及種種背離社會價值觀的行徑，確實也不難理解。

日本領台初期，台灣全島各處仍時時爆發抗日事件，為了安全起見，台灣總督府特別頒布「渡航內地人取締規則」，禁止一般日本國民來台。能在台灣從事調查研究工作的，除了軍、公任務在身的，如陸軍中尉長野義虎等，就只有少數奉派來台調查的學者如鳥居龍藏、本多靜六，以及自動請纓透過軍職而來的，如田代安定、森丑之助、

伊能嘉矩等，多屬於為實踐理想可以不顧性命的豪傑型人物。

最初的時候，森丑之助其實無法與上述諸人相提並論。他年齡既小，體能狀況也差，職位低微，幾乎無法得到官方的協助，調查研究的專業知識也最薄弱。事實上，他初到台灣的時候，還是個充滿浪漫幻想的懵懂少年，因為公務進入蕃地，對所見所聞引發好奇心而決定傾注一生心力於台灣全島蕃地的調查研究。據他在〈浪人氣質〉一文中自述：

> 我國領有台灣的頭一年，未及成年的我跟隨陸軍渡台，兵馬倥傯間不覺已近歲暮。
>
> 次年一月起，因為公務到蕃地調查，不知不覺中感染了「蕃界趣味」。後來逐漸增加全島蕃地的調查行動，隨著調查的進展，發出的疑問越來越多，調查行動也就漫無節制的延續下去。
>
> 當時，我為了自己的志趣，不惜傾注私財，從事危險的蕃地與蕃人調查，這是我一生中最感快意的一件事……想到我自己已耗費全部的青春歲月，多次出入於生死之境，馳騁於白雲去來的蕃社群中，最後奇蹟似的活到今天，回想起來，不禁充滿幸福的感覺。

為實踐自己的平生志趣，森丑之助憑藉著過人的毅力，一一扭轉他在客觀條件上的種種劣勢：首先，他努力

學習各個原住民的語言，以短短一年多的時間，即精通各族語言，並先後出版了排灣蕃語集、阿眉蕃語集、布農蕃語集、太魯閣（東部泰雅）蕃語集、托洛庫（西部泰雅）蕃語集等，成爲早期台灣總督府蕃務本署最佳的蕃語實用範本。

爲了學習植物方面的知識，森丑之助特別住進植物學家小西成章的宿舍，隨同他深入前人足跡未至之地，調查地圖上仍屬空白的山川形勢與森林植物的分布，往往不顧性命地攀緣危崖採集珍貴的高山植物標本。

在人類學方面，則陪同鳥居龍藏進行多次冒險犯難的調查行動，如玉山主峰的首登、清代八通關古道的沿線部落訪查，從中學習調查方法與攝影技術，並勤快地與東京帝國大學人類學權威坪井正五郎教授通信，郵寄各種考古人類學的調查成果與標本給坪井博士，而坪井也深愛這個熱情好學的「空中學生」，不但毫無保留地傳授他考古與人類學專業學識，更寄贈許多調查用器材，協助森氏進行調查研究。

在馘首習俗盛行的山區行動，森丑之助沒有軍警隨行保護，是如何避免殺身之禍呢？其實，森氏不但不受軍警保護，甚至連防身的武器也不帶，他說：

　　帶武器有什麼用？在山上行動，我們的體力是遠不如蕃人的。帶武器到山地行動，好比是讓猴子扛著步槍與人類對抗一樣，一點用處也沒有！

森丑之助所倚仗的，其實只是誠心而已，他完全尊重山地部落的信仰與習俗，以對待朋友的真誠對待所有的原住民，而他的誠心也獲得相同的回報。山上的消息傳遞非常快，只要他進入某一個部落的勢力範圍，蕃人立刻奔走相告：「好朋友Mori（日語「森」的發音）來了！好朋友Mori來了！」甚至鄰近的部落也派人翻山越嶺前來相見。

　　森丑之助贏得「台灣蕃通」、「台灣蕃社總頭目」的稱號也由此而來。

　　森氏個性隨和，使他很容易就獲得好感，例如：有一次他和鳥居龍藏及漢人張君楚到屏東水底寮訪問，當地人嗜食檳榔，每個人都有著血紅嘴唇，以及被檳榔汁染黑的牙齒。不管走到哪裡，居民都捧出一盆用荖葉包好的檳榔待客。鳥居和張君根本不敢嚐試，森氏卻高高興興地從主人手裡接過來，放進嘴裡大嚼起來。入境隨俗是贏得友誼，讓調查行動順利的法寶。

　　為了調查的需要，森丑之助不只跋涉於崎嶇的山徑，更經常必須穿越無路之地，翻越山稜、橫過斷崖、涉渡溪壑，以他那瘦小的身軀與不健全的跛腳，他必須付出加倍的辛苦與毅力。有一回他與鳥居龍藏必須渡過暴雨後的大安溪，望著濁浪滾滾的激流，同行的腳伕也心生怯意。鳥居龍藏二話不說，把行李頂在頭上踏溪而過。森氏衡量自己的體型，接受原住民的建議，繞道溪流的上游安全涉渡。兩天半後當一行人氣喘吁吁地趕到對岸定點時，鳥居

正悠閒地烹茶等候。

　　這件事情讓我們見識了鳥居龍藏的膽量，但是，森丑之助以瘦弱之軀克服萬難的堅強意志，卻讓我們更加敬佩。另一次，是他與鳥居龍藏臨時決定攀登那時尚屬處女峰的玉山主峰，完成玉山首登後，由覆雪的大斜坡北下八通關，一路上碎石、斷崖、刺柏交相肆虐，森氏連翻帶滾好幾回，連草鞋都爛掉了，赤著腳踩在刺柏灌叢密生的路上，毫無怨言地繼續走。在台灣探險調查的三十年間，他所經過的千崖萬壑，連健壯的登山好漢都舉步維艱，我們幾乎無法想像他是如何拖著跛腳，一步一步地走過去？

　　看過森丑之助的調查報告與攝影圖像的人，無不佩服他的觀察入微，森丑之助的文字，細膩生動到令讀者有如親臨現場。不同於一般大量資料羅列式的生硬報告，森丑之助的報導文章如：〈北蕃行〉、〈南中央山脈探險〉、〈偷竊髑髏懺悔錄〉……閱讀時幾乎可以聞得到氣味，感受得到心跳。而照片本身不只充滿動感，解說更是一絕，森丑之助不只詳細介紹被攝者的背景，更描述被攝者在拍攝前後的動作或對話，使照片不只是照片，而是一段有劇情的生動影片，提供了最多量的第一手資料，讓當時與後代研究者受益匪淺。

　　鳥居龍藏曾以「台灣蕃界調查第一人」稱呼森丑之助，台灣總督府圖書館館長山中樵說：「森丙牛長期為台灣總督府博物館盡力，尤其對蕃人民族誌標本的蒐集與陳

列，貢獻特別大。」台北帝國大學教授素木得一雖然討厭森丑之助，也不得不承認：「現在博物館所展示的蕃人民族誌標本，幾乎全是森氏一人所蒐集的。」植物學家佐佐木舜一更率直地說：「台灣總督府所有珍貴的高山植物標本，完全是森君一人冒著生命危險採集來的。早田氏有關台灣高地植物誌，以及台灣植物誌的巨著，主要是來自森氏的資料。台灣的高山植物，冠上森氏的學名非常多，森氏的英名將永遠留存於台灣學界！」

　　了解森丑之助調查研究成果的人，知道上面的話並沒有過譽，因為從長達三十年的調查心血和成果來看，森氏一人對台灣研究的貢獻和成就，就遠比前述衆人的總和還要龐大且深遠。

　　這樣的一個人，不死於病弱的幼年，不死於危崖激流，不死於蕃人的追殺，不死於猖獗的疫癘，竟然在四十九歲有爲之年，懷抱著未酬壯志與一腦袋學術調查研究成果投海自盡，眞令人不解又不甘哪！

台灣探險調查的急迫性

　　數千年來，台灣島一直處於與世隔絕的狀況，雖然在十六世紀以後，陸續有海盜、荷蘭人、西班牙人、漢人占居南北平原，但是，占全島四分之三的山岳地帶，仍是雲霧深鎖的外人禁地，台灣原住民的馘首習俗和深山的瘴癘是阻擋外來勢力的主要原因。未受外來文化的影響而保持

原始的社會狀況，對台灣原住民來說是幸還是不幸，這件事情很難有定論。但是，外人難以進入山區也致使台灣原住民的研究遠遠落後於印尼、菲律賓等地區。到十九世紀末，對於台灣原住民的了解，仍停留在道聽途說、傳奇誌異的不科學範圍。森丑之助對這一點提出他的批判：

> 明、清兩代，漢人對於台灣蕃人完全沒有真正的認知，史冊是荒謬不切實際的記載，而撰述蕃俗的清吏只依賴半調子的生蕃通事的胡謅，和下山輕佻蕃人在平地的吹牛。編纂史冊者從來沒有，也不敢深入部落調查，所以現有的史冊完全未經實際的考證，只能視為傳聞而已。

尚未受到調查研究人為干擾的台灣原住民文化，保有原始性與完整性，是人類學家夢寐以求的最佳研究對象，森丑之助急切地想要走入這個原始文化的寶山，作「第一現場的目擊」。同時，他也感受到越來越多的漢人移民，以及即將大力開展的日本統治力量，將嚴重衝擊台灣原住民的文化與社會，他指出：

> 照目前的趨勢看來，未來最短期間內，蕃人的社會組織將陸續瓦解，生活習俗將發生顯著的變化，而他們原有的民族性也將自然地消逝！屆時，我們再來呼籲文化保存或保護，已經來不及了。中國有一句俗語說：「樹欲靜而風不止，子欲養而親不待。」如果

我們不立即展開行動，將來，當我們想要著手調查蕃情、蕃俗時，被調查的對象已經不存在了！

搶救瀕臨消失的文化原貌，像救火一樣急迫，大環境在急速的改變中，實在沒有辦法坐下來仔細研究推敲，必須立即行動了。

這時候他面臨了一個兩難的局面：他幾乎沒有文化人類學的基礎，用這樣薄弱的條件從事調查研究，一定是事倍功半的。那麼，究竟要先展開調查行動呢？還是先打好學問上的基礎？他知道與其花費很長的歲月從事探險調查工作，不如先學習正規的學問，然後站在已有的學問基礎上進行實地調查。在學問上鑽研越多，以後能開拓的學術成果也越廣越深，付出的勞力較少，成果反而可能更大。

但是在考慮搶救原始文化的急迫性之後，他做了「調查行動優先」的重要抉擇，他的想法是這樣的：

　　與其返回內地，乖乖地坐在教室聽課三、五年，倒不如實際投入於蕃界調查，把原始民族接近大自然營生的狀況，以及大自然的一切景象，當作活生生的學問來研究，如此會有更多意想不到的收穫。比起文明人主觀的理論，未開化民族的生活，給我們更鮮活的社會學事實。

這個選擇影響了森丑之助的一生，做了調查研究優先的決定之後，森丑之助就義無反顧地「像盲人騎瞎馬，在

陌生而危險的地方橫衝直撞！」

因為沒有學術基礎，他所有的原始性資料與原創性的論點，都是在歷經千辛萬苦的實地踏查後，以非學術語言樸實無華地記錄下來，是針對親眼目睹的現況做最平實的記載，而非以主觀理論來詮釋事實。這樣原汁原味的記錄，比起通篇演繹的學術論文更具價值，因為學術論文常常受到新出土證據的挑戰，某些當時被視為至高無上的經典，幾年後可能淪為不值一顧的笑話。然而，實地探訪的部落生活文化或地理原貌的記錄，幾年後當調查訪問對象因為時勢的變遷而消失或變異時，原始的記錄就更加珍貴了。

其實，森丑之助來台調查的時代，人類學在世界學術史上，也才剛剛開始進入萌芽草創期。舉凡原住民語言、族群分類、民族誌、體質人類學、考古學等，都還在摸索階段。此外，在自然科學方面如植物學、地理學、地質學，也才起步未久。森丑之助的台灣探險調查行動，不但涉獵了上述各個學問範疇的研究，而且都有傑出的成果，他可以說是邊做邊學，學而有成的最佳典範。

然而，沒有正式學歷也成為森丑之助的絆腳石，使他受到官方與學界的不公平待遇，雖然官方經常仰仗他完成不可能的任務，學術界常常將他的調查成果引為己用，卻往往吝於給他應有的協助與評價，甚至在背後說長論短，只因為森丑之助所做的事是他們不能也不敢去做的。

這一點，森丑之助並非事前沒有想到。當時，日本學術界基本上是被所謂「學閥」們把持著，任何不是出自名門學院的學者都會受到某種程度的排擠，何況像森丑之助這樣僅是長崎商業學校一年級肄業的「無學歷者」。有時，他也不免發幾句牢騷表達不滿，然而多數的時候他是這樣想的：

> 我出生入死於蕃地，努力採集了學術資料，素來是抱著有功則讓給人家，有過則自己負責的態度。（〈川上瀧彌農學士與台灣植物調查事業〉）

> 《台灣蕃族圖譜》出版之前，我所拍攝的許多蕃族的照片，已經被他人使用而大量在坊間流傳，因此本書不擬重複採用這些照片。（《台灣蕃族圖譜》序言）

比起榮耀的學術地位，畢竟探險調查的歷程和成果，才是真正的志趣所在。何況，就像前面所說的，台灣探險調查的行動，就像在大火中搶救即將毀滅的珍貴資產，是無法等待到學位再來進行的。

拋棄名利親情直入調查現場

在森丑之助來台的次年，也就是他開始下定決心，要進行個人的蕃界探險調查研究的時候，東京帝國大學也派遣了許多優秀的年輕學者，來台灣從事動物學、植物學、

地質學與人類學等科目的調查研究，在短短期間內獲得可觀的成就。可惜受到時間與經費的限制，這些學者只能像潮水一樣的來了又走，無法進行後續的調查行動。

森丑之助一方面爲他們感到惋惜，一方面也認清了唯有靠自己的力量，才能完全不受約束地進行他的台灣探險調查，他說：

> 認識台灣這塊土地和土著人種，對將來的台灣經營是不可或缺的要務。我認定除非憑著我個人的力量前往蕃地，進行探險或踏查，別無他法。雖然我個人的力量有限，但我決心傾注全力，把這件事當作一生志趣。我知道要貫徹這個個人的志趣，一定無法同時維持正常人的生活，我毅然決定放棄正常的生活，來追求我的志業！

鳥居龍藏就是東京帝大派來的學者之一，在一八九六年秋天，他與森丑之助相遇於花蓮，隨後兩人相偕前往新城查看清代同治十三年，陸路提督羅大春開闢北路蘇花古道後，設置於新城的營盤址，兩人無意間在草叢裡踢到一塊石碑，原來是羅大春所題刻的「師次新城碑」，連忙抄下碑文：

> 新城面山負海，居東方之極北，民番雜處，解耕種，尚喁喁然有內附心。自大南澳遵海而南，逾大濁水、大小清水。天作高山，我軍荒之；波阻深谿，我

軍梁之。十月十三日壬子，師次城東，大春喜聲教之以通而輿情感慰也。於是乎書。

　　大清同治十三年歲在甲戌小春之月，福建陸路提都功加一等黔中羅大春記，參將玉屏李得陞勒石。

　　幾年後，這塊石碑因為海岸線的退縮而掉入大海，至今只留下碑文。

　　鳥居可以說是森丑之助在人類學方面的啟蒙師，他們倆人相偕調查訪問花蓮的泰雅族與阿美族部落，再沿東海岸向南繞過台灣島南端至東港，進入大武山周邊巡訪排灣族各部落。在短短幾個月內森氏快速地吸收人類學知識，在擔任嚮導兼土語（閩南語）、蕃語譯員的同時，也能參與調查工作了。之後，受制於調查期限，鳥居必須返回日本。

　　第一次單飛的森丑之助，毫不畏懼的選擇難度極高的路線──集集、拔仔庄道路，這一條橫斷中央山脈心臟地區的開山撫蕃道路，是清代光緒十三年由總兵章高元及鎮海後軍副將張兆連率兵開通的，因為在中央山脈主脊上設有關門，又稱為「關門古道」。古道穿過台灣地形最險惡的丹大溪流域，並通過強悍的布農族地界，開闢完成後立即因為布農族的反抗而廢置。森丑之助由花蓮瑞穗的拔仔庄出發，經倫太文山，爬上中央山脈主脊，再沿丹大溪下至濁水溪溪畔的集集鎮，完成森林調查與布農部落的訪問。之後，他意猶未盡，又單獨前往信義鄉，調查丹大溪

與巒大溪流域的布農族。這個時候，他的「蕃界趣味」大概已經入迷到不可自拔的地步了。

一八九八年八月，鳥居龍藏再度來台調查，森氏陪同他前往台東及恆春半島調查卑南族、排灣族、斯卡羅族及平埔族，森丑之助邊走邊與排灣人交談，展現他在語文方面的天才，獨特的語文才能

森丑之助在台探險三十年，完成許多調查報告。圖為《集集拔仔庄間中央山脈橫斷探險報文》手稿封面。

是他能深入調查的利器。這一年，森丑之助二十一歲，無牽無掛，終日「流浪」在各個山地部落。他自豪地說：

> 鳥居氏於明治三十三年第四次來台之前，我已跑遍了台灣東部、恆春、阿猴蕃地，以及新竹、東勢角方面、宜蘭方面蕃地，也翻越中央山脈，沿著東部山區南北縱走，又從西海岸南部北上阿里山。

台灣原住民出草馘首的習俗，是蕃地調查研究者最大的危機，一般人光是想到要進入山地部落，就不寒而慄。然而，森丑之助在行走於各族群地盤所留下的行動記錄中，除了少數幾次險遭殺身之禍外，幾乎找不到暴戾之

氣，反而充滿了原住民的熱誠和友善。尤其是排灣族與阿美族部落，在他眼中簡直是人間樂園：

　　夏日來到老榕圍繞的蕃井旁，濃蔭遮斷炎陽的照射，我把長滿苔蘚的石板當做枕頭，斜躺於樹下。你聽聽看，土名叫八芝律的麵包樹，大片的葉子在陣陣清風吹拂下款擺著，發出沙沙聲響，令人感到仙境妙趣也不過如此！

　　尤其在拂曉時分，或夕陽餘暉中，看那些阿美族女子，個個頭上頂著古拙的陶甕來汲水，看她們婀娜多姿的運水步伐，簡直像一幅風韻十足的熱帶風情畫。

　　難怪森丑之助流連原住民部落，樂而忘歸。即使他在日後碰過幾次危難，甚至有被追殺五天的記錄，也發生過他所認識的日本友人和漢人通事遭難而令他痛惜、自責的事件。但是一直到死前，他還是堅持蕃人是文明的：

　　我親自到原始的山地，看到蕃人的日常生活是那樣的寧靜單純，外人口中所謂的野蠻生蕃，其實都是純樸、真誠待人的種族。這最初的印象太鮮明了，使我在過去三十年間，時時銘記在心。我從過去到現在，一直與蕃人親近的緣由，也在於此。

　　我們在適用普通行政法的平地，往往碰到不測的危險，或遭受警戒的眼神，感受到疏離不信任的態

度。但是，一旦進入蕃地，簡直是如入樂園，對於這樣顯著的對比，我有非常深刻的印象。

在蕃社停留期間，每逢夜幕低垂，頭戴花環的蕃女，聚集到我們投宿的頭目家前，且歌且舞，髮梢的鮮花發出濃濃的香味，使旅人獲得溫馨的慰藉。

在一九〇五年二十八歲，受聘爲台灣總督府殖產局「有用植物調查科」囑託之前，森丑之助一直以「無業遊民」的身分，奔波於台灣全島蕃地和蘭嶼，這時候他已經兩度前往蘭嶼，四次橫越中央山脈，完成玉山主峰的首登，在泰雅族、賽夏族、布農族、鄒族、排灣族、卑南族、阿美族以及各地區的平埔族部落，留下無數友誼的佳話、攝影的佳作以及珍貴的原住民社會文化的報導，並且在鳥居龍藏的引薦下，成爲「東京人類學會」的會員。這個期間的所有調查行動，除了部分與鳥居共同調查，其餘都是靠著自力完成的。五年前他因父親森太助的去世而繼承家業，顯然，他把遺產拿來當作探險調查的經費了。

有用植物調查科囑託，只是臨時雇員，森氏欣然接受這個位階低薪資薄的職務，主要是可以利用植物調查與標本採集的機會，順便做他個人的蕃族調查。

自此，他更有正當理由在全島各處山區「流浪」。因爲肩負植物調查與人類學調查兩大目標，已經到了不眠不休的地步。我們從他的行動記錄，發現他簡直像超人一樣，忽而在霧社，忽而在大漢溪，忽而到阿里山，忽而出

現在郡大社……而在職務上也並未廢弛，他所做的森林調查與植物採集，成果一向傲視同儕，嫉妒的同事只能就他經常一入山就音訊斷絕一事來非議他，對於他的成就，沒有人敢多置一詞。

這樣廢寢忘食的調查行動，使他無法過正常人的生活。他的曾孫森雅文追述森丑之助少為人知的家庭狀況，說到森氏由於醉心蕃社探險調查，雖然已經在明治四十二年生下長女富美，卻遲至隔年六月才登記結婚。直到失踪之日的十六年婚姻期間，由於森氏長期入山調查，沒有固定收入，其妻森龍子只好將台北寓所多餘的房間出租以維持家計，龍子後來也沒有再生下一兒半女。

而森丑之助本人，雖然繼承日本森氏本家的家業成為家長，卻長年滯留在台灣。在他失踪後，妻女生活艱辛，只得依靠變賣森氏留在家中的照片、文稿及各種民族誌蒐集品維生，以至於現今家中唯一留存與森丑之助有關的遺物，僅有公祭現場照片，及森丑之助半身遺照各一幅。由於森丑之助在調查時擔任攝影工作，加上他非常不喜歡留影，這張照片讓我們看到森氏的相貌，也算難能可貴了。

說起來，森丑之助所拋棄的豈只是親情與名利，我們從下面這一段話看來，他是連性命也隨時準備拋棄的。

> 我自願單槍匹馬挺身進入蕃地，進行遊說與踏查任務。既然已決心獻身於蕃地學術研究，萬一遇難而不能生還，能夠為學術捐軀，就是達成宿願，死而無

憾。

他的探險調查行動，最驚險的一次是發生於一九〇六年十一月至十二月的大崙坑追殺事件。大崙坑社（Tarunas）位於中央山脈主脊東側，拉庫拉庫溪與其上游最大支流米亞桑溪的匯流處，是台灣全島六百多個原住民部落中，海拔位置最高的一個。森丑之助似乎與這個地區犯沖，每次來都有事故發生。第一次是一九〇〇年八月，與鳥居龍藏由南投縣集集經東埔社，循清代八通關古道路線東往花蓮璞石閣。途中在杜鵑附近，同行者安井萬吉因病落後而失踪，幸虧到達大崙坑社後，頭目沙里朗立刻派出壯丁協助搜救，總算找到飢寒交迫的安井，並把他揹回部落。第二次是一九〇四年調查時，同行的布農族挑夫誤踩陷阱而嚴重受傷。然而這一次，是森丑之助自己眼看著就要命喪荒山了。

一九〇六年十一月，森丑之助陪同淡水海關支署署長及斗六支廳廳長攀登玉山，並把一座小神祠安置於山頂，之後全體下抵八通關，森丑之助讓官員與挑夫們西出東埔水里，他本人則與六名布農族青年，準備翻越中央山脈，繼續進行拉庫拉庫溪上游一帶的植物調查與採集，完全不知道自己已如飛蛾撲火般，奔向危機四伏的險境。

原來，在此之前，拉庫拉庫溪流域最強大的部落打訓社（Tafun今譯大分社）驍勇的頭目之弟阿里曼・西肯（Aliman Siken）因為部落族人被玉里支廳的警察監禁致

死而痛恨日本人，親自帶領二十七名壯丁到玉里出草，砍了一個日本人的頭顱報復。在回程中經過大崙坑社，正巧與森丑之助一行人撞上了。

阿里曼・西肯得知部落裡有個日本人，立刻要求頭目沙里朗把日本人的頭顱交出來。沙里朗挺身保護部落的客人，堅決不肯出賣已成為朋友的森丑之助。阿里曼・西肯在威脅利誘無效後，雖然不願正面與大崙坑社為敵，卻揚言必定在半路截殺森丑之助。

阿里曼果然兵分二路，埋伏在大崙坑社的出入要道旁，誓必取得首級。這時候森丑之助婉拒沙里朗要他走回頭路的建議，堅持要通過打訓社的地盤，繼續完成他的調查路線，並豪爽的說：「如果打訓社非要我的頭不可的話，我就高高興興獻上頭顱吧！」

阿里曼・西肯沒有想到森氏竟然會大膽地深入虎穴，待得到消息後，把分散在其他路線的伏兵召集回來追殺，已經慢了一大截，經過五天的追趕，仍讓森氏逃脫，恨得咬牙切齒，但也因此大大佩服森丑之助的膽識。二年後，森丑之助再度來到大崙坑社，並由此前往南方的打訓社訪問，阿里曼・西肯竟與他成為莫逆之交。（詳見〈南中央山脈探險〉）

在山上遭受危險，並不是每次都能像大崙坑社追殺事件一樣以喜劇收場，例如一九〇八年，森氏與蕃務本署同事志田梅太郎，由打訓社沿著中央山脈主脊南下到新武呂

溪溪畔的霜山木社，適逢該部落即將進入祭期，擅入的外人被視爲不祥而面臨了殺身之禍。

幸虧該社通事張坤，和從打訓社同來的通事陳曲來二人挺身迴護森氏與志田氏的安全，暫時保住一命。張坤並安排讓其子張蕃薯帶領森氏一行人連夜離開霜山木社，躲過殺身之禍。然而，義助森氏一行人的張坤卻因此得罪霜山木社而被殺害。三年後，曾經逃過一劫的志田梅太郎，因測量工作再度來到新武呂溪，這回，他劫數難逃的慘遭馘首了。

除了觸犯部落禁忌所帶來的危難之外，因地形或天候不佳而造成的災難也使森丑之助喪失不少同伴。他在〈我的惡魔主義〉一文中深深自責：

> 談到在台灣的行爲，我感覺罪障深重。例如，僱用戎克船航行時，同行的船伕因天氣不佳而慘遭溺斃。在中央山脈高山地帶調查旅行時，同行的漢人苦力與蕃人，曾有多人在渡溪時被急流沖走而淹死；同樣在調查旅行中，同行的通事、友人、苦力及蕃人，接連發生被土匪及蕃人殺害的事故。所以，我可以說是「未死而具備被打入地獄的資格」。

十六次橫越中央山脈

明治四十年代，台灣的高山地形測量才剛剛開始，已

發行的高山地形圖，只有《二十萬分之一檢測圖》，部分地區雖有五萬分之一的地形圖，但那並非實測圖，而只是地形觀測圖而已。當時，也沒有玉山山脈、雪山山脈等概念，而是把玉山當作是中央山脈向西分出的一座高山，雪山也是如此被看待，可以說是地理學上的黑暗時期。

由於泰雅族、布農族、鄒族及排灣族居住地遍布於平地人難以窺探的高山和河川上游地帶，有些部落甚至分布於中央山脈兩側，海拔二千公尺左右的溪流源頭。為了進行人類學調查、地理學探勘與高山植物採集，森丑之助多次完成艱困的「中央山脈橫斷探險」，每次總要費時十天以上，最長的一次甚至在高山上連續跋涉二十五天。當時，並不像現在有深入山區的公路或林道可供利用，徒步跋涉的距離比現代登山隊的中央山脈橫斷還遠得多。例如：南中央山脈的橫斷，須從屏東的水底寮、潮州或高雄的旗山起步；阿里山、玉山須從嘉義走起；此外，南投的集集、台中的東勢、新竹的竹東、苗栗的大湖，東部宜蘭的羅東、花蓮的新城、富源以及台東市，這些已經算是平地的地方，才是徒步健行的起點和終點，確實是很辛苦的。他所採取的路線，部分是清代的開山撫蕃道路，如八通關古道、關門古道、浸水營古道、崑崙坳古道，部分是稍晚被日本政府拓修為理蕃道路的原住民古道，如內本鹿線、關山線、能高主山線，當然還有一些只是原住民的獵路，或根本沒有路。

他實際走過的路線相當迂迴，因為他當時沒有精確的地圖指引，只是順著「蕃路」沿著山麓、稜線、溪谷上下跋涉。他本身並沒有特地標明出每次的橫斷路線，而是筆者從他歷次的報導文章中，爬梳出他涵蓋八條路線的十六次中央山脈橫斷之旅，或許，實際上有更多次調查行動，在尚未被發掘出來的文章內呢！

藉由這幾次的調查行動的報導文章，森丑之助很生動地為我們描繪了一百年前深山部落的分布、族群生活與動態、地理踏勘實況、動、植物生態等珍貴的第一手資料，在台灣族群研究史與自然史上有不可磨滅的地位。

這十六次中央山脈橫斷之旅是這樣的：

一、關門線（南投縣經中央山脈主脊關門，東下至花蓮縣富源，即清代集集、水尾古道）二次。

二、八通關線（南投縣集集經八通關，翻過中央山脈主脊大水窟至花蓮縣玉里，即清代八通關古道。另外從阿里山登玉山下八通關再東出）共六次。

三、內本鹿線（高雄縣六龜經卑南主山南鞍，順鹿野溪至台東）

四、關山線（高雄縣桃源經小關山、海諾南山，順新武呂溪至台東）二次。

五、浸水營線（屏東縣水底寮經浸水營至台東縣大武）

六、大武山線（屏東縣潮州經大武山南鞍至台東縣

金崙）

七、崑崙坳線（屏東縣潮州經來義、古樓到中央山脈主脊，東下台東縣大鳥萬溪口）

八、能高主山線（南投縣霧社經能高主山北鞍至花蓮縣銅門）二次。

除了東西方向的中央山脈橫斷調查，森丑之助還有多次沿著中央山脈主脊縱走的記錄，並曾經為了證明玉山山脈是一個獨立於中央山脈之外的巨大山塊，特別率隊環繞玉山山脈而行，解開了當時地理學上的一個謎團。

而其他地域性的探險調查行動，如干卓萬山周圍、鹿場大山一帶、大料崁溪流域、阿里山鄒族地界等等，雖然規模沒有前述行動那樣浩大，然而在缺乏資訊與精密地圖的情況下，困難度仍是相當高的。

雖然他多次橫越中央山脈，所走的路徑卻並不重複，以六次八通關線橫斷來說，第一次是完全走清代所開闢的中路；第二次則由花蓮玉里翻越中央山脈到郡大社，再由八通關往返玉山，然後再度翻越中央山脈，向南往新武呂溪方面出新開園（台東縣池上）；第三次經阿里山登玉山，下八通關至郡大溪訪問郡大、巒大兩個布農族大部落，然後回八通關再東下玉里；第四次就是在大崙坑被追殺五天的那一次，也是先上玉山再翻越中央山脈東下玉里；第五次調查行動由雁爾社（Gani高雄縣桃源）出發，環繞玉山山脈南段一周，途中兩度橫越中央山脈，在南鄒

族、北鄒族及布農族最強悍的「施武郡蕃」地界活動長達二十五天；第六次由南投集集出發，經八通關登玉山，繼而來到中央山脈主脊大水窟，由此沿主稜向南縱走，往新康山一帶調查森林，再南下清水溪調查該流域的森林分布。

　　從他所走的路徑及其記錄看來，森丑之助不只視艱困地形、惡劣氣候、體力消耗如無物，也因為必須穿越不同族群與不同部落，隨時要面對誤觸禁忌所招致的殺身之禍。所以森氏的中央山脈探險固然在台灣植物調查史上留名，更因他的英勇、機智、思慮和行為模式都「生蕃化」，使他在台灣地理與族群調查史上，成為一位最值得稱道的傳奇性人物。

地理學大發現

　　十九世紀末森丑之助開始進行台灣山地調查時，台灣的土地測量工作才剛剛開始，高山地帶受限於人力及「蕃情不穩」，尚未有正式的測量技師以科學方法測繪地圖，僅憑探勘隊伍以目視的方式，繪出簡略的地形示意圖。某些山區在地圖上甚至完全無法描繪出來，而出現大片的空白。地圖的空白時代，也可以說是台灣地理學的黑暗時代。當時，在地理學上有個懸案未決，那就是關於玉山山脈的定位。

　　依照當時學者專家的認定：玉山是所謂的「南中央山

脈」向西分出的支稜上的一座高峰。但是，在實地踏查時，發現玉山是個分水嶺，在山的東側有溪（荖濃溪），其流路是向東的。這兩個互相矛盾的命題，深深地困惑著學術界與蕃務本署的測量人員。

經過多次的先期踏勘，終於在森丑之助的奔走鼓吹之下，組成一支龐大的地理調查探險隊伍，在一九○八年十一月二十四日由台北出發，準備展開徹底的，環繞玉山一周的調查行動。

隊伍的主要成員是蕃務本署主任技師野呂寧、測量囑託志田梅太郎，以及蕃務囑託森丑之助。這支稱為「南中央山脈探險調查隊」的隊伍，原本的計劃只是環繞玉山一周，並觀察玉山連峰以東，南中央山脈的地理形勢。但是經過森丑之助不斷地慫恿，計劃路線不斷地擴大，出發之前已經修正為：環繞玉山山脈後，走訪中央山脈主脊以東的布農族部落群，兩度翻越中央山脈，以觀測玉山究竟是不是真正的分水嶺？還有，源自八通關至玉山東北側的荖濃溪，是不是東部秀姑巒溪或新武呂溪的源流？

調查隊伍從今日南部橫貫公路旁的雁爾社（高雄縣桃源）出發，由南鄒族嚮導帶路，向北橫渡楠梓仙溪後，沿著後大埔溪（曾文溪支流）到北鄒族地界的大部落達邦社。在此更換北鄒族嚮導前往玉山，東下八通關，再更換由東埔社來的布農族嚮導，往南中央山脈出發。

當森氏、志田氏和由布農族四男三女組成的嚮導挑夫

隊在八通關要出發前，斗六廳補給隊為他們九人拍了一張紀念照，氣氛頗有「易水訣別」的悲壯。森氏這樣寫著：

> 探險隊此去生死未卜，很可能就此一去不返。那麼，這個快門的喀擦聲，豈不是在宣告一張訣別紀念照已拍成，可留給親友作為永久的懷念？我不敢說出心中的悲情，但是看到隊員個個表情肅穆，感覺每一個人都有「壯士一去兮不復還」的悲壯情懷。

一行人沿著清代八通關古道的舊路跡來到中央山脈主脊，由此登上南大水窟山作第一次觀測，再沿著中央山脈主脊東側往南，直到另一個主要觀測點，中央山脈主脊的南雙頭山。觀測的結果發現：荖濃溪並非東部河川的源頭，而是繞著玉山山塊做一個大弧度的迴轉，然後向西南流出，成為高屏溪的源流。

這個發現證明了玉山連峰是一個獨立的山塊，可以單獨稱之為玉山山脈，而非中央山脈的附屬品，解決了台灣地理學上長久以來的疑惑與爭論。

以現代的航照技術，要觀測河川的流路或山脈的走向，都是唾手可得的易事。然而當時人類在山林中，只是二度空間的動物，所有地理學上的新發現，都是開啟人類視野的重要事件。這也就是儘管衛星偵測已是成熟的技術，但是早期探險家的調查歷程，仍是最為人們津津樂道的事蹟。

自南大水窟山至南雙頭山之間，森丑之助所採取的路線，必須穿過二年前狠狠追殺他五天的打訓社地界。一行人在大崙坑社換了一批布農挑夫，忐忑不安地硬著頭皮向南，朝打訓部落群走去。

沒想到經過兩年的思慮，也許是從別的布農部落得知森氏的為人，阿里曼・西肯深深追悔自己當年的莽撞，也慶幸沒有殺到森丑之助而釀成無法挽救的大禍。這一回，他表現了最大的親善，並堅持親自為森氏揹行李，準備護送他到大里渡社（今利稻）。森丑之助不禁感嘆道：

> 兩年前追殺我的敵人，現在正在他的蕃社熱誠地款待我！任何人一生的遭遇，都不會比這一件我親身的經歷更神奇了。兩年前晝伏夜行才僥倖逃出魔掌，當時只要有一點差錯，我的首級早已落入阿里曼之手，成為現在屋外頭骨架上的枯骨了！

探險隊在中央山脈主脊南雙頭山完成觀測後，繼續沿著主稜向南縱走，到向陽山後沿著東南支稜下至新武呂溪溪畔的霜山木社。在此，阿里曼・西肯的嚮導挑夫隊與森氏告別，改由霜山木社的布農嚮導接班。一行人朝西攀上中央山脈主脊的關山（應是海諾南山），再沿主稜向南縱走至小關山，由此西下雁爾溪頭社、透仔火社，終於在十二月二十二日回到出發點雁爾社，完成環繞玉山山脈與南中央山脈主要稜脈一周的壯舉。

此行，森丑之助締造了台灣登山史與探險史上，路線最長、最迂迴曲折、一次行動中連續多回翻越玉山山脈及中央山脈、行動日數最長的輝煌記錄，雖不能說是絕後，但絕對是空前的。而一次行動，動用了八個部落的原住民嚮導挑夫，以接力的方式完成全程，也可以說是絕無僅有的。

植物學大收穫

地處亞熱帶的台灣，因為境內有將近四千公尺的高山，而造就多樣貌的植物群落，從島嶼南端的熱帶雨林，到低海拔屬於亞熱帶的原生闊葉林，中海拔的溫帶落葉林與針葉混生林，高海拔的寒帶針葉林，甚至還出現極地才有的苔原植物，對植物學家來說，簡直是一個令人目眩神迷的大寶藏。

森丑之助的天性是喜愛植物的，我們可以從他初到台灣，第一次自基隆搭火車到台北的回憶文章中看到，他不斷地描述沿途所見的各種植物，興奮之情溢於言表。後來更於一九一○年及一九一七年，分別發表〈台灣的蓪草〉與〈椰子與其栽培〉兩篇份量十足的論文，比諸農業專家亦不遑多讓。

但是他真正有系統的學習森林學、植物分類學與植物採集的技巧，是在明治三十三年與三十四年間，住在林學士小西成章家中，以「形影不離」的方式，在二年之中，

完全吸收小西成章的學問與經驗。當時，小西成章林學技師擔任台中縣殖產課課長，個性豪爽樂於助人，包括伊能嘉矩、鳥居龍藏等都曾受到他的照顧。對於森丑之助這一個熱情洋溢、好學不倦的小老弟更是愛護有加，可以說是亦師亦友、如父如兄地照顧他。這兩年間，森丑之助不時陪同小西成章上山做森林調查，奠定了紮實的植物學基礎。

一九○五年，台灣總督府殖產局設立「有用植物調查科」，這時候森丑之助為了個人的志趣「已在南部蕃界流浪三年」。調職到總督府殖產局的小西成章特別把森氏叫回台北，安排他進入殖產局擔任囑託，讓他得以利用公務員的身分進入高山調查植物，並順便做個人興趣所在的蕃族調查。

森丑之助受限於低學歷，薪水僅有其他擔任同樣職務同事的一半，他卻一點也不放在心上，高高興興地上山調查山川形勢與森林植物的分布、採集植物標本充實殖產局標本室，並且順便調查沿途所經過的蕃社。他的工作成果質量俱佳，可以說是殖產局最物美價廉的員工。

就像森氏自己所說的，他「經常深入前人足跡未至之地」調查森林與採集植物標本，因此也發現了許多新品種，台灣的高山植物學名冠上森氏morii的至少就有二十種，如森氏山柳菊、森氏佛甲草、森氏柳、森氏杜鵑、森氏紅淡比、森氏唐松草、森氏豬殃殃、森氏當歸、森氏蓊

麻、森氏菊、森氏薊、森氏苔、森氏櫟、森氏鐵線蓮、森氏鐵蕨、森氏毛茛、森氏古棉草等，此外還有拉丁學名有morii而中文名沒有冠以森氏的植物如：粗毛懸鉤子（*Rubus morii* Hayata）、玉山耳蕨（*Polystichun morii* Hayata）等。限於筆者在植物學方面的學識不足，無法完全列舉，但已可以看出森丑之助對台灣植物學的貢獻，確實足以讓他名留青史。

每年四、五月間跋涉於台灣高山的人，經常可以驚喜地發現森氏杜鵑淡粉紅色的鐘型花朵，成簇地聚生成大花球，數以千百計的花球，把春天的山麓佈置得花團錦簇，讓人難忘的高山春景，也讓人記起森丑之助的偉大貢獻。

森丑之助本人對於他所調查的對象，不管是人或是植物，都充滿感情。一九〇八年他在清代八通關古道沿線調查時，首次發現了台灣五葉松，這種樹型高大優美且擁有巨大果實的台灣特有種松樹，不久就正式公諸於世。二年後，他循關門古道（集集——拔子庄）調查時，又發現台灣五葉松的身影，森丑之助興奮不已：「好像和老朋友重逢一般快樂！」，由此可以看到他天真爛漫和真情洋溢的一面。

植物學家佐佐木舜一曾說：「筆者認為森氏最大的功勞，在於植物採集的艱鉅工作，在蓄雲瘴雨的年代，縱橫於中央山脈採集高海拔植物標本，從明治三十九年至四十二年的三年期間，勤奮工作幾乎到了廢寢忘食的程度。殖

森丑之助所發現的台灣特有植物之一：森氏杜鵑，每年4、5月間開滿台灣高山，令人懷念森氏的貢獻。（楊南郡提供）

產局所累積的高海拔地帶植物標本，幾乎全是森氏冒險採集回來的。早田文藏氏所著的《台灣高地帶植物誌》及《台灣植物誌資料》主要的素材都是森氏所提供的。」森丑之助不只廢寢忘食，連唯一的女兒出生時，他都可以從南投縣北港溪的馬列巴，直接轉往屏東縣三地門的大社調查，拖了一年多才把婚事和女兒的出生一併申報。

這三年的植物調查期間，他與殖產局有用植物調查事業主任，植物學家川上瀧彌，建立了深厚的友誼，也共同成為許多高山植物的首次採集者。例如一九○六年十月，他們兩人一起上玉山，就採集了玉山繡線菊、玉山石竹、玉山蒿、玉山當歸、玉山翦股穎、曲芒髮草、羊茅、三毛草等十數種新品種標本，其中冰河孑遺植物的玉山薄雪草

（與歐洲著名的小白花edelweiss類似），被覆白色絨毛的苞葉與頭狀花序構成的星芒狀花朵，發表時還讓大眾驚艷不已。

與森丑之助一樣，川上瀧彌也是跛足者，這兩位不顧身上殘疾，奮力挑戰大自然的勇者，有著同病相憐的親密與志同道合的革命情感。

川上瀧彌於一九一五年受命主持台灣總督府博物館（即後來的國立台灣博物館）的遷移及開館事宜，不幸積勞成疾而遽逝。死後，原本擔任他的助手，並獲

森丑之助曾經花費許多時間鑽研植物學，並發現許多台灣特有種植物。圖為他的〈中央山脈橫斷探險報文〉中所附的植物素描，原稿為彩色，細膩逼真。

得他的特別照顧與栽培的早田文藏，竟然不顧恩義，竊取川上氏的所有研究成果，以自己的名義單獨發表前面所說的兩本巨著，而獲得至高的學術地位。

森丑之助一方面痛惜川上瀧彌的所識非人，一方面也不齒早田氏的為人，特別在川上瀧彌逝世十週年時，寫了一篇措詞強烈的文章，揭發早田氏的所作所為，包括他也竊取小西成章所發現的台灣杉與巒大杉，把它們當作是自己單獨發現的新品種，並以台灣杉的研究獲得博士學位。

為了證明自己並非無的放矢，森丑之助還把早田文藏

當年寄給川上瀧彌，卑恭地請求擔任助手的私人函件刊登出來，並指出應是掛名川上瀧彌與早田文藏合著的《台灣植物圖譜》十卷，竟然又變成早田氏一人的單獨著作。早田文藏也因此書得到國際性的學術地位，並因而獲得最高榮譽的日本帝國學士院「桂公爵紀念賞」。

儘管森丑之助證據確鑿，也能指出早田氏作品中的重大錯誤與混淆，但面對地位如日中天的早田文藏，這一椿應該是轟動學術界的醜聞，竟被輕輕蓋過。其實，照佐佐木舜一所說的，真正被竊取心血最多、受害最深的，應該是森丑之助本人，森氏為川上瀧彌與小西成章這兩位師長所抱的不平，或多或少也有為自己一抒怨氣的的意味吧！

總之，在有形的植物學著作或無形的學術地位上，森丑之助或許並沒有得到他應得的榮耀。但是，每一個研究台灣植物的學者或學生都應該知道，森丑之助曾經以心血灌溉出這一片豐盛的園地。

人類學大貢獻

眾所周知森丑之助最大的成就，是他在人類學調查與研究方面的貢獻。台灣的蕃族調查是森丑之助的平生志趣，為了實踐自己的志趣，他不惜違反社會的價值觀，拋棄名利與正常人的生活，甚至以「我的惡魔主義」來形容自己不容於世俗的行徑。以這樣徹底的決心，用盡三十年的青春從事探險調查工作，森丑之助在人類學範疇的貢

獻，絕不是三天二夜說得完的。

他的成果可以大致分為三類，考古學的、民族誌的、社會學的，筆者將分別概述如下：

一、石器時代遺址的探查

為了瞭解台灣原住民的來源，森丑之助曾經調查研究石器時代遺址，並曾就＜史前的台灣原住民＞這個題目發表專題演講。

一九○二年，他在《東京人類學會雜誌》，首次發表＜台灣石器時代遺物發現地名表＞，列出九十三處遺址及每個遺址所發掘出來的遺物種類，討論石器垂直分布與現地居住的原住民，其地理位置分布相符的事實。

一九一一年，他在《台灣時報》第二次發表＜台灣石器時代古物遺跡發現地名表＞，共計列出一百六十九處石器時代遺址及出土遺物種類，並論述台灣原住民製造石器、陶器及器物的使用方式。

這些經過森丑之助初步調查與整理的資料，就像一張清晰的寶藏指引圖一樣，給後來的考古人類學研究者極大的方便。

二、台灣巨石文化的發現

一九二六年，森丑之助在台灣東部首次發現了巨大的石柱、石牆及石棺，他拍下照片，並做了詳細的尺寸、材質、形式及分布位置的描述，寄給東京的鳥居龍藏。鳥居根據森丑之助的發現，在《民族》雜誌發表了＜台灣古代

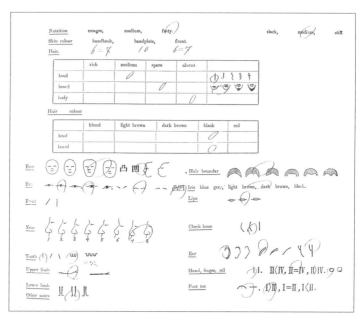

森丑之助雖然未受過學院訓練，然而他在台灣人類學田野調查上卻貢獻卓著，
圖爲他在各地探險時所塡寫的體質測定表。

石造遺物探討＞一文，正式揭示了台灣巨石文化的存在。

三、原住民體質測定與拍攝

以現代的技術，要判定血緣可以使用萬無一失的ＤＮ
Ａ鑑定。但是，一百年前，人類學家僅能靠著身高、頭
型、鼻型、眼型、耳型、髮色等外貌上的特徵，來判別人
種及血緣關係。當時所謂的體質人類學，調查方式是採用
事先印妥的體質測定用紙，左邊印有被測量者的基本資料
調查欄，如族群、部落、性別、身高，以及頭顱指數、鼻
長、嘴寬等等，右邊則印有各種不同的臉型、鼻型等等的
圖形，調查者只需圈選合適的形狀，當然是不怎麼科學的

方式。因此照相技術被引進來成爲重要的調查工具。如今，託體質人類學調查的福，我們幸運的留下當時所拍攝的數以千計的台灣原住民正面與側面的頭像。他們的頭飾、耳飾、刺青、胸飾、衣著等，都是研究者的重要資料。（請參閱本書〈森丑之助台灣原住民攝影集〉）

四、原住民的生活寫眞

世界各地未開化的民族，對照相都有根深柢固的恐懼，他們認爲照相機會奪走人的靈魂，而非常抗拒被攝入鏡頭。最早開始把攝影技術運用在人類學調查的鳥居龍藏和森丑之助，卻意外的發現：台灣的原住民都不怕被照相！

帶著照相機到深山部落調查的森丑之助，把相機做了最充分的運用。他不像鳥居龍藏，只拍攝原住民形貌上的特徵，而是把原住民的生活實況生動地拍攝下來。耕種、舂米、績麻、織布、取水、休閒生活等等一張張鮮活的照片，訴說著無數的故事。當時的照相機使用巨大的玻璃乾版底片，笨重的機體連著大大的黑箱，拍攝一張需要花費相當多的時間和體力，被攝者的表情動作，能夠那樣自然生動，的確不可思議。有一張照片是拍攝鳥居龍藏坐在地上做記錄，身旁圍繞著幾個帶著大耳環的阿美族青年，或蹲或彎腰，津津有味地看著他工作。拍攝者完全沒有打擾到被攝者的專注，就像即興拿起傻瓜相機按下快門一樣，一點斧鑿痕跡也沒有！

照片精彩，解說更是精彩。例如有一張拍攝烏來社泰雅族合照的說明是這樣的：

> 橫臥者是烏來社蕃人，舉手者正是土目Setto Mosin。Setto的泰雅族養父，曾經出草攻擊一戶漢人家，把全家族斬首，只留下一個兩歲大的男嬰。（因為即使是本性兇悍如鬼的生蕃，也是不忍心殺害嬰兒的）他把嬰兒抱回蕃社，用鄰居蕃婦的乳汁餵養。這個嬰兒長大後，雖然身上流著漢人的血液，但是由於智力比較高，還是被社蕃推舉為土目。

另一張照片是拍攝烏來社的秀才Siron。伊能嘉矩在他的《台灣踏查日記》中，也曾經特別提起這位受過漢人教育（漢名詩朗），卻完全恢復蕃人面貌的奇人。我們可以比較一下森丑之助的寫法：

> 照片上的男子是烏來社蕃人，名叫 Iran Siron（約二十五、六歲），蕃女名叫Sajin Pirin（十七、八歲），他們倆人是親戚。Siron曾經於清國時代受過漢人教育，他在台北府就讀八年，已中秀才，學成後被囑咐化育蕃社子弟。但是回到蕃社後，因為本身業已開化，反而與蕃人社會格格不入。走到了一個歧路，現在是脫離蕃社好呢？還是拋棄知識回歸自己的蕃社好？
>
> 他終於想通了，「江山洵美是吾鄉」，沒錯，把

森丑之助的攝影技巧十分高超，圖為他所拍的卑南族武裝勇士，請特別注意其表情的捕捉及胸飾的精細程度。

百卷圖書拋向溪谷，自己撕破儒服，恢復蓬髮赤身的原來面目。從此與人交談時，絕口不提上過學堂的舊事，假如有人強問，只提筆寫道「山中無曆日，四海皆兄弟」，再問，則沉默以對。

　　Siron熟悉台灣土語和北京官話，能文善寫。據說，去年日本商社老闆土倉龍次郎氏曾經帶他到內地，遊覽奈良、京都、大阪、神戶等地。

　　由此可以看出森丑之助的照片說明巨細靡遺。其他諸如寫到部落的地理環境、習俗、人物的動態、部落蕃人之間彼此的關係等等，都交待得清清楚楚，甚至把照片凝固的時間動作解凍了！例如，他說到一個蕃女雙手捧著一束

苧麻，就附帶地說，蕃女只要有空閒，就不停地用手撚麻線；說到桶後溪，就順便說明蕃地道路多在溪床或溪岸；穀倉的說明，則附帶說到烏來社的泰雅族從事燒墾，種陸稻與煙草，地力貧瘠後移墾至別處，住家也跟著搬遷到新耕地附近。

由此可知森丑之助的照片說明，既詳細又富有動感與真實性，與照片相互輝映，價值倍增，也讓閱讀者能在最短時間內，得到鮮明扼要的全盤印象。台北帝國大學人類學教授移川子之藏博士曾經誇讚森丑之助是一位「具有纖細的神經，敏銳的眼力，很會觀察事物，並懂得思考的人。」從照片的取材與說明可以看出一二。

森丑之助雖然只留下《台灣蕃人寫真帖》、《台灣蕃族圖譜第一卷》、《台灣蕃族圖譜第二卷》、《台灣山岳景觀解說》等四本完整的圖集，以及許多被他人援用的照片，當時他所拍攝下來的照片，卻是現存最早、最完整的原住民生活動態記錄。

五、神話、傳說的採集

台灣原住民各民族的神話、傳說的採集與比較研究，是森丑之助足以自豪的重要成果之一。當然，同一時期的人類學家如伊能嘉矩、鳥居龍藏等，也在調查時順便採集了一些原住民神話，但是森丑之助對原住民神話傳說的採集、整理與分析，則是更有系統、更完整的。他在〈關於台灣蕃族之調查〉一文中，自述他到每一個部落調查時必

做的工作是下列幾項：

一　體質測定與拍攝

二　考古遺跡的探查

三　神話、傳說的採集與比較研究

四　民族誌資料的採集與研究

五　語言的採集

六　古謠、俗謠的採集

我們可以想像，被每一個部落都視爲好朋友的森丑之助，精通各種原住民語言，無需經過翻譯就能理解部落族老的故事。數千個住在部落的夜晚，專心的聆聽、認眞的記錄，把當時流傳在各個部落的神話作一個通盤的大整理，幾乎沒有遺漏。

一九一四年起，他在《東京人類學會雜誌》陸續發表台灣各個原住民的神話傳說，包括屬於排灣族的〈小米種子的取得〉、〈熊與豹的神話〉、〈穿山甲與猿〉、〈犬女婿〉等等；專屬於某一個部落的，如〈力里社傳說〉、〈卑南社的祖先〉。在《台灣時報》發表〈布農族的傳說〉、〈鄒族的傳說〉，在《東洋時報》發表〈生蕃的傳說〉（一）、（二），以及在《台灣蕃族志》第一卷所記錄的：靈樹與霧社蕃祖先、海嘯與山谷的形成、太陽征伐、原始時代、稻子的由來、火的起源等二十則泰雅族傳說。許多現在流傳的台灣原住民神話故事，幾乎都是來自森丑

之助當年的採集，有些甚至是經由日文的版本再反饋回部落。可以說，由於森氏的努力，保全了許多原住民神話，使它們不致因日後部落的遷徙與離散而佚失。

六、民族誌資料的採集與研究

台灣原住民民族誌的調查研究，是森丑之助的「平生志趣」，也是他最重要的學術成就。一九一七年由臨時台灣舊慣調查會發行的《台灣蕃族志》第一卷泰雅族篇出版，以結構完整、內容紮實，轟動學術界，也奠定森丑之助在台灣蕃族研究的地位。第二卷布農篇雖然因為舊慣調查會的裁撤而無法出版，但是森丑之助所發表的長篇論述〈布農蕃地及蕃人〉（共二十七篇），事實上已具備一本書的架構與內容。而關於鄒族、排灣族、阿美族、雅美族以及平埔族的資料或論述，也差不多都備齊了，總共計劃出版十卷。這項計劃連同前述《台灣蕃族圖譜》尚未出版的八卷，共計十七卷，後來獲得大阪每日新聞社及台灣佐久間財團的學術獎助，準備用三年時間陸續出版。然而，一場關東大地震造成的大火，加上森氏被流言所困擾而使計劃胎死腹中，成為台灣人類學研究史上最大的遺憾。

我們現在只能從〈蕃俗百話〉、〈排灣族的迷信〉、〈北蕃的迷信〉、〈關於台灣蕃族〉、〈台灣生蕃與熟蕃〉、〈奇萊里留社的舟祭〉、〈台灣生蕃的山中生活〉、〈阿眉種族的現狀〉、〈紅頭嶼的蕃人〉、〈蕃人的農業〉、〈蕃人的主食物〉、〈台灣各蕃族的埋葬法〉等論述或演講記

森丑之助長期觀察台灣原住民部落，對於其社會有深入瞭解。圖爲原住民部落舉行部落會議的情形（《蕃界展望》附圖）。

錄，管窺森丑之助對台灣原住民民族誌資料採集、記述與研究分析的功力。

七、原住民社會組織、律法與經濟的研究

森丑之助在全台灣各部落長期觀察，對於原住民的社會，比起一般官員或學者，更有全面性的了解。在社會組織方面，他分析蕃社具有血族團體、狩獵團體與祭祀團體三種組織，各有不同的運作方式。以血族團體的最小單位家族爲例，他就針對家族成員的身分地位、財產、婚姻、出生、命名、子女教育、成年、男女的分工、疾病、喪葬、繼承等，作詳盡的記錄與解說。對於原住民社會的制裁慣例，如殺人或傷害、竊盜、姦淫、家庭暴力、違反社會秩序、違反禁忌、公然侮辱等，都明確地記錄下賠償或

處罰的制裁慣例。使我們明瞭原住民是有組織、有律法的文明社會，而非如當時一般平地人所誤認的，是一個弱肉強食的野蠻社會。

對於原住民的經濟生活，他也從原住民的記數能力、度量衡、貨幣、耕種、栽植、貯藏、狩獵、畜養、營林、加工、搬運、貿易、借貸等各方面作探討，使人們瞭解原住民已有初步的經濟生活，而非一般人所想像的是純粹以物易物的原始社會。

超前的觀念

很難想像在一百年前，森丑之助憑著自己調查研究的領悟，能夠提出許多超乎當時一般人的觀念，這些觀念在現代人的眼中看來是相當正確的，然而在當時卻帶給他不少困擾。例如：對於台灣原住民的評價，當時視原住民為未開化的野蠻人，有令人畏懼的馘首習俗，經常以「凶蕃」、「生蕃」稱之。森丑之助卻獨排眾議，認為原住民是具有優良品德、善良天性的民族；原住民的馘首習俗，是護衛台灣山林的最大功臣；所謂的凶蕃，在日本統治台灣初期，根本是與世無爭的純樸民族；他們的反抗，是由於結合政府力量的商社，未能與原住民溝通，強行進入原住民的領域進行砍樹、種茶、製腦、開礦等開發天然資源的結果；他並指出濫墾森林將造成大自然反撲的嚴重後果；強行將原住民遷村會造成部落社會的崩潰；主張夫妻

應該要有各自的生命追求等等。諸如此類的主張，歷經近百年的考驗，終於證明森丑之助是個先知先覺者。然而，在當時，他卻是個不折不扣的異端學說者，舉止行為皆被主流社會所側目。

以下是森丑之助先進的主張、觀念和做法：

一、台灣原住民是善良、純樸、可溝通的民族

以往，無論是漢人或日本人，都把台灣原住民當作是一種凶惡、獰猛、愚蠢、不可理喻、反覆無常的人種，甚至有不把原住民當人類看待的偏激想法。森丑之助獨排眾議，認定台灣原住民是具有優良傳統、高尚品德、可親可敬的民族。他特別指出平地人與原住民的衝突，都是源自於平地人的入侵及挑釁：

> 往年蕃地擾亂的原因，大都是伴隨樟腦製造與蕃地開墾所引起的民蕃糾紛。我國領台後，為了理蕃事業，直接從國庫撥出一億圓以上，且犧牲了一萬人的性命，用於壓制十三萬性情單純的的未開化蕃人，成果與付出是不成比例的。

> 當初任由「蕃地企業者」放肆地開發蕃地，使官方與蕃人間的關係越趨複雜，例如花蓮烏伊里社事件、台北大豹蕃事件、苗栗南庄蕃事件，都是「資本家」的橫行霸道所引起的。

他批評急功好利的「政商」：

只會憎恨蕃人的凶暴，卻不研究所謂凶暴背後的動機和習俗；一味批評蕃人的缺點，完全忽視他們的優點；嘲笑蕃人的愚昧，而不了解他們的智慧。對於這些人，我反而憐憫他們的愚昧。

　　台灣蕃人是純真溫良的民族，但是受到外力脅迫時，他們為了保護自己的種族與土地，不惜以死與外力對抗。蕃人並非頑冥不靈之徒，只要對他們有正確的瞭解和尊重，蕃人是很容易溝通協調的。

　　在內山蕃地旅行或探險，如果得到蕃人的好意帶領，能夠充分利用他們豐富的山林知識，不但能夠愉快的達成調查旅行的目的，而且能事半功倍。如果我們獨斷獨行，擺架子指使蕃人，就沒有辦法得到他們的信任，他們會以占卜吉凶等迷信理由拒絕帶領。萬一不得已非帶路不可時，他們也會故意在山地盲目亂走，消耗調查隊的體力和時間而沒有任何收穫。如果與他們建立互相信任的關係，蕃人是非常親切的。

二、台灣原住民有三大崇高品德

　　森丑之助指出台灣原住民有三大崇高的品行，那就是：獨立自主精神、尚武精神與純情。這個觀點後來被鈴木質在《台灣蕃人風俗誌》引用，成為對台灣原住民正確認知的基礎。

　　他在〈關於台灣蕃族〉的演講中，特別提到台灣原住

民的獨立自主精神：

　　　　最重要的事實，是所謂的「化外之民」或「生蕃」，有史以來，從來都沒有臣服於任何外界的政權。他們內心裡深信自己是完全獨立自主的人。所謂「順從」、「歸順」或「歸順的義務」，在他們心目中根本沒有任何意義。

　　　　他們佔居的蕃地，是祖先傳下來的自主國度。對於台灣治權的轉移，他們的看法是：清國政府把台灣割讓給日本，所割讓的土地，應是漢人的土地，而不包括蕃人的國度。

　　　　蕃語中，我們絕對找不到「歸順」、「順從」等意涵的語詞。過去，清國政府經常討伐蕃人，通常結果是清軍不堪慘重傷亡而以和解收場。清軍以財物換取和平，對上級宣稱「蕃人已歸順」；而蕃人的立場是「清軍以財物示好，要求和解」，根本沒有絲毫歸順的想法。即使日本官方與蕃人和談時，蕃人也認為他們和日本人是站在對等的地位。

　　這也是清廷認為番人性情反覆的原因，其實情是互有立場，溝通不良。

　　對於台灣原住民的尚武精神和死而後已的意氣，這種與日本武士道相似的精神，森丑之助特別推崇：

蕃人即使無力抵抗征伐者的攻勢，預知己方即將覆亡，仍會奮戰至死。他們的想法是：如果不奮戰至死，不僅在同伴間沒有面子，也對不起祖先。最初祖先以死抵抗外族的侵略，才把土地保存下來傳給子孫，身爲後代子孫，當然不能坐視異族橫奪土地。即使侵略者強大，也不能把土地拱手讓人，因爲不抵抗而喪失土地，是蕃人最大的恥辱。

對於台灣原住民純情，森丑之助感受最深：

蕃人社會沒有法律，但能夠維持秩序，也就是説是一個無爲而治的社會，究其原因是他們的心中有「誠」。我出入蕃地，發現與他們相處的方法，也只有一個「誠」字。我憐憫他們物質匱乏的生活，但不得不尊敬他們純潔的心靈。蕃人一向被視爲「獰猛剽悍」的人種，但是，如果我們同樣以誠和他們交往，他們會以溫暖的友愛回報。

三、自然反撲的警告

在那個提倡「人定勝天」、「自然資源都歸人類所用」的年代，台灣豐富的原始森林，被列爲急待開採的天然資源。森丑之助卻力倡森林保育的觀念，並提出濫墾濫伐台灣森林，將造成大自然的反撲。可惜，台灣的政府和人民繼續戕害大自然，要等到近幾年來，每年都遭受山崩、土石流及水患的荼毒，才從痛苦中領悟到森丑之助在八、九

十年前就提出的呼籲和警告：

　　由於台灣是一個孤島，一半以上的面積是陡峭的
山地，海拔一萬英尺以上的高峰比比皆是，山與山之
間都有深邃的溪谷縱橫分布。萬一廣泛的開發，讓山
林受到破壞而荒廢，大自然每年都將大展暴威，為台
灣居民帶來令人無法想像的恐怖與悽慘狀況。

　　台灣西部山岳地帶，由於風化作用激烈，岩石分
解崩落，河川沖下砂石而在下游形成沖積地和廣大的
沃野平原，成為台灣產業發展的基礎。但是，一旦山
林受到極大的破壞，就會在下游造成荒涼的「砂
原」，成為一片荒漠狀態，這是濫砍森林造成的。

　　平地漢人在山區砍伐樟樹製造樟腦，或砍伐天然
林，墾成茶園。本來森林有防止土壤水分流失，調節
氣候、保護自然的韻律，因為有森林的庇護，農業才
得以發展。砍掉森林，用平地農業的做法去開墾山
地，絕對是不可能成功的。

四、原住民護衛台灣的大自然

當年，所有的人都視台灣原住民如蛇蠍虎豹，唯獨森
丑之助大力主張原住民對台灣山林的保護有非常大的貢
獻。

　　假如漢人移入台灣的年代，台灣島上並沒有生
蕃，那麼今日的台灣絕對不是現在的狀況。我們看到

與台灣只有一衣帶水之隔的福建、廣東諸地，其山區幾乎都是少有草木的禿山。如果沒有生蕃，那麼漢人會到處開墾山地，沒多久，就會造成和對岸一樣，到處都是禿山赤土的後果。

台灣因為有「野蠻的生蕃」存在，在歷史上防止了漢人湧入山區濫伐森林、濫墾土地，因此保全了台灣的大自然，使國土免受戕害。

台灣雖是一個小島，但是物產豐富，足為日本人經營新領土的後盾，這完全是台灣生蕃間接賞賜我們的。

他特別推崇原住民豐富的山林知識，以及與大自然和諧相處的做法：

蕃人住在山中，因為狩獵或其他事情到處跋涉，許多小地名都是用地形、地貌或植物的名稱來命名，他們對於台灣山林任何細微的事物都知道得清清楚楚，甚至連小孩也都熟悉各種植物的名稱。老年人更是瞭解每一種植物的特性，知道材質是不是容易燃燒？遇水會浮起來或下沉？是不是適於建屋？是不是容易遭受蟲害？何時伐木就可以避免蟲害？樹齡多大才具有不易腐爛的特質？他們知道哪一座山有什麼樹木？有什麼草本植物？有什麼樣的水源？

二千多年前，孟子曾經說：「斧斤以時入山林，林木

不可勝伐也。」，原住民沒有聽過這句話，卻懂得這個道理。反過來說，讀過書的漢人，卻是造成童山濯濯的元兇呢。

五、對原住民「迷信」的正確認識

台灣原住民有許多傳統的做法和禁忌，常常被平地人以迷信視之，認為是愚蠢、落後的象徵，森丑之助卻提出不論在世界任何角落，不論是已開化或未開化民族，迷信都是普遍存在的。

森丑之助曾經寫了〈北蕃的迷信〉、〈排灣族的迷信〉二篇專題論文，介紹台灣原住民部落流傳數千年的傳說、神話與禁忌。對於「迷信」這兩個字，森丑之助特別提出他的看法：

> 所謂蕃人的迷信，我們不可以心存輕侮，仔細推究迷信的內涵，我們可以發現種種意義。蕃人的迷信可說是一種「祖先的教訓」，仔細品味，會不期然地發現重大的事實。
>
> 沒有文字的蕃人，靠口傳的迷信、神話、傳說，作為歷史文化傳承的方式，雖然年代久遠，已經說不出理由而被當作是一種迷信，但迷信其實就是一種規範、一種戒律。從迷信中可以發現蕃人的思想、性格及民族性的一斑。所以迷信是蕃人研究上非常重要的項目，與蕃人體質、語言、習俗的研究同樣重要。
>
> 迷信就是蕃人的信仰，對某些事物抱著恭敬的態

度，對另外一些事物則恐懼或厭惡。蕃人至今仍保持種族的勢力與社會組織，究其原因，迷信是一個重要的因素。

我們在登山的時候，可以發現重要的高山、水源地、巨大樹木的周邊，都是原住民視爲神聖不可侵犯的地域，他們用神話傳說規範族人，不能在這些地方砍樹、打獵、大聲喧嘩嬉戲。也許我們認爲這是一種不值一顧的迷信，但是，原住民其實是利用聖地的觀念，凝聚種族的共識，同時，也保護了重要的資源與自然環境。

另外，原住民無論是砍樹建屋或打獵，都有一定的季節規範，並有各種占卜吉凶的方式來減少狩獵的次數，對於資源的永續使用有重大的意義。

六、台灣各原住民族性格的分析

清代之前，漢人對台灣原住民的瞭解，只是區分「生蕃」或「熟蕃」而已。日治時代初期的原住民調查，則能區分各個不同的種族，並給予諸如泰雅、排灣、布農、賽夏、阿眉、卑南等等沿用至今的種族名稱。然而，森丑之助卻能眞正瞭解原住民，並正確分析各個原住民族的性格，讓學術研究者與爲政者，在了解或制定原住民政策時，能夠有更正確的考量。

例如：「群雄割據的泰雅族與同心協力的布農族」，特別提到泰雅族不同部落常是敵對狀態，而布農族雖然分隔在不同流域，只要族群受到迫害，所有部落都會團結起

來一致反抗外敵。

後來，發生了大分事件，布農族各個部落一起呼應抗日，前後長達十八年；而霧社事件，同屬泰雅族的鄰近部落，卻自願當日本人的馬前卒，擊殺同族人，形成強烈的對比。

七、反對強迫原住民遷村的政策

日治時代，官方因為一直無法有效統治居住於高山地帶的原住民，因此有人倡議，乾脆將原住民集體遷居於淺山處或平地，以便於管理。森丑之助是最反對這種做法的，他認為「強制把自從遠古時代就居住於高山的蕃人移居於平地，使蕃人喪失其傳統的生活方式與社會組織，將會導致蕃人傳統社會的崩潰。」他認為鼓勵蕃人造林，並把完成造林的部分土地撥給他們，所謂的「蕃人授產」，是最好的理蕃方式。他也反對用武力強制原住民歸順的做法，並在陪同佐久間總督巡查山地時，向他諫言和平理蕃的方式。

台灣總督佐久間左馬太當場欣然同意森丑之助的看法。然而，卻在急切完成山地管理的情勢下，制定了「五年理蕃計劃」，以付出重大傷亡的代價掃平高山原住民的抗爭，佐久間總督自己也在太魯閣戰役中身受重傷。

及至昭和年代，違逆原住民意願的集體遷村計劃全面展開，國民政府時代亦承襲日本人的做法，繼續將原住民遷離其祖先的居住地，台灣原住民傳統的文化、社會組織

與價值觀至此崩潰，至今猶難以恢復。

八、民族誌標本的原吋生活動態展示

早年，世界各地的博物館，有關民族誌標本的展示，都是採用直接陳列加上說明的方式，這種展示方式並沒有什麼不妥，但是，總是流於死板而缺乏生動感。一九一五年八月，台灣總督府博物館開館，森丑之助負責原住民標本的蒐集與陳列工作。他展現了極大的創意，就是製作各原住民族的蠟像，把屬於該族的服飾、器物，以實際使用的方式展示，讓參觀者可以一目了然不同原住民的生活動態。現在這種蠟像展示方式，已經成為各個博物館的主要展示的方法之一，然而在八十幾年前能想出這樣的展示法，可知森丑之助是一個相當聰明且用心的人。

九、惡魔與毒婦

森丑之助是很早就有「男女平權」觀念的人，他認為男女即使結婚後，仍應該保有個人的生活空間，應有追求個人理想的自由。他自認過度追求自己的理想而忽略家庭生活與親情，簡直可以「惡魔」視之；同時，他鼓勵自己的妻子應該勇敢的追求自己的理想，必要的時候，不妨當個「毒婦」。

這種驚世駭俗的想法，震驚當時的衛道之士，但是，必然深得現代女權主義者的喝采吧！

執著的性格

森丑之助在花蓮北埔海岸，與太魯閣族總頭目及所率領的五十七名武裝代表談判中。前排右起第二人，頭戴氈帽者，是森丑之助，面對著總頭目Harok Wunai。（〈中央山脈橫斷探險報文〉所附的照片）

日治時代初期，台灣人類學調查三傑，各有其不同的性格：鳥居龍藏的狂、伊能嘉矩的狷、森丑之助的執，造成他們不同的學術成就。

鳥居龍藏以開放的性格東征西討，有足夠的膽量挑戰危險，絕頂的聰明可以利用少許資料歸納出絕佳的見解，無論任何時地都能很快進入狀況，掌握全局。但是也因為他的調查的範圍北起庫頁島，西北到蒙古，西南到雲貴苗族地界，在台灣調查的時間相形之下就不多了。同時，在調查時的觀察力，以及調查記錄也因為性格較為粗放，而忽略許多細節。

伊能嘉矩則是完全相反的個性，他的「用功」有目共睹，他在明治三十年的一九二天全島蕃地大巡查之後，交

出內容紮實、份量十足的報告，並有記錄完整的私人日記傳世。我們可以看到甚至在瘧疾發病高燒之下，他仍硬撐著寫下「踏查三原則」：當日調查的結果必須當日記錄完成；記錄事項必須完整周到；若他日視之有所不解，就是沒有作到記錄周到的緣故。伊能每到一處，都盡量蒐集當地的文史資料，回到住處後就不停的整理資料。甚至，在他返回日本老家後，特別把他的書齋命名為「台灣館」，終其一生，繼續為台灣文獻的整理工作而努力。

森丑之助的原始性格，其實是比較接近伊能嘉矩的，具有纖細的神經、能夠注意細節，而且針對一個目標可以奉獻一生。然而，他所嚮往的性格，卻是像鳥居龍藏一樣豪放不羈的個性。這兩種截然不同的個性，互相激盪的結果，造成森丑之助異常執著的性格。

從好的一面來說，這樣執著的個性是他能夠拋除一切，全心投入探險調查而成果輝煌的原因。從另一方面來說，他的執著有時近乎偏執，他對民族誌調查研究的自我要求極為嚴格，所有的調查行動都要親自到現場，記載親眼所見、親耳所聞、親身體會的第一手資料。他對於運用現成資料來整理、分析、演繹而建構的民族學，認為是學院派坐在安樂椅上「製造」的假學問。他以自己的嚴格標準來要求別人，當然，沒有一個正常的學者可以做到，像他那樣不顧一切地投入調查。也就是說，沒有人能夠符合森丑之助的高標準。

以伊能嘉矩花費一生從事台灣蕃族調查與資料整理，森丑之助都能毫不容情地批判他光是抄襲整理各撫墾署的現成資料，並且指責他沒有真正深入部落調查，而是召喚各部落頭目到撫墾署問話。

　　另外，他對早田文藏的揭發與指責，連帶否定了早田文藏一生奉獻於台灣植物分類、整理、發表的貢獻。伊能與早田，已經是學術界公認的佼佼者，尚且受到這樣的批判，可見森丑之助對真知追求的堅持與狂熱，已經到了偏執的地步。

　　森氏的執，也表現在對人、對事明顯的愛惡之上。受到他尊敬的師長與調查夥伴，如人類學方面的坪井正五郎、鳥居龍藏，植物學方面的小西成章、川上瀧彌、田代安定、中井宗三，測量學方面的野呂寧、志田梅太郎，地質學的山崎直方等人，在他心目中，一直都有崇高與親密的地位。例如：他稱小西成章為「慈父」，川上瀧彌為「恩師」，不僅在他們生前表達恭謹與孺慕之情，在他們死後猶念念不忘。在川上瀧彌逝世十週年，他特別寫了一篇題為〈川上農學士與台灣植物調查事業〉的紀念專文，細述川上在台灣植物學上的貢獻，並重重撻伐早田文藏竊取川上氏所發現的植物新品種與研究成果，以自己的名義發表，使川上氏沒沒無聞，「想到此，對於川上氏的遭遇不勝同情之至，眼淚不禁奪眶而出。」

　　另一方面，對於他所輕視厭惡的人，包括胡作非為的

官吏、警察、漢人通事、半調子學界人士、對他有成見的社會人士等等，森丑之助都毫不留情地加以指責，因此得罪了許多有權有勢的人，也讓一些原本願意資助他的財團深感為難。這樣愛惡分明的個性，使他的人際關係與社會評價，有正反兩面極端的意見。

執著的個性表現在事的方面，那就是為了台灣探險調查，他可以做任何事情，包括：下很大的功夫精通各原住民族的語言；花兩年時間學習植物知識；冒險偷取髑髏；明知有人要擊殺他，仍不顧一切的繼續前進；屈就職位低微的工作；用盡自己的家財；放棄正常的家庭生活；乃至於最後因為無法實踐自己的理想而拋棄性命。

森丑之助纖細的神經，使他成為一個多愁善感的人，雖然他一直嚮往鳥居龍藏恢弘的氣度，在行為舉止上也盡量表現得豪放不羈。然而，因為他執著的性格，使他在潛意識裡一直放不開。例如：探險調查時所發生的傷亡事件，鳥居龍藏認為這是必要之惡，而森丑之助則經常懷想這些犧牲的夥伴，並因此自責極深。又如：他與鳥居曾經在訪問阿里山鄒族時，臨時起意要偷取懸掛於少年集會所的髑髏作為人類學標本。當夜，森氏強忍著不安的心情，志忐地偷取達邦社五個髑髏，慌慌張張連夜渡溪逃到特富野社，發現鳥居也在特富野少年集會所偷了五個髑髏，並若無其事的收藏在自己的皮箱內。之後鳥居還帶著髑髏登上玉山，並把兩個顱骨送給東京帝大人類學教室收藏。這

件事情在鳥居龍藏心目中，只是人類學調查的一個小插曲，根本不值一提，然而森丑之助卻始終耿耿於懷，十一年後還寫了一篇〈偷竊髑髏懺悔錄〉。由此，可以看出兩人性格上的差異。

森丑之助對自我要求的嚴格，不僅表現於調查時的堅持，對於作品的完美，也有特別的堅持，例如：在出版《台灣蕃族圖譜》時，他把自己以前拍攝，已經被坊間盜用的照片完全廢棄不用。又如：一九二三年，日本關東大地震造成東京大火，森氏在東京的家業也遭到焚燬。之後，森丑之助自述：

> 是幸還是不幸？我二十年蕃地研究的結晶——《台灣蕃族志》及《台灣蕃族圖譜》共二十卷中，只出版三卷，其餘未刊印的原稿資料，全部化為灰燼。
>
> 但我並沒有灰心，決定從空手狀態重新開始著述。

不幸的是震災燒毀原稿，幸運的是可以重新寫過，因為歷練更多，思想更成熟，重寫的應該比原有的更好吧。

森丑之助對自己超強的記憶力很有信心，自認所有調查成果依然都安全的存在腦子裡。事實上也確是如此，例如他在地震後次年所寫的長篇文章〈生蕃行腳〉，敘述二十四年前，與鳥居龍藏在台灣南部排灣族部落群調查訪問的見聞，內容之詳盡與資料之完備，幾乎令人難以相信，

這是喪失調查資料，完全靠記憶力寫出來的！

　　森氏說要憑記憶重新寫出《台灣蕃族志》的續篇也並不是吹牛，事實上在地震過後，他已經開始重寫了。他在〈古樓社見聞〉中寫道：「我已經把排灣族宗教禮儀的詳情，寫進我的《台灣蕃族志》系列中的排灣族篇裡，等該書出版後，請讀者參考。」

　　在他自殺前二個月，他還精神奕奕地帶著圖版及照片集圖稿，到東京商討出版事宜呢。

　　森丑之助的執，使他可以無視於任何困難或打擊，堅持實踐他的理想。但是他的執，也讓他鑽進牛角尖，衝不破、放不開，終於要靠死亡來解脫。

　　是什麼原因，讓他放下手邊一大堆未完成的工作、未實踐理想，首次做一個人生的逃兵呢？

人生顛峰急轉直下

　　儘管森丑之助像他自己所說的「脾氣不好，容易衝動，感覺擔任公職是一種桎梏，而且不會處理人際關係」，但是，他所擔任的公職，仍給予他最大的方便。他的主管明知他一直假植物調查之便，順道做自己的蕃族調查，甚至入山就像風箏斷線似地，根本不曾想到要向所屬單位報告行蹤，而發生被誤會失蹤兩年的事情，基於愛才的心理，還是睜一隻眼閉一隻眼地放任他。只是以森丑之助我行我素的作風，加上他的低學歷，他的位階始終不能

隨工作成果而提昇。

一九一三年六月，台灣總督府蕃務本署調查課被裁撤，早已厭煩公職生涯的森丑之助，順勢辭去全部的官方職務，脫離台北的閒言閒語，回到東京住所。

在東京，森丑之助應東洋協會的邀請，發表了多次的專題演講，講題包括生蕃對台灣島的影響及台灣蕃族學術調查、史前時代的台灣原住民、原住民對傳統習俗及對鄉土的感念等等，獲得日本國內各界很高的評價，東京帝國大學也主動聘任他為「理科大學囑託」，以便他能夠繼續從事著述與研究。此舉也算是認同了森丑之助的學術成就。

就在這個時候，台北方面的「閒言閒語」，也如影隨形的跟過來，給森氏造成不小的困擾，讓他第一次感受到人心險惡與人言可畏：

　　我在整理過去台灣蕃地與蕃人調查成果的過程中，在東京的前輩非常同情我的境遇，為了方便我就近檢索大學的圖書和標本，東京帝大理科大學當局，特別聘我擔任「理科大學囑託」。利用這個職位，我可以順利進行研究，同時，也獲得了物質生活上的支援。

　　想不到這個安寧的大學研究生活，不久就被台灣傳來的「既醜陋又卑劣的馬路新聞」給破壞了。我不在乎外界的惡意中傷，但是這個消息給我身邊的人很

不好的印象。雖然，事件在台灣的知己和東京前輩的關照下，已經和緩下來了，但這是我第一次有機會窺看到世俗的一面，原來是如此虛假與表裡不一，我算是接觸到人情的機微了。

所謂的閒言閒語，大致上是指兩方面。第一，就是森丑之助經常假公濟私，拿植物調查囑託的薪水，去從事自己的蕃族調查，而且不遵守工作倫理，不按時上下班，不依規定報告自己的行踪等等。

第二，就是有關森丑之助的緋聞。森丑之助身材既矮小，其貌又不揚，身上又沒什麼錢。但是，很奇怪的是，他非常受到女性的歡迎。原因之一是森氏提倡男女平權的觀念，對於女性相當尊重，甚至歡場的女性也感受到他的紳士風度。此外，森丑之助幽默風趣，對於台灣原住民的各種掌故如數家珍，使他在社交場合中備受歡迎，自然也有不少紅粉知己，看在一般古板的衛道之士眼中，簡直是不可原諒的大罪行。

原本，森丑之助認為他在台灣十八年的探險調查生涯已經告一段落，接下來就要進行《台灣蕃族志》與《台灣蕃族圖譜》共二十卷的著述與出版計劃，他也為此尋求英國亞細亞協會的出資出版。合作出版的計劃尚未定案，這時台灣總督府民政長官內田嘉吉力邀森氏來台，擔任台灣總督府臨時舊慣調查會蕃族科囑託，負責整理蕃族資料及出版台灣蕃族系列書事宜。

終於可以名正言順的進行台灣蕃族調查了，森丑之助受不了誘惑，忘記了台北社交界的種種是非，也忘記了身為公務員的種種苦惱，毅然收拾行裝，回到台灣來。

一九一四年八月，森丑之助再度搭船來到基隆港，與十九年前不同的是，基隆港已經是初具規模的商港，不需要靠接駁小艇登岸。更大的不同是，當年那個病弱的懵懂少年，如今正值壯年，而且毫不遲疑地朝向人生目標的頂峰邁進。

三十七歲的森丑之助甫一上任，就生龍活虎地穿梭在全台灣各族部落，展開攝影、調查及民族誌標本與資料的蒐集工作。

一九一五年八月及九月，由臨時台灣舊慣調查會發行的《台灣蕃族圖譜》第一卷及第二卷連續出版，內容是森丑之助歷年來所拍攝的台灣各原住民族的容貌、體質特徵及生活寫照。森氏在序文中特別強調：

> 明治三十四年以前所拍攝的照片，有的已刊載於雜誌報刊，有的已被他人翻印，流通於坊間，這些都沒有收入圖譜內。

> 圖譜預計出版十卷，第三卷至第五卷收錄各民族誌標本的圖版，第六卷為平埔族容貌及體質特徵，以及平埔族民族誌標本的圖版，第七卷至第十卷為各族體質人類學研究成果的照片和圖版。

《台灣蕃族圖譜》的出版，讓大家對於台灣原住民的生活情況大開眼界，瞭解森丑之助這麼多年來辛苦調查的成果，也讓那些始終纏繞在森氏背後的閒話暫時停止。

　　一九一七年三月，同樣由臨時台灣舊慣調查會發行的《台灣蕃族志》第一卷泰雅族篇出版，震撼了學術界，大家總算見識到森丑之助在人類學調查與著述上的功力，三六〇頁的巨著，包括：種族、體質、社會狀態、土俗、信仰及精神生活、經濟等六大篇，不僅結構嚴謹而且內容詳盡，鉅細靡遺。

　　例如：「種族篇」下分為四章，第一章詳述種族名稱、地理分布、歷史上與漢人的互動關係、泰雅族的兩大系統。第二章則就他探險調查二十餘年來蕃社的變遷作見證。第三章分別詳述屈尺蕃、南澳蕃、溪頭蕃、大料崁蕃等二十三個泰雅部族。第四章詳述各部族下共計一五二個部落的現況、地理位置與勢力範圍，並附上全部蕃社的戶數與男女人口統計表。

　　再試舉一例：第五篇信仰及精神生活的第一章「祭祀」，分別詳述播種祭、收穫祭、祖靈祭、祭儀的實例、不同部族的做法，及有關祭祀的禁忌等。而在同篇第五章「首狩」，則詳述馘首的要因、出動的順序、馘首的觀念、馘首的效果、獵首隊的編成、馘首的方法、凱旋或敗戰的後續行動、頭骨架。任何一章，都足以獨立成為一篇重要的論文了，無怪乎出版後立刻造成轟動。

森丑之助踏出成功的第一步，所有的人都在期待著接下來的八本圖譜和九本蕃族志。

　　圖譜的資料都已經完備了，《台灣蕃族志》第二卷預定出版的布農篇，內容分為二十七章，也在《台灣時報》連載中。然而，這個時候大分社布農族的抗日事件，讓森丑之助轉移了他的注意力，不再熱衷於出版自己的著作，他認為以他二十多年的蕃界調查經驗，憑他對原住民的瞭解，以及他與原住民建立深厚情誼，他應該對當前「一塌糊塗」的理蕃政策有所貢獻。

　　原來，台灣總督府強制執行的「五年理蕃計劃」，已把原本平靜的高山地區弄得烽煙四起。例如：慘烈的太魯閣討伐戰，在立霧溪中、上游的部落，幾乎遭受滅族式的焚村屠戮。高山原住民原本與日本政權保持距離，相安無事的局面被破壞了。

　　日本領台初期的政策是，對平地的漢人抗日活動，動用軍警嚴厲鎮壓，相反的，對於山地原住民，則採取寬大懷柔的做法。制定這樣政策的背景，與其說是領台初期，無法兼顧山地，不如說那是因為首任台灣總督樺山資紀，長久以來對台灣原住民性格的瞭解。樺山年輕時曾經以間諜的身份，潛伏在台灣東部，結交原住民，準備瞞著清廷從事殖民事業，因此瞭解統治原住民的方法，強硬還不如懷柔有效。

　　這個政策後來逐漸轉變。結合財閥與政治力量，所謂

的「官商」，組成許多開發山地的商社，從事伐木、採礦、製腦、種植茶樹等事業，免不了要與居住在當地的原住民發生衝突。日本政府的對策是採用「隘勇線」的方式，把原住民阻絕在山地，並逐步把隘勇線推向深山，以擴大商社的事業活動範圍，稱之為「隘勇線前進」。每一次的隘勇線前進，都會引起原住民的抗爭，造成規模或大或小的戰役。其中，北部泰雅族所居住的地域，如新店屈尺、桃園角板山，因為與平地較接近，和商社的衝突也更多，造成漢人苦力、日本警察、原住民三方面極大的傷亡。總督府迫於商社財團與軍警的壓力，終於擬定「五年理蕃計劃」，以沒收槍械及強勢鎮壓，準備一舉解決所有的問題。

森丑之助曾經大力反對這個計劃，並向佐久間左馬太總督諫言：強力鎮壓只會造成性格剛烈的原住民更大的反抗。佐久間雖然同意他的看法，但是迫於形勢，還是動用大批軍警，以無數的人命為代價，終於在一九一五年一月，宣告完成五年理蕃計劃。

然而，就在同年五月十二日，拉庫拉庫溪溪畔的喀西帕南駐在所，十名日警被來自新武呂溪的布農族殺光。五天後，爆發著名的大分事件，十二名日警被大分社頭目拉荷·阿雷與其弟阿里曼·西肯率族人一舉斬殺。由於布農族的驍勇善戰，加上所居住的地方是台灣最深入、地形最艱困的高山峻谷地帶，日警不但無法鎮壓，反而因各地的

布農族受到鼓動，紛紛起來呼應而疲於奔命。

　　布農抗軍首領之一阿里曼‧西肯，曾經與森丑之助不打不相識的成為莫逆之交，森氏認為他應該可以憑這樣的交情，遊說布農抗軍與日本政府和解，以免造成兩敗俱傷的局面。

　　他腦海裡已經開始產生一個構想：這些抗日事件層出不窮，讓日本警察頭痛萬分的所謂「施武郡蕃」，如果劃定一塊保留地，給他們資金，讓他們從事造林與蕃產的生產，這樣類似現代所謂的原住民自治區的「蕃人樂園」，是不是可以讓他們與日本當局和諧相處？這是他認為可以讓布農好友及總督府理蕃當局雙贏的策略。

　　森丑之助與台灣各個原住民族都建立深厚的友誼，也了解並欣賞不同民族的特色。但是，他對布農族特別的欣賞，甚至可以說到了欽慕的的地步：

　　　　布農族維持大家族制度，最多有六、七十人，甚至八十人的大家族同住在一間大屋內。他們能夠長時間勞動，家中貯藏的穀物可以維持三年左右。

　　　　他們的體力非常好，我們去攀登新高山的時候，已經證實了這一點。他們的背負力驚人，能夠背負一百五十斤到二百斤的重物翻山越嶺而不以為苦。甚至女子也能夠背負重物走數十日里山路，攀登高山也如履平地。布農族居地，分布於高山幽谷之間，蕃社都還在非同小可的地形，例如斷崖上面，易守難攻。

一般蕃人都不願意，也沒有勇氣走出部落的領域，更不敢單獨外出遊獵。只有布農族敢單獨超越部落的領域，四處去旅行，甚至進入別族的獵場狩獵。我們有一次從埔里到花蓮途中，把一面國旗和一個飯碗留在能高主山山頂留念。另一次從合歡山到奇萊主山時，也把一些紀念品留在奇萊主山附近的山頭。後來，布農族獵人，從他們南方的領域，長程跋涉到屬於泰雅族領域的奇萊主山方面打獵，竟從山頂回收我們留下來的東西，帶到集集街的支廳。這種縱橫高山如入無人之境的作風，是別族作夢也不敢做的一件事。

　　幸虧強悍的布農族，大都不想和日本人為敵。但是萬一當局對布農族有處理不當的狀況發生，一定會造成難以收拾的後果。

　　這一段話是森丑之助在一九一三年告別台灣演講的內容。兩年後，不幸被他言中：拉庫拉庫溪流域的布農族，在強制的理蕃政策下，發動連串的抗日事件，綿延十八年的抗日活動，讓日警疲於奔命、焦頭爛額。

　　森丑之助曾把台灣蕃界調查當作是平生的志趣，但是，他的蕃界調查，有一個更遠大的目標，那就是藉著蕃界調查的成果，作為經營台灣的基礎：

　　　認識台灣這塊土地和土著人種，對將來的台灣經

營，是不可或缺的要務。

　　經過三十年的探險調查，森丑之助對台灣原住民的瞭解已經非常透徹了。現在，他認為要貢獻自己的研究成果，有比出版《台灣蕃族志》、《台灣蕃族圖譜》更直接、更有效的方法，那就是幫助台灣總督府理蕃當局，以「正確」的方式經營蕃地。他把這件事情視為「人生的志業」，重要性已經超過作為「志趣」的蕃族調查了。

　　蕃族調查，可以憑一人的血氣之勇，散盡家財來完成，何況他後來還得到官方的支援，雖然只是位卑薪微的囑託，也使他的調查順利多了。但是，經營蕃地，就不是光靠一個人能夠完成的大工程，人力、物力，還有原住民的意願及官方的想法，都不是容易解決的事。

　　森丑之助發揮他執著的性格，明知困難重重，還是以全心全力堅持做下去。他的朋友尾崎秀真這樣說：

　　　　丙牛氏行事狂熱，狂熱到極點時推動一個龐大的計劃，不動用一兵半卒，不用犧牲人命，要用他自己的方式，讓一生所奉獻的對象——深山蕃人同浴近代文明。

　　　　目前全島蕃人幾乎全部服從官命，只剩盤據於玉山山麓的布農族「施武郡蕃」，仍在崇山峻嶺中恃險抗命，丙牛氏為了促使這些不屈的蕃人歸順，再三前往高山遊說抗命的頭目。

所謂抗命的頭目就是大分社的拉荷‧阿雷與阿里曼‧西肯，原本與森丑之助交情深厚，然而，在大分事件後已經成爲敵對的一方，雖然不至於加害森丑之助，但是明顯的有芥蒂。事實上，在「五年理蕃計劃」開始後，全台灣原本友善的山地部落，已經紛紛對日本人產生敵

打訓社頭目拉荷‧阿雷，是森丑之助好友阿里曼‧西肯之兄，率族人抗日長達十八年，是台灣總督府最頭痛的「施武郡蕃」，也是森氏殉死的原因。（楊南郡提供）

意，森丑之助與鳥居龍藏曾論及「往年平靜無事的蕃地，現在已變成危險之境」而長嘆不已。森丑之助多次入山遊說布農族「施武郡蕃」，其實是冒著一言不合即可能被馘首的危險。

　　經過多次的遊說，布農施武郡蕃各部落終於認同森丑之助的想法，願意配合他的「蕃人樂園」計劃。然而，眞正的困難才要開始面對：龐大的資金要如何籌措？官方同意他的做法嗎？社會各界能夠給予協助嗎？

　　森丑之助爲了籌措資金，往來台北與東京說明他的計劃，然而，幾乎沒有人贊成他的做法。學術界的朋友敦促他趕快完成蕃族志與圖譜的著述與出版，反對他不務正業去搞什麼蕃人樂園計劃；社會人士認爲蕃地經營是總督府

的工作，根本不需要森氏多事；民政長官則因森丑之助受命編纂蕃族資料，不努力完成任務而大傷腦筋。

一九二三年九月一日，日本關東地區發生強烈地震，震災引發的大火，幾乎使東京全毀，森丑之助在東京的家業也慘遭大火，許多尚未發表的稿件和資料都付之一炬。

還在期待森丑之助繼續出版台灣蕃族系列書籍的各界人士，聞訊大感震撼與惋惜，大家也意識到《台灣蕃族志》與《台灣蕃族圖譜》是眞正重要的經典大作。森氏的好友與長輩紛紛慷慨支援，並爲他奔走尋求企業界的資助，好讓他可以安心從事蕃族研究與著述。

森丑之助本人也意識到必須盡快將其餘書籍出版，幸虧他記憶力奇佳，重新撰寫並不是什麼難事。而且他也得到多方面的支援，包括台灣的佐久間財團和日本的大阪每日新聞社。其中，大阪每日新聞社決定提供每年三千圓，三年共九千圓的大筆資金，讓他可以無後顧之憂的全力進行蕃族研究及著述、出版事宜。

森丑之助二十多年來對台灣蕃族調查的成就，終於得到肯定，社會期待他的新書出版，企業提供他大筆資金供他運用。他辭去公職，以便專心研究及著述台灣蕃族系列書。眼看著在短短幾年內，他就能夠攀上學術的顚峰，以二十本經典鉅作獲得無數的榮耀。

但是，這個時候他的內心又開始動盪起來，原本由於籌措不到資金而胎死腹中的「蕃人樂園」計劃，卻因爲突

如其來的大筆研究經費，使森丑之助先前狂熱進行的「平生志業」，有了死灰復燃的機會。

按照森氏的想法，大阪每日新聞社給予的資金，雖然說是贊助他蕃族調查研究及著述的經費，但是，森氏本人並不需要花錢去調查研究，因為這些東西都已經在他的腦海裡了。他所要做的，只是再一次把它們寫出來而已，那麼這一筆龐大的資金，豈不是可以用來實踐他的計劃嗎？

知道他想法的親友都表示反對，尾崎秀眞這樣寫道：

> 丙牛氏的大計劃是把南投縣信義鄉東埔社建設成一個「蕃人的大樂園」，讓內山抗命的施武郡群遷到其地居住。
>
> 他計劃把大阪每日新聞社捐給他的四千圓悉數投入建設。但很可惜，他的理想過高，贊同者不多。而且他雙肩擔負著編撰《台灣蕃族志》的不朽大業，所以，甚至連家屬也主張應該先把著述事業完成，再去推展個人的抱負。然而，丙牛氏堅持無論如何要先實踐他的抱負。

眞是一個固執到令親友傷腦筋的人！他的作為也讓厭惡他的人得到一個攻擊他的理由。九千圓是相當於一個中級公務員三十幾年的薪水總和，森丑之助平白獲得這樣一大筆資金，已經夠叫人眼紅了，而他自恃「蕃族調查資料都在腦子裡」，遲遲不肯提出調查研究計劃書。加上森丑

之助的緋聞不斷，又不善與上流社會交際，不自覺的得罪名流，可以想見他最痛恨的閒言閒語又要纏身了。

大阪每日新聞社台北支局的局長夫人，就是厭惡森丑之助，頻頻向日本本社發出對森氏惡評的主要人物。流言傳的多了，森丑之助不得不於一九二六年五月初，專程回日本解釋：雖然他把資金用到別處，但是絕不會影響《台灣蕃族志》的撰述。可惜，照尾崎秀真所述，森丑之助這一趟是白走了。

> 今年春天，他回日本內地，遊說大阪每日新聞社及朝日新聞社的前輩，都得到與預期相反的回應。諸位前輩都勸他全心去完成《台灣蕃族志》的續卷，使他感受極大的挫折。

大阪每日新聞社更決定：既然森丑之助不努力去完成《台灣蕃族志》續卷的研究與撰述工作，那麼，除了已撥下的第一年三千圓經費外，接下來的資助經費將全部取消。

這一項決定如晴天霹靂，讓森丑之助措手不及，也感到萬分冤屈。其實，森氏雖然熱衷於推動蕃人樂園計劃，但是也沒有荒廢他的著述與出版計劃。他在五月初抵達東京時，還興沖沖的帶著數十張原住民標本的圖片，訪問東京帝大人類學教室及京都帝大考古學教室，商借相關資料以便於出版之用。這些資料，都是森氏當年蒐集、拍攝送

給帝大的,非常珍貴,其中一些是因爲「五年理蕃計劃」的摧毀,而無法再攝得的部落照片。《人類學會雜誌》有一篇文章提到:

> 本年五月,森氏兩次來東大人類學教室訪問,同時帶來精美的土俗圖版數十枚及照片集圖稿,談及出版的抱負,他本人顯得精神奕奕。

知名的文化評論家土田杏村曾經於五月六日,陪同森氏到京都帝大拜訪考古學教授濱田耕作,他說:

> 森氏在東京震災後曾經茫然若失,好在近年來他又恢復勇氣,慢慢重寫原稿,同時,爲了製作素描與臨摹圖版,不惜花費私財。
>
> 大正十五年五月六日清晨,我才剛睡醒,森氏就突然來訪,要我陪他到京都大學考古學教室拜訪濱田教授。
>
> 十日傍晚,他帶了一個年輕女子到我家訪問,當晚在菊水料亭一起用餐,之後到圓山公園,坐在長椅上談話到深夜。我們談話的內容是有關台灣蕃族的事,森氏說他一、二個月後還要再來內地,原因是他要創設「蕃人樂園」作爲台灣蕃人和平地人交流的計劃還沒有進展,需要再度回內地洽商。

可以看出來,森丑之助是同時在進行著述出版與蕃人

樂園計劃,只是蕃人樂園計劃因為困難重重而必須花費更多的時間,使得外人看起來好像他的心思並未放在研究與著述上。森氏為了挽回大阪每日新聞社的決定,在東京、京都和大阪奔走了一個多月,才認定大勢已去,黯然返回台灣。

拓殖通信社駐台北特派員宮川次郎與森丑之助有多年的交情,對於這期間森丑之助所遭遇到的事情有完整的報導,這篇報導可能最接近真實狀況:

森氏於一九二三年被迫離開已改隸為總督府民政部文教科的台灣博物館後,接受台灣佐久間財團和大阪每日新聞社資助,繼續作他的台灣蕃族研究。

當時,大阪每日新聞社承諾未來三年內,每年撥出三千圓給他進行台灣蕃族調查、研究與出版。但是,想不到森氏當時開始熱衷於東埔的開發計劃,要把官方武力所不及,當時仍未歸順的布農族「施武郡蕃」,遷移到他個人開發的「東埔樂園」,此舉可以解除他所愛護的「施武郡蕃」一直被官方圍剿的慘境。森氏準備把每日新聞社提供的龐大資金,全部用於這個他所宣稱的「畢生大事業」之中。

幾個月前,森氏在台中富貴亭菜館,宴請相關的官員和民間事業家,公開即將具體實施的「東埔開發計劃書」,尋求各界支援。之後,他前往大阪市,與每日新聞社商量資金動用的細節。但是每日新聞社對

於森氏所提出的「撫蕃計劃」非常不贊同，認為資金的用途本來是指定為「蕃族研究」。折衝的結果，每日新聞社主事者，最後只同意捐出第一年度的三千圓。

大阪每日新聞社取消第二年及第三年的捐款，原因是對森氏胡亂搞出撫蕃性質的「東埔開發計劃」完全沒有興趣。另一個重要原因是該社台北支局局長向本社提出的報告指出：「接受研究經費補助者，按慣例應該定期提出調查研究進度報告，而森丑之助完全沒有提出任何報告的意圖。」

按照森氏已往習慣的做法，是先完成全部的調查研究工作，然後把存放在腦海裡的資料，一次傾吐出來，使原稿有一氣呵成的暢快。但是，習慣於「一面調查，一面撰寫調查進度報告」的常人，根本無法理解像森氏那種天才的做法。

何況經過佐久間總督討伐後，山地部落已有很大的改變。大正晚期，即使重新入山踏查，部落舊貌和舊文化也不復可見。

在研究之餘，森氏對於分布於高雄縣與台東縣的布農族施武郡群的處境，感到非常憂慮。認為非趕快憑著個人與施武郡頭目的親密關係，讓事件和平解決不可。他狂熱的投入，要建設一個遷徙區於東埔。但是，我們看不出他的計劃有任何可行性。

經此挫折，森氏變得垂頭喪氣，以往他的性格光明磊落，絲毫不在意外界的批評，現在竟變得連馬路新聞也非常介意，對於某些雜誌的惡意批評，更是憤慨萬分。從前不願意談論自己的心事，現在卻常常誇示自己以往的事蹟。總之，他已經患上了深度憂鬱症，這是精神和肉體已經快要崩潰的前兆。

一九二六年六月九日，森丑之助帶著即將崩潰的精神和肉體，黯然搭船返回台北家中。

終章

回到台灣後，森丑之助好像變成另一個人似的，失去了熱情的眼神，整日魂不守舍，默默不語。六月二十六日，他寄信給台中友人山中公，寫到他勸誘深山的施武郡蕃集體移居的大計劃終於失敗了，字裡行間充滿無力感，往昔神采奕奕，獨自面對挑戰從不退縮的森丑之助已經死了。

之後，他奉獻十圓給台灣神社，分別寄出遺書給家人和友人後藤文夫、阿部滂兩人，然後抱著自殺的決心搭船前往花蓮。給家人的遺書，只有一句：「請恕罪」，潦草的寫在名片上。給朋友的遺書，則激烈的寫著：「無法達成入蕃調查的目的，發狂跳海自盡！」同樣是寫在名片上。

然而，面對一死百了的結局，森氏又猶豫了，他從花

蓮緊急打電報給朋友，請他們不要公開他的遺書。從花蓮回到台北後，只對兩位擔憂的友人淡淡地說了一句話：「抱歉，讓你們掛念了。」

雖然暫時打消了自殺的念頭，但是人生目標的失落所造成的深度憂鬱症，依然牢牢纏繞著他，屬於他性格中「執」的部分，讓他鑽進牛角尖而無法自拔。想來想去，還是唯有一死才能解脫。

七月三日，他只帶著雨傘和毛巾，告訴家人要去淡水。下午一點鐘，在台北火車站碰到友人宮川次郎，宮川驚訝於森氏灰黯的臉色和茫然的眼神，但因為有事在身匆匆打個招呼就走了。事後他懊悔的說：「當時，如果我發現他正踏上死亡之旅，無論如何我會全力挽回他的，回想起來悔恨萬分！」其實宮川根本不必自責，因為森丑之助的狀況是誰也沒有辦法挽救的。

下午四點，森丑之助來到基隆港，搭上神戶與基隆間的定期班輪「笠戶丸」，這時候他的家人因為森氏早上出門時神色有異，正在聯絡友人四處尋找他的行蹤。

一九二六年七月三日深夜，笠戶丸照往常一樣緩緩的駛離基隆碼頭，台灣島夏日特有的燠熱，因輪船破浪而行帶來的涼風而驅散了。森丑之助靠在船舷，眺望午夜的基隆港，三十一年前，同樣在這個位置，一個不知天高地厚的少年，急切的要踏上這個熱帶島嶼，去探求一個完全未知的世界。三十一年後，一個踏遍全島山地，歷經人情冷

暖，夢想破滅的疲憊中年人，黯然地離開他奉獻一生的島國。

　　三十一年前九月，那個細雨霏霏的早上，潮濕的基隆港，泥濘的地面，低矮的房屋，混合著臭味的溫熱空氣，還有漢人苦力此起彼落的吆喝聲，令人難受卻又難忘的情景，依然如在眼前。之後，隨軍隊到宜蘭，第一次看到台灣的原住民；然後在桃園角板山，結識泰雅族大頭目Taimo Misel；後來在花蓮參加阿美族里留社船祭，一步一步地走進原住民的世界，終於成為公認的「蕃界調查第一人」。原住民天真浪漫，毫不矯情的純樸個性，比起狡獪的平地人更好相處；跋涉深山峻嶺的痛苦，比起到達部落熱忱相迎的歡樂，又算得了什麼呢！

　　如果不是日本商社的貪婪和政府的武力鎮壓，整個台灣高山部落，不都是樂天無憂的「蕃人樂園」嗎？面對總督府的錯誤政策，一心想憑個人的努力，呼籲各界集合力量來補救。沒想到竟然沒有人願意協助，辛苦奔走換來的，只是冷嘲熱諷和打擊罷了。和日本官方為敵的布農族施武郡蕃，經過多次奔走遊說，總算願意合作，然而，在遊說日本人這一方面卻是完全失敗了。如此失信於布農朋友，還有什麼面目與他們再相見？

　　一九二六年七月四日，午夜剛過，海上的冷風把甲板上大部分的旅客趕進船艙裡，蛻變中的基隆港，已經初具國際商港的風華，遠遠的，半山的燈火漸次熄滅。

森丑之助仍然像一尊石膏像一樣，倚著船欄一動也不動。凌晨的冰涼，冷透他的身體，世情的酷寒，更浸透他的心。他的眼神逐漸渙散，生命之火慢慢地熄滅了。

終於，他緩緩的彎下腰，脫掉鞋子，毫不猶豫的踩上欄杆，縱身跳向一個未知的世界。

一九二六年七月三十一日，《台灣日日新報》刊出一則令人歡惋的報導：

蕃通第一人森丙牛氏之死
從笠戶丸躍入大海自盡

【本報訊】被傳爲失踪的本島蕃通第一人森丑之助，號丙牛，於七月四日從笠戶丸投海自殺事件，直到七月三十日才被證實。

丙牛氏於七月三日走出家門，據說當時他神色有異，所以家人和朋友四處找人，但已經來不及阻擋。當天下午四點，丙牛氏已登上停泊於基隆港的笠戶丸，要離開第二故鄉——台灣島。隔日凌晨卻自行了斷五十年塵緣，自沉於深海中。

七月四日船上有人發現他投海，執事人員清點遺物，只看到毛巾、手錶、雨傘和鞋子，但是沒有找到遺書之類的東西，投海自殺原因不明。無法救援的狀況下，班輪繼續航行至目的地神戶。

之後，這艘載著丙牛氏遺物的船，從內地回航，

1926年8月4日森丑之助友人假台北市三板町葬儀堂，爲森氏舉辦一場日本神道式的公祭。圖爲公祭現場的情景。靈前右方第一人是女兒森富美，第二人是遺孀森龍子。（森雅文提供）

於三十日拂曉時分抵達基隆港。遺族和朋友隨即前往確認遺物，才證實這一則令人哀痛的死亡消息。

本來還抱著一絲希望，但願所謂的遺物不是丙牛氏的東西。證實丙牛氏自殺身亡後，親友立即陷入悲痛無助的深淵，想不到丙牛氏只留下簡單的隨身之物，匆匆地奔向死亡之旅。

一九二六年八月四日下午四點，台北市三板町葬儀堂，舉行一個日本神道式的公祭，高掛在靈堂上遺照的本人，尚未被官方承認死亡。所有參加的親友和各界人士都承認：眞正死亡的是尚未出版的十七本台灣蕃族系列經典大作。

這一年，唯一的女兒森富美十七歲，正在台北第一高

女就讀。公祭過後她與母親森龍子將父親移靈至東京都文京區本鄉的大林寺，沒有葬禮，只是將森丑之助的姓名刻在家墓上。

後記

一九九四年，由日本ＮＨＫ製作的《日本的探險家群像──對未知的挑戰》出版，書中列舉了四十九個著名的探險家，大多是十九世紀末至二十世紀初，因明治維新帶來的新世界觀，而勇於向未知的世界挑戰的勇者。其中有六個人曾經在台灣從事探險調查活動，包括植物學界的田代安定、金平亮三、早田文藏，人類學界的鳥居龍藏，博物學界的鹿野忠雄，以及地理學界的田中薰，但是森丑之助，這位無論在探險難度、探險時間、或向未知挑戰的勇氣，都遠超過《日本探險家群像》評選標準的偉大探險家，竟然被遺忘了。

且不說森丑之助被社會大眾遺忘，他甚至被自己的家族遺忘了。因為專心致力於台灣蕃地的探險調查而疏忽家庭的照料，以至於親情淡薄。唯一的女兒森富美幾乎不願意提起父親的事蹟，連身為人類學學者並曾來台灣研究鄒族的唯一曾孫森雅文，也是在和筆者會面後，才驚訝地發現自己的曾祖父，竟是這樣偉大的人類學探險家。

至於筆者，也曾經犯了輕忽森丑之助的大錯。在十年前調查八通關古道時，只知道參考長野義虎、鳥居龍藏的

1998年8月森丑之助研究者在台北合影。右起森雅文、宮岡眞央子、笠原政治、楊南郡。（楊南郡提供）

調查報告，竟然完全忽視曾經六次橫越八通關古道的森丑之助，而使自己的調查報告不夠周延。直到開始研究森氏的作品時，才嗟嘆抱憾不已。

　　古人說人生有三大不朽：立德、立功、立言。森丑之助在完成台灣蕃界探險後，開始從事「立言」的不朽大業，他自己也有這一番認知，在《台灣蕃族志》第一卷的序言中，他寫道：

> 　　台灣蕃族志十卷連同蕃族圖譜十卷著述完成後，則有關於台灣蕃人的事情大都記載闡述完備。本人過去二十年來投注全部心力，在台灣的探險調查生活，也才不會沒有意義。往後我將盡快完成續卷……。

言猶在耳，他卻捨棄了「立言」之路，轉向自認為可以得到更好結果的「立功」途徑。在他的想法裡，他可以運用二十多年來所獲得的，有關於台灣原住民的知識，以及與原住民的深厚交情，完成總督府理蕃課及大批軍警無法作到的，與台灣原住民和諧共處的大業。成功的話，雙方都不再犧牲生命，無論對日本祖國或台灣原住民朋友，都是一件不朽的大功業啊！

　　也許，森丑之助的想法是對的，但是他未免操之過急，就像當年他以救火來比喻，一刻也不肯稍待。其實，如果森丑之助能靜下來，先把「立言」的功業完成，必定可以得到輝煌的聲望，而隨著聲望而來的地位，反而可以讓他得到更多的協助和資源。此時再推展他的「畢生的大事業」，可能也會變得較順利吧？何況時間會改變一切，造成森丑之助以死相殉的「施武郡蕃」與日警對抗的問題，隨著時間的演化，漸漸的不再那麼尖銳了。

　　森丑之助死後七年，台灣總督府終於領悟到使用強勢鎮壓，是無法禁絕布農族的抗日活動，於是以懷柔的手法將布農族第一美女華麗絲（Walis）嫁予拉荷・阿雷次子西達，並招待據守塔馬荷（玉穗）社的「施武郡蕃」勢力者二十人到台北旅遊，經過多次的訪問與溝通，換得拉荷・阿雷一族不再對抗的承諾。日本人也承諾，塔馬荷社的布農族可以繼續在原居地生活，不受干擾。

　　昭和八年，一九三三年四月二十二日，高雄州廳舉辦

盛大的「歸順儀式」，大分事件首領拉荷・阿雷與高雄州知事平等相待，互換禮物。全台灣的報紙熱烈報導：「本島最後未歸順蕃已完成歸順。」

森丑之助地下有知，大概要對「歸順」兩個字大發議論：

> 台灣蕃人的內心裡，「歸順」這兩個字是沒有意義的。他們有的，只是和解的概念而已。在蕃語當中，我們絕對找不到任何「歸順」、「順從」等意涵的語詞……。

這一年七月四日，距森丑之助投海失蹤之日恰滿七年，按照日本戶籍法，正式在戶籍欄上登錄「昭和八年七月四日確認業已死亡」。

森丑之助台灣原住民攝影集

圖片來源：《台灣蕃族圖譜》

1915年8月、9月出版

泰雅族托洛庫群（Torok）布拉耀社（Burayau），後方左爲合歡山，右爲奇萊主山。附近有榛樹林。南投縣仁愛鄉靜觀。1901年2月。

（上圖）泰雅族屈尺群烏來社內頭骨架。頭骨架通常置於部落住家附近，排列於竹架上。最多一個竹架放五、六十個，現在已撤廢。

（下圖）泰雅族馬里闊灣群狙擊姿勢。新竹縣尖石鄉。1903年2月。

泰雅族托洛庫群塔羅灣社（Tarowan）社婦女刺墨情形。南投縣仁愛鄉平生。
1915年1月。

泰雅族婦女正在織布，其後是穀倉，附設防鼠板。南投縣仁愛鄉靜觀。1915
年1月。

泰雅族生活照片。右邊兩個婦女正在舂小米，中間少女正在彈口簧琴（Robo），左邊壯丁所佩的蕃刀，刀鞘末端繫結一束頭髮，馘首時從敵首取下頭髮做為揚威、避邪、紀念之用。南投縣仁愛鄉靜觀沙德社（Sado）。1915年1月。

泰雅族烏來社住屋，其特徵是茅頂木屋，牆壁用橫木堆積，非常堅固。屋前有穀倉。本圖做為與其他部族住家比較之用。台北縣烏來鄉。1903年2月。

泰雅族太魯閣群牛窟社（Gukutsu）茅頂木造的住家。北方南澳群屋頂則通常用石板覆蓋。花蓮縣秀林鄉。1909年5月。

泰雅族布洛灣社（Burowan）住家及男女青年。花蓮縣秀林鄉立霧溪布洛
灣。1914年11月。

泰雅族沙德社（Sado）內望樓、穀倉及住家。望樓：防止敵對部落來襲，由
未婚青少年住宿警戒，近來望樓被逐漸撤廢，僅存的規模更小。南投縣仁愛
鄉靜觀。1915年1月。

（右圖）泰雅族馬列巴群的男女。坐姿吹竹笛者戴用白色貝殼製成的圓形耳飾，也佩同樣的胸飾，這些只限馘首成功者佩戴。放在腳邊的是頭顱，只有在馘首祭，或面對頭顱時才吹竹笛，平時不吹。

（左圖）少女只在額頭上刺墨。南投縣仁愛鄉北港溪上游。1909年5月。

泰雅族屈尺群的男女容貌及服飾。台北縣烏來鄉。1903年2月。

泰雅族奇那吉群的男女容貌及服飾。新竹縣尖石鄉。1913年5月。

泰雅族北勢群的男女容貌及服飾。苗栗縣泰安鄉大安溪中游。1906年6月。

泰雅族木瓜群的男女及服飾。花蓮縣秀林鄉木瓜溪口。1904年8月。

泰雅族霧社群的男女及服飾。南投縣仁愛鄉。1906年1月。

泰雅族大嵙崁群卡拉社（Kala）女子，戴耳飾，額頭及面頰都有刺墨。袈裟形披肩男女穿法不同。女子有拔部分眉毛，使成爲細眉的風俗。桃園縣復興鄉石門水庫南岸（今已淹沒於水中）。1906年7月。

泰雅族太魯閣群牛窟社（Gukutsu）女子。臉部刺墨，頭髮用毛線紮束，前髮剪短到齊眉，胸飾用小玉、貝片、毛線綴成。太魯閣群女子不用胸兜。花蓮縣秀林鄉。1914年12月。

泰雅族屈尺群烏來社女子，臉部刺墨，頭髮用毛線紮束，有頸飾、竹管耳飾與胸兜。台北縣烏來鄉。1903年2月。

大武山，是南部高逾三千公尺的名山，也是排灣族和魯凱族民族起源地，同時是祖靈永居之地。每隔五年，祖靈下山巡訪排灣族各部落，所以有五年祭的重要習俗。屏東縣霧台鄉、泰武鄉及台東縣金崙鄉交界。1904年9月。

排灣族筏灣社頭目,身旁的古甕相傳是太古時代和祖先一起從天上降臨的。右側兩個石盒是放敵首之用。本社和佳平社同屬排灣族頗有來歷的部落群,亦即Pau-maumaq。屏東縣瑪家鄉。1897年4月。

排灣族三地門社頭目屋宅,右邊茅屋是穀倉。頭目家族及服飾。屏東縣三地門鄉三地門。1905年6月。

排灣族瑪家社頭目屋宅。石板屋前有祖先像石雕，祭典都在此舉行。頭上纏
黑布，插鷹翅是曾經獵獲很多敵首的勇士表徵。刀鞘附有敵首頭髮，檳榔袋
紐帶上有祖傳古珠。屏東縣瑪家鄉。1905年6月。

排灣族瑪家社頭目屋宅前庭，石台是頭目聚集社眾發號施令的場所。石台下
方放著一列頭骨，以誇示英勇。左前方是頭上插著鷹翅的頭目。附近種著檳
榔樹和榕樹。屏東縣瑪家鄉。1905年6月。

排灣族佳平社頭目屋宅，左為住家，右邊的茅屋是穀倉。屋簷下的陶器是頭目家代代傳下的古甕，非常珍貴。屏東縣泰武鄉。1905年5月。

排灣族來義社頭目屋宅。簷桁有人頭雕刻，懸掛著野豬的下顎骨。丹林社
（Tanashiu）頭目在右，來義社頭目在左，兩人都著雲豹皮衣，腰間佩著蕃
刀。屏東縣來義鄉。1905年5月。

排灣族望嘉社頭目屋宅（左）與穀倉（右）。這一帶的穀倉形狀很特別，倉內
隔一層木板，穀物收藏於上面。屏東縣來義鄉。1905年7月。

排灣族古樓社頭目屋宅（右）和穀倉（左），旁邊有榕樹。穀倉的屋頂很像卑南族的公廨屋式，排灣族的穀倉多半採取這種構造。屏東縣來義鄉。1905年7月。

排灣族茖芒社住屋，屋頂形狀像來義社的穀倉。穀物收藏於住屋內。爲了防風，挖深地基築成半穴居狀態，部分布農族住屋和雅美族全部住屋，都採用這種方式避風。屏東縣春日鄉。1905年10月。

排灣族內文社大頭目Mavariu的屋宅前庭，右邊有頭骨架。中立的排灣族是大股頭人Mavariu家族及二股頭人Churun家族，這兩個大頭目統御「恆春上蕃各蕃社」。屏東縣獅子鄉。1905年9月。

排灣族內文社大頭目屋宅，「恆春上蕃」及「薺芒蕃」的住家都採用這種屋式。最右邊是大股頭人Mavariu。屏東縣獅子鄉。1905年9月。

排灣族牡丹社住屋、男女及服飾。牡丹社和高士佛社的排灣族曾經殺死漂流到南台灣的琉球漁民，日本悍然派兵問罪，世稱牡丹社事件。牡丹社和高士佛社都屬於「恆春下蕃」，風俗和「恆春上蕃」不同。屏東縣牡丹鄉。1904年10月。

卑南族卑南社的公廨，以籐條、竹、木搭建、茅頂。未婚青少年夜間睡於公
廨，接受族老教導。台東縣卑南鄉。1906年12月。

魯凱族霧台社附近所見的最大型籐橋（吊橋）。屏東縣霧台鄉。1905年4月。

排灣族望嘉社的大型頭骨架。頭骨架通常設於頭目家屋前，或部落入口處。
本照片顯示頭骨架用石板築成蜂窩式，位於部落入口處，周圍有榕樹遮蔭。
屏東縣來義鄉。1901年12月。

（上圖）排灣族內文社大股頭人屋前的頭骨架，以及內文社以前和清軍打仗時擄獲的大砲（只剩砲管）。屏東縣獅子鄉。1905年9月。
（下圖）排灣族莘芒社的頭骨架與莘芒社社衆。屏東縣春日鄉。1905年5月。

卑南族青年遞送郵件穿過檳榔樹林。台東縣卑南鄉。1906年12月。

屏東縣靠北的山地，都有通往各部落的社路，沿線保留幾處森林，林蔭處都
用板岩鋪設石台，高及腰部，適於行人放下行李，坐下來休息、納涼。照片
顯示霧台附近的魯凱族、石台及榕樹。屏東縣霧台鄉。1905年3月。

排灣族德文社。女子頭上所戴的三角巾表示她們是在服喪中。左為住家，右為穀倉。屏東縣三地門鄉。1905年9月。

排灣族來義社石板屋。簷桁上的人體及頭部雕刻，表示屋主屬於尊貴的頭目階級。古時候，牆壁上嵌入很多頭骨，後來改用人頭雕刻。著雲豹皮衣者是丹林社（Tanashiu）頭目。屏東縣來義鄉。1904年10月。

排灣族佳平社男女及其服飾。右邊男童扶著有雕刻的盾牌。男子胸前及雙手臂都有刺墨（未照到）。排灣族都男子有束腹的風氣，使行動敏捷。女子著傳統禮服（左起第二人）。屏東縣泰武鄉。1905年5月。

排灣族高士佛社住屋、男女及衣飾。「恆春下蕃」的男子受到清人的感化，都留辮髮。男子短裙沒有打細摺，是兩塊布的組合裙。男女都攜帶檳榔袋。屏東縣牡丹鄉。1906年12月。

盛裝的卑南族勇士。頭飾及胸飾都是銀質飾品。矛頭及刀鞘都用從敵首割下
的頭髮裝飾，也是獵頭的標記。只有卑南族及「恆春下蕃」男子所穿的短裙
沒有打細摺。台東縣卑南鄉。1904年9月。

排灣族望嘉社。屬於頭目階級的男子有身體刺墨之俗，以示頭目階級的尊貴。從胸前起，沿著雙臂至背部和腰部的黥紋，是代表百步蛇的相連菱形紋、三角紋等，都是蛇腹紋的變化體。屏東縣來義鄉。1905年5月。

排灣族大麻里社頭目之妻及其衣飾。頸飾用古珠與貝片綴成，胸飾也用古珠串連，都是傳家寶。女子手背刺墨代表家系的尊貴。背後陰刻祖先像配以百步蛇，源自排灣族神秘的傳說。台東縣太麻里鄉。1911年6月。

排灣族三地門社頭目。皮帽上插熊鷹羽翅，另以豹牙製成的帽章顯示頭目的英勇與尊貴。從肩膀斜掛的綏帶用古代貝幣綴成。屏東縣三地門鄉。1905年6月。

排灣族高士佛社男子的面貌、頭上小辮與珠飾，以及衣飾。請注意「恆春下蕃」的風俗和別地的排灣族不同。屏東縣牡丹鄉。1904年10月。

排灣族牡丹社女子揹著網袋，肩膀掛著檳榔袋，有胸飾。屏東縣牡丹鄉。1904年10月。

從中央山脈遙望雲海上的玉山連峰。布農族分布於玉山東方一帶，相傳其祖先在大洪水年代避居於玉山頂。前景是刺柏和台灣五葉松。1909年12月。

布農族卡社群卡社，石板屋依山搭建。布農族部落和住屋呈分散狀態，最重要的理由是防止火災及傳染病蔓延。南投縣信義鄉。1908年2月。

布農族干卓萬社，石板屋前方堆石成防護牆，目的是防風及防禦敵人攻擊。丹社群住屋也有同樣的構造。屋簷下吊著鄰近的霧社、萬大社泰雅族頭骨，這是馘首的成果。南投縣仁愛鄉。1906年10月。

布農族東埔社石板屋。拍攝時剛好是祭期，東埔社男女都開懷暢飲，醉步蹣
跚。森丑之助和鳥居龍藏登玉山及中央山脈探險，都靠東埔社青年男女揹著
行李嚮導。南投縣信義鄉。1902年1月。

布農族卓社位於卓社大山下。一樣的石板屋，但是屋基挖深，有如半穴居狀態。爲了防禦敵蕃來襲，數屋密集於一處。屋簷下吊著敵蕃（泰雅族）的頭骨。南投縣仁愛鄉。1902年2月。

布農族巒大群巒大社,住屋的構造和東埔社相同。巒大社是布農族巒社群的古老大社,位於巒大溪與郡大溪合流處。南投縣信義鄉。1902年1月。

布農族郡社群東埔社男女登玉山途中，在八通關露營的情形。男子頭戴皮帽，身穿帶毛皮衣。南投縣信義鄉。1906年10月。

干卓萬社的布農人出草後，帶回來的霧社泰雅族頭顱。布農族和泰雅族獵獲頭顱時，用蕃刀在額頭上割二條平行的縱式刀口，用籐條穿過，以便提著頭顱走。南部的部分排灣族，則把頭顱放進竹籠揹回去。南投縣仁愛鄉干卓萬社。1904年8月。

布農族郡社群男女及服飾。男子的穿戴都保留傳統風俗,但是婦人開始穿起漢式衣裙。拍攝地點未顯示,可能是郡大社。南投縣信義鄉。1906年4月。

布農族郡社群男子的容貌和衣飾。南投縣信義鄉。1906年4月。

布農族郡社群女子的容貌和衣飾。黑色小珠串當頸飾，頭髮插著月桃的莖和金屬製女用煙斗。南投縣信義鄉。1906年4月。

布農族丹社群的男子，上身著傳統的麻衣。丹社群分布於濁水溪的支流丹大溪流域。南投縣信義鄉。1904年8月。

布農族卓社群女子，身穿漢人上衣，其上再加穿傳統的麻衣，用黑布條綁頭。拍攝地點可能是卓社。南投縣仁愛鄉。1912年3月。

布農族巒社群男子，上身著皮衣，胸兜和腹袋都是麻製品。蕃刀用稍寬的籐帶從肩部吊掛（只有布農族才有此俗）。雙手戴著黃銅製的腕環。拍攝地點可能在巒大社。南投縣信義鄉。1910年，台灣總督府殖產局技師中井宗三攝。

布農族巒社群女子，用黑布包頭，上身著漢式上衣，黑布兩端的裝飾是自己刺繡的。南投縣信義鄉。1910年，中井宗三（森氏好友）攝。

鄒族的祖先發祥地——玉山。（本照片是從玉山主峰頂西側下方拍的玉山北峰雄姿。）1906年10月。

玉山的寒帶植物景觀。前景有冷杉和玉山杜鵑密生，一個鄒族青年著皮衣、佩蕃刀站立於其中。鄒族成年人平時都佩刀，出門遠行時一定著皮衣。嘉義縣阿里山鄉。1902年11月。

鄒族特富野社獸骨架。達邦社則把獸骨懸掛於門內右側。嘉義縣阿里山鄉。
1902年4月。

鄒族達邦社住屋，龜甲型茅頂，屋前堆石爲外牆。家長與小孩。嘉義縣阿里
山鄉。1914年12月。

（上圖）鄒族達邦社內的大公廨，茅頂高床、籐欄建築，沒有牆壁，高床中央設幾個火爐。這種大型公廨叫做Kuba，供部族舉行祭祀的場所，兼做爲少年集會所，部落爭戰時成爲戰鬥指揮所。平時未婚青少年宿於公廨，接受部落長老的精神訓話和工藝、技能的訓練。青少年在公廨接受嚴格的訓練，成年後就成爲智勇與技能齊全的戰士。公廨被族人視爲神聖的地方，不許婦女攀登其上。嘉義縣阿里山鄉。1909年10月。

（下圖）照片顯示船型大籐籠，裡面安放著數百個頭骨。屋上兩側都種著木斛，只有Kuba才有木斛配頭骨籐籠的情形。（攝影地點與時間同上）

南鄒族沙阿魯阿群（四社群）住屋。右邊小屋內放著漁具和煮魚的鍋子。族人因爲迷信，不許用煮魚的鍋子煮小米，所以搭建小屋收藏。攝影地點未顯示，可能是雁爾社（Gani）或排剪社（Haisen）。高雄縣桃源鄉。1909年10月。

日月潭水社的邵族。森丑之助當年認為居住於水社（今日已淹沒於日月潭）和頭社的「化蕃」，是阿里山鄒族的一支，但今日人類學界大致上否定此說。照片顯示邵族男子的服飾和弓箭幾乎和鄒族風俗相同，但住屋結構則不同。南投縣魚池鄉。1902年1月。

阿里山達邦社的鄒族從事漁撈，他們把魚籐的毒汁放進溪流，撈起被毒汁痲痺而浮在水面的溪魚。溪上有族人所架設的竹橋。嘉義縣阿里山鄉。1909年10月。

阿里山鄒族婦女勤於耕作。天未亮就點燃火把走向耕地，天黑以後揹著農作物回家。照片顯示，黃昏的時候婦女用籐籠揹蕃薯，有的頭上頂著一捆蕃薯葉回家途中。嘉義縣阿里山鄉。1914年12月。

日月潭邵族男女及服飾。潭上有三艘獨木舟。水社的邵族刨空樟樹的巨幹製成獨木舟。南投縣魚池鄉。1915年1月。

鄒族達邦社男女及傳統的服飾。嘉義縣阿里山鄉。1914年12月。

南鄒族沙阿魯阿群男女及服飾。高雄縣桃源鄉。1907年9月。

南鄒族沙阿魯阿群排剪社男子。頭上戴皮帽插鷹翅，胸兜、耳飾、頸飾、胸飾等齊全，這是他們日常生活的服飾。高雄縣桃源鄉。1907年9月。

南鄒族排剪社女子。用黑布包頭，著木棉上衣，佩戴胸飾和頸飾。女子已開始採用漢式耳環，但男子仍保留傳統的耳飾。高雄縣桃源鄉。1907年9月。

阿美族婦女正在搬運水甕。右邊的少女穿漢式上衣，左邊的是傳統的穿著。用黑布包頭，紺木棉筒袖上衣，二片棉布的組合腰裙，小腿上裹著護腳布。攝影地點未顯示，大概是花蓮縣吉安鄉的南勢群部落。1914年10月。

阿美族南勢群薄薄社婦女正在製作陶器。右邊瓢形陶器叫Tolnan，是一種蒸鍋，雙耳陶器叫Atomo，是水甕。口緣大的陶器叫Kaboi，是炊鍋，而前面像花瓶的小陶器叫Dewas，是一種祭器。花蓮縣吉安鄉。1914年10月。

阿美族傳說中的長方形木臼。古時候發生海嘯,正在舂粟的一對男女乘坐這個木臼漂流到Raga山避難。近前是普通的木臼、石杵及圓形籐簣。攝影地點未顯示,但應該是花蓮縣吉安鄉的一個阿美族部落。1914年10月。

阿美族荳蘭社的茅頂住屋及男女。後方檳榔樹下有牛車停靠在那裡。花蓮方面阿美族屋內全部舖上藤床,但台東方面卑南族的屋內只舖一半。阿美族的房屋呈長形,卑南族的則差不多是正方形。花蓮縣吉安鄉。1914年10月。

阿美族薄薄社男女及衣飾。男子的服飾有泰雅族的風味，東海岸中、南部的阿美族沒有這種穿著。女子已開始穿起漢服。花蓮縣吉安鄉。1914年10月。

紅頭嶼（蘭嶼）雅美族的大型漁舟。照片中大漁舟正要出海的情形。雅美漁
舟並非獨木舟，而是有龍骨的剖板構造船。此種附有小帆的大漁舟不多見。
據譯者所瞭解的，雅美族古時候偶爾乘坐比這種十人座漁舟更大的漁舟（二
十人座），到南方海上的巴丹島、伊巴雅島等同族所住的島嶼訪問、交易。遠
航時，需藉助這個用某種植物纖維織成的小帆乘風破浪。台灣總督府植物學
者佐佐木舜一攝於1911年8月。

紅頭嶼雅美族男女及服飾。佐佐木舜─攝於1911年8月。

〈凡例〉

一、作者原註以圓括號（　）標示，括號內字體不變。

二、譯註分兩種，「小註」隨文夾註，以方括號〔　〕標示，括號內字體改
　　爲楷體，以示區別；「長註」則隨文編號，附註於每頁下方備註欄。

三、原文中之西文人名、書名、外國地名、外國土著名等，作者或已轉譯爲
　　日文片假名，譯文盡可能予以還原成西文。若無法還原者，則直接譯
　　音，並保留日文片假名。

四、台灣原住民族名、地名、溪名、山名及部落名，作者均採羅馬字或日文
　　片假名拼音，譯文則一律採用比較接近原音的羅馬字拼音，但已有通用
　　中文名稱者，用中文標示，如：セブクン〔施武郡〕、大里渡社〔Take
　　Rito，今利稻〕。

五、原文「尺」、「里」、「町」、「間」等均爲日制長度單位，其實際長度
　　請參考〈附錄一〉「里程換算表」。惟文中「里」單位，或指「日里」、
　　或指「華里」，譯文中均分別註明。

六、原文中之古地名、族名、人名、部落名，於每章初次出現時，以方括號
　　加註今名，再次出現時，不加註，如：蕃薯寮〔高雄縣旗山〕、打訓社
　　〔大分社〕。

七、文中常見「某某蕃」、「生蕃」、「熟蕃」、「蕃情」、「蕃人」、「蕃
　　社」、「蕃路」等舊稱。爲忠於原著、反映時代背景，並顧及譯文順
　　暢，故不予更改，絕非對原住民有所輕視，敬請讀者諒察。

森丑之助台灣探險文選

生蕃行腳

原載《台灣時報》
第五十五至六十二號
大正十三年（一九二四年）四月至十一月

序言

　　在以往的年代，台灣是生蕃的鄉土，無論是平原或是山地，全是他們的祖先狩獵和耕作之地。

　　我們日本人在歷史上長期被置於海禁政策之下，極少有機會開拓異邦土地，或與異民族接觸。在明治維新的年代，由於在北海道大規模開發農產與酪農事業，而且千島群島歸入版圖，日本人才首次與土著阿伊努人有所接觸，這是近代政府處理未開化民族事務的肇始。

　　阿伊努人是溫順、謙讓的民族，他們過去未受過官僚治理。因為本州東北地方的民眾勇敢地移民到北方土地，加上開拓事業的進展，自然地把阿伊努人驅趕到僻隅之地，或「無為而化之」，使他們成為今日的狀態。

　　當初，開拓者把阿伊努人視為討厭的未開化民族，但是眼看阿伊努人走向民族衰亡之途，政府才緊急採取保護政策。

　　對於阿伊努民族的研究，過去只有熱心的外國探險家和學者前來進行，尤其在人類學調查方面，出現的優秀調查報告，都用英文、俄文或法文發表。反觀我國學者，迄今沒發表過具有權威的記錄。學者中，只有金田一京助文

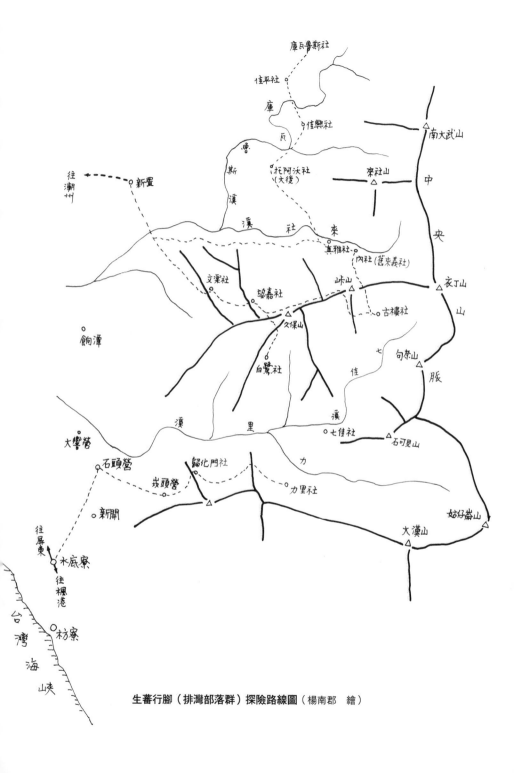

往潮州

新置

庫瓦魯斯社

佳平社

佳興社

庫

南大武山

瓦

斯

魯

托阿沃社
（大後）

來社山

中

溪

社

來

央

真雅社

內社（舊來義社）

文樂社

望嘉社

峨山

古樓社

山

衣丁山

飼潭

久保山

白鷺社

七

句奈山

佳

脈

溪

渓

大響營

石頭營

崁頭營

里

歸化門社

新開

七佳社

力

力里社

石可見山

姑仔崙山

往屏東

水底寮

往楓港

大漢山

枋寮

台

灣

海

峽

生蕃行腳（排灣部落群）探險路線圖（楊南郡　繪）

學士的阿伊努語研究、坪井博士關於「科羅博克族非阿伊努人」傳說的詮釋，以及鳥居博士反駁坪井科羅博克論的論證而已。❶

　　北海道阿伊努人的情形並不是唯一的例子。過去日本人對於領土內的少數民族，從來是不做研究的，這是我最感到不可思議的事。

　　日本在科學研究上比西洋各國落後，這是一個重要因素，事實上，日本人一直忽略日本民族的人種學研究，甚至要依賴貝爾滋博士以及其他外國學者來著手研究。因此，假如國人依然不肯從事台灣蕃人的研究，機警的外國學者一定會立刻簇擁而至，加以調查並發表調查成果的。❷

　　比起其他國家，很少有歐美傳教士來台灣，這是台灣蕃族的研究遠較其他地區緩慢而且被忽略的原因。這種現象，對台灣有其幸運的一面及不幸的另一面。❸

---

❶坪井博士指東京帝國大學的坪井正五郎教授。關於科羅博克族論爭，請參閱鳥居龍藏的自傳與晨星版《鳥居龍藏——縱橫台灣與東亞的人類學先驅》，楊南郡譯，1998年。

❷貝爾滋博士，指德國醫學博士Erwin von Balz(1849-1913)，1876年赴日，擔任東京帝國大學教授。他是第一個將西洋近代醫學引進日本的人，同時在任期中對日本民族做過體質人類學上的研究。森氏曾經陪同鳥居龍藏調查台灣原住民，有了很好的成果，不過那是明治年代的事。本文於大正十三年發表，換言之，距離他和鳥居最後一次調查的年代，已閱歷二十四年，森氏所慨嘆的，是這四分之一世紀的歲月中，只有台灣總督府官員及民間人士，例如舊慣調查會，作過調查，但是還沒看到學者來台投入於民族研究。森氏已於本文刊出兩年後（大正十五年）自殺身亡，他沒有料到不久以後，就有鹿野忠雄、移川子之藏、國分直一等很多學者在昭和年代初期即投入於研究。

我希望台灣蕃族的研究，至少要由我國人士率先進行，以維護日本學界的名譽。我這種主張聽起來似乎是冒昧的，但是日清戰爭後台灣被割讓給我國，我聽到台灣有未開化民族居住的消息，直覺地感到我國學者應該立即前往研究。

　　不久，坪井正五郎博士發表了談話，他說新領土的地形和民俗還沒發生遽變的時候，有必要趕快進行慎重的學術研究。他的主張被政府採納後，帝國議會決議撥出經費協助台灣學術調查。於是從明治二十九年（一八九六年）起的數年間，東京帝國大學派遣各科專門學者前往台灣。在人類學方面，當時派遣人類學教室助手鳥居龍藏先生前往調查，我對於這件學術調查工作，心情非常愉快地與之共鳴共事了。❹

　　明治二十九年鳥居先生調查台灣東海岸，三十年及三

---

❸森氏所討論的年代，是十七世紀荷蘭及西班牙治理台灣以後的年代。西洋傳教士在清、日兩國統治的年代來台灣者並不多，因而沒有給台灣帶來科學新知，對台灣來講，這是不幸的一面；但是因為傳教士沒有大量湧入台灣，沒有破壞台灣南島民族的傳統文化，則是台灣幸運的一面。例如，菲律賓以南至印尼諸島，由於傳教士大量湧入，信奉基督教、回教及印度教的新移民也湧入，引起當地傳統的南島文化發生負面的變化。森氏很深入地思考到傳教士對本地民族研究的貢獻，和破壞民族文化的敏感問題。

❹明治二十八年（一八九五年）台灣割讓，同年九月，森氏以陸軍通譯身分自願赴台研究，上段文字透露他隻身來台的動機與心情。坪井正五郎博士是東京帝大首任的人類學教室主任教授，他率先主張台灣研究，催生了日治時代早期的調查工作，貢獻很大，幸而森氏為我們闡明坪井的言論與日本國會的反應。鳥居龍藏前四次的渡台調查工作，最初是以雇員身分，一九○○年第四次來台調查九個月時，已升為理科大學助手，而當時森氏在台灣沒有正式職務，自願擔任鳥居博士的調查幫手。文中森氏說他發出共鳴，實際上以行動實踐了他自己的抱負。

十一年分別調查紅頭嶼及台灣恆春地方的蕃地，三十三年從南部枋寮山地沿著中央山脈西側北上到中部埔里社，進而從東埔社上至八通關，越過中央山脈主脊到東海岸，經由宜蘭回台北。最後的這次旅行，行程最長，我想鳥居先生獲得了台灣蕃族基礎知識，在蕃族研究上有很好的成果。

明治二十九年鳥居先生第一次來台調查時，我在東海岸，當時我第一次和他見面，第二次見面是在恆春。第四次台灣探險行動時，我擔任他的嚮導一起旅行。

鳥居先生第一次台灣旅行時，是單獨一個人，第二次旅行時有一個姓鹽田的青年雕刻家同行，第三次旅行有鳥居的同鄉人類學研究者中島藤太郎陪伴，很不幸中島氏因爲在紅頭嶼發生事故而去世。第四次旅行時，我是鳥居先生的地理嚮導兼土語與蕃語譯員，同時參與調查工作。❺

我志願擔任鳥居先生的忠實助手，有幾個理由：第一、我希望在工作中接受鳥居學問上的指導；第二、我願意犧牲奉獻，希望此次探險行能夠帶來豐碩的成果，對學

---

❺本段說明，森氏記錯了部分事實。第二次旅行是在蘭嶼，那次同行的中島藤太郎不慎引起酒精罐著火，隨即爆炸而身亡。第三次前往台灣南部旅行，鳥居的記錄沒有提到那次有什麼人陪伴，也許是姓鹽田的青年雕刻家隨行，原因是南部排灣族有豐富的雕刻藝術，應該是美術雕刻家所嚮往的地方。第四次旅行時，已經在台灣自行調查研究的森氏陪伴他九個月。森氏未來台以前，在日本長崎商業學校就讀，同時也學過清國官話，來台後最初幾年就已頻繁出入山地，學會了泰雅語、布農語及排灣語等山地語言，所以他說他擔任鳥居的「土語與蕃語譯員」。森氏也協助調查、攝影工作，並蒐集民族誌標本及石器時代遺物等。

術的進步有所貢獻；換句話說，希望全力襄助鳥居先生完成人類學調查工作。

當初，東京帝大的計劃是每次渡台調查期間定為三個月，而本次台灣旅行不只延長三個月，最後鳥居先生回東京時，已經延長到將近一年。調查期間一而再、再而三延長的主要原因和我有關。❻

我於明治二十八年〔一八九五年〕秋天，第一次接觸到台灣生蕃，次年正月的大嵙崁蕃地之行，是我生平第一次親自走進蕃地。陪鳥居先生調查以前，我已經跑遍了台灣東部、恆春、阿猴〔屏東〕地方的蕃地，也到過新竹、東勢角〔台中縣東勢〕及宜蘭地方蕃地，也曾經橫越中央山脈，沿著東部山區南北縱走，又從西海岸北上到阿里山，過著席不暇暖的奔波日子。❼

我過去多次單槍匹馬進入蕃地，而本次陪伴鳥居先生作蕃地調查，讓我有機會首次採用科學方法，投入於具體的調查工作。

我的個性是不喜歡談及過去的事情。回憶起來，距離當年陪伴鳥居先生的日子，已閱歷二十五個星霜。當時的學問成果如何，現在暫時不談，想到鳥居先生和我，現在

---

❻第四次調查共九個月，其間鳥居可能因為有了森丑之助這個能力很強的幫手，大膽地改變計劃，由阿里山直接攀登玉山，而且回到平地後，再次由東埔上至八通關，橫越中央山脈後向東部玉里下降。也許部分動機是森氏促成的，所以森氏坦率地說，違反大學所決定的計劃去爬山，導致超過原訂的調查期間，他有道義上的責任。

❼大嵙崁蕃地，指桃園縣復興鄉大漢溪兩岸的泰雅族大嵙崁群居地。

一八一

幸而都健在，依然繼續進行各自的調查研究，我心中充滿著快樂。

我想，追述當年的蕃地調查，正可以提供今人藉以比較並考證時代變遷軌跡的材料，那麼就讓我隨著記憶的線索，寫下約四分之一世紀前，鳥居和我兩個勇敢的少年，活像日本古時候的彌次和喜多兩人，在生蕃國巡禮時，所發生的趣味故事罷。❽

從基隆到高雄

這裡是細雨綿綿的台灣基隆港，大沙灣近前雨霧迷濛中的一棟洋樓，原來是屬於台灣總督府的基隆海關。這一棟建築物外表不怎麼起眼，是清國政府時代所遺留的海關大樓舊址，日軍攻略基隆後，首任台灣總督最早在這裡設置總督府。附近海岸密生著巨大的膠木和林投樹，以及屬於海岸植物的馬鞍藤、黃槿等。淺灘中點綴著疏疏落落的水筆仔，長長的果莢垂掛於水面，看起來生動有趣。❾

---

❽ 原文形容鳥居和森氏自己為「勇敢的少年」，只是在加強語氣，凸顯兩人在盛行獵首習俗的台灣「蕃地」橫衝直撞，活像不知禍福的一對少年。當時森氏二十三歲，鳥居氏三十歲。原文也形容他倆好比是日本江戶時代的一對活寶「彌次和喜多」。這兩個人是滑稽小說《東海道中膝栗毛》的主角，兩人同時棄家出走，從東京徒步旅行到京都，沿途鬧出很多笑話，有奇遇，也有滑稽的失算、出醜和出險，是家喻戶曉的市井人物。森氏在事隔二十四年後，在台灣回憶當年瘋狂的心情與行徑，好比是小說中的彌次和喜多這一對喜劇角色，忽然轉換舞台，跑到「台灣生蕃國」來旅行，到處遇到驚險與溫情交錯、夠刺激的場面，不覺回味無窮。按「生蕃國」一詞，是明治時代日本內地人對新近納入版圖的台灣，所給予的一個謔稱。

這時候，不知名的海鳥上下斜飛。放眼一望，遠處的小基隆到大基隆那邊，景物全在一片雨霧和煤煙中，浮現出沈悶的鉛灰色。中國戎克船上鮮艷的旗子迎風飄揚，從那裡傳來一陣一陣震耳的鑼鼓聲，接著迸出猛烈的鞭炮聲，大概是船上正在舉行出航前的祭典罷。

對面的陸軍運輸部軍營大門前，不斷的有兵士三三五五經過。基隆大街小巷到處有叫賣聲，挑擔賣布的小販搖動著小鼓，發出咯咚、咯咚聲，招引行人注意；也有人吹著海螺，原來是賣肉小販的叫賣聲。在岸上等候船客的舢舨船主，正在拉胡琴打發時間，琴聲穿過沈鬱的雨聲，幽幽地傳過來。

鳥居先生的船進基隆港後，他的老同鄉，同時是海關稅務員的高木隆二，駕小艇把他接到海關官舍。這是鳥居先生第四次渡台，從現在起他和我將作全島蕃地調查旅行。❿

次日，我和鳥居先生一起到台北，向台灣總督府交涉到蕃地旅行事宜。文書課長木村匡先生給我們一封向各地蕃務單位照會的「添書」，在學務部官員幫忙之下，雇用曾經受過日語教育的台北士林人張君楚。⓫

---

❾大沙灣位於基隆外港與內港交接處東南側，在港灣整建以前是一個小小的淺沙灣，清法戰爭中法國艦隊從這裡登陸激戰之地。今已有碼頭及長榮海運的貨櫃場等。

❿鳥居龍藏的船於一九○○年一月七日抵達基隆港，隨即換乘海關小艇到有小碼頭的海關宿舍。當時的基隆港還沒建設完整的碼頭供大船停靠，所以船客在港內換乘小船。森氏從台北趕來迎接鳥居。

我曾經在內地學過清國官話，但是不太會講台灣話，調查旅行中要用到本地苦力，所以需要張君幫忙連絡。我們在台北和基隆分別辦好「入蕃許可」和其他應該準備的事項，然後在基隆海關官舍住三天，等候開往高雄的船隻。❷

回想二十五年前，我們三人於明治三十三年〔一九○○年〕一月四日〔一月十五日〕，在眾多朋友歡送下走到陸軍運輸部臨時搭建的棧橋，搭乘海關小艇駛向開往高雄的汽船。在碼頭歡送的朋友中，有以前服務於台灣守備隊時的同事——加藤、河內、鈴木及青木諸兄、市內的朋友，以及高木夫婦。我記得高木太太背上的小兒子揮動著紅葉般紅潤的小手，也記得朋友們在雨中給我們送行的情誼。❸

我們所搭乘的船是排水量一千五百噸級的公務船，船

---

❶ 添書，指隨同信件或文書寄出的另篇文字，目的是照會對方，或向對方介紹、引薦持信者。

❷ 雇用講台灣話的張君楚擔任譯員，因為在平地和山麓地帶所用的苦力，以及所要接觸的人都講台灣話，森氏的中國官話派不上用場。按「苦力」，是清代及日治時代初期通用的名詞，原來是歐洲殖民官僚對印度及中國苦工的稱呼，英文寫成Coolie。鳥居和森氏搭船出發前的行動，依照鳥居本人於同年寄自台灣的五封信，日期分別是一月七日、九日、十二日、十五日及十八日，他於一月九日起到台北辦理手續，其間住進殖產局技師田代安定的官舍，同時幾乎每天都見到伊能嘉矩，得到田代和伊能的幫忙。幾天後回到基隆候船，大概是三天左右在基隆到處跑，於獅球嶺一帶撿到石器，十五日搭乘汽船「明石丸」從基隆出發，前往台南。

❸ 事隔二十四年，森氏記得在碼頭被歡送的情形，卻不記得船出航的日子，以為是一月四日。森氏於一九二四年寫本文，距離一九○○年調查，已經過了二十四年，文中森氏都寫二十五年。

名已忘記了。當時的印象是船很髒而且設備不好，但是在當年算是新式的汽船。從基隆出航後，途中暫時停靠於淡水，然後直駛澎湖群島的媽宮城〔馬公港〕，城內建築很像畫冊上的海龍王王宮。當時駐紮著很多陸軍和海軍守備兵。因為距離啟航還有一些時間，我們去訪問澎湖廳及軍營裡的舊識，和老朋友圍爐吃海鮮火鍋，暢談台灣總督府施行軍政年代的軼事。

這是我第三次的澎湖行，鳥居先生以前曾經來過一次，這是他第二次趁汽船停靠馬公的片刻，上岸來和老朋友敘舊一番。❹

一般的汽船只沿著海岸航行，途中要停靠於「大安港」、「梧棲」、「塗葛窟」等港口，然後才到安平，但是我們搭的是特派公務船，所以經由媽宮城後直接航向安平港。❺

船駛入安平港後，我們先到台南縣官署拜訪知事和內務部長，請官員照料我們在轄區內蕃地旅行。擔任殖產課長的舊識藤根吉春技師特別給了我們各種協助。聽說海關

---

❹當時航行的船都是定期班論，船採反時針方向環繞台灣一周，沿途停靠於每一個港口。但是本文中森氏說他們搭公務船，航次和停靠港口，與一般的客、貨兩用班輪不同。

❺梧棲指台中縣梧棲港，今已擴建為台中港。大安港是地名，也是港口名稱，位於大安溪出海口南側。塗葛窟，正式寫法是塗葛堀，位於大肚溪出海口北岸，今水裡港位置。據安倍明義的《台灣地名研究》，清道光初年以後，梧棲港被流砂所淤塞，船舶改從大肚溪口塗葛堀進出，因而後者也被叫做梧棲港。以上各港口是清代以來有中國戎克船進出貿易的舊港，日治初期梧棲港（含塗葛堀港）被指定為特別輸入港。

稅務員角儀太郎現在服務於設在安平熱蘭遮城內的海關，我們也做了禮貌上的拜訪，最後又回到安平港搭船。**⑯**

　　台南是典雅的史蹟古都，當時還沒受到人為的破壞。如果詳述台南的印象記，我可能會把它描繪成一幅富有情調的繪畫，不過閒雅的文字留待來日有空暇時再寫，現在敘述安平港和航行於安平、高雄間在船上所見的景物罷。

　　明治年代的安平熱蘭遮城舊址雖然已傾頹，但還保留著三百年前荷治年代詩一般優美的容貌。當年荷蘭人手植的馬尼拉麻和鳳凰樹老木，依然伸出茂盛的枝葉……，此情此景，足夠勾起懷古的情緒。現在還有很多外國商賈居留於安平，難怪五、六個國家在這裡設置各自的領事館，而且濃密的椰子林中可以看到低矮的洋樓、洋館，以及椰影搖曳中升起的各種外國國旗，正在綻放異彩！

　　海濱停放著很多竹筏和小型戎克船，還有四、五艘外國汽船。旭日直射下的海面，冒出數不清的水蒸氣冉冉上升。啊！我看到熱帶的雲彩了。時序還是正月，但是映照著南國熾熱陽光的大自然現象，充滿著詩情畫意和多樣性的色彩變化，這是我們在日本內地所看不到的光景！

　　我和鳥居先生斜靠在甲板上的藤椅，悠然看風景，也暢談文學和地學的看法，談累了就各自沈入冥想中。陸陸續續地許多漁夫用竹篙撐動竹筏要出海捕烏魚，晨光中看

---

⑯明治三十三年（一九〇〇年）鳥居龍藏與森丑之助來調查時，台南縣包括今日分別屬於台南市、台南縣、高雄市、高雄縣及屏東縣全境。他們拜會台南縣最高首長「知事」，請求協助台灣南部蕃地旅行。

見無數的竹筏勇敢地駛向海洋的情景，真是難得的入畫題材。

暮色蒼茫中我們的汽船緩緩駛進打狗港，停泊於離麥耶斯氏洋樓不遠的地點。❶

築港以前的打狗港，比現在有更濃厚的熱帶性氣氛。就海岸植物而言，這裡的紅樹林及其他海岸性植物，呈現典型而完整的植物景觀。物質文明逐漸破壞大自然的妙趣，這是很不得已的事態，但是我堅持說，人的生活不完全靠物質。天然紀念物及史蹟物的保存、保護都很重要。日本人習慣於先破壞天然美景，然後好像要哄小孩似地建設小規模的人工公園。如果能夠早些警覺，應該是要善加利用天然的景物，只要稍加一點人工修飾，相信能夠完成非常好的公園設計。哎，好可惜嘞！

地名叫打狗，不久以前政府把台語的「打狗」（Takao）譯音為「高雄」，行政上當時屬於台南縣，但是二、三年前由於行政區域的改制，高雄已獨立成為一個州，叫「高雄州」了。❷

從高雄到枋寮

上面敘述了沿途所看到的景物。我們在平地方面的學

❶原文寫船停泊於「マイヤスの邸宅」前面，不知指那一棟洋樓，詳情待查。

❷大正九年（一九二○年）的大規模行政改制，結果，舊台南縣分成台南州和高雄州，高雄州的行政轄區包括今高雄市、高雄縣及屏東縣。另外，日語漢字「高雄」，唸Takao，亦即打狗。

術工作，是探查石器時代的遺跡與遺留物，也要調查平原平埔蕃的今昔狀態。蕃地的學術調查要從高雄方面開始。

我們在高雄港下船，下船的地點是旗後〔旗津〕。當時高雄還沒開始築港，因此沒有造就港邊新生地，港內處處有林投樹成林，只有旗後一地才有繁華的街市，其他地方都是小漁村。雖然人數不多，西洋人都住在旗後，市街有濃厚的漢人色彩。

上岸後，我們採陸路前往鳳山，過了下淡水溪〔高屏溪〕就到阿猴〔屏東〕。離開陰鬱的雨港基隆，來到萬里晴空的南部，感覺這裡的景物顯得明亮活潑。

陸軍已架設軍用輕便鐵路，連接台南、高雄和鳳山，主要是供軍事輸送，也准許平民搭乘。

鳳山是清代鳳山縣官署所在地，周圍仍有當時所建造的城牆。城內有街市，有日本守備隊駐紮，也有不少日本人僑居於此。我們來的時候，鳳山縣已撤廢，只設一個辦務署，署長是東京帝國大學筧法學博士的父親。

當時的鳳山比現在更熱鬧，熱鬧的程度可謂現今鳳山的數倍。因為景氣好，光是「料理屋」〔酒家〕就有五、六家，數十名「阿嬌」好比是路旁的花朵，供過路的客人摘取，暫時紓解旅情。當時的鳳山是台灣南部除了台南以外的唯一街市，而二十五年後，現在的鳳山則像一盞燈火被吹熄了一般，沒有活力了。

從鳳山起開始步行。我們坐竹筏過下淡水溪，溪的對

岸是阿猴的範圍了。當時的阿猴街沒有城牆，到處有雜木林，有一條馬路，兩旁只有幾間簡陋的茅屋毗鄰而立，不像是一個真正的街市，只有濃厚的鄉村風味。像辨務署也設於一座廟裡，把廟當做辦公廳。這裡有不少廣東人，風俗和其他地方大不相同。一般而言，鳳山以南的風俗比較純樸，本地的漢人似乎有剛毅的民性。

從阿猴出發，前往東港。在東港的辨務署接洽我們進入力里社蕃地事宜。原來，阿猴方面蕃地屬於東港辨務署管轄區內。 ⑲

我和鳥居先生從打狗出發，經由鳳山、阿猴到東港，全程由數名憲兵或武裝警察荷槍隨行保護；從東港起入山，只有武裝警察隨行。因為當年土匪出沒無常，行旅常常遭到殺害，一般而言，每天有一次或二次，官署派警衛保護遞送郵件的隊伍，行人趁這個機會跟隨官方隊伍旅行，以便受到保護。我們受到特別待遇，當局為我們兩人指派四、五名武裝警察隨行。

東港是高雄以南唯一的貿易港，港內停泊著多艘來自

⑲日人領台之始，採取懷柔主義，因而於明治二十九年（一八九六年）三月頒布撫墾署官制，在平地與蕃地接壤的重要據點，設置撫墾署多處，掌管蕃地綏撫與拓墾事務。明治三十一年六月，由於地方官制的改革，廢除撫墾署制度，其主要職掌改由新設的辨務署負責。明治三十四年十一月，地方官制再度改制，各縣及各地辨務署全面廢止，全島改為二十廳，轄區內有蕃地的廳署，由總務課協同警務課處理有關蕃人事務。在山地直接負責治安的機構，有隘線監督所、警戒所、分遣所及隘寮等，從明治三十三年森氏等人入山的年度起，山地設有駐在所多處，統轄區內的治安網。辨務署是早期在地方辦理蕃務的行政機構。

台灣海峽對岸的中國戎克船。岸邊有等待船隻運出的麻竹（竹筏的材料）、黃麻、樹豆、胡麻、蕃薯籤（曬乾的地瓜細條），堆積如山。出口的農產品中，本地特產黃麻占大宗。往日的東港腹地是胡麻及黃麻的主要產地，但是今日這些農作物已經被甘蔗取代了，到處是蔗田。

東港也是我舊遊之地。回想明治二十九年〔一八九六年〕歲末，我從東海岸回到西海岸來，立即南下到東港，從東港進入大武山的周邊，巡訪各蕃社。次年一月，在東港客棧和到南部來視察的小藤博士及山崎直方先生邂逅，在異鄉共渡新春佳節以來，又過了三年，我陪鳥居先生再度來東港。❷⓪

我現在執筆撰寫本文時，不由得憶起在台灣見面後，又過了二十多年，我在東京帝國大學地理學教室，和主任教授山崎博士一起，圍爐看窗外雪景的情景。當時，我一邊翻看山崎博士在東港過台灣新年時所作的素描，一邊和他縱談古今。這是我常常懷念、常常憶起的往事之一。

在東港的第一夜，我和鳥居先生相偕到街上的一家戲院站著看戲。這是有關陳三五娘的故事，劇情已由幾年前來台灣旅遊的作家佐藤春夫譯成一篇文章，作為「台灣土產」帶回日本。戲中的對話是清國官話，不是台灣話，所以甚至本地的漢人也只能看戲中人物的動作和手勢，來判

---

❷⓪小藤和山崎分別是東京帝大地質科教授及助手，他們奉命來台調查台灣地質。

斷劇情。鳥居先生對漢語一竅不通，看得莫名其妙，我和張君雖然也不太懂，卻忙著給他解釋故事的梗概。❷❶

東港是位於台灣西南海岸的一個港口，船隻進出頻繁。台灣島南端有面向台灣海峽的車城射寮港和面向巴士海峽的南灣大板埒港，都是小得微不足道的港口。從華南啓航的戎克船大都由東港出入。東港街市狹窄，但卻是熱鬧異常，到處瀰漫著海港特有的浪漫情調。

從東港啓程，通過石光見的原野到水底寮，在這裡做入山準備。水底寮是這一帶的大村落，村裡有名字叫黃漢生的漢人擔任「生蕃通事」。我們決定雇請這位老人陪伴我們進入蕃地。村子裡也住著一個有名望的人，人家稱他爲周望三大人，他對地方史瞭若指掌，簡直是一部活的歷史，因而向他請教種種問題。❷❷

台灣割讓後，爲增援台灣征討軍而調來台灣的乃木希典將軍第二師團，就在水底寮西側的枋寮登陸，所以枋寮是有歷史淵源的地方。市街北端有一座廟，守備隊駐紮於廟內。上次來的時候，看到我服務於陸軍守備隊時認識的軍官，但是這次重遊舊地，人已被調走，只看到陌生的面孔。❷❸

我們在水底寮看到下山的排灣族。他們是來自力里社

---

❷❶佐藤春夫（1892-1964）是著名的詩人兼小説家。他於大正九年（一九二〇年）夏天旅遊於台灣，當時在台灣總督府博物館擔任囑託的森氏陪他觀光二週，兩人成為好友。佐藤氏的紀行作品，如〈霧社〉、〈殖民地之旅〉等描寫台灣旅行的印象。當時佐藤氏二十八歲，森氏四十三歲。

和萃芝社一帶的蕃人，男女都頭戴用美麗鮮花編成的頭環；頭目及勢力者都披著雲豹皮衣，腰跨用老鷹翎羽裝飾的長刀，悠然闊步於街頭，光是看到這情景，就十足興起歡愉色彩的旅情！❷❹

到街上來買東西的漢人，都揹著蕃人編製的藤籠。不管是漢人或蕃人，每一個人都在嚼檳榔，他們的嘴唇紅紅的，牙齒已被檳榔汁染成黑色。不管到那一家，住民習慣先端出一個檳榔盆，上面堆滿用荖葉包好的檳榔子。鳥居先生和張君楚不會嚼檳榔，連看都不看。我曾經在東海岸和南部「南蕃」〔排灣族、卑南族或南部阿美族〕居住的地方吃過檳榔，所以入鄉隨俗，高高興興地從主人手裡接下一顆，放進嘴裡。

我看到街上一個小店，主人是已漢化的蕃人，娶漢女

❷❷生蕃通事，指通曉蕃語，辦理番餉的繳納、差役的派遣及傳達政令於蕃社的人，本身是漢人，但工作對象是舊稱生蕃的山地原住民。另有熟蕃通事，則本身是熟蕃（平埔族），但擔任與漢人通事一樣的工作。清代通事，部分是由蕃社自雇，部分由官署指派，視蕃社開化程度而定。清光緒十四年蕃社改制後裁撤通事額缺，社務及社租事務歸屬頭目及由熟蕃通事改稱的董事辦理。日治初期仍有像黃漢生的通事，但職權大不如前，只是被蕃社所雇用，或依照習慣幫助頭目對外連絡而已。另外，石光見是平埔族部落名，石光見與南邊的水底寮的情形，依照明治四十三年實測地形圖，兩村以東盡是原野，舊稱大響營。森氏一行人從東港南行，經石光見到水底寮，準備入山。當時的水底寮比鄰村枋寮還要大，枋寮之北有番仔崙，都是漁港。山區排灣族下山交易，都來枋寮，後來水底寮形成新聚落後，便改到水底寮，水底寮變成入山門戶，同時是通往後山的三條崙古道起點。

❷❸森氏於明治二十八年九月來台，當時是以「陸軍通譯」身分配屬於台灣守備軍花蓮港守備隊本部，所以他說「服務於陸軍守備隊時」。

❷❹萃芝社的社名很怪，可能是莘芒社及加芝萊社的縮寫。

為妻。他幼小的時候，被本地的漢人收養，長大後繼承家業。山地蕃人在漢人村落開店，是一個罕見的例子。

我也記得在高雄看到一個出身於恆春龜仔角社的蕃女。她曾經和被派駐鵝鑾鼻燈塔的外國人相愛，後來乾脆和這個外國人同居於燈塔宿舍。台灣割讓後，清國官吏全部撤出台灣，在鵝鑾鼻為清國服務的這個外國人也離開了台灣。依照蕃地習俗，已嫁給平地人或已經與外國人同居過的蕃女，因為蕃社禁忌(Parisi)，不可以重返部落居住。很不得已地，她和燈塔內一個漢人換油工同宿同飛，最後二人搬到高雄定居下來。我想，異族之間的愛慕、交遊、同居，最後變成一個棄婦的故事，只要稍加潤色，就可以舖展成一篇現代版的「陳三五娘」故事，可能會比戲中所唱的故事還要精彩啊。㉕

幾年前，我曾經前往澎湖群島，花費三個月踏查各島。當我在西嶼（現在稱為漁翁島）的燈塔過夜的時候，看守燈塔的人對我說，西嶼燈塔曾經有西洋人看守。我看

㉕上面所提蕃人、蕃女均指排灣族。舊時候，山麓地帶的原住民從小被漢人收養的例子不少；反過來講，漢人小孩被原住民收養者也有，最著名的例子是瑯璚十八蕃社總頭目潘文杰。鵝鑾鼻燈塔是清國海關監督之下，由英商承建，花費二十萬兩，於光緒八年（一八八二年）竣工。台灣割讓前後時期，雇請三名英國海關技術人員，住在那裡負責燈塔運轉與維修工作，另外雇用十七名漢人雜工。明治二十九年，亦即台灣割讓次年，日人派軍艦接管，繼續雇用漢人，但是不再雇用英國人，特派船隻把他們遣送到廈門。森氏講到排灣族棄婦的故事，對象顯然是這三名英國技術人員之一。按龜仔角社位於今社頂一帶，是最接近燈塔的排灣族部落。這一個英國人可能是指George Taylor, Taylor很活躍，任內經常出入於龜仔社及豬朥束社，與住在豬朥束社的十八蕃社總頭目潘文杰交遊，也曾經由潘文杰陪同，前往台東知本社訪問。

燈塔附設的宿舍，不似一般像工寮的宿舍，建築和設備奢侈浮華，牆壁上貼著一幅日本江戶時代的仕女錦畫，與燈塔的性質非常不調和。房間內有一個方形小盒，我以爲是裝烏龍茶的茶箱，但仔細一看，發現箱外貼著用日本「金釘流」筆法書寫的女性書信。

當時是台灣總督府施行軍政的時代，在那個戒嚴時代，女性，尤其是日本女性在台灣是稀有的存在，即使有通天本領也沒辦法帶進來，所以我覺得不可思議。打聽的結果，在燈塔工作的一名漢人小工對我說，從前清朝管理燈塔的時期，就有女人住在宿舍內。他說，原來有一個被清國政府雇用爲塔長的英國人，在政權交替的時候撤離台灣，同時把燈塔宿舍內的一個日本女人帶往中國大陸。後來這名英國人從上海託人帶信，轉告留在燈塔的同事，說：「已經把日本美嬌娘帶到上海來了，我們過著恩愛甜蜜的日子。」

在這兒，我想起另外一個眞實故事。幾年前我到南洋塞班島（Saipan）調查時，發現一個原籍日本愛知縣的日本女人，名字叫做Oai-San，居然落籍於當地，搖身一變成爲卡納卡土著的妻子，並生下孩子。每天，她和土著婦女一樣上身赤裸，腰際圍繫著草裙，在椰子樹蔭下生活。我轉到赤道以南的諾魯島（Nauru），看到一個日本婦女從德國殖民地時代以來定居在那裡，她是當地一個醫師的妻子。

從上面隨便舉出的幾個例子可知，日本女人勇敢地活躍於海外，比我們男子漢更能夠適應四海為家的生活。在海外實際看到這情形，我感覺對男人是一種諷刺，一種鞭策，因而我受到了很大的刺激。

　　假如我們日本同胞能夠像上面所舉的女性，勇敢地衝向海外之地，安身立命，泰然接受當地異民族的生活方式，彼此和好相處，攜手共創事業，不知道多好！

　　蠻橫地占領別人的土地為日本領土，實屬不應該，但是既然台灣已成為日本占有之地，我國同胞不應該拘泥於名義而不肯前來工作。即使已來到台灣，假如不顧當地居民的實況，只為自己沽名釣譽，自然會引起當地居民的猜疑、嫉妒與反感，種下日本內地人被排斥的種子。少數已渡台的日本人，在島上異民族面前，像孩子一般演出情緒衝突，或發生內訌，對於他們能否在海外發展出什麼樣的成果，我很懷疑。㉖

　　當年我到處旅行於台灣鄉間田野，看到我們日本內地人與本地人接觸或一起生活時，露骨地表現出使人不快的短處與缺點，由於我略為通曉本地語言，我有多次機會探知了實情，每一次都讓我疾心痛首。日本有句諺語：「知

㉖本段筆調尖銳，不似森氏平時的言論，但是所批判的人與事，卻沒有指出具體的事實，只隱喻日本內地人來新領土，只會騎在島上住民的頭上，胡行妄作，森氏有感而寫出內心的話。他在台灣共三十年，始終沒有獲得適當的、令他滿意的官職，其間一度憤而辭職返日，也許與他平時批評時局的弊害，展示叛逆精神有關。

らぬが佛」〔不知才是福〕，我想，識字是憂患的原因，無緣無故地憂慮與自己不相干的、別人的閒事，所以知識對我來講是好是壞，我越來越弄不清楚。

當時政府實施「守備兵、憲兵與警察三段警備制」之後，社會上醞釀著一股令人聞之不快的氣氛。時人黨同伐異的風氣開始成爲暗流，後來化爲光天化日之下的爭鬥，同黨與異己之間決裂，意外地引起事端，而且本島住民也加入派系鬥爭，釀成一連串無休止的衝突事件與各種弊害，甚至我這個年輕人也目睹了這慘烈的鬥爭局面。❷⑦

當時我正在困惑：爲什麼文明人的生活，是如此複雜，難以適應？我親自到原始的山地，看到蕃人的日常生活是那樣寧靜、單純。所謂野蠻的生蕃，其實都是清心寡欲、眞誠待人的人種，這最初的印象太鮮明了，使我在過去三十年的長時間內，時時刻刻銘記於心內！我從過去到

---

❷⑦所謂「三段警備制」，是第三任台灣總督乃木希典在任期中（明治二十九年十一月至三十一年二月）實施的治安制度。為了剿討各地風起雲湧的土匪，強行實施了新的討匪政策：將台灣全島分為三種區域，匪徒猖獗的山地屬於一等地，派軍隊警備；少有匪徒騷擾的平地街庄屬於三等地，派警察警備，介於一等地與三等地之間的中間地帶屬於二等地，主要是派憲兵負責警備。實施之後的效果很不理想，一年多以後新任的台灣總督兒玉源太郎廢除這個制度。森氏提及當年不但有土匪之亂，甚至日本人對於三段警備制實施以後，各級治安機構因為權限爭議而明爭暗鬥，土匪不但沒有消滅，卻因為奸點之徒白天假裝為良民，深夜犯行，弄得社會上動盪不安，彼此猜疑、攻伐。為什麼森氏在這篇紀行文章，談到平地日人之間，以及日人與漢人之間的明爭暗鬥呢？從下面一段描寫蕃地的寧靜，人人互相信賴的事實，可以窺見森氏的真意，也就是說，所謂已平定的平地，實際上仍是殺戮戰場，而被視為野蠻可怕的蕃地，卻是和平的桃源鄉，構成明顯的對比。

現在，一直對蕃人親近的動機，就是這一點。

我們在枋寮購買裝備與糧食，一切已就緒，決定明天向力里社出發。黃漢生也雇好了蕃丁揹行李。❷⁸

我和鳥居先生已於兩年前踏查完了恆春半島上的蕃地，這次的蕃地調查旅行，要從力里社開始，調查南部大武山一帶的生蕃。現在是正月中旬，但是路旁的桃李各自綻放桃紅與純白的花朵，野生的日日草也盛開著紅、白兩種花朵。從台灣海峽吹來的風遞送薰人的春天氣息。向海峽放眼一望，看到無數的竹筏聚集在離海岸稍遠之處，原來是在撈捕烏魚，因此沙濱有臨時搭建的漁寮，看來很熱鬧。噢，已經準備好了！鳥居先生，快回水底寮罷，我們要上路了！❷⁹

從水底寮到力里社

水底寮是屏東以南的大部落，從水底寮向南到恆春半島南端有很多部落，但是沒有一個比水底寮大。我國陸軍

---

❷⁸入山準備，當時叫入蕃準備，除了白米是排灣族的禁忌不能帶外，通常要準備火柴、鹽、酒、花布、鍋子等排灣族所喜歡的東西，以及要交給頭目、勢力者的銀元及日本土產禮物。在部落投宿，平地人吃原住民的小米、芋頭等，但不一定每天都有野味佐菜，所以探險隊也帶去自己要吃的罐頭食品。生蕃通事也能夠替探險隊安排揹運行李的腳伕。因為平地腳伕不敢進入蕃社，所以由通事先連絡要訪問的部落，讓對方指派「蕃丁」（原住民青年）下山來揹負客人的行李。

❷⁹寫本文的時候，已經距離森氏和鳥居連袂行動的日子，長達二十四年多。森氏寫到此，此時鳥居早已遠離曾經是人類學調查舞台的台灣，回到東京了。「鳥居先生，快回水底寮罷！」，是森氏內心的呼喚，把同伴好友拉回台灣的調查現場，使即將描述的蕃地之旅，增加臨場感。

已經於明治二十九年〔一八九六年〕，以水底寮爲起點開鑿一條叫做浸水營道路的軍用道路，以接通後山的巴塱衛〔今大武〕。水底寮入口處現在矗立著一座「開路碑」。**❸⓪**

浸水營古道本來是後山的蕃人爲了要向西部海岸的枋寮〔含水底寮〕交易，自古以來經常行走的蕃路，也就是台灣最南的唯一東、西方向越嶺路。

後來在清朝領有台灣的年代，清廷另外開鑿一條越嶺路，叫做「南路」。依照清代的《台灣地輿圖說》，南路沿途地名與彼此間華里數是這樣的：「鳳山縣下淡水由射寮往卑南路程：三十里射寮、八半里紅泥嘴、十六里立里社、八里半南崑崙、二十里古阿崙、二十三里春望嚴、十里大鳥萬溪口、四十三里大貓裡、四十五里卑南，綜計二百十四里。」其中，立里社就是Rikiriki社〔即Rarukruk社〕；南崑崙大概是指現在浸水營一帶；古阿崙指Kuwarun社；大鳥萬溪口是現在的大武；大貓裡是太麻里；卑南就是現在的台東街。**❸①**

前面已說過，明治二十九年〔一八九六年〕，我國陸

---

❸⓪開路碑已佚失。日治時代大正十一年（一九二二年）前往恆春半島視察的藤田捨三郎，在他的紀行文學《瑯璚》裡說：「水底寮的縱貫路口仍可以看到標示『左卑南道』的遺標，這是軍政時代所遺留的。」比森氏更晚近時期所見的這座石標，目前也已佚失。「左卑南道」標示這一條通往卑南的越嶺古道起點，應該和「開路碑」併立，或者是刻於同一座石碑上。有關舊時代排灣族從後山前來水底寮交易的要道，以及平埔族由此越嶺到後山移民的重要史實，已經被世人遺忘了，甚至日治時代所建立的史蹟物，也沒有被保存下來，令人慨嘆。請參照譯註者所著《台灣百年前的足跡》，玉山社，一九九六年。

軍曾經改修經由力里社、南崑崙〔浸水營〕的清代古道為軍用道路，沿線架設通信用的電纜，這可能是日本人最早在台灣所開的山路，通過海拔五、六千尺的越嶺點。從水底寮東北側的新開庄〔今枋寮鄉新開村〕起進入山區，通往力里社的山路，主要是靠力里社提供蕃人勞役才築成。竣工以後東、西海岸間的郵件，也由力里社蕃人負責西段的遞送。台灣全島所有橫越中央山脈的道路中，這一條道路是日本治台以來，唯一沒有間斷地被使用的一條，可以說是最實用的一條古道。

此行目的是這一個區域的排灣族調查，所以先前往頗有威嚴的排灣族大部落——力里社。力里社以南的區域屬於「莘芒蕃」，更南則屬於「大龜文蕃」及「下十八社蕃」。力里社及以北的排灣族和上述以南的排灣族，在風俗上顯然大不相同，尤其他們的住屋形式完全不同。一般

---

❸❶ 森氏所閱的《台灣地輿圖說》，書名叫《台灣輿圖》，而他所引用的一段出之於〈恆春縣輿圖說略〉所附錄道里數。清光緒五年刊行的輿圖與說略，只標示沿線各點的概略位置與里數，參考價值不高，不過森氏所猜的古今地名對照，大致上準確。同治十三年清廷所開鑿的開山撫蕃道路「南路」有兩線，另一線是：「鳳山縣下淡水由赤山往卑南路程：十二里赤山、十五里雙溪口、五里內社、十五里崑崙坳、十里大石巖、四十里諸也葛、二十里古阿崙、十三里大貓裡，四十五里卑南，綜計一百七十五里。」譯註者曾於一九九四年分別兩次前往勘察這兩條南路，發現森氏所提到的，經由力里社的南邊這一條，東段已無法辨識舊路跡，而靠北的另一線，經過來義與古樓，無論是東段或西段，都比較清晰。森氏和鳥居龍藏從水底寮出發，走此清代第一條開山撫番道路到力里社。清代輿圖說起點是射寮。按射寮又寫成社寮，位於大嚮營的一角，水底寮的北側，實際上可以說是以水底寮為起點。浸水營古道也以水底寮為起點，譯註者前往調查時，路跡清晰可走。大鳥萬溪口，應該是指大武北邊的大鳥萬溪溪口，而不是大武。

要考察典型的排灣族風俗，前往力里社比較方便。㉜

　　我們偕同蕃語通事黃漢生，以及一群揹負行李的蕃人，踏上入蕃路程。行李的內容是調查器具、採集標本的用具、換洗衣服、糧食，以及給蕃社的土產贈品。鳥居先生和我肩膀上斜掛著自己的旅行用皮箱、照相機等各種用具，活像日本古時配備七件武器作戰的勇士「辨慶」。身後有披散著頭髮、頭上戴著鮮花頭飾的蕃人隨行，他們身著雲豹皮衣，腰跨蕃刀，刀鞘一律漆成紅色，揹負著大行李。一行人之中，還有特別從枋寮派來擔任護衛的武裝警察六名，一共十六、七人，威風凜凜地在蕃路上闊步而行。我們這一隊人的樣子，簡直是一幅「百鬼畫行圖」

㉜森氏和鳥居所要調查的排灣族群叫做Paumaumaq，北起隘寮南溪的南岸高燕社（Padain）、筏灣社（Su-Paiwan），南止於浸水營越嶺古道北側的力里社（Rarukruk）。南方的的排灣族視力里社及以北蕃社為故地，所以把北方排灣族稱為Paumaumaq，也就是留在故地的族群，以表示尊重。本區的風俗以舉行五年祭（Maluvok）為最大特色。森氏所謂崒芒蕃（Subon）分布於舊稱崒芒溪的士文溪上游一帶，有崒芒蕃（Kasuvongan）、割肉社（Koabal）、大茅茅社（Chiibabao）等小社。所謂大龜文蕃，指排灣族內文群（Chaoboobol），以內文社為代表，原來分為內文及外文，分布於枋山溪上游北岸。光緒二十年纂修的《恆春縣志》以楓港溪或獅子頭溪為界，分為「瑯瑀上十八社」及「瑯瑀下十八社」，前者包括Subon群、Chaoboobol群及Sabdek群；後者指楓港溪以南，移川子之藏及鹿野忠雄所稱的Parilarilao或Parijarijao群，這一群早期學者視為排灣族，但是森丑之助及移川子之藏、安倍明義、鹿野忠雄等日治後期的學者，把它視為南遷恆春半島而排灣化的卑南族，特地稱為斯卡羅族（Suqaro），一般所謂瑯瑀下十八蕃社就是指這一族而言。力里社以南，亦即浸水營古道以南的「崒芒」、「大龜文」及「下十八社」各群的風俗，再也看不到石板屋，家屋多半是屋樑呈弓形鼓起的茅草屋，因為居住於低山地帶，過去與異族混血的結果，其語言和體質，和浸水營古道以北排灣族有所不同。森氏和鳥居已在上次的南部調查，完成了恆春上蕃及恆春下蕃各部落，本次調查就從浸水營古道以北的排灣族，即鹿野忠雄所謂Paiwan Proper調查起。

罷。❸

　荷槍佩劍的警察在平地的時候都很健談，但是從新開庄起開始爬坡，大家突然氣喘吁吁地保持沈默，他們頻頻停步擦汗，假裝在看風景。心理上和生活上即將成為「蕃人」的鳥居先生和我看到這情形，覺得這些警察怪可憐的，到了歸化門社入口處，便趁機請他們下山，不必繼續護送我們。❸

　我們在平地旅行的時候，很怕土匪襲擊，但是在生蕃地卻覺得很安全，所以途中一點也沒有安全顧慮。我和鳥居先生此行的前一年在台東及恆春調查旅行時，已經學到了一些排灣語，用片言隻語和蕃人及通事交談，邊走邊談，不覺已到了可以望見力里社的地方。

　這時候，很意外地蕃人談起一件發生於五、六天前的事：再往前走半日里就可到的地點，一個力里社蕃人正在遞送日本郵件的半途中，被望嘉社（Bongari）蕃人割去了首級。

　力里社和〔西北方的〕望嘉社是同族，但是兩社自古

---

❸「辨慶」是日本鎌倉時代初期在山上修練的一個僧人，在源氏和平家兩大勢力爭霸的時期，成為源義經手下的名將，相傳參加白刃戰時用大刀、薙刀、鎌刀、斧頭、鐵槌、鋸子及鐵鉤等七種武器。後來所謂「辨慶的七種道具」，被借用來諷刺「為了辦一件小事，使用過多的用具」。森氏借用這個故事，揶揄鳥居和自己。排灣族不分男女，都有頭戴鮮花頭飾的習俗，這是典型的南島民族固有的習俗之一。

❸歸化門社（Kinariman）的排灣族，源出力里社和辜芒社。社址在浸水營古道北側，海拔約五○○公尺，目前已成造林地；舊址在古道南側，舊日警駐在所及教育所設在古道上。早期的歸化門社是馬卡道平埔族移居之地，後來變成排灣族部落。

以來不斷地發生互爭獵區，或爭占山溪撈捕溪魚，所以雙方部落的蕃人，互相結下世仇。這一帶的蕃社大致如此，因而常常獵取對方的首級。因為這個郵差被馘首的事件，力里社的人正在準備一場復仇戰，人人抱著同仇敵愾，慷慨激昂地怒目注意西北方望嘉社的動靜。

力里社位於山徑的北側下方，在山坡上分成三層，構成一個部落集團。一間間石板屋依山搭建，屋簷並列，從山上俯視，覺得非常壯觀。部落在力里溪南岸山腰處，距離水底寮大約四日里半的東方，海拔大約二千尺。從水底寮一路前來，沿途到處是一大片草生地，森林已經被砍光了。**㉟**

排灣族風俗

這一帶蕃社群的風俗，《重修台灣府志》卷十四，〈鳳山縣番社風俗二〉有記載，先援引如下：

> 居處：於山凹險隘處，以小石片築為牆壁，大木

㉟力里社（Rarukruk）位於浸水營古道西段的中途北側下方，目前已成一片灌木林占據的廢墟，舊大社和二、三小社分布於海拔五九○至六二○公尺處。清代開鑿三條崙古道時經過力里社，因為族人不允許清兵屯駐，被清廷鎮壓過。日治時代大正三年（一九一四年）十月，由於全面沒收排灣族武器，釀成所謂「南蕃叛變事件」。首先由力里社發動，並聯合古道東部沿線的姑仔崙社等，襲擊力里社、浸水營及姑仔崙社的各日警駐在所，日政府不得已派驅逐艦從海上炮擊，陸軍野炮隊及約二千名軍警上山討伐，起義的排灣族抵抗到次年一月才繳械投降。當時，力里社連同分出的小社，共有二四○多戶，人口一千一百人。這是罕見的大部落之一，當時世襲的頭目有八個，歸化門社的排灣族臣服力里社頭目。

為樑，大枋為桷，鑿石為瓦，不慮風雨，惟患地震，大枋、大石為床，番布為裯。

蕃人最初要創設部落的時候，通常都要優先考慮地理條件。他們選取山間險要之地，倚山面溪，成為可攻可守的要害。家屋是堆砌小石片為牆，切割長方形的石板為瓦，屋內全是木造的，尤其用巨大的櫸木作為屋樑，所以堅固耐用。

這種石板屋不怕風雨，但是地震時非小心不可。屋內用寬平的石板或木板為床，地面及前庭用扁平的石板舖蓋。門口朝向溪流，而屋頂是雙面傾斜的形式。住屋都是橫寬的格式。

他們在屋外設置穀倉，貯藏小米及蒸乾的芋頭。炎熱的夏天在屋外小屋內炊煮，以免熱氣瀰漫於主屋內。另外，為了使空氣流通，取下一兩片屋頂的石板瓦，好像日本農家茅屋在屋頂預留「天窗」一般。

頭目家及貴族家比較特殊。大門和屋簷之間都有簷桁木雕，刻著人頭、百步蛇及鹿，而屋內的中央大柱有男、女等身大的雕刻，叫做Bobo，也就是祖先柱的意思。這些雕刻象徵家世的榮耀，一般平民階級的蕃人是不許擁有的。

頭目家前庭疊石板為台，它的作用猶如司令台一般，中央一定種著一株榕樹。石台上高高的榕樹標示蕃社頭目家的位置，同時是頭目的象徵。

力里社頭目家的司令台上下疊放的石板與石板之間，預留著方形空隙，原來裡面收藏著敵蕃頭骨。頭目家牆壁也預留著同樣的空隙，收藏著無數頭骨，目的是對外誇示英勇與威嚴。

整座的頭骨架，則通常設於距離蕃社一、二町處，疊石板為棚架，上、下分為幾層，向左右橫列的棚架，好像是日本內地公共澡堂內密密麻麻成排的箱形衣櫃。數不清的頭骨分為上下、左右整齊地排列在那兒，看來很刺眼。

力里社曾經在大正三年〔一九一四年〕政府全面沒收蕃人槍械的時候，採取反抗行動，結果遭受陸軍與武裝警察的大規模討伐，戰爭中蕃人棄守蕃社，紛紛走進山間避難。被討平後，蕃人返回蕃社重建，但是我們來訪的時候，已經看不到昔日的壯觀。

現在我手邊有力里社的人口及戶數資料（大正十一年底統計），抄錄於下面：戶數二三八，人口一二四三人，其中男六五七人，女五八六人，有配偶者三三八人。我想，二十五年前我和鳥居先生去訪問時的人口，也差不多這樣，可見二十五年後的今天，人口並沒有增加。

繼續引用《重修台灣府志》關於飲食方面的記載：

> 飲食：種薯、芋、黍米以充食。種時男婦老幼偕往，無牛隻、犁耙，惟用鐵錐鋤鑿栽種。芋熟，置大竹扁上火焙成乾，以為終歲之需，外出亦資為餱糧。土官畜雞犬，卻不食，餘番則以竹木及豢豕、捕獸為

活。天旱亦祈禱，通社男女，五日不出門，不舉火，不食煙，惟食芋乾。得雨後，亦不出門五日謝雨，名曰起向。❸❻

　　酒以黍米合青草花同春，草葉包煮，四、五日外清水漉之，貯甕一、二日，即有酒味，聚飲以木椀盛酒，土官先酌，次及副土官、公廨眾番相繼而飲。

　　山前山後諸社，例於五年，土官暨眾番百十圍繞，各執長竹竿，一人以藤毬上擲，競以長竿刺之，中者為勝，番眾捧酒為賀，名曰托高會。酒酣，各矜豪勇，以殺人頭多者為雄長。❸❼

　　歲時以黍米熟為一年，月圓為一月。社小番栽種黍米、薯、芋，土官抽取十分之二；至射獵張麞鹿、山豬等獸，土官得後一蹄。

　　這一帶的生蕃種黍米、山薯、蕃薯、芋頭作為主食，

---

❸❻ 起向，似乎是「作向」的另一種寫法。鳥居龍藏和森丑之助在布農部落東埔社停留，準備橫越中央山脈時，布農人正在「做香」，亦即作向。「向」或「香」、「嚮」，都是西拉雅平埔族語音的台語譯音字，唸Hyan，猶如排灣族所稱的Parisi，含禁忌、神聖、不祥的意思，轉而指祭典或祭典中應遵守的禁忌。

❸❼ 排灣族Paumaumaq群（發祥地的族群）所嚴守的五年祭，又叫做祖靈祭（Maluvok），是基於傳統信仰，由各部落按照順序舉行的祭典。他們相信祖靈永居於Chagaraus（大武山）山頂，祖靈為了照顧山下子孫，每隔五年就從山上下來，以山下附近的部落為起點，由近而遠，巡視各排灣部落，最後到恆春半島南端的龜仔角社，然後回到大武山頂。祖靈抵達時，部落舉行祭典，分為迎靈祭（前祭）及送靈祭（後祭），祈求自家的祖先及族靈賜福、豐收豐獵，部落平安。前祭比較隆重，漢人將前祭中舉行的刺毬，稱為托高會。刺毬有接納幸運、福氣的意思。

因為迷信而不種稻。稻米叫做Padai，蕃人有時候食用漢人所種的白米，但因為迷信，不但不重視稻米，而且瞧不起吃米的平地人，蔑稱為「米蟲」。❸

現在，我把農作物的排灣語集錄於下面：粟（Bako）、山薯（Kakeji）、蕃薯（Borasi）、芋頭（Basai）、燻芋（Alaji）、藜（Julis）、稗（Jomai）、黍（Kalaroma）。已如上述，全家的人到耕地工作。他們在山坡地耕種，因為是斜坡，當然不用耕牛，也不用犁耙，只用一根掘棒，掘棒上端扁平，以利翻土，所以他們的農具原始而簡單。

既然芋頭是排灣族的主食，種類多而且品種不錯。他們每天所吃的，多半是芋頭。芋頭用水煮，要吃的時候一邊剝皮，一邊吃。因為山地的小芋頭很容易消化，而且容易保存，非常適合於蕃人食用。一樣地當主食，但芋頭比蕃薯強好幾倍。

芋頭要收穫的時候，蕃人在耕地附近建造一個小型的簡易爐灶，選小芋頭用炭火燻烤，帶回家儲藏於屋內。燻芋蕃語叫做Alaji，從它的味道、形狀和功用看來，很像餅干，所以我和鳥居先生把它叫做「生蕃餅干」。

其他芋頭都帶回家貯放，每餐都拿出一些用水煮食。

---

❸山地傳統的觀念，森氏稱為迷信，這是漢人及日人的習慣用語。伊能嘉矩和鳥居、森氏一樣，在排灣族部落訪查時，因為白米是禁忌，而且祭期中嚴禁帶進部落，吃足了苦頭。請參照遠流版《探險台灣——鳥居龍藏的台灣人類學之旅》及《台灣踏查日記》。

出門旅行時把燻芋當做行動糧食。❸

　　小米的吃法是這樣的：平時煮小米飯，此外，也用於製作小米糕，主要是用於釀酒。蕃薯、山薯都用水煮食，也是每天吃的主食。如果跟蕃薯、山薯、小米等其他主食做一個比較，蕃人比較喜歡吃芋頭，也比較常吃。

　　本次旅行於南部這一帶，吃到小米、台灣米、蕃薯和芋頭，如果問我們那一種最好吃，我們會立刻回答：「最愛吃山地小芋頭。」

　　《重修台灣府志》所謂土官，應該是頭目，那麼所謂餘蕃，則應該是指一般平民階級的蕃人。

　　寫到這裡，我想順便談一談我的感想。假使有人問我，什麼地方的生蕃在文化上，或在開化的程度上更進步？我的回答是：以往年代的南蕃，也就是排灣族比較優秀，但是現在的文化傳承比過去退步，荒廢多了。

　　排灣族的祖先在世的舊年代，雖然被視為野蠻的生蕃，但是他們建立了井然有序的封建制度，分為天生的貴族、平民兩個階級。根據神祕的傳說，前者被視為神的子孫，相當於日本的「天孫派」，而平民則沒有姓氏，出身卑微。❹

　　貴族階級蕃語叫做Masa Gizan，在排灣族社會中就任

---

❸行動糧食包括用火燻乾的，以及水煮後掠乾的小芋頭。用餐時，無論是排灣族或其他種族，習慣以蹲姿圍著一鍋芋頭、小米或蕃薯吃。佐菜幾乎沒有，多半是一根辣椒或一碗薑湯而已。獵肉通常是單獨吃，不像平地人飯和菜一起吃。

頭目地位，在他的領地內是統治者，同時是大地主，他的地位猶如領主。屬於平民階級的社蕃，蕃語叫做Zauzau Paktron，他們要絕對臣服貴族階級，因此，即使他們有多大的才幹，絕對不會有任何權力，甚至不能與貴族階級聯婚。無論是身上的刺墨或服飾的紋樣，都有嚴格的區別，平民階級絕對不能用貴族階級專用的紋飾。❹

即使很富有，平民階級的社蕃沒有土地所有權，他們使用部落頭目所領有的土地，所以有繳納貢租的義務。農作物有收成時，或從山上頭目所領有的獵場狩獵回來，一定要將部分收成繳納。貢租的蕃語叫做Kazəl。

繳納Kazəl的對象有時候很複雜。比如說，大頭目已經將部分領地交給已分家的子女繼承，在這種情形下，屬於新領地的平民不但要對已分家的新領主納貢，還要向頭目本家納貢，也就是說，要盡雙重的義務。

在以往的年代，平民階級的社蕃把頭目看成神聖不可侵犯的專制領主。頭目世家維持著長子繼承的制度。如果長子是女的，也成為新戶主，所以在排灣族的蕃社中，往

---

❹❶ 排灣族頭目及貴族世家是世襲的，各有家號，有封建時代領主一般的權力。平民階級的一般社眾有向頭目納租（租穀及獵肉），以及供其使役的義務。「天孫派」指日本世襲的天皇及眷屬，相傳是天上的天照大神下凡後所傳的天孫，所以森氏稱為「天孫派」。森氏看到排灣族各部落大、小頭目及貴族擁有世襲權力，比擬為日本皇族。

❹ 排灣族沒有紋面風俗，但是世襲的頭目為顯示尊貴的家世門閥，男子在胸、背及兩臂刺墨，彎曲的線條像百步蛇的斑紋；而女子則在雙手背刺墨，手背上的網狀刺墨幾乎掩蓋手背。排灣族的刺墨被視為古俗，但沒有普遍於各頭目之間。與泰雅族的紋面不同，排灣族的身體刺墨不在於誇示英勇，其著眼點在於審美觀與頭目門閥的表徵。

往有女頭目，好比說是蕃社內的女王。在所有的蕃族中，只有排灣族有這個傳統習慣。

台灣其他蕃族多半是長子繼承，但是東海岸阿美族，是女子繼承的制度。往昔的年代，西海岸平地的平埔蕃，也是女子繼承的母系社會。

我於幾年前前往南洋各島作視察旅行。當我在馬紹爾群島停留時，發現當地維持著母系社會，也有類似台灣排灣族社會的階級制度。他們有頭目及一般土人之別，而頭目也向土人徵收貢租，偏巧地，貢租的當地土語也叫做Kazəl，這可能是巧合罷。雖然有諸多類似點，我不敢說美拉尼西亞（Melanesia）土人是排灣族的祖先。「南方民族」中，語言、習俗上類似的例子，多到俯拾即是的程度。❷

在台灣各蕃族之中，屬於排灣族的各族群，都擁有嚴密的階級制度，雖然規模不大，但其社會組織很像一個國家統一機構。對於這一群蕃人作學術研究，可以提供有益的資料給社會學、古代法制史的研究上，所以我衷心期盼有心的學者著手研究。

一般稱為瑯璚十八社的「下蕃十八社」，以及其北方

---

❷森氏和早期的學者一樣，以為台灣原住民是從南洋順著黑潮移入台灣的，所以森氏才提到美拉尼西亞人是不是排灣族的祖先問題。森氏於大正四年（一九一五年）參加台灣總督府派往日本海軍南洋占領地的「美拉尼西亞群島視察隊」，回來後寫了兩份報告。森氏和鳥居龍藏是最早主張向南洋群島尋找台灣原住民文化之根的學者。

「上蕃十八社」的眾頭目，依照管轄區的大小，分爲大股頭人、二股頭人、三股頭人、四股頭人，以及各社頭目、小社小頭目等不同的地位。他們彼此間的關係以及大股頭人所住的大社及其他小社之間的關係，猶如我國德川幕府執政的時代，統治階層分爲「將軍家」、「御三家」及各領地的「大名」之別。一般民眾傳統上把貴族統治階級和被統治者百姓之間的嚴密區分或階級的貴賤，視爲當然。老百姓對貴族、領主所抱持的君臣觀念，不論是古代日本人或是現今的排灣族都一樣。**❹❸**

大股頭人向各蕃社發號施令的威勢，幾乎和日本德川大將軍同等，到各地巡視時，大、小頭目隨行，猶如日本封建時代的「大名行列」那種盛況。**❹❹**

幾年前我和鳥居先生到恆春訪問豬勝束社，當時大股

---

❹❸ 西元一六○三年，德川家康所開創的武士政權延續二六五年，統一天下時德川叫征夷大將軍，所以其子孫十五代直嗣都叫「將軍」。「御三家」指屬於德川將軍家的子嗣，但已分封於尾張、紀伊、水戶的藩主；而「大名」則指臣服德川大將軍家的各地領主，每年享有「祿米」一萬石以上，才算「大名」。照森氏的意思，排灣族的大、小頭目彼此間的上、下關係，很像日本封建時代執政者與地方藩主及領主之間的關係。瑯璚十八蕃社中眾頭目，依照各頭目的權勢及所掌管蕃社之多寡，再分為十八蕃社總頭目（漢人把他稱爲大股頭人）、三個副總頭目（依序叫二股頭人、三股頭人、四股頭人），以及各部落頭目、小頭目等。括弧內的稱呼是漢人所給的，又稱為大股欽人、二股欽人……。頭目的大小地位及隸屬關係，因時空的變化有時候會改變。

❹❹ 「大名行列」指日本德川幕府執政的時代，各地的「大名」（即領主）要向江戶（東京）的「將軍家」定期集合，由封地到江戶的旅行路線與隊伍人數，都由將軍家規定，這是執政者對各地藩主、領主的統制。向江戶作短期間「出仕」，其行列很長，服裝、旗幟鮮艷，所以很壯觀。森氏借用大名行列來描述排灣族總頭目偕同大、小頭目巡視各部落的盛況。

頭人Vankim曾經陪我們巡視下蕃十八社；我們也前往上蕃十八社訪問，因為內文社大股頭人Ruji臨時無法作陪，改由二股頭人Bralyan Cholon代替。Bralyan當時才只是個六、七歲的小孩，陪我和鳥居先生巡視上蕃各社。當我們分別由大股頭人及二股頭人陪同巡視時，受到了各蕃社大、小頭目最高的禮遇，看到他們對於大頭目遵照君臣之禮恭恭敬敬接待的情誼，使我們感動得差一點滴下眼淚來。❹

　　留存到今日的排灣族古禮，非常令人感動。這種場面是我的恩師小西成章林學士、鳥居龍藏博士所親身見到的。當時在恆春服務的鐸木直之助君可能也實際遇見過，所以大家都很清楚。❻

　　既然南部排灣族的社會，有階級分明，由大、小頭目分層治理的社會組織及習尚，政府應該參酌這個現狀，把蕃界內的蕃社行政事務，委由頭目們按照慣例處理。在政府機構的我們內地人寧可負責蕃社的涉外事務，或者從旁監督他們照慣例自治，不要插手於蕃社事務。以這樣的方

---

❹ 鳥居龍藏在他的〈南部台灣蕃社探險談〉裡提及「大酋長ブンキ（Vunki）」，疑為潘文杰，森氏說陪同者是「豬朥束社バンキン（Vankim）」。伊能嘉矩在他的〈巡台日乘〉明治三十年十月二十八日的記載，分別寫為「大股頭人Vankim及二股頭人Vunki。」到底Vankim是誰？Vankim與Vunki（潘文杰）到底有何關係，森氏、鳥居、伊能都沒有交代清楚。請參照遠流版《探險台灣》第286頁譯文及伊能《台灣踏查日記》上冊第295、296頁譯文及譯註。
❻ 在台灣森氏曾經寄居於這位殖產局技師小西成章的家，學習了植物分類與採集方法。

式治理，反而能夠保住蕃社平穩無事，自然地他們會感覺幸福罷。在蕃界徒步旅行時，我和鳥居先生討論此事，感覺日本官員度量不夠大，不改治理他人的習性，凡事都要插手過問，非如此做就不滿意。

　　果然，我們內地人開始忽視排灣族的傳統習俗，完全不顧人家的社會組織與生活內涵，以獨斷方式治理他們。大概是為了打破所謂陋習罷，日本官員把他們的社會秩序連根拔起，結果，昔日的部落權力者〔即頭目與貴族〕對社蕃的影響力大大地減低了，雖然部分社蕃習慣上仍然尊敬頭目，但是頭目的威嚴幾乎空洞化了，一般社蕃不再踴躍地向頭目繳納年貢，最後像今日已陷入一片混沌狀態，社會上似乎喪失了安定的基礎。

　　史册上記載土官飼養雞、犬，但是不吃其肉。現在一般社蕃都養雞以報時，養狗以協助狩獵。往年的時候，龜仔角社及其他深山內的蕃社都不養雞，他們深怕公雞的啼聲曝露自己部落的確切位置，招致敵蕃趁夜來襲。依照習俗的調查，發現以前排灣族不但不吃雞也不吃雞蛋。但是，現在部落人都吃雞肉。

　　照史册記載，排灣族不吃狗肉。這句話聽起來很奇怪，事實上，南方民族在以往的年代，最大儀禮是以狗肉招待貴賓。屬於東加羅林群島的波那培島（Ponape）土人飼養食用狗，在土人之間以高價買賣。台灣蕃社的情形則不同。蕃社所養的土狗嗅覺敏銳，很會跑山野，是狩獵的

好幫手。雖然土狗的身價很高，很少當商品買賣。

舊志特別記載排灣族頭目養雞又養狗，原因是舊時代的頭目，光靠年貢就能享受豐衣足食，頭目及家族都不必出門耕作或狩獵，家居日子比較多。一般社蕃則常常到山上的工作小屋住一段日子耕作或狩獵，很少留在蕃社自家，所以在家養狗、養雞的機會不大。他們不但為生產糧食而工作，還要到山上狩獵、砍伐竹木、養豬，把山產運到平地，與漢人交換鐵器、布匹、裝飾品等。

南部這一帶的蕃人受到漢人的教化頗深，從早期的年代就學會了使用斧頭、鑿子、鋸子之類的工具，不但用以蓋房子，而且出售的木材也預先用這些工具製成適合製造牛車的板料、犁板，以及建築材料；雜木則直接運出，供燒木炭之用。

往年的時候，屏東平原及恆春半島的平地部落，完全依靠這一帶蕃人所產的木材供應，蕃人所產的木材有的用戎克船運到打狗、安平。燒木炭所用的薪材，以及做為糖廠燃料的雜木，也大部分由這一帶的蕃地供應。建築材料及製作牛車、犁耙所用的木材，都是櫸木、小西氏楠、烏心石、櫟、相思樹、黃連木、茄苳等。恆春地方的蕃地除了上述各種木材外，也生產毛柿、象牙樹、欖仁樹等裝飾用材。

相較於狹窄的土地面積，南部排灣族有更多的人口，而且所謂「蕃人文化」比別地方更進步，因此生計比較困

難。為了克服這個困境，他們深入山中砍伐木材，並且設法運到平地，這是別處的蕃地所看不到的現象。由於古來濫伐的結果，自然林荒廢了，現在多半已變成草生地。我走遍台灣山地，沒看過一個地方像排灣族占居地那樣到處是草生地。比起Pakarukaru群〔東海岸群〕，前山的西排灣群砍伐更多的森林，到了現在為了爭小利，白白地讓蕃地原有的森林荒廢，實在令人痛心。

照今日的情形看來，因為森林不見了，給排灣族造成生活上的種種不利。我認為，為了他們將來的生活，有必要成立造林組織，以全面造林的方式做根本的救濟工作。

排灣族的地盤到處有「Parisi之林」，這是他們祖先依照古俗所設的一種保安林，禁止子子孫孫砍伐。當初設置的目的，是讓野獸在森林內繁衍，或者是藉森林涵養水源，或者利用森林的圍護，防範外敵的侵害；或者當做蕃社戰略要害，可攻可守。祖先留下禁止伐採Parisi之林的垂訓。別的種族也有類似的祖先垂訓，但是沒有像排灣族那樣，到處指定禁伐區，稱之為Parisi之林。❹

從這一點可以看出，排灣族自古以來智能相當發達，Parisi之林以外的林地，就沒有節制，大量砍伐以換取平地的物品。現在蕃社一帶所見的相思林、竹林、檳榔樹、

---

❹Parisi（巴利西），原義是禁忌、神聖或不祥，轉而指祭祀中之種種禁忌事物或狀態。排灣族及阿美族等南方民族視Parisi之林為神聖的地方，尤其祖先發祥之地有Parisi之林，族人不可隨便闖入，絕對禁止摘枝或砍伐。這是他們祖先的智慧，頗有生態保護的觀念，同時有保護聖地的意涵。

蒲葵樹及榕樹並非自然林，而是他們歷代祖先依照舊俗移種的。他們古來有植林的觀念，這是台灣各蕃族之中少見的現象。

此外，排灣族都有園藝趣味。蕃社內家家戶戶都有花圃，無論男女都用草花製成環狀頭飾，人人有頭戴花環的習慣。他們在森林中看到美麗的野生草花，不但欣賞美麗的花朵，甚至把整株植物移種到自己的花圃內。寄生於巨木的羊齒類或藤蔓植物、蝴蝶蘭、木斛、金石斛等蘭科植物，如果在山中看到，便採回移植於屋子附近的巨木鑑賞。

來自日本內地的日本人到蕃地旅行的時候，不但沒有讚許族人高雅的審美觀，反而到處採集族人所種的名貴草花，造成今日的排灣族蕃社害怕日本人盜取，乾脆拒絕日本人進入蕃社。

被稱為「南國名花」的野生蝴蝶蘭（Kalala），由於日本人濫採的結果，今日已經少見了，不久的將來會遭受絕滅的命運罷。此外，珍貴的熱帶林木，例如毛柿、象牙樹，現在已看不到巨木，我想不久就會消失。這些都需要我們設法加以保護。菲島所產的珍木Kamagon（毛柿）台灣也有，本地產的毛柿，蕃語叫做Kamaya。

排灣族風俗（續）

下面繼續引用《重修台灣府志》的記載：

衣飾：披髮裸身，下體烏布圍遮。隆冬以野獸皮為衣，熊皮非土官不敢服。天雨則以櫟榔葉為衣、為笠。各社頭皆留髮，剪與眉齊。草箍似帽。以野草黑齒，兩耳穴孔用篾圈抵塞。

土官、副土官、公廨至娶妻後，即於肩、背、胸膛、手臂、兩腋、以鍼刺花，用黑煙文之。正土官刺人形，副土官、公廨祗刺墨花而已。女土官肩、臂、手掌亦刺墨花，以為尊卑之別。農事之暇，男則採籐編籃，砍木鑿盆；女則績苧織布。惟土官家織紅藍色布，及帶頭織人面形，餘則不敢。

各社生番持與熟番交易珠、布、鹽、鐵，熟番出與通事交易。

這一帶蕃人傳統上是披髮裸身的。現在已有蕃人穿筒袖上衣，長度僅及肚臍，下半身穿「紺木綿」〔深藍色綿布〕裁製的短裙，短到只夠掩蓋私處的程度。蕃女上衣長及膝蓋，裙子則通常長及腳跟，這是用有條紋的綿布裁製的。女裙和男裙一樣，圍腰處打細碎的縐褶。

古時候，南洋土人男女都穿草裙。排灣族男女都穿綿布裙子，大概是從草裙演變的。古時候，台灣排灣族平時是上半身裸體，下半身只用一小塊布片遮住私處而已，只有冬天寒冷的時候，蕃人身上披一件用鹿皮或台灣山羊皮鞣製的皮衣。

《府志》所謂非土官不敢穿熊皮，熊皮是豹皮之誤。

現在排灣族部落內，仍沿襲頭目才可以披掛台灣雲豹皮衣的習俗。《府志》記載，蕃人用棟榔葉製成雨衣，所謂棟榔葉是蒲葵葉之誤。現在蕃人仍在使用蒲葵葉製成的雨具，亦即漢人所謂「草簑」。❹

各蕃社男子都披髮。實際作法是將額上的頭髮剪短到眉線，後腦的頭髮不剪，保持長髮垂肩的狀態。清國政府曾經爲了改蕃俗，規定凡是薙髮垂辮者，給予剃頭銀以資鼓勵，但是當時只有恆春下十八社接納薙髮令，其他各蕃社群則相應不理，依然披散著頭髮。❹

排灣族無論男女都採草花，自己編製花環戴在頭上，所用的鮮花除了採自野外的，還用自家門前屋後栽種的草花。

他們平時不停地嚼檳榔，所以牙齒被檳榔汁染黑。爲了使牙齒更黑，採一種野草的果實，搗碎成汁，用以染齒。他們兩耳穿孔，嵌以耳飾，這個傳統風俗未變。

排灣族有紋身之風。蕃人身體從肩部到背部、胸部，以及雙臂都刺墨。《府志》說刺花紋，這是不對的。他們採用蕃語叫Bulunapi的百步蛇紋樣，作爲刺墨的圖案。蕃女刺於手背及手腕部分。頭目可以刺人頭紋，但一般蕃女只能刺蟲形紋。蕃人的刺墨是一種家系門閥的表徵，以示尊卑之別，並非人人可以隨便刺墨。

---

❹草簑，用棕櫚葉製成的雨具，又叫棕簑。
❹清廷在台灣施行薙髮垂辮令，其著眼點不只是要改風易俗，最重要的，是藉留辮子與否，作為歸化或未歸化，亦即順逆的識別。

現在，壯年及老年的貴族階級身上有刺墨，這些人過世以後，刺墨風俗大概會消失。一般人把北部泰雅族當做台灣蕃人中唯一有刺墨風俗的蕃人，這是因爲刺在臉上，容易看得出來。排灣族也有刺墨風俗，但只刺在身體，身上有上衣遮住，所以很少引起世人的注意。排灣族的身體刺墨風俗，現在只有「大龜文上蕃」〔內文群〕以北各蕃社、東海岸群各社及Taluma社遵守，恆春下十八社及恆春上十八社部分已經失傳了。❺⓿

　　《重修台灣府志》所謂採藤編籃，實際上使用竹子和月桃葉編製籃子和床蓆的情形比較普遍。編織一種蕃語叫做Siikao的網袋，也是男子的工作。排灣族最會雕刻，或剉木製造精緻的生活用具。現在女子也用苧麻紡織，但是這種民族技藝，只殘留在深山部落，今日很少聽到操作織布機的聲音了。

　　這一族由於崇尚家世門閥，甚至用衣飾來明示貴族階級。非貴族階級者不得製作紅、藍色織物，或有人頭紋的衣服及刺繡製品。

　　在往昔的日子，深山內的排灣族都到山麓地帶和平埔蕃交易，他們用山產交換珠、布、鹽、鐵。平埔蕃和通事是仲介交易者。今日的情形，是生蕃直接到平地和漢人交

---

❺⓿森氏所謂Taluma社，後來的文獻並沒有如此稱呼。Taluma應該是指東魯凱群的大南社（Taromak，大魯瑪克）。位在台東縣卑南鄉的魯凱族大南社，由於地緣上的關係，在更早的年代與排灣族及卑南族互相通婚，習俗受到影響，森氏説，族人和鄰族一樣，有紋身之風。

易，已超越以物易物的原始交易，代之以金錢買賣。

下面繼續引用《重修台灣府志》關於婚嫁的記載：

> 婚嫁：未婚時，男女歌唱相合，男隨女肩女負薪。既投，始告父母聘之，反目，即時分離，男再娶，女別嫁。土官彼此結姻，不與眾番婚娶。歸化番女亦有與漢人為妻室者，往來倍親密。
>
> 土官無論男女，總以長者承嗣，長男則娶婦，長女則贅婿，家業盡付之甥，即為孫以衍後嗣。無姓氏，三世外即互相嫁娶，孫、祖或至同名，子多者或與伯叔同。凡嫁娶，則以鼎、珠、刀、布為聘，土官取其半。
>
> 番婦俱以鞦韆為戲，各社戶前，因大樹縛藤縱送為樂，日夕歌唱不絕口。親朋相見，以鼻彼此相就一點。小番見土官，以鼻向土官項後髮際一點。

未婚的男女互相以歌唱表達愛慕，或以吹奏嘴琴或鼻簫向對方傾訴愛情。這種風俗依然盛行，尤其是女子為了挑動自己鍾愛的男子，吟出詩歌一般美妙的詞句，這是排灣族傳統習俗中最精緻的示愛方法之一。

男子為了表達對某一個女子的愛，通常會主動地上山砍柴，或下溪取水，把柴水揹到女方的家，或者到女子家做義務勞動。在這個求愛的過程中，如果雙方都中意，才向雙方父母稟告，以便進行結婚事宜。在求愛期間，如果

因為某種原因互相反目，那麼，彼此分開各自去找自己中意的對象。

頭目階級重視門閥，所以只在別的頭目世家之間尋找配偶，不與平民階級通婚。

蕃女有的歸化成漢人的妻子。一般以為透過民、蕃通婚，蕃人與漢人間的往來更加密切，但事實上，民、蕃通婚者不多，只有通事或在蕃地從事拓墾的漢人，為了工作上方便，做出策略性的通婚。我國領有台灣的初期，出入蕃社的通事多半娶蕃女為妻，我國政府也利用他們特殊的關係，將蕃地事務交給他們去交涉。

原則上排灣族是長子繼承制，所以有時候出現長女繼承為女頭目的奇怪現象。不只頭目家有此風俗，平民階級也有。長子繼承制只出現於排灣族社會。東海岸的阿眉族〔阿美族〕以及往年居住於西海岸的熟蕃〔平埔族〕，則是長女繼承制。

《府志》說「無姓氏」，事實上排灣族世家有氏族名，成為家號。

結婚聘禮包括鍋子、珠飾、蕃刀、農具、布匹等，部分要獻給所屬的頭目家。蕃女盪鞦韆為戲等風俗，現在還盛行著。

《番社采風圖考》有如下記載：

> 蕃女有紗縪氏之戲，即鞦韆也。以紗為飛，以縪氏為天意，以為飛天耳。每風和景明，招邀同伴，椎

髻盤花，靚妝麗服，以銀錢、珊瑚、珠貫肩背，條脫纏腕，纍纍相比，歡呼游戲。臺人有「雲靄碧梧飛彩鳳，花移丹桂下姮娥」之句，詠其事。

此外，張湄詠番俗的詩，有「籐毬擲罷舞鞦韆」之句，也是排灣族習俗的描繪，大概是屬於古俗罷。排灣族把蔓籐綁在蕃社內的巨榕樹幹，作成鞦韆，部分的布農族也有這種風俗。

《府志》說「親朋相見，以鼻彼此相就一點」，這是排灣族獨有的風俗。日本領有台灣初期，我到排灣族部落旅行的時候，常常看到這一個「點鼻禮」，這次又來到南部排灣部落，發現這個舊俗漸漸淡化了。

繼續援引《重修台灣府志》喪葬項目：

> 喪葬：父母兄弟故，家業器用一家均分。死者亦一半埋葬於屋內。挖穴，四圍立石。先後死者，次第坐葬穴中。無棺木，只以番布包裹，其一分物件置屍側，大石為蓋，米粥和柴灰粘石縛，使穢氣不泄。婦產死，山頂另開一堀，埋之。本社有喪，通社男女，為服二十餘日，親屬六月。土官死，則本社及所屬各社老幼，亦服六月。其服，身首纏披烏布，通社不飲酒，不歌唱。父母之服，長男長女身披烏布，頭荷斗笠，謂不敢見天也。服滿，射鹿飲酒，除烏布，謂之撤服。

台灣蕃人之中，只有排灣族舉行最隆重的喪禮，對於喪禮、服喪、喪服及喪帽，都有嚴格的規制。門閥世家舉行喪葬時，在屋內挖墓穴，四周豎立石板為方椁，以後家族有人死亡時，都葬同一椁內。頭目的喪禮最為隆重，特別在忌服中都要遵行古禮，在一定期間內著喪服，而且要頭戴蕃語叫做Jinai的小型斗笠。門閥世家的喪服，都是他們祖先所傳下的優秀藝術作品，由此可以窺見蕃人藝術的極致。

> 器用：食用器具，以藤蔑為筐、為椀、為缽、為杓、為箸。捕鹿射獵，以鹿皮為袴、為履。鏢刀、弓矢皆所自製。最喜鼎、鐺、銅、鐵、米、珠、鹽、布、嗶吱、梳枇。
>
> 下山，則腰佩短刀，手執鏢、槊、竹箭、木牌等械。背負網袋，內貯薯、芋。衣物戴於首。社蕃間有角口，無相毆者，有犯，土官令公廨持竹木橫擊，將其器物盡為棄擲。卑南跨覓社有犯，及獲獸不與豚蹄，以背叛論，即殺之。

食器中，有蕃語叫做Kajaval的缽形籃子和蕃語叫做Kijin的木匙，都是精巧的自用工藝品；前者是用竹子編製的，籃底鋪一種草葉，防止水分滲出；而後者是木刻品，柄部有人像雕刻。另外有一種宴客時使用的木刻聯杯，蕃語叫做Rakaji，構圖設計非常巧妙。

現在的排灣族繼承著祖先時代傳下來的實用藝術創作，例如木雕器具、編織、刺繡及織布方面，藝術價值很高。但是，傳統的工藝已受到物質文明進展的壓迫，現在已有逐漸沒落的趨勢，我覺得很可惜。幸而山本鼎氏主張將蕃人的傳統工藝產業化，使傳統的技能保存下來，我們對於山本氏的嘗試，舉起雙手贊成，希望能夠儘速具體化。

《府志》說「捕鹿射獵」，當時沒有火槍，狩獵時當然靠弓箭。他們也用鏢槍獵猛獸。投擲鏢槍後如果射中獵物，這時候繫在柄上的繩子被拉長，繩子的另一端綁著一個丁字鉤，野獸逃跑時會勾住地上物，沒跑多遠就被獵人射殺。

排灣族利用鹿皮製作衣服和鞋子，這個風俗由來已久。他們用山產交換山上所沒有的鐵器、珠玉之類的裝飾品，以及鹽和布。嗶吱是進口的毛織品，不是用於裁製衣服。他們把嗶吱拿到手後，立即解開毛線，織布時當做夾織的材料。

他們下山時腰跨蕃刀，手執武器，揹著一個網袋，裡面放著燻乾的芋頭當作行動糧食，脖子上掛著一套快到平地時要穿的衣服。蕃人走山路時上身裸體，不穿上衣的理由是怕汗流浹背，把衣服弄得又髒又濕。我到蕃地旅行時，常常看到離開漢人村落不遠處，下山的蕃人臨時穿上衣服入街市。據說在清朝時代，一百六、七十年來一直是

這麼做。

《府志》所謂木牌，是指木楯，蕃語叫做Ratta，通常用榕樹的板塊製作，楯牌上刻人頭或人像。

《府志》關於制裁的慣例，都與事實符合。末尾提及卑南覓社〔卑南社〕內有人犯罪，或狩獵回來不向頭目繳納一隻獵物的後腿者，以背叛論斷，犯者處死。照我的看法，往昔的年代這一支種族〔卑南族〕施行封建制度，頭目像專制君主一般擁有絕對性權力。為了向隔鄰的排灣族東海岸群宣示無比的權力，對於社蕃犯法涉及其他部族者，或者無視於慣例，對頭目不服從者，用嚴刑處斷。

《台海使槎錄》記載：「傀儡生番動輒殺人，割首以去，髑髏用金飾以為寶。」張湄也有詩云：

　　傀儡山深惡木稠
　　穿林如虎攫人頭
　　群蠻社裡誰雄長
　　茅宇新添金髑髏

上面都描寫這一帶蕃人，自古以來即有出草馘首的風俗，但是所謂用黃金裝飾頭骨，大概是漢人的誤傳。蕃社內頭骨架上所收存的頭骨，從來沒有塗過顏料。我想在山坡地堆石架設頭骨架，久而久之，山上雨水滲入赭土，把骨架上的頭骨染成金紅色，可能因而誤傳為髑髏用黃金裝飾。

《番俗六考》裡有如下記載：

> 番貧莫如傀儡，而負嵎蟠踞，自昔為然。紅毛偽
> 鄭屢思勦除，居高負險，數戰不利，率皆中止。近則
> 種類漸多，野性難馴，且幼習鏢刀，拈弓矢，輕禽狡
> 獸，鏢箭一發，無逸。兇頑嗜殺，實為化外異類。

比起所占的土地面積，排灣族人口繁多，而且從他們
祖先的年代以來，森林不斷地被濫伐的結果，林地荒廢，
已變成廣大的草地，因而作者黃叔璥感嘆在眾多蕃族之
中，傀儡蕃〔排灣族〕生計最因難。他們自古以來最慓
悍，荷蘭據台時代以及明鄭時代，常常調兵征伐過，但未
能完全制服。到了清國政府的年代，清廷曾經於光緒七年
派兵討伐，到了日治時代，我國警察部隊也於大正三年征
討過。

我的朋友槙寺佐市君夫婦和小孩，全家在力里社內被
叛亂的力里社蕃人虐殺。假如槙寺君一家人繼續在萃芒社
駐在所，則可以避過災禍。可惜，叛亂發生前，亦即大正
三年三月，他已被調到力里社駐在所。假如他在力里社住
過一段很長的時間，蕃人應該會知道他的為人，即使發生
叛亂事件，也應該化險為夷。想起朋友不幸的遭遇，我極
為痛惜、難過。

假定我們平心靜氣分析這一件不幸事件的真正起因，
會發現我們沒有立場譴責暴行、追究兇犯，只能悲傷為什

麼理蕃政策的推行，會導至如此可悲的結果。

自從力里社於大正三年〔一九一四年〕被討伐以來，迄今已過了十年。被討伐時力里社和鄰社都家破人亡，雖然以後部落蕃人回來重建，但是一直都沒回復到二十五年前，我和鳥居先生去探訪時那樣的盛況。

已如上述，力里社是南部排灣族的大社。部落的來歷是這樣的：古時候，從北方大武山附近的舊社，部分蕃人分爲數支南下，移住於本社。社內頭目之一的Jakojako家系，是遠從隘寮溪流域輾轉南遷而來，在頭目Sojashuyi的年代，最後從力里社西方的Kalpiyan之地，遷入現址創立力里社〔今屏東縣春日鄉舊力里〕。

後來，恆春上蕃Cholon家系的祖先曾經一度遷到力里社來，不久之後遷往內文群的地盤。又有古樓社頭目Kasagisan家系的祖先遷入力里社。此外，從台東方面各地的蕃社，又有部分蕃人遷入。因此，力里社由於不同族群先後遷入的關係，分成幾個頭目家系，雖然各支族群仍維持與舊社的親密關係，但發生涉外事件時，社內都能夠行動一致。社內部分的蕃人曾經分離，移住於率芒溪上游的內山，建立了Koabal社〔割肉社〕。原來有Chivutsukadan社〔即Chikatan社，七佳社〕的社蕃遷入力里社居住，現在他們又回到自己原來的蕃社。

力里社蕃人因爲和內文社親近，和「恆春上蕃」維持著親密關係。力里社和北方的Kapiyagan社〔即Kapiyan

社，佳平社〕方面也保持友好關係，但是由於古來種種事故及紛爭，和下列蕃社是反目成仇的狀態：鄰近的葎芒蕃、北邊的Pairusu社〔白鷺社〕、Bongari社〔望嘉社〕，以及更北的Kuwarusu社〔庫瓦魯斯社〕等。

我和鳥居先生去訪問的時候，力里社蕃人和南邊的葎芒蕃葎芒社及北方的庫瓦魯斯社，既沒有姻親關係，也沒有彼此紛爭的事情發生，但是，力里社和白鷺社及望嘉社是敵對的，對於北方各蕃社的動靜，做出高度警戒。反過來講，像白鷺社那樣小的小社，非常害怕力里社，因此在蕃社周圍構築木柵圍護蕃社的安全，而且建造望樓，派壯丁日夜警戒，預防強敵力里社蕃的來襲。

力里社和望嘉社兩者都是大社，所以都沒有特別安排防備措施，但是彼此接壤的地界，把竹尖倒插於地面，以防止敵蕃越界侵入。

我們抵達力里社幾天前，一個社蕃在運送日本郵件的途中，被望嘉社蕃人馘首。抵達力里社時，蕃人正在準備一場復仇戰，遺族哭著，堅持我們無論如何要參加作戰，因為這一次馘首事件，是由執行日本公務所引起的。我和鳥居先生覺得依蕃人的情理，他們的話是有道理的，但是覺得我們不能參戰，只好說好說歹，捐出一頭活豚做為祭典的供品，解除了殺人的義務。

次日，遺族去社外Parisi〔禁忌〕之林祭拜，歸途到我和鳥居先生停留的地方回禮。遺族們屬於平民階級，所

以喪服比較簡單。依照習俗，除了女巫外，服喪者不可以進入我們寄宿的頭目家。遺族們站在外面請我們步出戶外，接受他們的謝意。

從力里社到餉潭庄

從力里社北端的耕地向北眺望，隔著一條溪〔力里溪〕，白鷺社屋舍分布於北方，似乎近在眉睫，望嘉社及文樂社在更西北方。這幾個排灣部落是我和鳥居先生下一個訪問的目標，但是和力里社之間是世仇的關係，我們無法直接走過去，所以不得不先回到平地，另擇入山途徑前往。

我們在力里社停留了十天左右，完成預期的調查事項後，回到水底寮庄，再從那裡走向北邊的餉潭庄，準備入山事宜。我們在餉潭託人向山上Butunroku社〔文樂社〕傳言，請蕃社派壯丁下山來擔任我們的嚮導。我們也接洽居住於新置庄的通事吳阿哖，請他隨行。❺❶

當時，力里社方面的蕃社屬於設置於枋寮的辦務署管轄地，但是文樂社、望嘉社及白鷺社方面的蕃社，卻是潮州辦務署轄區內。入山準備辦妥後，我和鳥居先生前往潮州，向官署申請「入蕃許可」。❺❷

我們到潮州時發現街市荒涼已極，原來，最近潮州受到土匪襲擊，瀨戶口署長被殺。現任的署長石橋亨警部，是新近從台南縣調升的。原來的辦務署官舍在匪亂中被燒

熄，現在租用一間舊的民房當做臨時辦公廳。

我們和石橋署長見面，提及我們即將入山調查的事情。當時連續發生了匪亂，而且二十天以前望嘉社蕃人獵取力里社蕃人的頭後沒多久，潮州一帶平地已陷入恐慌。署長深覺蕃情不穩，懇切地要求我們中止這個計劃。

我們二人已經有多年的蕃地探險經驗，感覺蕃地並非官員想像中那樣危險。我們用下面一段話說服署長：「這一方面的蕃情請不要掛念，我們決定不帶警衛入山，萬一事情與所期盼的相反，我們甘願讓他們割首；但是如果調查工作順利，一定要取一個生蕃的頭，當作土產禮物獻給署長。」

聽完了我們的怪論，石橋署長臉色大變，心裡想森丑之助這個魯莽的書生正在大吹法螺。其實我們有相當大的自信，所謂蕃情不穩，我們絲毫沒有感覺危險。

最後石橋署長同意讓我們進入蕃界，他擔心派不出官員隨行照拂。站在我們的立場，我們反而不歡迎有官員同

---

❺❶餉潭及新置分別是屏東縣新埤鄉及萬巒鄉靠山的村落，居民大多數是馬卡道平埔族，但已有漢人移入，所以叫做庄。按平埔族在西部平原受到漢人入墾的影響，被迫退到與山地鄉——泰武鄉、來義鄉及春日鄉接界的山麓地帶，由北而南，平埔族最後退到一條南北縱線上的加蚋埔、老埤、赤山、萬金、新置、餉潭到新開。擔任通事的漢人或平埔族都住在這些部落內。通事吳阿呍與望嘉社、文樂社有來往，所以森氏和鳥居雇用他隨行。進入原住民部落，不但要偕同通事，還要訪問地區的原住民壯丁下山來引導，或請嫁到平地的原住民婦女陪伴入山，表示善意的訪問，由「通事」、「蕃丁」、「蕃婆」的陪伴，也可以避免誤觸禁忌，招來橫禍。

❺❷潮州辦務署轄區內的這三個部落，今屬屏東縣來義鄉境內。「入蕃許可」是當時的習慣用語，平地人進入蕃地需申請入山許可。

行。不過當時官署有義務派員護送，至少道義上也應該這麼做。

辦務署的官員中，有一個名字叫友田直衛的人負責蕃務。當他接到署長命令，要陪我們入山的時候，驚駭萬分，鐵青色的臉頰有難色，藉口入蕃準備要兩天時間，對我們說他會晚兩天前往餉潭庄會合。原來，友田君前一年在恆春服務時，為了實習蕃地事務，被派往牡丹社，寄宿於牡丹社頭目家期間，與蕃女認識而發生戀情，因為這個原因被蕃社內的年輕蕃人威脅，逃命似地跑回恆春。我和鳥居先生在恆春調查時就認識他，知道他曾經受到牡丹社頭目的調教，善解排灣語與風俗，我們慶幸三年後能夠在潮州和他邂逅。

次日，我和鳥居先生已經回到餉潭庄。那天有兩個官員騎著馬到我們的假寓訪問。這兩個人自稱是石橋署長派來的課長，向我們轉達署長的話。署長鑑於蕃地極為不穩，懇切地請我們放棄此刻「入蕃」的計劃。我們不客氣地對他們說，我們的意思已經向署長稟告得很清楚，毅然決然地進入蕃地的意向不變，我們本來就不需要勞煩官署派員護送。

兩位課長不情願地回去了。到了黃昏時分，他們又騎著馬趕來，苦苦地哀求我們立刻中止入蕃計劃。在這情形下我們採取緩兵之計，對他倆說，我們會再三考慮，第二天早上以前會做出明確的答覆。

當天深夜，我不顧半夜土匪出沒橫行的危險，單人從餉潭走到潮州，把睡夢中的石橋署長叫醒，向他表示經熟慮的結果，入蕃的決心不變。署長強要我留在他的宿舍過一夜，天亮後再走，但是我沒聽他的話，又冒險走原路回餉潭。

破曉時，我們就出發了。餉潭社的總理潘頭陪我們走一趟，目的地是文樂社。❺❸

前文已提到曾經有兩個課長來勸說。他們分別負責第一課〔庶務課〕及第二課〔警務課〕，潮州辦務署沒有專任的第三課長〔理蕃課長〕，由第二課課長兼任。

我已經忘了他們的名字，不過他們緊張兮兮地二度到餉潭來勸說鳥居先生和我，是明治三十三年〔一九〇〇年〕二月初旬的事。

進入文樂社調查

排灣族文樂社之行，鳥居先生是第一次，我於前一年去過，所以本次是第二次。當時蕃地不像一般人在平地憂慮的那樣動盪不安，其實是一片祥和的地方啊。

抵達時，蕃社上上下下熱鬧地把我們日本內地人奉為貴賓接待。我們住進頭目家，社蕃各自帶來活雞、鹹豚

---

❺❸已有漢人遷入的平埔族部落被稱為街庄，清廷指派專人當街庄首長。總理有的是由頭目充任，但漢人總理或熟蕃總理代表行政權，與頭目的職司不同。從餉潭、新開等街庄多數住民姓潘的情形看來，潘頭應該是平埔族出身的總理。

肉、鹹鰡相送。❺

　　從此以後，頭目家開始大忙特忙。蕃婦製作小米糕、釀酒，連日都擺出上好的酒菜款待我們，席間對我們說，希望多住幾天。

　　我們幾天前在力里社同樣地受到豐盛的招待，但是文樂社的蕃人特別熱烈款待客人。原來，文樂社不是座落於卑南、枋寮道路上〔即不在浸水營越嶺道上〕，日本人是稀客；不像力里社剛好位在越嶺道必經之地，來來往往的日本人多，而且都停宿於力里社內。

　　我和鳥居先生出發以前，從水底寮前往餉潭庄時，駐守於石光見庄的憲兵隊，特地派了由一個下士率領的數名憲兵當護衛，而在餉潭庄停留時，水底寮辦務署說要派兩個上等兵繼續留下來保護我們，但是我們認為沒有危險，辭退了官員的好意。

　　我們在適用「普通行政法」的平地，竟然碰到戒備森嚴的情景，但是一旦涉足於蕃地，簡直是身在樂園，對於這樣顯著的對比，有了深刻的印象。在蕃社停留期間，每逢夜幕低垂，頭戴花環的蕃女，聚集到我們投宿的頭目

---

❺鹹豚肉的製法與平地漢人完全不同。排灣族獨特的製法，是煮一鍋粟飯，等到變涼以後上面撒一些鹽巴，再放生豚肉，將鍋子蓋起來，放一、兩天後把生豚肉連同粟飯拿出來吃，雖然有點像臭豆腐的味道，但習慣了就覺得是一種美味。鰡，指南部近海撈捕的烏魚。排灣族古時候居住的範圍，包括近海岸地帶，像龜仔角社、龍鑾社等海岸部落也從事漁撈，烏魚製成鹹烏魚乾，可以貯存。離海岸稍遠的排灣部落，則向海岸平地人買飛魚或烏魚，鹽漬一天後吊在爐火上面燻乾。雞肉及獸肉都是水煮的，加一點鹽巴吃。

家，且歌且舞，髮梢的鮮花發出濃濃的香味，我們的旅情獲得溫馨的慰藉。**⑤**

文樂社這邊的風俗，大致上和敵對的力里社相同。文樂社、望嘉社和白鷺社，地理上屬於同一地區，歷史上也互相結成攻守同盟，蕃社與蕃社之間由於頭目世家及勢力者聯婚，彼此維繫著親族關係的家庭不少。**⑤⑥**

蕃屋都是用石板為主要材料砌造的。無論是屋瓦、牆壁，或是屋內舖石，全是石板，甚至社內通路也以石板舖蓋，都很乾淨。家家戶戶都有花圃，草花競艷，這是在其他種族的蕃社所看不到的景象。這裡蕃人所種的草花，專供編串花冠之用，看到深山蕃人有園藝及美學素養，令人覺得他們是崇尚風雅的民族。

社內空地都種著檳榔樹，這是各蕃社共同的現象，不足為奇，想不到空地也種著毛柿。我向蕃人問起毛柿的來源。蕃人說，以前恆春下蕃社Suqaro族〔斯卡羅族〕種過

---

⑤ 日治時代政府治理平地人，完全採用「普通行政法」，也就是說，犯法時適用一般刑法處斷，絕不寬待。但是，日政府鑑於山地原住民社會和平地人社會不同，山地生活比較原始，古來賞罰都按照習慣法處理，所以山地採用「特別行政法」治理。舉例來說，原住民犯殺人罪，不適用平地刑法以死刑或無期徒刑處斷。另一方面，山地生活從另一角度看，比較浪漫，富有情趣。一百年前森氏和鳥居受到盛情款待，比較晚近的一九三五年，民族考古學家國分直一從大武沿著浸水營古道到水底寮，途中在力里社過一夜。現在引用他的文章做一個比較：「蕃社入口處，已經聚齊了一群排灣族少女，她們頭戴野草和野百合花編成的花冠，開始圍成一個圓圈跳聯手舞。月下的舞步緩慢……她們似乎在邊跳邊歌詠小米豐收與耕作之樂。」

⑤⑥ 從餉潭向東走入山區，山徑沿線有文樂社、望嘉社及最裡面的白鷺社，所以形成一區。

蕃語叫Kamaya的毛柿，有人把種子帶回文樂社試種，結果很成功。我看樹齡大約二十年，由此可見這裡的蕃人很用心種樹。

由於某種原始信仰，蕃社種很多榕樹，他們也種竹子和相思樹。相思樹主要的是做爲薪材或燒成木炭。因爲嚼檳榔子，蕃社種了很多檳榔樹。這些都是人造林。❺⑦

我們在文樂社受到蕃人的盛宴款待，覺得他們很會烹飪，酒荣樣樣可口，可以說是蕃地最進步的一種。從平地帶來的罐頭類食物都沒有用到。每天在蕃人勸請之下喝了他們釀製的酒，吃了最合我們口味的荣餚，結果我們住宿了一個禮拜。

我記得我和鳥居先生來文樂社訪問以前，曾經到訪恆春的豬勝束社〔今屏東縣滿州鄉里德〕，當時受到總頭目潘文杰和一個平埔族頭人潘萬金的熱烈招待，發現潘文杰所管的恆春下蕃社漢化了，他們所烹飪的荣受到漢人的影響，大致上變成簡單的台灣荣。但是，我們這次在文樂社，卻吃到精緻的山地荣。❺⑧

望嘉社見聞

---

❺⑦森氏說種榕樹和信仰有關，不知道有何根據。按排灣族頭目家前庭一定有一個用石片堆疊而成的司令台，蕃社發生緊急事故，頭目就站在台上發號施令，或給社衆訓話。台上中央通常種著一株白榕，舉行祭典時，祖靈會降臨於樹上，所以視爲聖樹。鹹首用過的蕃刀置於白榕根部凹處。

❺⑧平埔族頭人，一般指頭目，特別是指帶領部落的人遷移到新居地的首領人物。

這三個蕃社之中，望嘉社最大，勢力最強。設於蕃社外的頭骨架很大，而且石板上都已生苔蘚，可見這一座頭骨架歷史悠久。堆疊石板成井字形的眾多方形空隙，塞著四、五百個以上的頭骨。這是排灣族各蕃社頭骨架中最大的一個，由此可知，這個蕃社在已往的年代，是多麼威武，他們的祖先是多麼頻繁地到處獵首！

　　我的《台灣蕃族圖譜》第一卷收錄一張望嘉社頭骨架的照片。頭骨架旁有一株巨樹，幾天前望嘉社蕃人所割下的力里社蕃人頭顱，已經用藤條穿起來掛在樹枝上，我把它拍攝下來了。❺❾

　　力里社以北各蕃社有共同的習俗：頭目屋宅內都有大型祖先雕像，蕃語叫做Bobo。從最南的力里社到最北的Kapian〔佳平社〕，頭目屋宅內有主柱，其一面刻著祖先立像，如果有兩個，那麼其一是男祖先，另一是女祖先。Bobo雕像有的是木柱，有的是立石，所雕的祖先是裸體的，雙手半舉於胸前。Bobo是祖先的意思，從這個名稱就可以瞭解它是什麼人像。❻⓪

　　無論在力里社或在文樂社的頭目家，我都看到屋內的祖先柱，而在望嘉社則除了祖先柱外，還看到一尊古樸而典雅的木雕偶像。

　　望嘉社的穀倉，還保留著傳統的半球造型，很像古式

---

❺❾頭骨架通常設於蕃社入口處，或頭目家附近。照片請參閱本書一三八頁森丑之助台灣原住民攝影集。

茅屋頂。這一類用茅草修葺成半球形的屋式，也見於分布
在楓港溪和率芒溪之間恆春上蕃社的蕃屋，以及東海岸卑
南社所建的「公廨」〔即Parakowan，少年集會所〕。這是
南部排灣族獨特的建築形式，最值得我們注意。

　　我們來訪問的時候，望嘉社和鄰接的蕃社群之間，經
常出草獵取對方的首級，總是讓別人誤以為一腳踩進蕃
社，頓然會感染到殺伐之氣。但是，實際上蕃社內極為安
祥，絲毫沒有殺伐的感覺。

　　望嘉社自恃有強大勢力，甚至蕃社周圍都沒有構築防
禦設施。我們張大眼睛觀看這些數不清的頭骨，向蕃人打
聽這些陳舊的頭骨，是漢人的頭占多數，還是蕃人的頭占
多數。他們說，蕃人的頭占絕大多數。

　　我和鳥居先生這次來巡迴調查以前，也就是說，數年
前就已開始用計測器測定蕃人的體質數值，當作一種重要
的人類學研究法。假定能夠利用這些現成的頭骨，像解剖
學者計測人體骨骼一般加以測定，豈不是很方便？但是，

---

❻Kapian社舊社址，位在今屏東縣泰武鄉泰武北邊。此行森氏和鳥居由南而
　北，集中調查了力里社群、望嘉社群及來義、古樓社群。五年後的明治三
　十八年（一九〇五年），森氏單獨去調查其他西排灣群部落。從他的《圖
　譜》可以看出，他調查了佳平社，但似乎沒有包括習俗相同的、更北方的
　部落，如Piuma社（平和社）、Padain社（高燕社）……等，所以他說，就
　他所知道的，「從最南的力里社到最北的Kapiyan社，都有祖先雕像的習
　俗」。頭目屋宅內的祖先柱，以及屋前所立的陰刻祖先像的石柱、司令台
　上所立的獨石，都是神聖的，部落內發生重大事情，都要向祖先柱祭拜並
　問吉凶。排灣族五年祭，也在頭目家祖先柱前舉行儀式，如果另有祭儀用
　途的靈屋，則在那裡舉行重要儀式。無論是祖先柱，屋前的祖先像石柱或
　司令台上的獨石，平時都象徵頭目家世的權勢。

這事在蕃社內是辦不到的，所以只在蕃人活生生的身上做。⑥

我們從人的外觀大致上可以識別人種，因而蕃人頭骨和漢人頭骨擺在一起的時候，一見之下大致上可以分辨差異。望嘉社蕃人對我們說，他們自古以來因為獵區、耕地及山溪漁區所有權問題，所引起的紛爭不斷，甚至和同族但不同群的蕃社戰爭；蕃社與蕃社間的紛爭事件，比漢、蕃間的紛爭事件更多，所以古來累積下的頭骨差不多是敵對蕃人的頭骨。

望嘉社蕃人近來甚至把骨董一般上好的木雕製品也當器物使用。這些包括用於正式饗宴才搬出來的木筒與連杯，都有最佳雕刻，其他還包括已施過雕刻的蕃刀刀鞘與柄部、煙斗、木製楯牌與枕頭、木箱、衣櫃、住屋橫樑、簷桁等，都表現出這一族獨特的蛇紋等各種紋樣雕刻，其手法是第一流的。

從傳統藝術的角度來看，排灣族對構圖所表現的匠意、對人體、頭、臉、百步蛇與鹿所作的巧妙圖案化，以及喪服、禮服上所作的刺繡，絕不是只看表面就作輕率判斷的世人所說的幼稚工藝。排灣族的工藝，形式上與平地現代人所表現的不同，從排灣族日常使用的雕刻品可以看出，傳統上他們擁有傲人的「自由藝術」啊。⑥

---

⑥用計測器逐一檢測四、五百個頭骨太繁重了，而且頭目可能因為部落禁忌的關係，不准鳥居和森氏隨便搬動已安置在頭骨架上的頭骨。

他們的藝術創作不僅表現於自用的器物，為了彰顯貴族門閥的尊貴，他們照傳統的習慣，在身上刺墨。如果把身體裝飾斥為野蠻的習俗，那麼這種議論和我們的見解沒有交集，不值得繼續討論。排灣族將與口碑傳說及神祕信仰有關，而且有深刻意義的百步蛇加以圖案化，進而在身體上刺這個有象徵意義的圖案。冷靜地觀察這一個現象，我們不得不承認，這是一種原始藝術的表現。❻

在太平洋島群也有同類的原始藝術。我把排灣族在身體上所表現的刺墨藝術和玻里尼西亞群島、密克羅尼西亞群島土著所表現的刺墨作了一番比較，發現排灣族的身體刺墨既纖細又巧緻，真的大有可觀之處；但是南洋這兩大族群的刺墨缺少像排灣族那樣高雅的格調。

排灣族中，這一帶的排灣人所作的刺墨最巧妙，這件事一直沒有引起世人的注意，因為身體刺墨被衣服遮蓋，外人是看不見的。排灣婦女刺於手背上，它的紋樣比琉球婦人手背上所表現的紋樣更進步。

我仔細觀察了排灣族的古老雕刻品，發現古時候排灣族也在腳部刺墨，現在已經沒有這個風俗了。象徵家系門

---

❻「自由藝術」，指憑原始人自由奔放的美學概念創造的藝術。

❻森氏為原始藝術辯護的熱忱，令人感動。所謂「百步蛇的圖案化」，指變為簡單幾何圖形的蛇紋，例如，代表百步蛇蛇背的菱形紋，代表蛇腹的三角紋及直線紋等。排灣族依照口碑傳說，視百步蛇為祖先的化身，大量使用百步蛇紋於雕刻、刺繡，對祖先表示尊敬，同時下意識地希望藉助於百步蛇的威力，達到避邪與祈福的目的。這種自由奔放的原始美學概念，應用於雕刻與刺繡方面，在台灣文化史上有不可磨滅的珍貴意義。

閱的刺墨，由於老人家的凋零，逐漸失傳。我感覺刺墨藝術瀕臨消逝的時刻，有必要作充分的調查研究，所以不顧費時多勞，從那次訪問以來，現在仍繼續在做排灣族刺墨的調查，重新按照順序，由內文社起向北逐一調查，所得的結論是，望嘉社這一帶蕃社的刺墨最發達。

排灣族把刺墨叫做Buntik，原來有「賦與形狀」的意思，所以寫字也叫Buntik。

望嘉社是一個很古老的蕃社，《重修台灣府志》記載望仔立社歸化事蹟，「望仔立社」就是Bongari社〔望嘉社〕。這個蕃社的頭目曾經很多次從清廷獲得功牌，現在還保留著當年領收的「字紙」。❻❹

我們在望嘉社停留期間，蕃人嚮導帶我們去白鷺社訪問。這一個蕃社要從望嘉社往內山方向進去，蕃社位於山腹，南邊隔著一條溪〔七佳溪與力里溪匯流點〕與力里社對峙。因為部落人口少，而且和強大的力里社為鄰，白鷺社周圍草地都倒插著大大小小的竹尖防禦，也有一個瞭望台，派壯丁在台上監視敵對蕃社的動靜。此外，蕃社周圍設立堅固的木柵，只留一個面向望嘉社出入的柵門。蕃社內另設一個高高的塔樓，壯丁於夜間作嚴密警戒，防範敵

❻❹清光緒年間，清廷為了獎勵原住民部落的頭目出力協助官署辦理開墾、開鑿道路、撫蕃等防撫事務，賞給五至六品頂戴的官職，頒發記載事功的功牌。所謂「字紙」應該是通事口譯給森氏、鳥居時所用的名詞。台語「字紙」就是文件，是否指有文字記載的功牌，或另指其他獎狀，待查。請參閱伊能嘉矩《台灣蕃政志》頁281～283，功牌實例。

蕃的夜襲。

　　我和鳥居先生對這個小社戒備森嚴的作法，大爲驚訝。從望嘉社一路跋涉過來，我們受到五、六名武裝蕃丁沿途保護，親身感受到戰國時代的氣氛。老實說，我們不怎麼擔心敵蕃力里社的攻擊，放鬆著心情欣賞蕃人武裝行軍的威武。相較於全副武裝的隨行蕃人，我和鳥居先生一身輕裝，身無寸鐵，只依靠蕃人的誠心保護。在白鷺社逗留兩天後，我們又沿著原路返回望嘉社。

　　我們請望嘉社頭目派人到接近中央山脈分水嶺的Kunanau社〔古樓社〕，交涉我們進入他們蕃社事宜。不久使者回來，說古樓社那邊即將進入祭期（Parisi），希望祭期結束後才前往。

　　我們在蕃地旅行中，常常遇到光聽蕃人的口頭說明，不足以瞭解習俗的事實。除非親赴現場作第一現場的目擊，他們的心性、信仰以及神祕的儀禮，是局外人很難猜測到的。占蕃人信仰中心的Parisi（禁忌），在當時的蕃社間，是個絕對的祕密！

　　正因爲機會難得，我和鳥居先生很想排除萬難，進入Parisi中的古樓社訪問。於是，我們再度央求望嘉社頭目，請他親自到古樓社交涉。我們保證會遵守蕃社禁忌，請對方特別爲我們通融，結果獲得對方有條件的許可。

　　依照蕃人指示，從平地帶來的白米全部留在望嘉社，嚴守祭期中不帶白米進入蕃社的條件。

照排灣族傳統的觀念，稻米是漢人所生產的，不是蕃社的傳統食物。蕃社中從事祭祀的長老及頭目家系的人，終生不吃米，也不吃用米製造的糕餅、用米釀製的酒，家中也不能存放稻米及其製品，尤其在祭期中，嚴禁外人把白米之類的食物帶進蕃社。

他們重視小米，把小米當做祖先所傳下的重要食物。稻米是被輕視的食物。保留更濃厚傳統習俗的蕃社重粟輕米的觀念，尤其深刻。除了排灣族排斥稻米外，在台灣蕃族中鄒族和布農族也有類似想法和作法。

古樓社見聞

古樓社，蕃人自稱為Kujashyao社，一般寫成Kunanau社，漢譯崑崙坳社。部落位於林邊溪上游，崑崙坳溪〔Chikatan溪，七佳溪〕源頭右岸，在武威山腹，上下分成本社Yumak社及四個分別名為Pokaloan、Rumale、Chokazuk及Chinalaz的小社，構成一個密集的部落群，總戶數三百多，人口一千五、六百人。這是海拔高度近五千尺的深山內大部落，規模之大在眾多排灣部落中是數一、數二的。❻❺

無論從望嘉社或從來義社，都有寬敞的蕃路通到古樓社。我們從望嘉社出發，沿途看到古樓社蕃人所作的Parisi標記：道路兩側隨處可以看到直立的竹竿，竹竿與竹竿間綁著橫索，繩索上用茅葉拴掛著種種東西，很像日

本古代神道教所用的「幣」（Nusa）；另外，到處有打結的鬼茅葉，用樹枝支撐著。

古樓社這邊和力里社以南的情形不一樣，很少看到茅草的原野，到處是森林。深山林中繁衍著不少野獸，我們在古樓社內看到有人在飼養捉回的小雲豹。因為山中多雲豹和台灣黑熊等猛獸，所以盛裝的蕃人身上，都一律披著豹皮。

古樓社頭目的祖先，是從Puntei社〔今屏東縣泰武鄉佳興〕分出的，已經歷了五、六代。這裡的頭目家和東部海岸群的大麻里社頭目家，雙方的祖先是一對兄弟。遠古的年代，雙方的祖先都在佳興社，某日兩兄弟去登大武山，在山頂展望附近的地勢後，決議哥哥向東方下降到太麻里溪，從此建立了大麻里社；而弟弟則向西南方下降，建立了古樓社，成為古樓社的始祖。

大麻里社頭目的朝陽家系和大鳥萬社頭目Kayama的家系，是東部兩大勢力，聲威震懾排灣族Paqaroqaro群

---

❻❺古樓社，屏東縣來義鄉舊古樓。森氏訪查時部落分成五個小群，三十八年後的昭和十三年，據《高砂族調查書》統計，分成三小群，上社一百戶、中社七十九戶、下社六十三戶，共二四二戶。人口和戶數不增反而減少。森氏所稱武威山，在蕃地地形圖上無此標示。一九九三年底譯註者前往調查南路（崑崙坳古道）時，部落已成廢墟，舊址分布於山腰，但並非獨立山峰，山名大概是通事口譯的俗名。山地部落經常因為自然災害、瘟疫流行或爭戰，而發生分離、合併或遷移。據以往的統計，人口常常減少，增加的反而不多，其背後原因值得深思。在林邊溪上游兩大支流的區域，古樓社是最接近中央山脈分水嶺的排灣部落，古道經過它，而部落人自古以來與分水嶺東側的排灣部落友好而且密切往來。其東、西方向姻親道路，清兵開拓為南路，越嶺點位於衣丁山南鞍。

〔東海岸群〕。**⑥**

　　大麻里社舉行五年祭的時候，西部的古樓社都會把活豚、酒、糕餅送至朝陽家系頭目。反過來看，西部古樓社舉行五年祭的時候，東部大麻里社也主動地送禮。這是由於上述的傳說，兩大頭目家系從前是一對兄弟的緣故。

　　古樓社座落於前山與後山的接界，由於口碑傳說及地理位置，對東、西部的排灣族展現著相當大的勢力，也因此證明東部排灣族和西部排灣族之間，有最密切的聯繫。

　　大麻里社頭目家有一間靈屋，屋外立著大石板柱，石柱上刻著祖先像和百步蛇。而古樓社頭目屋宅內也立著兩個石板柱，石板上分別刻著男、女祖先像，等身高。雕像叫做Bobo，也就是祖先的意思。

　　除了我們在佳平社頭目家看到的大型Bobo木雕外，我認為在古樓社頭目家所看到的Bobo雕像最完美，最有代表性，可稱為「台灣島之寶」的珍貴史蹟紀念物，而且可做為研究排灣族信仰及藝術的重要參考。

　　因為和佳興社有密切關係，古樓社擁有優秀的自用工藝品，都是熟練於雕刻的佳興社作品。例如，頭目家簷桁顯示著蛇腹人面的雕刻極為精巧。佳興社是排灣族各蕃社中雕刻工藝最發達的一個蕃社。

---

⑥ 家號「朝陽」的出處不詳。依照台北帝大移川子之藏的調查，從西部Puntei社（佳興社）向東部太麻里溪遷徙的Paraulan家系，及位於大武地方大鳥萬溪口的大鳥萬社（Tachiaval社）Takerivan家系，都與卑南平原卑南社聯婚，由於勢力強大的卑南社做他們的後盾，兩家系頭目，尤其是大鳥萬社頭目Kayama對其他東海岸的排灣部落，保持強勢地位。

排灣族各社都有施過雕刻的連杯，但是在古樓社頭目家，我看到三個人共飲的大型連杯。此外，頭目家收藏著祖先所傳下的珍貴陶甕，據他們說，陶甕是古時候從佳興社帶來的。

　　這裡的屋式和本區其他蕃社大同小異，屋頂一律用石板覆蓋。用茅草覆蓋的穀倉，尤其是茅頂用細竹交叉押住的作法，可以說保留了排灣族最古老的穀倉形式。卑南社的Parakowan〔少年集會所〕顯示其茅頂屋式同屬古式建築，在研究民族誌的時候，需要加以注意。從住屋及穀倉建築方式的異同，可以考證種族系統是否有關聯，所以是珍貴的考證材料。

　　古樓社位於南大武山的西南方，所以是屬於前山的排灣群。我和鳥居先生此次來實地調查以前，我們日本人沒有來調查「奧蕃」〔深山內的蕃社〕，所以我們一行人是首次來深山探險的隊伍。

　　古樓社等前山蕃社不受後山台東廳管轄，但是台東廳仍然向古樓社下達諭示，並由官署撥款，每月支付大社頭目六圓、小社頭目四圓，每隔三個月由各頭目親往卑南〔台東市〕領款。事情的原由，是當時的台東廳效法清國政府的慣例，對清朝時代已歸化的頭目，或以後經由通事推薦，被認定即將歸順的頭目，給予口糧銀，做為懷柔生蕃的一種手段。

　　台東廳及恆春撫墾署在以往的年代，對轄區內蕃社實

施過一段時間，但是恆春撫墾署改制爲辦務署以後，經費被削減而停止支付；而台東廳的情形則是相良廳長堅持要撥款給蕃社頭目，一直到今天，台東廳轄區，甚至屬於西部的古樓社等蕃社，也蒙受這個恩惠。⑥

　　我和鳥居先生是最早來到古樓社的日本人。已如前述，古樓社蕃人在以往的年代，分別向東部太麻里、卑南及西部潮州、阿猴下山，曾經在平地和日本人接觸過。由於古樓社蕃人出入於東部及西部，無論是台東廳或是潮州辦務署的日本人，都誤以爲古樓社屬於各自的管轄區內。當時，地方官署對深山內的蕃社有不少誤解。東部布農族內本鹿社〔位於鹿野溪流域〕，也被西部的阿猴廳及東部的台東廳逕自當做轄區內的蕃社，實際上內本鹿社在地理學上的位置是台東廳範圍內。⑱

　　從古樓社分別向東部或西部平原的村庄下去，至少要走八、九日里路。這個位於高地的內山蕃，比靠近平地的蕃人更豐裕，所必需的東西從來不缺，而且人人過著自由自在的生活。

　　耕地較低處有相思樹和檳榔樹的人工造林。蕃人採用

⑥台東廳長相良長綱原任恆春撫墾署長，任期中對懷柔「恆春下蕃社」頗多建樹，豬勝束社總頭目潘文杰的後裔，現在仍保留著他的諭告書，而相良升任台東廳長以後，仍致力於以綏撫方式治理東部原住民。森氏說，古樓社雖然不是台東廳轄區內的部落，但是仍接受台東廳所發的諭示與每月六圓的口糧銀。這是前所未聞的事。因為西部佳興社、古樓社等，與後山排灣族維持著密切關係，台東廳是否為了擴大懷柔手段而給予口糧銀？下面一段原文中，森氏說出了一個有趣的原因。

燒墾、輪耕的方式耕作。比如說，他們種樹豆，不只要收成，更重要的是藉荳科植物的種植，使舊墾地恢復地力。相思樹的造林，也不只為了取得薪材而已，附帶地對於地力的恢復有所幫助。

上述的輪耕、土地休養的合理作法，是蕃人從自己多年的經驗得來的。我認為台灣中、北部的山地農業，應該應用這個方法，所以我從排灣族蕃社獲得了一些樹豆的種子，帶到鄒族和布農族地界，分發給他們蕃社。❻❾

據我們所知，往年的時候，蕃社的人利用獸皮和自織的麻布裁製衣服，但是自從和漢人交易、接觸以後，也穿綿衣。衣服上施加刺繡或貼繡的，在慶典時當盛裝穿。蕃女所織的麻布底色是素色，夾織著有色的絨線使成為有文采的「綾織」，大部分充作交易品拿到平地交易。織製喪服時，麻布上夾織多種顏色的色線，手藝極為精巧，但是

---

❻❽ 分布於舊稱北絲鬮溪，今稱鹿野溪中、上游的布農族，分為十四社，總稱內本鹿社，他們是從北方南遷，最後從新武呂溪向東南方向的鹿野溪遷徙的一支族群。他們通常向鹿野、台東出入，但明治年代森氏和鳥居調查時，獲悉內本鹿社的社眾，有時候越過中央山脈，長程跋涉到西部平原的潮州和屏東，所經過的地界分別屬於魯凱族及排灣族，而且內本鹿社本來與魯凱、排灣互不相往來，所以對於這種狀況，西部阿猴廳及潮州辦務署官員，應該會覺得奇怪，有查明的必要。但是，中央山脈心臟地區，尤其是內本鹿一帶的地理探險，直到更晚時期才有探險隊前往。東、西部各官署當時對於接近中央山脈主脊的內本鹿社及古樓社非常陌生，才發生以上所述的誤解。這是日本人在台灣地理探險及理蕃史上一個有趣的插曲。

❻❾ 依據楊再義的《台灣植物名彙》，樹豆的山地語是Omai（阿美語）、Syungutu（泰雅語）、Puuku（排灣語），可見很多族群之間曾經大量種植此豆科植物。好心的森丑之助要將這個既可吃，又可以增加地力的植物，推廣到鄒族和布農族部落。森氏去探查排灣部落時，樹豆是否還沒有普及到鄒族和布農族的地區？待查。

近來喪服很少有人製作。總體地說，山地蕃人的紋飾手藝非常巧妙，在高山民族中，排灣族的衣飾最精美。

排灣族喜歡深藍色，男子的上衣和短裙都用深藍色綿布裁製。男子的短裙很短，圍腰處有細碎的縐褶。女子的裙子很長，有很多格子條紋。男女穿的裙子是固有的服式，大概是從南洋土人所穿的草裙演變的。

男女上衣是引入漢人服式加以折衷的變化型，大概是由來已久。蕃人依照各所屬的階級及男女老幼之別，穿著固定的服式。排灣族的服飾比其他種族更加進步。

蕃社舉行祭典時，有司祭的巫覡。女巫的蕃語叫做 Puligau。她為社眾祈禱、占卜及祓除不祥。女巫在蕃社內具有相當大的勢力，往年的時候，對蕃社與政府間的互動關係，曾經有過不少影響力。❼⓿

蕃人在祭期中舉行的儀式非常嚴肅，雖然部分儀式多多少少帶有迷信的性質。當年的祭式及修法，大部分是蕃社內特殊階級獨占的祕密，很少開放給社眾知道。蕃社內的這種特權階級，尤其對異民族的我們日本人旅行者，保

---

❼⓿部落內族人生病時，或在日常行事中有疑惑時，都依賴女巫為他們祈禱、占卜以解決困難，因而女巫形成一股基層勢力，左右眾人的意向，甚至影響頭目在部落內所做的重要決定。女巫沒有特權，又不是世襲的，何況部落公共祭祀，都由頭目主祭或由頭目秉任祭司，所以頭目的地位不受影響。森氏原文用「政治方面事務」，應該是指部落涉外事務，或與政府的互動關係，所以採取意譯。部落涉外事務，在早期的年代往往靠占卜來決定，所以森氏說女巫在這方面發生了影響力。按日本在台理蕃史上，早年的時候，曾經發生過台灣總督府收買女巫，讓她公布有利於政令的占卜內容，應該是一個例子。

持警戒，不許外人窺視現狀。**⑰**

　　我和鳥居先生好不容易地獲准進入Parisi〔祭期〕中的古樓社，但是，好像被禁足於一處，原來所期待的蕃人宗教調查，都無法展開，只能間接地透過通事的口譯，問出一些內情，雖然收穫不大，在當時尚無人嘗試的時代，算是差強人意了。我已經把排灣族宗教儀禮的詳情，寫進我的《台灣蕃族志》系列中的《排灣族篇》，等書出版後，請讀者參照。**⑱**

　　從恆春地方延伸到古樓社這一帶的蕃地很大，相對於土地面積，蕃人的人口比例也大，而且他們的生活也比別族更進步。一般來說，蕃地的天然產物和獵獲的動物並不

---

⑰ 此處特殊階級，指頭目、司祭者等。宗教祕儀通常是祭司、法師、道士或教士所專有，這是各宗教共同的現象。如果祕儀完全公開，那麼他們如何在信眾面前，維持神職應具備的神祕力量與主宰信仰的特權？

⑱ 同行的鳥居龍藏說，他和森氏是在祭典開始的前一天抵達古樓社的，又說祭期中禁止部落人及外人進出部落。請參照遠流版《探險台灣──鳥居龍藏的台灣人類學之旅》中的〈台灣蕃地探險談〉。但是，森氏在本文中說，他們一行人在祭期中進入古樓社，這應該是森氏記錯了。另外，森丑之助寫完本文，兩年後跳海自殺。據聞，部分原因是包括本文所提及的《台灣蕃族志》續卷《排灣族篇》，以及《布農族篇》、《鄒族篇》等，計劃陸續刊出，但原稿與照片不幸在關東大震災中被大火燒燬，使他極端灰心。關東大震災發生於森氏寫本文的前一年，亦即大正十二年（一九二三年）九月一日。一年後的大正十三年四月起，森氏本文連載於《台灣時報》，而且提及《排灣族篇》續卷問題，可見所謂在震災中原稿資料被全部燒燬或遺失，不一定是事實。不然，震災後的次年，他怎麼會說：「等書出版後，請讀者參照」？進一步推測，可以設定兩個假設：（一）森氏寫完本文〈生蕃行腳〉是在大震災之前，當時《蕃族志》續卷的原稿和照片還在，但震災發生時不幸全部被燒燬；（二）震災以後才寫〈生蕃行腳〉，當時原稿和照片倖存，但是二年後自殺前夕親自燒燬，或帶著原稿、照片等跳海。本段森氏偶然透露的一句話，卻關聯到作為《台灣蕃族志》續卷的排灣族原稿存廢問題，以及原稿是何時消失的關鍵問題，值得深入分析、解明。

豐富，所以排灣族砍伐天然林，或在原地製材，製成適於建築房屋或製造農具及牛車所需的材料，向西海岸平原搬出，作爲交易品。

像古樓社這樣一個深山內的蕃社，也在利用蕃產，也就是森林。他們和其他種族一樣，用斧頭和蕃刀伐木，但是只有這一帶的排灣族還懂得用鋸子及鑿子伐木、製材。因爲排灣族爲了自家用途，甚至爲了交易，大量砍伐林木供應平地，這一帶的原生林大大地荒廢了，這是值得我們注意的事實。

靠近平地的蕃社，甚至大量砍木材、燒木炭，木炭供應平地人的需要，而薪材則由仲介業者購入，轉賣給糖廠當燃料。往年的時候，枋寮以南的沿岸有戎克船出入。從枋寮及東港運出的薪炭及硬木，差不多都是排灣族的山產。

蕃人爲了生計伐採山林，尤其這一帶的排灣族特別顯著；但是幸虧他們設有Parisi之林，嚴格地加以保護。別地方的蕃地沒有像排灣族那樣嚴格地執行禁伐。在他們未完全開化的社會裡，由於「迷信的禁制」，禁伐Parisi之林，自然地在森林保護上發生了「保安林」的功用。

我們在古樓社停留了一旬〔約十天〕，然後取原路，經由望嘉社下山。我們本來預定在歸途中到文樂社過一夜後下到潮州，但這時候發生了一件怪事而改變了行程。

十幾天前被割取的力里社蕃人頭顱，望嘉社蕃人做完

馘首祭後，吊在社外頭骨架旁的一株大樹上。我和鳥居先生回程經過時，看見頭顱還掛在樹上，一時興起一個念頭：何不把它取下來，當做「土產」帶回潮州向石橋署長證明蕃社的確安穩？同時，也為了紀念我們兩人首次踏進前人足跡未至的內山蕃社，需要帶回這個土產。

於是，我們故意叫隨行的蕃人先走，我爬上大樹，把這個還沒全部腐爛的頭顱取下來，叫鳥居先生從頭骨架拿下一個頭骨，用偷天換日的方式吊在樹上。拿下的新鮮頭顱趕快用油紙包起來，放進裝攝影器材的皮箱裡，我自己把它提著走。因為怕在文樂社過夜會露出破綻，取消了中途過夜，趕夜路回到潮州庄。

當天晚上我們直奔辦務署報告安全下山。當夜我們什麼都不講。第二天，石橋署長安排酒宴，歡迎我和鳥居先生平安地回到平地來。我們向署長報告：「我們實踐了安全保證，沒有讓生蕃割掉我們的頭，但是我們卻反過來從蕃社收下了一個生蕃頭，當禮物帶回來了。」我們邊講，邊打開油紙，把半腐爛而且發出臭味的頭顱拿出來獻給署長。

署長和陪客的官員看得目瞪口呆，一方面驚嘆我和鳥居先生的蠻勇，一方面又開始憂慮了：「萬一蕃社的人發覺你們偷竊頭顱，一定會再引發蕃情變化！」

「我們兩人從明治二十九年以來，已有五年期間跋涉全島蕃地，也研究過蕃人的心理。由於迷信引起的恐怖，

蕃人不會馬上檢視吊在樹上的敵蕃頭顱，通常經一年後，膚髮脫盡，變成一顆枯骨後，才把它取下來，放在頭骨架上繼續保存，所以這件事絕不會被他們發覺。萬一被發覺，表示我的蕃人研究沒有價值，我會立即中止我的調查活動，挺身奔走，作善後工作，一切由我自己負責，絕不連累官廳！」我大聲向他們保證。

但是，官員們把我的話當做壯士夸言，覺得空談無用，不相信我的保證，很久很久不敢放下心頭上的疑慮。

這時候，我暗地裡想，是不是應該把頭顱送還力里社被馘首者的遺族？又想，如果送還，我就要乖乖地承認偷了這個首級，這件事對我們政府的理蕃工作有害！最後，我和鳥居先生獲得石橋署長的諒解，把這顆首級帶回東京，送給東京帝國大學當標本。

十數年後，我在蕃薯寮〔高雄縣旗山〕邂逅了石橋署長，當時他已升任蕃薯寮廳長。我們在談笑間追憶這件趣事。當時石橋廳長果然對我說，我的話沒錯，由於迷信的關係，蕃人沒有立即察看頭顱，所以始終沒有發現這件事。當時我也和在座的重藤幹一氏互相表示，很高興能夠看到老朋友安好。我和鳥居先生所冒犯的這件事，從常識來判斷，太狂野了，但是回想起來，從這件事可以瞭解我們當年是如何狂熱地進行學術調查！❼❸

同行的張君楚生病先回台北，現在剩下鳥居先生和我。我們在潮州做再次入山的準備工作，目的地是另外一

個區域的內社〔來義社，今屏東縣來義鄉舊來義〕。

溯行內社溪

「內社」是清國時代漢人所給的蕃社名稱，蕃人自稱Chajakabus社〔後來通用的拼法是Chalaabus〕。這個蕃社在眾多排灣族蕃社之中，也是頗有來歷的。有一百五、六十戶，從人口數目看來，古樓社最大，其次是望嘉社，然後是內社。部落房屋依山搭建，從山頂附近往下分幾個階層，呈現一個山中市街的景觀。

從遠處朝這邊眺望，來義社外觀雄偉，西北方有小蕃社，叫做Chingasan社〔眞雅社〕。眞雅社是從來義社分出的，戶數只占來義社的四分之一。

如果有人要到蕃社探訪風俗，最好到來義社。來義社是典型的排灣部落之一，離潮州只有五日里餘。潮州又是縱貫鐵路的火車必經之地，所以潮州的位置最適於參觀南蕃部落群。

台灣製糖會社最近在內社溪進行灌溉工程，大量使用蕃人的勞力，而「星（Hosi）製藥會社」在這一帶經營藥草園，役使很多蕃人從事栽培工作，由於就業機會增加，蕃人有工資收入，生活比從前更寬裕了。

---

❼❸官署設在旗山的蕃薯寮廳，是明治三十四年十一月行政區域改制時所設的，明治四十二年十月又撤銷，轄地重歸台南廳管轄。森氏說十多年後重逢已升任蕃薯寮廳長的石橋亨，可能是記錯了年度，他和石橋重逢應該是幾年後的事情。重藤幹一的身分待查。

我們在二十五年前前往時，恆春下蕃社工人的工資是每日二、三十錢；上蕃社工人則是每日十錢，但以等值的實物交付。力里社蕃人遞送日本人的郵件，每日給二十錢左右的工資，如果給他大約十錢的物品，就高興得不得了。當時蕃人的每日工資很低，一次給五支到十支縫針，他們就很滿足。

　　如果拿當時的低廉工資和今日大公司支付的工資作一個比較，感覺相差很大。我的朋友金子惠教君在東港服務時，每次前往蕃社都要乘蕃人抬的竹轎，一次乘轎旅行只要給轎夫三支縫針就夠，所以他的口頭禪是「三針旅行」。

　　曾經有勞資低廉的時代，當年蕃人願意提供勞力換取低廉的工資，可見當時物價低，很容易討生活。社會發達是擋不住的趨勢，即使在發達過程中，比起原始時代，生活更加困難，但這是無可避免的進化過程啊。

　　我們在內社停留一個星期。回程時，朝西到Tanashiu社〔丹林社〕訪問，然後往北繞道到Puntei社〔佳興社〕，繼續往北，涉渡庫瓦魯斯溪，前往Kapiyagan社〔即Kapiyan社，佳平社〕訪問。

　　佳興社位於屬於內社溪支流的Puntei溪上游左岸〔今庫瓦魯斯溪東岸〕，南大武山西側，這裡是南部最高峰北大武山的最佳展望點。我們知道大武山是排灣族發祥之地，他們相信族人死後靈魂都回到大武山頂永住，所以大

武山是排灣族崇拜的靈峰。為了攀登這一座靈峰，我和鳥居先生在佳興社作登山準備，但是蕃社的人都勸我們不要冒進，因為Parisi〔禁忌〕的關係，突然被禁止登大武山。我們不得已放棄了登大武山的計劃，離開佳興社，繼續朝北到佳平社。

佳興社有最熟練的雕刻師，製作出來的雕刻品最精美。比起其他蕃社，佳興社的生活方式最優雅，例如很多蕃女在蕃社內穿著用麻布製成的布鞋，這是在別部落所看不到的風俗。他們家家戶戶都用竹筒引水到屋內儲水桶，可見生活技藝很發達。

自用的器具幾乎全部是精巧的雕刻品。他們出草時割下的敵蕃首級，顯示刀痕乾淨俐落，而頭骨架上羅列的舊頭骨，其切痕和開在頭蓋上的小孔，也都顯示絕妙的刀法。❼❹

本區蕃社中，另外有一個歷史悠久的蕃社，叫做Kapiyagan社〔佳平社〕。佳平社位於佳興社的對岸〔庫瓦魯斯溪北岸〕。我們前往訪問了，然後順訪Kuwarusu社〔佳平社東北方的庫瓦魯斯社〕，才結束本區的訪查活動，向潮州庄下山。

這一地區的蕃社風俗，幾乎與南方的力里社群相同。

---

❼❹森丑之助和鳥居龍藏在蕃社訪問，都做詳細觀察。兩人檢視頭骨架上的舊頭骨，刀痕顯示佳興社的人只要揮刀一次就能砍斷對方的首級，而頭蓋骨上的小孔也顯示佳興社人的雕刻技藝。開小孔倒掉腦汁是例行的作法，最好頭蓋骨上的洞不要太大，森氏在佳興社所見的洞極小，而發出讚嘆聲。

從整個排灣族的分布來看，內社溪以北，隘寮南溪以南，大武山西側的這一個排灣群，可以看成排灣族的中心。**⑦**

我和鳥居先生在佳平社頭目家所看到的一座Bobo木雕，是所有的雕像中最大的一個。在內社、丹林社、佳興社等，我們看到很多石雕的祖先像，但是比較起來，大型的木雕祖先像最珍貴，在古蹟保護上可以列為貴重的史蹟物。

在佳平社看到所保存的古老陶甕，這些都是他們祖先所傳下的寶貝，對蕃人來講，可以比擬為國寶級古物。

佳平社的蕃人非常遵重傳統習慣，甚至在我們進入蕃社以前，特地派人來尋問，有沒有不小心帶來白米。他們認為白米是禁忌，絕對不可以帶進蕃社。總而言之，我們在他們地區旅行半個月，每天都吃蕃人所提供的小米和芋頭，從今日的情形看，不勝隔世之感慨！

當年我們跋涉蕃地的時候，是異族足跡沒有伸入蕃地的時代，每到一個蕃社，蕃人都待我們如上賓。這是近代在蕃地旅行者連作夢也想像不到的一種快樂啊！

我們在平地旅行的時候，因為土匪橫行，處處都要依賴武裝警察嚴加保護，但是，一旦進入蕃地，赤手空拳的

---

⑦這一群可以說是西排灣群的中心。照鹿野忠雄的分類，是屬於「西排灣群中的Paumaumaq蕃」。實際上，力里社群也屬於Paumaumaq。另外，照台北帝大教授移川子之藏的說法，這一群叫做Butsul系統中的「中排灣群」，保持著最典型、最傳統的風俗，因為這裡的部落，位於排灣族的故地，亦即Paumaumaq。

我們能夠放心，優悠自在地踏查各蕃社，從這個事實可以知道蕃地是多麼祥和！

台灣蕃地探險日記

南部蕃社群之人類學研究

《東京人類學會雜誌》

第十五卷第一七一號

明治三十三年（一九○○）六月二十日

　　爲了人類學研究，森丑次郎氏隨同鳥居龍藏氏於本年一月起進入台灣蕃地迄今，本篇是森氏寄給台灣日日新報社的通訊特稿，從五九二號起連續刊載。因爲內容精彩而且對人類學研究很有幫助，特別轉載全文於本學會雜誌。

　　　　　　　　　　　　　　　　　——編者❶

敬啓者：

　　收信平安。

　　本人自從一月以來，和鳥居龍藏氏一起進入台灣南部蕃地進行人類學調查。一月二十一日起調查東港辦務署轄區內率芒溪以北的蕃社，然後繼續跋涉到潮州庄、阿猴〔屏東市〕、蕃薯寮〔高雄縣旗山〕等地各辦務署轄區內的各蕃社，充分達成了視察目的。譬如在潮州庄方面的擺津社〔Pairusu社，白鷺社〕、崑崙坳社〔Konlonau社，古樓社〕、Bongari社〔望嘉社〕，以及在蕃薯寮方面位於楠仔

---

❶譯註者直接從連續刊載於《台灣日日新報》的原作全文（標題是〈南方蕃社に於ける人類學的研究〉）譯出。刊登日期是明治三十三年（一九○○年）四月二十五日至五月三日。《人類學會雜誌》所轉載的，並非全文。

仙溪上游的透仔火社和浦來溪頭社等深山內蕃社，都毫無遺漏地逐一訪查了，工作很順利。❷

三月一日，在關山的半腰展望到覆蓋著皚皚白雪的新高山〔玉山〕，映照著旭日光輝，確實是世上罕見的一幅絕景。❸

三月十五日下山到台南，隨即趕到嘉義方面，調查阿里山蕃〔阿里山鄒族〕。三月三十一日午後三點抵達達邦社〔Tapangu〕，正好下著直徑約一公分的冰雹，覺得很新奇，就向蕃人查問，蕃人說降冰雹是少見的。今晚下起雨來，有點像冰雨。冒著冷雨轉往勃仔社，略為調查後，便結束達邦社一帶北鄒族的調查工作。❹

四月四日午後，連日下個不停的雨已停，天色似乎有放晴的模樣，所以午後三點從達邦社動身。

我們先涉渡知母膀溪到知母膀大社〔Tufuya社，今譯特富野〕。從達邦社到知母膀大社只有一日里的距離。達邦社內設有「嘉義辨務署出張所」，幸而有出張所的一位主記池端氏陪同，今夜宿於知母膀大社公館。牆柱上掛

---

❷楠仔仙溪，今寫成楠梓仙溪，此處應該是荖濃溪的筆誤。透仔火社，位於荖濃溪中游的支流「寶來溪」北岸，原來的社名叫Sasibe社；而浦來溪頭社的正式寫法是寶來溪頭社，台語音同，原來的社名叫Topia社，位於寶來溪上游北岸。請注意：透仔火社、寶來溪頭社及雁爾溪頭社都屬於布農族施武郡群，而位於桃源的雁爾社則是南鄒族沙阿魯阿群和布農族混居的部落。

❸透仔火社與浦來溪頭社，均位於海拔三二四九公尺高的小關山西邊，森氏所站的位置不是關山的半腰，而是位於更南的小關山西側。顯然地，「關山」指「小關山」。當時地形圖的測繪還沒開始，森氏把小關山誤以為關山。

著數百個髑髏，由於連日下雨而帶有濕氣，發出一種撲鼻臭氣，實在令人難以忍受。❺

次日是四月五日。清晨，一行人帶著四名雇用的蕃丁往濁水溪方面〔指濁水溪上游的陳有蘭溪〕出發。隊伍是鳥居龍藏氏、辨務署達邦出張所的池端主記、出張所所雇用的土人通事與蕃人僕役各一名，加上在知母勝大社雇用，揹行李的四名蕃丁，一共九個人所組成。因為隊伍中，有人揹著弓箭、盾牌等我們在蕃社蒐集的標本，蕃人個個都握著鏢槍與火槍，身上穿著怪異的，鎧甲似的皮衣及皮帽，形成一個奇形怪狀的隊伍。❻

---

❹舊《蕃地地形圖》也標示勃仔社，即Take Takbuyan。勃仔社是鄒族化的布農族部落，位於後大埔溪中游東岸，達邦社的西南方。與森氏一起調查的鳥居氏在他四次台灣人類學調查之旅，都沒有提到達邦社、勃仔社、透仔火社及浦來溪頭社的調查內容，甚至社名也沒有提到，原因不明。森氏在本通訊稿中，也僅提及各蕃社名，沒有談及訪查內容。達邦社（Tapangu），現為嘉義縣阿里山鄉鄉公所的所在地。森氏及鳥居一行人從南部寶來溪，沿著南鄒族連絡北鄒族的古老姻親道路，向北推進，越過荖濃溪本流、楠梓仙溪，最後抵達曾文溪上游後大埔溪的東岸，也就是北鄒族的地盤調查。

❺辨務署的前身是日治初期仿照清制設立的撫墾署。明治三十三年已經是兒玉總督治理台灣的年代，此時在各級縣、廳機構下，設立辨務署辦理原來的撫墾署業務，包括蕃地行政及蕃地拓墾，叫做「辨務」，不叫「辦務」。「辨」通「辦」，是治理的意思。鳥居氏的記錄把辨務署的人名寫成池畑，森氏則寫成池端，「畑」與「端」兩字的日語讀音相同。另外，「公館」指部落內設置的高床式少年集會所，供少年住宿並接受部落內族老的指導與訓練，部落會議也在那裡召開。清代及日治時代，官員進入部落，除非頭目邀請住宿其家，都被安頓在公館。公館牆柱懸掛頭骨，這是南島民族共同的文化習俗，除了給集訓的少年們壯膽的目的外，還有避邪的作用。有時候獵取的頭顱獻祭以後，皮肉還沒完全腐爛脫落，就掛在少年集會所。森氏及鳥居來投宿時，碰到這種情形。他們來訪的時候，雖然總頭目住在達邦社，他們沒有住宿於頭目家。來到知母勝大社時發現知母勝大社的人口較多，所以叫做大社。

過午以後開始下雨，同時颳起強風。這裡海拔高度更高，越過樟、櫟樹林帶後進入鬱蒼的巨大杉林中，在一棵老樹的洞穴內休息片刻後繼續爬行，午後三點多發現一間蕃人搭建的小獵寮，準備在這裡過夜。今天走了五日里半。

這裡海拔二四○○公尺。獵寮的屋頂用剝下的鐵杉樹皮覆蓋著，寬十二尺，內深約五尺。我們在寮內分三處生火，九個人圍坐三個火堆，不久在屋漏聲中朦朧入睡。

四月六日，晨起發現天色陰暗，但夜雨已歇。朝東方出發，走了三日里便遇到一個小水池，汲水準備午飯。附近是一片草原，被森林大火燒焦的松樹疏疏落落孤立於草原上，令人憐惜。幾棵杜鵑從箭竹叢中鑽出頭來，寂寞地綻放花朵。突然颳風了，濃霧罩住四周，視野只剩二、三步前方的距離，一行人彼此以呼喊聲保持正確的行進方向。

午後二點多已到達楠梓仙溪與濁水溪的分水嶺。這個時候霧才散開，彷彿可以望到新高山的絕頂。遙望突出雲表、風姿綽約的新高山，連日來的辛勞頓時忘得乾乾淨淨

---

❻據鳥居的記錄，阿里山鄒族也替他揹著沿途採集的石器，又說，這些原住民把笨重的石頭揹到玉山頂，翻過山頂到八通關，然後往東埔方向下山。從森氏的文字「往濁水溪方面出發」，參照鳥居龍藏的記錄，可知目的地是濁水溪畔的集集街（今南投縣集集鎮）。當初一行人想採取的路線是：從知母勝社上升，循著石山與鹿林山稜線至塔塔加鞍部，旁有「沙里仙溪古道」入口，繼續沿著沙里仙溪下降到與陳有蘭溪匯流處的布農族東埔社，然後沿溪下降到水里轉往集集，但是鳥居在中途改變主意，竟爬向玉山，從玉山背後的八通關下降到東埔社。

了，不由得興起壯遊的勇氣。從行李袋搬出攝影機想拍照，可惜光源不足，不知道有沒有拍到佳景。如果繼續沿著Yabunaya山稜前行，就進入布農蕃東埔社的領地，原來的分水嶺是阿里山蕃領有的草原帶盡頭。❼

Yabunaya山南側的林木都被燒光了，連樹影都看不見，只在下方近楠梓仙溪上游溪谷處，還有濃密的森林。北側一帶是針葉樹的原生林，松柏林的底層密生著箭竹，在這裡我採到葉柄有銀線的植物，似乎是金線蓮的變種。

我們從Yabunaya山北側，沿溪下行約半日里就遇到另一條溪，過溪後遇見了東埔社蕃人的獵寮，決定在此過夜。獵寮的構造和昨夜宿處一樣。我們加蓋幾間使大家有更大空間睡覺。這裡海拔二三○○公尺，行程六日里多，抵達時間是午後三點半。❽

今夜宿處距離目的地的東埔社六日里之遙。蕃人把沿路採到的野菇當鮭魚的配菜，燒了一道可口的菜餚。月白風清的夜晚，想要升起籜火取暖，但是心裡想，這樣做未免違反風流雅興，所以故意把已升起的一堆火吹滅。❾

---

❼森氏一行沿著水山、石山、鹿林山的稜線前進。所謂Yabunaya山稜，指的就是這條延伸到塔塔加鞍部的稜線。後文所謂Yabunaya山應該是指鹿林山一帶，是鄒族與布農族獵區的分界線。同行的鳥居龍藏在〈台灣蕃地探險談〉一文中，將地名拼寫成Yabuguyana，應該是指同一個地方。五萬分之一舊《蕃地地形圖》顯示一條古道，由知母勝社（特富野社）循著水山、石山、鹿林山稜線伸到塔塔加鞍部，稜線南側是楠梓仙溪，北側是濁水溪的支流陳有蘭溪，森氏稱為分水嶺。

❽一行人離開了阿里山鄒族的領地，從鹿林山北側朝向沙里仙溪的源頭下降。從後文可知，溪旁的小徑沒走多遠就打尖，沒有繼續下降。

天空廓然沒有雲影，一輪明月朗照之下，大地明亮如晝，只有松針灑落斑駁的陰影於蓋在身上的毛氈。我側耳傾聽著，但聞潺潺溪聲不斷地從遠處傳來。不一會兒，年輕的隨行蕃人低唱蕃謠，似乎有山嵐幽玄的聲音在暗中協奏。夜深了，覺得涼意更濃，腦際忽地想起今夜故鄉是什麼樣的風光？大家沒有睡意，閒談終夜到天明。

四月七日，今天預定越過「阿里山草地」的範圍，直接到東埔社，所以所攜帶的糧食應該夠吃。但是，出發前接連下了四、五天的雨，遲遲未能出發，在蕃社等到雨停時，已把糧食消耗了一大半，而從知母勝社出發的時候，所帶來三日份小米，只剩今天早上最後一餐。

我們原定要快速下山到東埔社，那麼今天午飯和未來幾餐都可以解決。今天早上我和鳥居氏醒來以後，忽然改變初衷，興起攀登新高山的野心。因爲糧食告罄，兩人不斷地討論糧食補給問題。蕃人們急忙煮一頓小米飯，早早收拾行李，準備趕往東埔社。這時候，我們已無法瞞住蕃人，忍不住地向蕃人透露由此登新高山的意願，結果他們萬分驚駭。蕃人說：「從來沒有人從嘉義方面登新高山的，不但沒有路徑，而且我們和濁水溪那邊的布農人是世仇，不願意因爲改走別路而碰到他們。大人啊，您們要爬

---

❾所謂鮭魚有二解：其一是攜到山上的鹹鮭魚或罐頭鮭魚，日本人喜歡攜帶鹹鮭魚到山地旅行；其二是鄒族嚮導遠行時，都沿溪抓溪魚或螃蟹佐餐，森氏看台灣高山溪魚很像日本河川型櫻鮭，所以叫做鮭魚。溪魚的可能性較大，因爲用菇類和鹹魚共煮，口味就不對了。

新高山，一定要先到東埔社，東埔蕃人才熟悉登新高山的路徑。」

隨行的阿里山蕃堅持要我們走直接通往東埔社的路，拒絕登新高山。我和鳥居氏千方百計勸說他們，好不容易安撫了他們的情緒，命他們答應陪伴登山。這個時候，幾個少年蕃人幾乎要哭出來了，看到他們發青的臉色，我動了惻隱之心，不忍說下去。❿

吃過早飯以後，決定讓池端君和土人劉闊前往東埔社補充登山糧食，但是蕃人們看到糧食袋內只剩四小碗小米，無法忍飢等待，表示願意同往，只剩鳥居氏、我和從辦務署帶來的蕃人僕役Wonk留守，等待他們帶回糧食。我們三人知道這僅剩的小米是要維持三個人度過漫漫的兩天，所以心裡惴惴不安。

隨著旭日上升，朝霞似的晨霧逐漸散開了。我們三個人步出獵寮，爬到分水嶺拍攝新高山，可惜雄偉的山容依然罩在濃雲中，只露出山頂，不得已，又走回獵寮。這幾

---

❿ 古時候，不同族群之間，甚至同族但不同部落之間，有不成文的獵區界限，禁止外人踰越，何況鄒族和布農族是處於對立的狀態。阿里山鄒族反對登玉山的原因，綜合森氏和鳥居氏的記錄與譯註者的登山經驗，可以分為五點來說明：第一，所帶的糧食不夠；第二，鄒族嚮導從知母勝社出發時，被告知只到東埔社，東埔社是他們唯一有來往的布農族部落；第三，阿里山鄒族的獵區不包括玉山及玉山背後的八通關，雖然最早的年代包括八通關，但後來退縮到鹿林山以西的所謂阿里山草地；第四，四月初的玉山仍非常冷，鄒族沒有事先準備遠行所需的防寒衣物；第五，從來沒有人，包括鄒族，從西邊去爬玉山，因而無法陪伴登玉山。至於鳥居臨時起意要攀登玉山的動機，請參照遠流版《探險台灣——鳥居龍藏的台灣人類學之旅》，第三一八頁至三三頁。

間臨時搭建的小獵寮有點像伐木小屋，我們啜飲稀薄如水的小米粥，然後攤開地形圖研究前程。夜晚時分再啜飲一頓小米粥，雖然飢腸轆轆，幸好有明月相伴，寂寞的旅情得以紓解。

四月八日，天氣轉晴。現在只剩一小碗小米，午前十一點左右煮最後一頓稀粥。我們在岩壁間摘些山款多用水煮，發現味道苦澀不能入口。啊！吃完這一鍋稀粥，如果池端他們還不回來，豈不是坐以待斃？我嘲笑人為什麼這樣軟弱，一天少吃兩頓飯就顯得惶恐無助！我再度爬到分水嶺，因為天氣晴朗無雲，盡情地拍照新高山，心滿意足地獨自回到獵寮。

午後四點左右，忽然有勇猛的蕃人呼嘯聲從遠處傳來，我們衝出獵寮探視，看到蕃人個個揹著一大包糧食朝向我們這邊跑過來，池端和劉闊也隨後趕回來了。原來帶回的糧食不只是芋頭、小米、白米，還有活雞，排滿於寮內，令我們留守者高興萬分。我想這時候我們的心情好比是臨死獲救一般，簡直是無法以筆墨形容。

蕃人操蕃刀殺雞，又煮一鍋熱騰騰的白飯，大家狼吞虎嚥似地吃到飽，快樂極了。在這兒，我要特別聲明，大凡探險家最大的快樂在於忍受飢餓後能夠飽食一頓飯，這是住都市的人所享受不到的美味，只有荒野旅行者才能感受到這種快樂。

從明天起要開始攀登險路，需要增加人員開路，所以

隨行的阿里山蕃，已經從東埔社帶來了兩名布農蕃。人數已增加到十一人。今天在這裡再過一夜。我們在營地削木做一個木標，也升上了一面國旗，這是臨時用一塊白色木棉腰帶製成的，又用蕃刀削平一棵松樹的樹幹，書寫紀念文字：「本隊經由阿里山草地，於明治三十三年四月六日抵達本營地，九日起開始攀登新高山。鳥居、池端、森氏合記。」

傍晚的時候，一隻藍色蝴蝶翩翩然飛舞過來，顧不得違背風雅，順手抓下來製做標本，當夜差不多二更時分才全部就寢。

今天是九日，是登高的日子，天未亮就起床煮飯，吃過飯後穿好草鞋就出發了。破曉時已爬上南邊的分水嶺，旭日剛剛從新高山的側面升起，繞過Yabunaya山的山腰前行，忽然有一隻水鹿不知從哪裡奔竄到我們眼前，蕃人立即舉槍射擊，可惜沒有擊中。

我們從粘板岩崖邊迂迴過去，但見山的另一邊大火劫後還有一株巨松，亭亭而立。再前行到海拔二七九〇公尺處，地勢高亢，新高山的展望極佳，於是停下腳步，一邊休息一邊攝影。山腰很陡，到處是橫倒於地的枯木，大概是幾百年前森林大火以後殘留下來的。此外，到處都有快要崩落的巨岩，形如奇崖，也有天然石橋。

踩著不定時流瀉的碎石流，用手抓住草根，氣喘吁吁地攀上數百尺高的斷崖，上攀的時候，要通過長滿野棘的

灌木叢，猶如攀登針山一般，最後到岩堆的上頭，卻發現岩石外層已風化崩裂，現在只剩內層的石英岩，突兀如劍山，萬一失足，一定會直落千仞深谷。過斷崖的危險是登山者常遇到的，所以不足爲奇，但是究竟有多大危險，是一般人所無法想像的。**⓫**

蕃人所稱的Yabunaya山脈是起自「阿里山草地」，延伸到新高山前峰的一條山稜，沿著這條山稜可以攀上新高山。一行人在遍地荊棘的灌木林中吃午飯。此行沿途都沒有水源，所以昨夜已交待蕃人帶水攀登，想不到他們忘了帶來，我們只好以生地瓜充飢。好不容易到達Yabunaya山與新高山前峰之間的「分水嶺」，由此踏越一峰比一峰高的山稜，從此免受野棘刺身之苦。

我們踏越的險稜，寬度未滿一公尺，兩邊削落如壁，懸崖下有枯木林和崩壞的岩石，似乎可以聽到岩石崩落的聲響，不由得頭暈目眩、肌慄心悸。

整天一滴水也沒喝，拖著疲憊的雙腳，抓著藤蔓、樹根，爬越岩角，差一點喘不過氣來，想到自己這麼辛苦地

⓫ 森丑之助與鳥居龍藏於一九○○年從阿里山方面登玉山，比日治時代「阿里山、新高山登山道路」的開鑿早二十六年，所以所描述的地形地貌與現況極不相同。不過鳥居的描述沒有像森氏所描述的那樣驚險，可能森氏的文章是交給《台灣日日新報》發表給一般讀者看，所以描述特別細膩，也許部分有些誇張。平心而論，塔塔加鞍部未整修以前，的確陡急而露岩處很驚險。森氏一行人越過塔塔加鞍部後直攀玉山前峰，沿稜踏越西峰至排雲山莊一帶，所以步步為營，極為辛苦。此行締造了兩個記錄──首次沿玉山西稜完成縱走，同時是台灣歷史上首次從阿里山方面攀登，完成從西側首登的壯舉。

學猴子爬，覺得很可笑。

最後我們攀上寬稜，穿越森林而行，腳下只有苔蘚，榛棘已絕跡。這時候已近黃昏，正在盤算能否找到一塊有水的營地，好讓我們煮一頓飯填飽肚子。停下腳步觀看四周，昏暗中好像新高山那邊有一條白蛇一般的小瀑布，我情不自禁地大喊：「有水！」大家立即圍攏過來問我水在那裡。我指向瀑布處，但是大家只搖頭，因為瀑布距離我們太遠了，除非插翅飛過去，不可能拿到水。

現在天黑了，月亮高掛於中天，一行人繼續利用微弱的月光前行，目的是尋找水源。我們向溪的方向下降一段路，還是找不到水。不得已，鳥居氏下令就地紮營，明早快速地衝到有殘雪的地方。

因為忘記揹水來，害我們大家整天一滴水也沒喝，一頓飯也沒吃，後悔不已，但是後悔於事無補，就在這個海拔二三九○公尺處過了無水的一夜。

我們以箭竹為床，岩塊為枕頭，行李沒有打開，小米也沒煮，全身疲累不堪，早早就寢了。

夜裡，我無法入睡，仰望著月亮思慮山上有沒有雪的問題。假如沒有雪，那麼從明天起我們大家將在又渴又餓的情況下，進退維谷。好不容易爬到這樣的高度，怎麼可以因為缺水而把過去的苦心與努力付之流水？

我想起幾年前我往後山探查的時候，曾經從長野義虎中尉那裡聽說，新高山的山頂沒有白雪。德國人K.Stöpel

比長野中尉晚二年，於十一月去攀登，他所寫的探險談提及新高山頂只有白色礫石，狀如海綿，從山下遠觀，很像白雪。林學博士本多靜六登新高山回來後寫一篇報文，他說所謂雪，其實是石頭，由於反射日光，遠望之如雪。石井技師在他的《地質礦山圖說明書》裡曾經說，台灣高山頂的白雪實為錯誤的判斷，實際上是白色的岩石罷了，不值得爭論。齋藤技師的新高山紀行文章，只提到山頂只有些許白雪，他登頂時是十二月，才看到一點白雪。我們來的時候已經是四月，所以即使冬季下了一點雪，如今一定是融解消失了。雖然鳥居氏堅持著山頂應該有積雪，但是我思前想後，越想越煩惱。

沒有多久東方已白，今天是四月十日。從昨天起到今晨，沒吃沒喝，大家都愁眉苦臉，苦笑著。我們起床後什麼事都沒做，立即又上路了。

箭竹叢積滿朝露，穿過的時候衣襟盡濕，但是感覺舒爽，鼓起勇氣登前峰。

因為高度的關係，氣溫降低，所以縱走險峻的山嶺，都不會冒出汗來，這是令人欣慰的事。午前十點左右已到山頂。在隊伍後面的池端君邊走邊做地圖上的標示，忽然在後面大聲喊叫：「有雪，有雪啊！」我們仔細察看前方，真的看到殘雪！我們每一個人都歡呼起來了。看到白雪，剛才跟跟蹌蹌的步伐，突然變得輕快，大家衝向溪谷方向的凹處，坐在雪堆旁邊，大吃殘雪。

站在前峰頂上，海拔三四六一公尺，正好和新高山主峰相對，首先拍攝全景，然後走到瀑布的地方，海拔三三〇一公尺，今夜宿於此。今天走了四日里多，抵達營地的時間是午後三點左右。

我們十一個人牛飲冰冷的瀑布水，又沖洗了身體，晚上圍著火堆享受一頓熱食，頓覺精神百倍，覺得再來一次衝刺就可以登上主峰頂。今夜月光皎潔，照到白練似的一條瀑布水，感覺如幻似夢的夜景，是世間未曾有的。

四月十一日。今天預定要登上絕頂。早早起床，做好準備後開始從瀑布處登高。爬得越高，植被變得更少，苔蘚也不見了，眼前只有崩落的粘板岩磊磊，殘雪堆積得更多更厚，踩著白雪，於午前十點半上到新高山三峰之一的南峰頂。由此拍照中峰〔主峰〕，然後沿著主稜走向中峰，最後於十一點三十分登頂，大家歡呼「萬歲」三次。氣壓計顯示三九〇一公尺。**⓬**

這是一個非常晴朗的日子。新高山巍然聳峙於群峰之上，四周有衛星峰環繞，群峰蜿蜒伸展於雲煙之間，遠處有無數溪流像游蛇一般迴繞於山下，俯瞰如此豪壯的美

⓬細讀森氏的記錄，從文脈看來，他所謂的前峰，應該是玉山西峰，因為接近西峰才出現寬稜，而且因為高度比前峰高，所以山腰凹處才有瀑布與積雪。森氏沒有描寫現今排雲山莊的地形，也許所謂瀑布處，實際上是排雲山莊下方的溪源也說不定。當時日政府還沒開鑿登山道路，森氏採行的路線，正好與日治時代登玉山西壁最後一段路徑一致——先斜斜地轉向南峰方向，但是未到南峰頂以前，即由主稜線沿稜向北走向主峰頂。從森氏的描述可知，當時布農族嚮導所取的路線，既正確又合理。當然，所謂南峰頂，是明顯的誤記。

景，我做了深呼吸，吸入高山的靈氣。攝影過以後吃午飯，因爲剛剛完成登頂，感覺這一頓飯特別好吃。

在絕頂上，我們豎立了一支木標，這是在路上削好帶上來的，用墨水書寫紀念文字：

我們日本的人類學研究，已延長到台灣新高山頂，我們期盼將來的研究領域提升到更高的層次！

　　　——明治三十三年四月十一日建立。

另外又書寫下面一段文字於一塊木板上：

明治三十三年四月五日，自嘉義管轄下的知母勝社出發，由劉闊及五名知母勝社蕃人隨行，先橫越阿里山草地，於四月六日抵達Yabuguyana山，海拔二千三百公尺處露營。七日及八日連續在此露營，增雇二名東埔社蕃人以後，於四月九日自露營地出發，經由Yabuguyana山的東邊，終於今天登上新高山頂。一行人所走的路線，是國人足跡未到之地，而在攀登過程中，每升高五百公尺，都放置了一面國旗，做爲路標。尚未下山到東埔社以前，我們把本次登頂者姓名留在新高山頂，做爲紀念。

　　　明治三十三年四月十一日於新高山絕頂

鳥居龍藏　東京帝國大學理學部助手兼東京地學協會出差員

池端要之進	嘉義辨務署第三課主記
森鞆次郎	
劉闊	公田庄
Wong	阿里山知母勝社
Mou	阿里山知母勝社
Apasuron	阿里山知母勝社
Pasula	阿里山知母勝社
Apasuron	阿里山知母勝社
Ibe	濁水溪畔東埔社
Paake	濁水溪畔東埔社

為了留下證物給以後登頂的人看，特地把鳥居、池端、森氏三人的名片放進一個玻璃質水壺內，置於木標旁邊，用一張紙留言：「希望將來登頂的人士，打開我們的信紙，貼上所附的郵票，把信寄到東京帝國大學理學部人類學教室，告知已登頂並接到我們的留言。」

由於登上了心儀已久的新高山頂，鳥居氏在山頂作了一首短詩獻給山靈：

異國山外又有山，唯此山厥為獨尊！

我不甘示弱，也作了一首：

斯日登臨新高絕頂，天皇威儀望之彌高！

全體人員站在木標前面合影，午後二點半從新高山頂

朝向西側下山。這時候一陣風掠過山頂，吹向下山的登山隊，每人用手拂去崖上的覆雪，緊抓著香青根部，冒著強風下降。轉向西北側斜坡時，鳥居氏跌了一跤，整個人倒在向下蠕動的雪堆中，我也好幾次踩空，連人帶雪滾下溪谷方向。❸

這一條溪向東流下。雖然跌跌撞撞，但幸好都沒有受傷。現在只剩我們兩人，擔任嚮導的蕃人不知跑到哪裡去了？一時不知所措。我們猜想，蕃人一定比我們早幾步沿著溪邊小徑走下去的，所以拼命追趕，但是還不能確定我們兩人的走向是不是對的。盲目追趕時，幾次穿過榛莽、荊棘之間，忽然我看南岸有路跡，鳥居氏卻說路跡在北岸，我只好跟在他背後走過去。

再往前走數十步，又要穿過荊棘灌叢，我的草鞋已經壞了，可以替換的布鞋和草鞋都在先行的蕃人行李袋內，我不得不赤著腳趕路。可恨，小徑上到處是荊棘，甚至頭、手都被台灣刺柏所傷，又癢又痛。現在才恍然瞭解蕃人遠行時，為什麼要頭戴皮帽，身穿皮衣、皮褲，幾乎全身用獸皮保護，原來他們這樣做，目的在於防寒與防刺。

天色已昏暗下來，但是不管怎麼趕路，都看不到蕃人的影子。鳥居氏和我利用月色繼續前進，最後來到一片草原，再往前急行，遠處看到一堆篝火正在閃爍著微弱火光，我們鼓起勇氣朝向火光處奔跑。火邊的人原來是我們

---

❸下山時滾落的方向，正是荖濃溪上方的覆雪大斜面，下接溪邊的獵路。

的蕃人行李隊。

　　我問蕃人，今夜要露宿在什麼地方？蕃人回答說，雖然到八通關還有一段距離，但是今晚非趕到那裡不可。

　　雖然很累，我們別無選擇，拖著傷痕累累的雙腳，踩上尖銳如針的小刺柏，和蕃人們一起趕路。今晚月白風歇，往前下降，過了十點鐘才到達漢人所築造的舊路，路旁全是已長高的箭竹叢，旁邊有一條小溪流，於是大家放下行李，就地露宿。今天一共走了八日里路，因為忙著找路，而且太累了，忘記察看氣壓計，所以沒有測出營地高度。❹

　　四月十二日，晨起吃過早飯後立即出發。現在我們的糧食已告罄，中午以後就沒有東西吃了。所帶來的布鞋、草鞋都已穿破，繼續赤著腳趕路。這裡距離東埔社不會太遠，而且小徑是蕃人常走的，所以忍著痛苦，一步一步沿陳有蘭溪下降。

　　從八通關草地盡頭下溪處，立著一支木標，上寫「八通里乃關　明治三十二年十二月十六日建立　台中縣斗六辦務署」。我不懂所謂「八通里乃關」是日式漢文還是純粹的漢文，感覺這個風雅的稱謂配得上這個八通關名勝。

---

❹隊伍從玉山沿著荖濃溪源頭的舊獵路，走到八通關清代古道上的營盤址過夜。雖然日治時代八通關、玉山道路還沒鑿開，但是布農族的獵路相當清晰，所以森氏和鳥居能夠走夜路。文中沒有描述二處斷崖，可見現在的斷崖地形，是後來自然崩壞所形成的，舊時的路況看來不錯。八通關草原上的清營在南側溪旁，鳥居氏的隊伍以及其後的玉山登山隊一律都紮營於其地。當地高度是海拔二千八百三十公尺左右。

所謂的「八通關」，是這一帶的生蕃對新高山的稱謂——Pattonkan的譯音字，山名被轉借為地名。昔日，清朝的總兵吳光亮開鑿通往後山璞石閣的道路，在草原上設置了一個營盤，按照蕃人的稱法，命名為八通關。**⑮**

從這裡沿著陳有蘭溪畔的小徑下降，路況比前幾天走險惡的山徑好多了。

半途涉水多次，我的白色褲管因為多次泡在渾濁的溪水中，已染成灰色，隊伍中有人對我開玩笑，說我的褲子已用濁水漂染過，將成為台灣名產之一。大家聽了以後哈哈大笑。

左岸有路，這是清同治十三年（一八七四年）吳光亮所開的。當年清廷開鑿三條通往後山的道路，這條古道是其中之一，叫做「中路」。古道順著天然的地形變化開築，遇陡坡時，都用粘板岩鋪設石階，寬約二公尺餘，部分路段已經被河水沖毀或浸泡於水中。**⑯**

午後一點，隨行的東埔社蕃人向空中射擊，以兩次槍聲通知東埔社我們一行人已快要到達。我們從古道向陳有蘭溪下降，涉渡後爬上坡就到東埔社，海拔一一九一公尺。今天走了五日里餘路。

---

⑮ 清光緒元年，亦即西元一八七五年，一月至十一月，南澳鎮總兵吳光亮率飛虎軍，開鑿從西部竹山橫越八通關、大水窟到東部玉里的「開山撫番道路」，全長二六五華里（一百五十二・六四公里），當時稱為中路。森氏和鳥居從玉山下來後在八通關清營盤址烤火露宿一夜，沒有描述清營的情形，可見當時的房屋建築已廢。

⑯ 中路於光緒元年（一八七五年）開鑿。

晚上我們向東埔社社蕃報告從阿里山蕃地跋涉前來的情形。他們說：「探險隊走向一般獵人都不走的地方，那不是正路，以後最好選正常的道路走才對。」蕃社中有一個名字叫Subali的蕃人說：「從嘉義方面登新高山，才會那樣辛苦。假如從東埔社前往就不難。」我想他的話很有道理。⓱

四月十三日和十四日，東埔社有祭典，因為禁忌，社長〔蕃社頭目〕不准我們離開，只好多停留兩天。⓲

四月十五日，鳥居氏、日警、阿里山蕃人和我，獲准出發了，從東埔社啟程繼續沿著陳有蘭溪岸前行，午後一點抵達Namakama社〔楠仔腳萬社，今久美〕，這是屬於阿里山蕃的一個蕃社，同行的阿里山蕃跟我們走了好幾天才遇到族親，心中的快樂，不言可喻。

Namakama社〔鄒族原稱為Namahabana社〕海拔高度只有九〇六公尺，社長剛好不在，但是同行的阿里山知母勝社蕃人，很快地找出蕃薯，用水煮熟後招待我們這些不速之客。這一個蕃社是古時候從阿里山蕃地分離的。入夜以後，社蕃從外地回來了，他們看到族親陪日本人前

⓱ 依照鳥居龍藏的〈台灣中央山脈之橫斷〉，Subali是通事。鳥居氏文中描寫Subali如何照料鳥居和森氏於同年八月從東埔社前往中央山脈探險。森氏和鳥居這次帶阿里山鄒族與東埔社布農族一起登越玉山，也第一次來到東埔社，初識Subali，也第一次發現東埔社的布農族善於登山遠行，而且待人親切。

⓲ 祭期中，依照習俗不准外人進入部落，或從部落離開，這是一個重要的禁忌，非遵守不可，鳥居和森氏入鄉隨俗，不敢違背。

來，很高興地準備酒菜款待客人。宴會中我看到附近有很多螢火蟲正在飛舞。❶❾

不過，這裡的蕃人平時常常和平地漢人接觸，所以傳統的純樸風俗保存得不多。過了一夜後，十六日從Namakama社出發，經過Rotelan社台地〔指羅羅娜社（Rorona），原文Rotelan可能是漢人舊譯名的讀音〕，再次向陳有蘭溪下降。這時候，我們發覺有人在跟踪我們。

在Rotelan社休息的時候，我們看到一個土人，他手上有新鮮的傷痕，所攜帶的一支火槍沾滿鮮血。我們不知道他什麼時候開始的，居然緊跟在我們背後，大約走了十四、五町路。我耳旁忽然響起一發槍聲，我回頭看時，這一個土人就消失無縱了。池端主記說，最近溪頭鳳凰山那邊有土匪潛伏，這裡在山的背後，要特別小心。❷⓿

行行復行行，快要接近「茅埔」〔內茅埔，今信義鄉愛國村〕的時候，又看到一名土人帶著一支土人慣用的火繩槍，坐在茅叢裡。我問他怎麼坐在這裡？他回答說，他在打鹿。我仔細看他的槍和火藥筒，知道這些是先前消失

---

❶❾即使遠地的族親很少來到楠仔腳萬社，主人不在家的時候，他們把蕃社當做自己家一般招待客人，這是原住民的美德之一。原文的文脈顯示，阿里山鄒族來到陳有蘭溪畔，同屬鄒族的蕃社，主人雖然不在家，能夠找出地瓜，而主人回家後，與主人一起忙著準備酒菜招待探險隊員，宛如自家一般。譯者曾經多次偕同原住民長途跋涉山區，每次來到一個陌生的部落，都會遇到同行的原住民嚮導與部落人溫馨的招待，每當我想起這些往事，都感覺「禮失，求諸野」，山地的溫情令人難忘。

❷⓿原文沒有提及誰放了槍，既然土人跑掉了，大概是森氏隊伍中的日本巡查開槍，嚇跑了可疑的跟踪者。土人，指漢人。

的土人所有。再前行幾步，又碰見九個土人持槍從溪邊走上來。我想這些土人的身分非常可疑。

午後四點，我們走入牛輼轆庄。❷❶

從牛輼轆庄到集集街，一般都先乘竹筏到對岸，但是舟子打獵去了，找了半天才找到一個苦力操舟。渡船口一帶人煙稀少，午後五點才抵達社仔庄〔水里鄉水里的一角，水里舊街〕，借宿於當地的「警察出張所」〔派出所〕。今天一共走了七日里路。

四月十七日，早晨從社仔庄出發，出張所派一名巡查隨行保護我們。據說，昨天有武裝警察隊到對面山區剿匪。十一點抵達集集街〔南投縣集集鎮〕，在辦務支署休息了一下，就向林圮埔〔竹山鎮〕動身。我們在途中再次乘竹筏過溪，上岸後走上平坦的大路。

我看同行的蕃人在大路上行走的樣子很可笑。他們有時直著背，有時弓著腰，踮著腳走，好像一群猴子很不適應在平地行走的樣子。也就是說，他們和我們平地人剛好相反，山徑好走，但大路難走。❷❷

午後三點全體人員抵達林圮埔支署，署員向我們道賀

---

❷❶森氏一行人一路沿著陳有蘭溪西岸的八通關古道（中路）向北走，經由久美、羅娜兩個河階到內茅埔。八通關古道主線是由內茅埔折西，經由白不仔、平溪、鳳凰到竹山，但因為鳳凰山那邊有土匪，不敢走主線。一行人從內茅埔繼續朝北沿西岸前行，走到陳有蘭溪和濁水溪主流的匯流點——牛輼轆，轉向西方的集集。這是古道副線，明治年代副線已成更多人常走的道路。牛輼轆，今水里鄉永興村，清末、日治初期是一個人文彙集的市街，位於陳有蘭溪西岸，濁水溪南岸。

經過長途跋涉後沒有發生事故，大家平安回來了。回想我們在新高山頂翻開積雪，想要知道是否有前人留下的東西，結果什麼也沒看到。署員對我們說，過去有人曾經去攀登，把前人遺留的物品都找回來了。今天走了六日里多。㉓

四月十九日，池端君帶領知母勝社蕃人回嘉義〔蕃人從嘉義轉回阿里山知母勝社〕。

五、六天以前，天氣如冬天一般寒冷，下到平地後突然變為夏天一般炎熱的季節，暑氣逼人，渾身不好受！

㉒我們登山者常有類似的經驗。每天行走於上下起伏、有落葉的小徑上，似乎走在彈簧路上，腳底不會痛，但是一旦下山走上林道或街上柏油路，不但腳底起泡，道路太平坦反而走起來顛顛倒倒，很不自在。尤其剛接到林道的平坦路時，走起來很像猴子在走路，也容易摔倒呢。原住民嚮導跟登山者一樣，走在街上反而不自在，也不舒服。

㉓森丑之助和鳥居龍藏是玉山的首登者。所謂過去有人登玉山，是指明治二十九年（一八九六年，早於森氏一年），林圮埔撫墾署的齋藤音作陪林學教授本多靜六博士登玉山的事蹟。後來經分析研究，才知道他們只登上以為是最高峰的玉山東峰，沒有登上玉山主峰，難怪首登的森氏在山上到處亂挖積雪，都沒看到前人登臨的痕跡。

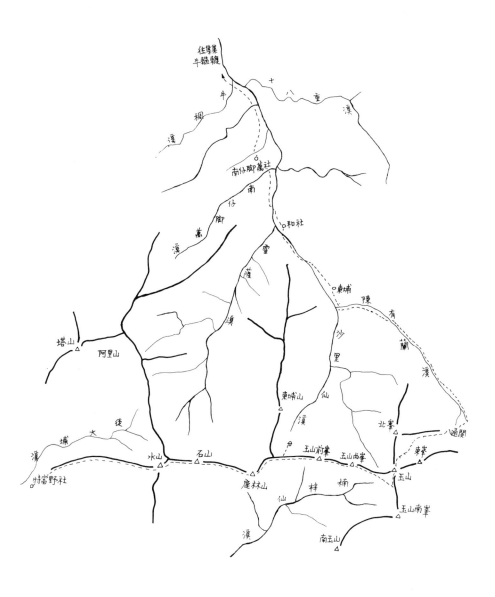

台灣蕃地（玉山、八通關）探險路線圖（楊南郡　繪）

偷竊髑髏懺悔錄

原載《台灣日日新報》
明治四十一年（一九○八）五月三日

　　台灣生蕃獵取人頭不是新聞，我們偷了生蕃所獵獲的人頭才是奇聞。因為這個怪事已經發生了，使我不敢在人家面前大聲說出，事情發生後迄今，我內心裡常常在懺悔罪行。

　　回想起來，那是八、九年前的事。目前在蒙古進行人類學調查的鳥居龍藏，當時和我一口氣在全台蕃地跋涉了三百天，穿梭於各蕃社間時，像日本十九世紀初一對活寶彌次和喜多，製造了不少滑稽的失誤，其中發生在阿里山蕃地的，可以說是空前絕後的一大糗事。到現在為止，已經有不少人前往蕃地探險，他們從來沒有遇到這種奇事。

　　當鳥居和我巡察過阿里山鄒族蕃社群，次日要轉往濁水溪方面的前夕，我們臨時起意幹了一件事。

　　當時，平地到處有匪徒出沒，有關單位為了顧及我們的安全，特派憲兵和警察護送我們到蕃社。因為蕃地調查需要很多日子留在山上，而且目的地是前人足跡未至的蠻荒之地，所以辭退了護送人員，像往日一般只有我們兩人進去，警衛一個也不要帶。

　　對我們來說，蕃地雖然危險，在平地旅行更危險，尤其是從平地進入蕃界的路段最危險，所以這段路都麻煩憲

警單位派員護衛。

　　我們在達邦社及知母勝社〔特富野社〕的公館〔少年集會所〕過夜的時候，都曾看到鄒族的老祖宗和現在的鄒族歷年來割取的敵首，幾十年來，不，百年來日夜被公館內的爐火燻黑的髑髏，被堆滿於船形藤籠中，或掛在牆柱上。這些大部分是鄒族的世仇——施武郡蕃的首級。❶

　　不久以前，我們從蕃薯寮〔高雄縣旗山〕出發，深入關山〔小關山〕附近調查南鄒族，因為接連發生了事故，未能充分調查蕃情。照本次計劃，在阿里山訪查鄒族後，要從西部濁水溪，橫越中央山脈到東部。能不能達成令人滿意的目標，大有疑問。❷

　　屬於中央山脈心臟地區的蕃地，是我們日本人足跡所未能至的地帶，實際狀況完全不明，況且蕃情變化莫測。即使不考慮被馘首的危險，布農族分布地的地區，海拔最

---

❶公館，一般稱為少年集會所，通常是圓頂的高床式建築物，供部落內少年們過夜，並接受族老們訓練的場所。部落內外有緊急狀況發生時，公館也成為頭目（鄒族設有「戰爭頭目」一職）及長老、勢力者開會的地方。通常放在藤籠裡的敵首，都掛在高床四周的牆柱，目的是對外宣示英勇，對集會受訓的少年們，則有激勵、壯膽的功效。高床建築下面用原木支撐，廣闊的高床上，置爐灶於中央，煙火終年不熄，日夜被燻的髑髏頭自然燻黑了，成為嚇人的「裝飾物」。「施武郡」：從郡大溪沿岸老部落向南遷徙的布農族，沿途落腳於拉庫拉庫溪、新武呂溪、荖濃溪，東部最南分布於鹿野溪中、上游的內本鹿地方，這些一波一波南遷，尋找新耕地與新獵場的布農族，以郡大社系統為主，日治時代沿用閩南語譯音，稱之為「施武郡蕃」，布農語叫Isi-bukun。布農族於十八世紀大舉南遷的過程中，遭遇到鄒族的挑戰，因而發生了不少爭戰。所以，一直到鳥居和森氏來調查的年代，阿里山鄒族仍然把施武郡視為敵對的族群，自然地成為馘首的對象。

高，也就是說，布農族居地比其他各族的居地還要高，山高谷深，天氣瞬息萬變，山區經常是雲霧低垂，阻止行旅深入。我們暗地裡很擔心前途艱辛。假如心中的掛慮變為事實，那麼布農族的全面調查將會落空。

但是，想不到在阿里山停留的時候，發現腳邊到處有豐富的人類學材料，足夠彌補這個遺憾，自然地，我們感到很欣慰。

就研究蕃族人類學的材料而言，以往漢人史冊的荒唐記載、半吊子生蕃通事的胡謅，或者是輕佻蕃人在平地的吹牛，以前都被當作人類學的好材料，殊不知這些文學性、非科學的描述，是不足信賴的。從事蕃族的科學研究者，無論如何都想獲得的確切材料，就是經得起驗證的事實，因為事實勝於雄辯，事實本身有自明的道理。

要深入內山蒐集蕃人的人類學材料非常困難，所以鳥居先生和我把出處清清楚楚的蕃人髑髏，當作可供科學研究的、正確的基礎材料。在這個前提之下，人類學者獲得蕃人頭蓋骨就很高興，好像是流著口水、虎視眈眈的貓兒，偷吃到鰹魚乾一般。

---

❷鳥居和森氏兩人在南鄒族部落群調查時，究竟發生了什麼事故，兩人並沒有作具體說明。請參照〈台灣蕃地探險日記〉中森氏的部分說明與譯註。所謂橫越中央山脈之事，指他們沿濁水溪支流之一的陳有蘭溪，上溯至位於溪源的八通關，繼續沿此清代拓修的八通關古道至玉里。出發前，他倆擔心所要通過的中央山脈心臟地區，狀況一概不明，要調查最深入山脈高山地帶的族群，因為已有南鄒族調查時，接連發生事故，未能充分的前例，因而推測可能會面臨諸多困難。

我們偶然寄宿於蕃社公館，猛然看到纍纍的蕃人髑髏，靈機一動地自問：「這些髑髏不是我們垂涎已久的東西嗎？」頓時澎湃的血液流竄全身，抑止不住狂野衝動，立即相約採取行動。

　　首先，我們分開來，鳥居先生留宿於甲社〔特富野社〕，而我則渡溪到對岸的乙社〔達邦社〕過夜。我們各自在不同蕃社公館，和青少年蕃人一起，睡在四面沒有牆壁的高床上，度過斯巴達式的夜晚，一方面練膽子，另一方面見機行事。我想鳥居先生和我一樣，一想到這件事，不由得要狂笑出來，爲了順利達成目的，盡量克制自己，等待夜深人靜的時刻下手。

　　依照阿里山蕃的習俗，未婚的青少年都要聚集在公館睡覺。黃昏的時候，他們三三五五從山野相偕回來了。到了天黑的時候，公館裡已聚齊了大約五十人。有些蕃人忙著切割鹿肉，分配給參與行獵者，有的人跑回家去拿蕃酒，好不熱鬧。

　　現在時序已經三月，但是山中的公館有些寒意，爐火正旺。青少年們團聚於一堂了，於是照習俗大家圍坐於火爐四周，高談、飲酒。夜深了，歡笑聲慢慢地消失，講話聲音變爲喃喃細語，最後大家不勝醉意，加上白天在山上奔跑打獵的疲勞，相繼倒臥於現場，發出如雷鼾聲。

　　夜闌人靜，只有從屋外傳來的幽幽蟲聲和淙淙流水聲，伴著壯蕃的陣陣鼾聲。現在是我練膽子的時刻了。假

寐片刻後，我悄然起身，端詳五十個壯蕃的臉孔。白天是勇猛過人，力能降服鬼神的蕃人，夜晚時酣睡於數百個猙獰的髑髏下。古人所謂「夜景淒滄，鬼哭啾啾」，大概是這種情景罷。

柴木猛烈地燒著，搖曳的火光，不只一次地使沈睡中的蕃人從夢中驚醒，隨即又安然入睡。

我拿不定主意，躊躇又躊躇，叱喝著軟弱膽小的心，強迫自己快快動手。我心裡輕聲唸著：「原諒我罷，髑髏們！把你們帶回去研究後，將來總有一天讓你們的名聲獲得彰顯，這也值得你們心慰啊！」果敢地做罷，我鞭策自己說。為了學術研究，義無反顧，斷然採取非常手段採集髑髏罷！

我很快地伸出胳臂採集藤籠裡的五個髑髏，趁著黑夜溜出公館，渡溪到對岸，潛回到甲社的時候，剛好是公雞啼出第一聲的破曉時分。

清晨，我發覺留宿於甲社的鳥居先生，也在半夜裡採集了五個髑髏。我很驚訝，他怎麼湊巧也拿下五個，暗地裡收藏於皮箱內，裝作若無其事的樣子。

現在，我們要動身穿越「阿里山草地」，轉往濁水溪方面了。❸

蒐集品到底怎樣處理才好呢？想了半天才決定自己攜帶五個髑髏，其他五個包裝起來交給蕃人揹到嘉義辨務署，然後轉送到台中。❹

偏巧搬運到途中的公田庄時，包裹突然破裂，露出髑髏。大概是天網恢恢，疏而不漏罷，露出的髑髏被在場的官員和蕃人看到了。官員們是爲了興建阿里山森林鐵路計劃，從鐵道部派來視察的工程人員、台南縣官署的官員小池氏、嘉義辨務署的官員石田氏，以及日商大倉組的職員，一行人帶來了很多蕃人腳伕，準備在公田庄過夜。他們無意間看見已燻黑的髑髏而大吃一驚。驚愕之餘，有人打電話向嘉義廳官署報案。❺

　　接到報案後，第三課長〔蕃務課課長〕立即派使者來向仍停留於蕃社的我倆查問。我們在衆蕃人議論紛紛與譴責聲中，泰然自若地面對他們的詰問。我們辯解說：「這些是地方官憲誅殺的土匪的頭，官府准許我們帶回去的。」，以爲這個藉口天衣無縫，可以騙得過去。但是，蕃人們說：「燻黑的人頭是本地的土產，不可能是土匪的頭！」我們的詭辯一下子就被拆穿了。

　　最後，鳥居先生和我俯首認罪，向蕃人們再三賠不是，答應把「用非常手段」採集的珍貴髑髏，原封不動地還給他們。

---

❸實際上，鳥居和森氏上路後改變主意，先爬玉山，然後從玉山背後下山，經由八通關下到濁水溪畔的南投縣集集。請參照〈台灣蕃地探險日記〉裡的譯註，本書第二五六頁。

❹森氏調查的那幾年，常常寄宿於台中縣殖產課課長小西成章的官舍，所以他交待嘉義的官員把包裹轉送到台中。

❺公田庄，今嘉義縣蕃路鄉公田村。往年的時候，公田是從嘉義通往「阿里山蕃地」的唯一蕃路上的中繼站，設有客棧、交換所等，也有通事住在那裡。

本來要解決這件大事非常困難。當時幸虧有嘉義辨務署的石田氏在現場，他和辨務署達邦社出張所主記池端氏居間調停，平息了蕃人的不滿。我和鳥居先生非常感謝兩位先生的幫忙。

在台的日籍官員中，台南縣殖產課課長藤根農學士和台中縣殖產課課長小西林學士，兩人都身為蕃地事務專家，平時以大膽聞名，因而被稱為「蠻勇」。但是，這兩個蠻勇卻沒有料到會突然出現「大蠻勇」而大吃一驚。聽說，他們兩人逢人說起我們的糗事，仍然會不寒而慄。❻

剩下的五個髑髏不知道怎樣偷運到平地才好。整理行李的時候，雖然有點不放心，還是祕密地捆包在一起。我和鳥居先生帶著蕃人嚮導與腳伕，朝向分水嶺〔石山、鹿林山的稜線〕出發，途中經過水山，從露岩的山頭展望到山頂有積雪的新高山〔玉山〕。

這時候，我們忽然想出了一個主意。何不趁這個機會攀登新高山？過去從來沒有人從阿里山這邊去攀登，何況做為人類學研究者，很想實地瞭解人類居住的遺跡，是否分布到山腰？

---

❻官員們有的大吃一驚，有的不寒而慄，而原住民則發出一片譴責聲，其原因是偷竊頭骨是一件嚴重違反禁忌的事，應受制裁。難怪森氏事隔八、九年以後才敢在報紙上披露內情。而鳥居在他的調查報告中，則從沒有提起這件事。按馘首行為、馘首祭和頭骨的安置，都是當年原住民部落視為重要的宗教性活動，任何人都不許有冒犯禁忌的事情。幸虧被發覺時，有官員在場，不然，已偷運到平地的頭骨即使再送還，也不是一聲道歉即可了結的。

我們邊砍路邊攀登，途中曾經在荊棘灌木林中迷失了方向，也因爲找不到水源兩天沒有煮飯，好不容易在更高的地點找到殘雪，絕處逢生了。❼

登上「中峰」〔玉山主峰〕時，大家興高采烈地歡呼，因爲我們是從阿里山這邊首登新高山的隊伍！蕃人們在山頂卸下行李，正要重新整理時，不幸我們的寶貝髑髏露出了頭角——不是馬腳，蕃人們很生氣，苛責我和鳥居先生不該偷竊蕃社的髑髏，更不應該瞞著他們祕藏於行李內，讓他們揹到新高山頂。我和鳥居先生自覺理虧，說盡好話請他們赦免我們的過錯。最後雙方同意物歸原主，讓蕃人們把髑髏帶回蕃社。

我們兩人繼續在蕃人陪同之下，經由「敵蕃」〔與鄒族敵對的布農族〕領地，朝向濁水溪方向下山了。

其實，在山頂露出的寶貝，只是三個髑髏。原來，鳥居先生已經暗地裡把兩個藏匿於他的皮箱內。

這兩個髑髏現在安放在東京帝國大學理學部的標本室，和其他世界各人種的髑髏陳列在一起，因爲我們的蕃人髑髏已燻黑，在眾多髑髏中獨放異采！

最近京都帝國大學教授解剖學的足立教授，爲生蕃髑髏及其他髑髏做了精密的測定，他的論文正在印刷中。關於布農族生體測定〔活人身體的測定〕，我已經做了不

---

❼原文寫「絕食兩天」，應該不至於絕食罷。攀登玉山西稜過程中，只是找不到水源煮小米飯而已。原住民狩獵遠行，行囊中有煮熟後再風乾的芋頭（行動糧食）可吃。

少，但是專就布農族髑髏進行解剖學測定者，以足立博士為第一人。

鳥居先生和我苦心偷出的髑髏，現在已成為大學裡的重要標本。我相信光是提供研究材料這一點，就可以瞭解對學術界有很大貢獻。

幾天前，我陪同總督府官員行經和社時，聽蕃人說，前年那裡發生了一場大火，蕃社裡的公館受到波及，一百多個髑髏已化為灰燼。我擔心阿里山各蕃社的數百個髑髏不免會遇到火災而化為烏有。如果不幸被燒燬，那麼現存於大學標本室裡的這兩個寶貝髑髏，將成為學術界的驕傲；同時，我和鳥居先生身上的罪障也自然會消滅了罷。

❽

以上敘述了大學珍藏的生蕃髑髏來歷。這兩個髑髏及其餘的生蕃髑髏背後，各有一段苦心獲取的歷史祕聞。鳥居先生和我為了竊取生蕃髑髏供學術研究，在阿里山演出了一場最嚴重的鬧劇，我們的失誤差點兒鬧出人命來。

「生蕃割人頭不稀奇，可笑瑪雅竟然來偷生蕃頭！」這是阿里山蕃那邊所流傳的一首打油詩。他們把我們日本

---

❽和社，一般指南投縣信義鄉同富村的漢人聚落「和社」。但森氏等官員來訪問的和社，是鄒族的大社，原音是Hosa，亦即Hosa社。按Hosa社是北鄒族分布於和社溪與陳有蘭溪匯流點上方牛車寮附近的大社，屬於鹿株群。譯註者曾經前往舊址調查，發現社址已變成果園，地表上散落著清代青花瓷片，暗示這個鄒族大社興旺時，富裕到使用青花瓷碗盤的程度。我也在地表上看到散落於一地的人骨碎片。森氏和官員聽說和社曾有大火災。後來這個鄒族大社消失了，大火是不是廢社的原因之一，待查。

人叫做「瑪雅」。由此可見，阿里山蕃仍然記得在那個冒險的年代，我們這兩個「瑪雅」所造成的一件奇事。

當時因為年少氣銳，也因為學術研究的需要，我們發狂似地說做就做，我們的野蠻行為有違當局苦心經營的撫蕃政策。想起往事，只會加深懺悔的心情，因而草此本篇〈偷竊髑髏懺悔錄〉，但願罪障消除。❾

❾森丑之助曾在一篇長文〈鄒族傳說〉裡，說他在特富野訪查時，族老口述了一則傳說：「往昔祖先在世的時代，族人全部住在新高山頂，因為人口增加，一部分的人留下來，叫做特富野；另一部分要遷到遠方，他們叫做Maya（瑪雅）。臨別的時候，把一束箭折成兩半，一半留下，另一半交給Maya帶走。將來兩族或許會邂逅，那時候把各持一半的箭作為識別之用。後來經過了很長時間，Maya始終沒有出現，一直到日本人來台，鄒族看到日本人的身材和性情，好像是很早的年代離別的族親Maya的後裔，所以把日本人叫做Maya。另外，鳥居龍藏在他的自傳《一個老學徒的手記——與考古學同步六十年》裡，引用鄒族的另一則傳說：「我們族人遷離部落的時候，都要帶走加裝翎羽的箭。經過很長的歲月以後，萬一遇見本族的人，就要出示個人所持有的箭。如果形式一樣，就可以指認我們本是鄒族的子孫。但是，相傳曾經有一群族人遷居到瑪雅國（Maya）去了。到底這瑪雅國是什麼地方呢？自古以來我們鄒族人一直在尋找它。」從上面兩則傳說可知，Maya指一支族人，也指這支族人遷居的地方，可稱為Maya國。

北蕃行

原載《台灣日日新報》

明治三十三年（一九○○）六月六日～十三日

　　在台灣北部以Sylvia山〔雪山〕為中心，分布於其四周的黥面蕃人，世稱「北蕃」。我想北蕃是台灣各蕃族之間最慓悍、最晚開化的一支。過去曾經有不少探險家試圖闖入他們的地盤，但都不得其門而入。由於黥面特徵與性情凶暴，北蕃被視為最典型的生蕃，世人只聞其名，但無緣詳知他們的狀態。

　　鳥居龍藏氏和我，繼南部蕃社一百多天的巡遊後，嘗試了新高山〔玉山〕的登越，再接再厲向北蕃之地挺進。時序已漸漸進入炎熱的夏季，這時候我們兩人已來到雪山山麓，夏日猶涼爽的森林，提供翻山涉水前來的征客，賞心悅目的大自然佳景，可惜我這一支禿筆無法充分描述這個大景觀。

　　現在，我靜坐於綠蔭下一塊大石頭上，揮筆敘述旅程見聞，希望這一篇私人日記能博得讀者的青睞。

　　五月六日，晴天，早晨八點從台中出發。台中與葫蘆墩〔豐原〕之間已有長達三日里半的大路，沿線架設著一條輕便鐵路。葫蘆墩和東勢角〔台中縣東勢〕之間鋪碎石的四日里舊道，仍然可以通行，但遇到河川都看不到橋樑。

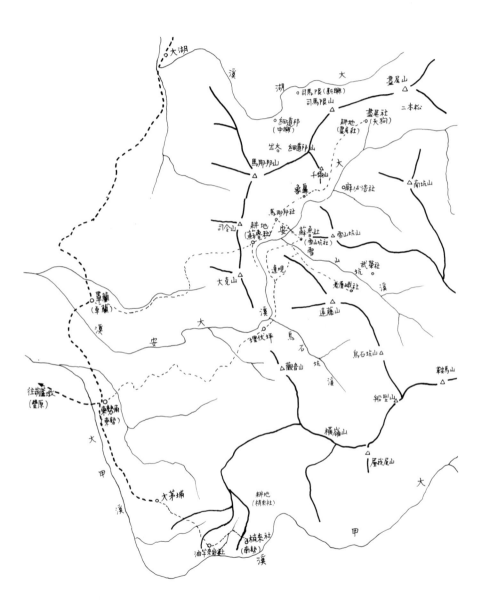

北蕃行探險路線圖（楊南郡　繪）

大甲溪畔有土人所種的相思樹成林。這裡有水利灌溉之便，萬頃水田在微風吹拂之下，綠葉如波浪般左右搖曳。水稻正在結穗，景色涼爽宜人。

　　沿田畦間的道路走過去，不時聽到陣陣蛙鳴，也處處看到烏秋在牛背上戲耍，以及正在水田裡勤快地除草的農家女。這裡的土人很多是客家人，客家婦女沒有纏足，所以能承擔各種勞力工作。推輕便車〔即台車〕的苦力中，我看到有些婦女加入這種工作行列。

　　大甲溪渡口只有一座竹橋，只架設在河中心流水處，河岸聚集著不少土人，忙於疏通從上游放流下來的原木。濱臨河岸的東勢角街，因為地層鬆軟，日以繼夜被河水沖刷，部分已崩落於水中，我想再過幾年將有窗邊垂釣的日子到來。

　　東勢角街有一條小溪流過，過溪後看到一座靠近溪岸的舊建築物，四周用土壁圍護著，原來這是清代的東勢角撫墾局遺址，現在被東勢角辦務支署占用。午後二點抵達，今天在這裡過夜。

　　東勢角座落於大甲溪和房里溪〔指大安溪〕之間，東倚連綿的丘陵。這裡是清乾隆年間客籍漢人拓殖之地，但是因為地處蕃界，曾經多次遭受蕃害。當初拓墾者組織屯兵防蕃，或協同熟蕃開墾蕃地，為了博得生蕃〔泰雅族北勢群和南勢群〕的歡心，也為了避免騷擾侵害，不得不每年聯合起來贈送相關的蕃人很多物品，這種做法叫做「和

約」。❶

　東勢角在清國政府時代，設有東勢角撫墾局，我國領有台灣以後，在原址改設東勢角撫墾署，但是現在是屬於台中辦務署的支署。街上有陸軍守備隊、公學校、郵局及電信局，但是沒有旅館，也沒有酒樓。

　長期居留的日本內地人很少，街上只有兩、三間雜貨店，五百多戶土人定居於這裡從事農業和商業，看起來大部分是靠山林事業過日子。聽說一到雨季，溪水氾濫，對外交通會斷絕數日。

　五月七日，午前十點從支署出發，要前往北勢蕃蕃社。這是個陰天的日子，隊伍中除了鳥居先生和我，還有辦務署主記大宮寅次郎、一名通事、三名苦力，以及要出去打漁的四十多名土人，大家結隊而行。❷

　我們越過二隘山後來到房里溪，溪的下游對岸大約二日里處，有竹叢和土人村落，村名叫做罩蘭〔今苗栗縣卓蘭鎮〕，這條溪又叫做罩蘭溪或大安溪。從這裡往上游溯行，可以通到以慓悍聞名的北勢蕃居地。

　一行人沿溪溯行，到達埋伏坪〔今台中縣和平鄉自由

---

❶ 和約指漢人與原住民之間所訂的「和親契約」，所贈送的物品包括豚、牛、酒、布。東勢角這邊的庄民贈送的對象，是主張對東勢角周邊土地有原始所有權的泰雅族，包括分布於大安溪的北勢群及分布於大甲溪的南勢群。

❷ 老百姓出門工作或旅行時，都成群結隊而行，以避免平地土匪的搶劫殺人，前往蕃地也是如此做，不然隨時會被出草的原住民馘首。伊能嘉矩和鳥居龍藏等都在旅行日記中提及此事。老百姓和官員隊伍一起行動，因為有持槍的警察沿途保護，更能讓他們放心。

村〕已經是吃飯的時候，吃過飯後，打漁的土人在這裡和我們分手。我們涉渡深及腰部的溪水，接著通過蕃人所架設的藤橋，過溪到東岸稍微平坦處，據說這裡曾經是清軍「大阿營」遺址。光緒十一年〔一八八五年〕清軍討伐北勢蕃時，設大阿營於這裡，因為討伐戰爭失利，只好撤軍，只留下一些兵力駐守於此，截斷蕃人對外交通和糧食供應。

山坡上有老屋峨、武榮、什售厝各社。西岸是峭壁危崖連綿的地層，那邊小徑築在斷崖上。再往前走，遇到比較平坦的地形，土人把它叫做「大欠」。❸

繼續前行，看到一些蕃屋點綴於比較平坦的山腰，那裡是馬那邦社。因為社內地層蘊藏著瓦斯，不時噴出火焰，所以外地人把馬那邦社又叫做「出火社」。今天半途遇雨，所以沒有看到火焰。

隔著一道山稜，南有蘇魯社蕃屋點綴於山坡上，其山麓與老屋峨山之間，有一條溪匯入房里溪，這條溪發源於積雪山，所以叫做雪山坑〔雪山坑溪〕。光緒十一、二

---

❸老屋峨指Rovungo社，武榮則指Buyon社。森氏一行人來到埋伏坪，展望到分布於雪山坑溪上、中游兩岸山坡的這兩個北勢群古老部落。在眾多部落中武榮社位居盟主的地位，而在清軍討伐戰中，老屋峨社保持中立，因而能夠居間調停，迫使清軍退兵。原文中所謂「什售厝」似乎是漢人所譯的部落名。森氏的《台灣蕃族志》第一卷所列泰雅族北勢群蕃社名及戶口統計表，只列舉六社，但不見音近似「什售厝」的部落。據譯註者猜測，什售厝應該是指位於什隻屋山山腰的Umahan社（或唸Sumahan社），亦即司馬限蕃社。森氏說，Rovungo社的原稱是Mitoon社，Buyon社的原稱則是Sabae社，分別位於雪山坑溪左岸及右岸。「大欠」（另寫大缺）似乎是指烏石坑的位置，地勢平坦。

年，北勢蕃團結起來對抗入侵的清軍，這一帶便是北勢蕃防衛戰的戰略要地。❹

　　從這裡爬越山稜，走了十町，在耕地表土上發現石斧，想不到北蕃的居地能夠看見石器時代遺物。由此觀之，繼續踏查將會發現更多的遺跡。午後四點抵達蘇魯社，行程六日里。

　　蕃社內只看到少數蕃人，大部分的蕃人都因農忙期留宿於耕地小屋。我們投宿於一個「頭人」的家。入夜後雨勢更大，夜裡耳旁風雨聲與溪聲和鳴，無法入睡。❺

　　半夜醒來，忽然看到一個黥面老婆婆在爐旁燒開水準備泡粗茶。她的臉貌很醜，在火光照耀中映出夜叉一般淒絕的鬼臉。破曉時分雨勢變小了。

　　五月八日早晨九點冒雨出發，目的地是馬那邦社。我們朝溪流下降，通過懸掛於溪上的藤橋後，朝向馬那邦山腰處，行程大約二十町，其中的六百尺是陡坡。❻

　　抬頭看到馬那邦社附近的大樹上豎立著一支竹竿，用

---

❹馬那邦社（Manaban）、蘇魯社（Sulo）等部落位置，依照森氏《台灣蕃族志》第一卷中有關泰雅族北勢群部落的說明是這樣的：「馬那邦社，泰雅語原稱是Wagan社，位於大安溪上游的小支流，亦即眉必浩溪左岸，蘇魯社的北方，海拔約三千八百尺；……蘇魯社位於雪山坑右岸，海拔約三千一百尺；……武榮社也位於雪山坑右岸，海拔約三千四百尺；……老屋峨社（Rovungo）位於雪山坑左岸，海拔約二千五百尺；……盡尾社（Chinmui），蕃稱Bayanuf，平坦之義，位於大安溪上游右岸盡尾山的山腰，海拔約二千七百尺。」由此可見森氏所訪問的這幾個部落是未經遷移的舊部落，不是今日新部落位置。

❺頭人即頭目，土人則指漢人。

草葉製成瓔珞狀飾物懸掛於竹竿，這是新的旗幟，有些舊旗幟的竹桿早已被風吹斷了。蕃社每次出草獲得首級，便豎立一支旗竿以表彰馘首成功。❼

馬那邦社內有一座頭骨架，一共有二十六個頭骨被置於竹架上，橫排成一列。其中一個是新鮮的頭顱，頭皮、頭髮、耳朵、鼻子等依舊，前額有兩處刀傷，馘首者把一條藤條穿過頭皮，便於提著走，或懸掛於馘首柱。四個頭顱稍微老舊，但頭皮和頭髮都還沒完全脫落，其他則全是髑髏。

這時候，微風吹拂著茅叢，發出如泣如訴的哀怨聲，雨水流經重重樹葉後滴灑下來，好像是潸然流下的淚水，直接滴落於已泛白的頭骨及新鮮頭顱上，濺起無數淚珠。哦，這是何等淒慘的景象啊！

蕃社的高度超出台中一千四百尺。社內有三個頭人，我和鳥居先生在其中一個頭人家休息時，主人端出酒茶款待我們。吃過飯後，風雨更猛，猶豫了一下，不敢立即出

---

❻一行人從蘇魯社出發，沿溪下降至大安溪主流，通過藤橋爬向馬那邦山山腰的馬那邦社，後段（五月十七日）記錄也說「通過蘇魯山下的藤橋，爬向馬那邦山的山腰」，令人懷疑所謂馬那邦社是指大安溪西岸馬那邦山那邊的部落。所以森氏談到的馬那邦社位置，與《台灣蕃族志》所寫的不一樣。難道當時已有兩處？待查。

❼伊能嘉矩於前一年在東勢角撫墾署長陪同下，前往麻必浩社（森氏所謂眉必浩社），過了埋伏坪便看到武榮社、蘇魯社及馬那邦社那邊升起這種旗幟，叫做Owaya旗，伊能嘉矩曾經細膩地描述過。請參照《台灣踏查日記》上冊，頁145-147。被伊能描述為骷髏狀標識物的Owaya旗（亦即馘首旗），通常高掛於一支竹竿上，竹竿插於一株大樹上，向遠方的敵對部落宣示英勇。

發。看樣子雨勢不會減弱，反而變本加厲。但是，我們無法再等下去了，冒著古人所謂「竹篠穿身」一般強勁的雨勢離開馬那邦社。

途中，在蕃人耕地上看到一個被挖出表土的石斧，也來不及撿起來帶回去，匆匆地來到溪岸，但見溪水忽然高漲，通過藤橋時，滾滾溪水激起無數浪頭沖到橋上，太危險了。午後四點左右回到蘇魯社。從蘇魯社往馬那邦社的來回路途，應該有二日里半。

今天晚上在蕃社聽取族老口述的古老傳說：「古時候，蕃社這邊有最高的山，一天山頂的巨巖裂開，生下兩個人。其中一個看到東方地力肥沃，所以搬去住；另一人留在山頂。留在山頂的人和後裔成為今日Tahizeel群的祖先。你們日本人大概是移居東方的人繁衍下來的子孫罷，那麼，你們和我們Tahizeel有共同的祖先。我們把祖先名字叫做Pinsamakan。」❽

五月九日，天氣沒有轉晴，本來要前往司馬限社〔Sumahan社，今泰安鄉新興〕，但溪水高漲，無法渡溪，留下一些遺憾，希望改天再次前往訪問。

午前八點從蘇魯社出發，沿雪山坑溪下降，翻越老屋峨山的山腰前往老屋峨社。這是一條蕃路，所有的蕃路中，這一條算是相當不錯的了。山中有竹叢，這是我在阿里山蕃地也曾經看到過的苦竹，和日本苦竹相同。苦竹似乎是蕃人種的。我們在台灣平地常見刺竹，來到蕃地看到

苦竹，令人感到驚奇。據說，蕃人採筍製成筍乾揹到平地交換日用品。

當年清軍討伐北勢蕃各社時，只有老屋峨社保持中立，卻暗中幫助清軍，所以討伐戰結束後，清廷曾經給予恤賞。現在老屋峨社似乎比較富裕，也許與此有關。

再前行二日里就抵達老屋峨社，高度比台中市高出一千二百尺。❾

在這裡撿到了石斧。吃過午飯後向手欄坑溪下降到和房里溪匯流之點。我們眼看溪水渾濁高漲，不得已重回山路。沿溪往下游走，山勢緩和下來，森林中的樟樹都已經

---

❽顯然地，這一則祖先發祥的故事是泰雅族北勢群所熟悉的故事：大霸尖山上巨岩裂開，生出一對男女，成為他們族群祖先。各部落所傳的故事內容稍微有變化。蘇魯社長老們沒有指明是大霸尖山，但應該是屬於這個古老傳說。也許森氏和鳥居等日本學者來訪，講故事的人忽然猜想來自陌生地方（日本）的訪客，應該是向東方分離的族親。關於Tahizeel的出處，森氏在《台灣蕃族志》裡說，因部族的不同，泰雅族有的自稱Taiyal, Tayan, Taien或Tahizeel。有共同祖先的族人說：「祖先的名字叫Pinsamakan」。按Pinsamakan即Pinsəbəkan，原義是「岩石裂開」，轉為「岩石裂開之處」的意思，而森氏採擷的故事內指祖先的名字。現今南投縣仁愛鄉位於北港溪邊的瑞岩，有一大一小的岩石，叫做Pinsəbəkan，這是北港溪系統泰雅族的祖先發祥之地。屬於大霸尖山（Papak waqa）系統的北勢群族老說，祖先是從大霸尖山下降的，又說祖先名字叫Pinsamakan。從神話傳說的暗示，讓我們瞭解大霸尖山北面及西面的泰雅族，他們的祖先來自南方北港溪。事實上，別的傳說提及北港溪的族人，古時候在英雄Buta（武塔）率領之下向北方遷徙，今日的大霸尖山北面大漢溪的泰雅族便是英雄武塔的後裔。

❾前段和本段兩處都有奇異的高度記載。按一般所謂海拔高度，指島內高度比基隆港外的海平面高出的高度，但森氏習慣提到的是高出台中市的高度。原來，今台中市台中公園內有日治時代三角測量時所留的原點基石，海拔296.3公尺，他的高度計調整到原點高度，當然寫各地高度時，總是說「高度比台中市高出……尺」。

被砍倒，等待切削製腦。我發現林中有舊社廢墟及廢耕地，幾年前仍有人開墾之地，耕地被廢棄後變成一片草生地。

從蕃路上可以俯瞰中科庄〔台中縣東勢鎮中科里〕，一路相思樹林、水牛的放牧、水田及墓地交替出現。墓碑上刻「明治某某年」，覺得忠實可愛。通過鄉村景物和屬於東勢角支署的苗圃後，最後回到支署，時間是午後三點。今天一共走了六日里路。夜裡天空廓然無雲，一輪明月普照下，大甲溪的夜色美得出奇。

五月十日是一個大晴天。今天是「東宮殿下」〔日本皇太子〕結婚盛典的日子，我們從我國最南端的領土上，朝向內地遙拜。東勢角街剛好有官兵合辦的慶祝活動，土人演歌仔戲同樂，夜半鑼鼓聲和絲竹弦音不絕於耳。

五月十一日，也是晴天。我們準備前往南勢蕃社〔泰雅族南勢群的蕃社〕。午前八點偕同中村浩氏、折田宗吉氏兩人從東勢角支署出發。中村氏是東勢角公學校的校長，想要前往蕃地觀察現況，所以加入我們的隊伍。折田氏是台中辦務署的主記〔辦事員〕，同時是大茅埔出張所主任，前者通曉廣東語，後者通曉蕃語，他們是我們的好伙伴。❿

我們沿著大甲溪前行，舊路舖設著石板，路兩旁種著楓樹、相思樹、柏樹、刺桐等行道樹。柏樹的葉子比較大，卻很像內地的柏樹，看起來特別新奇。走了二日里

路，於午前十點抵達大茅埔出張所，我們在此過夜。

大茅埔有周王廟，據說神明很靈，所以附近不少庄民來祭拜。今天剛好有南勢蕃聚集於廟前，土人給予三隻牛並且準備酒飯款待蕃人。蕃人仍覺得不夠，向土人要求殺豚，土人不情願地皺皺眉頭，屠殺一頭豚請客。

土人宴請蕃人的目的，是希望蕃社不要妨礙土人往山中砍伐林木。因爲有先約，照例每年都要準備酒肉款待蕃人。這便是漢、蕃之間的和約。我和鳥居先生趁機給數名蕃人作身體和頭部的體質測定。**⑪**

五月十二日，晴天。聽說南勢蕃吃過中午的酒菜後便要回去，於是我們問蕃人是不是可以跟他們一道去他們的蕃社。蕃人說：「大人要進入蕃社沒有問題，不過要先交付一頭牛給所要訪問的蕃社。」

我們認爲如果答應這個條件，將開一個惡例，對以後的漢、蕃交涉有不良影響，所以不敢答應。

---

⑩ 廣東語，在這裡是指客家話。泰雅族南勢群居地的外圍，亦即東勢南側一直延伸到大甲溪南岸一帶，有客籍漢人移墾，所以有通曉客家話的公學校校長及通曉泰雅語的辦務署官員同行，比較方便。這些早期的客家移墾者，最後沿著東勢、水長流向南方埔里伸長的隘路，移民到埔里。大茅埔，今東勢鎮南側的慶東、慶福二里，大甲溪北岸，當時是出入泰雅族南勢群的門戶。這是蕃界上的一個客家人部落。

⑪ 參照森丑之助〈中部台灣に於ける民庄と蕃社の和親契約の實例〉，《台灣時報》39號，明治四十五年。這一篇論文裡，森氏指出大茅埔庄原是南勢群的狩獵地，漢人在境內伐木和拓墾，依照清道光及光緒年間所訂的和約，每年庄民要贈送牛、豬。本段及前段有生動的描述，真是難得。所贈送的牛通常是老牛，原住民牽牛回部落屠殺。

午後一點，我們偕同通事和三名苦力起程。我們和回蕃社的蕃人二十多名一起走，先攀越庄後的山嶺，從嶺頂俯瞰腳下的水田在陽光下顯得青翠悅目，也遠望到大甲溪穿流於田野間，水底寮、大茅埔等村落點綴於河岸兩旁，從飄移的雲煙中依稀看到台中平原橫躺於遠方。

　　這時候，忽然有一個蕃人問我：「到底日本是在哪裡？」又說，「我們Tahizeel人〔泰雅人〕和日本人彼此遠隔於兩地，但是從前是兄弟啊！」原來，他又要口誦他們的Sanmakan神話了。

　　我在途中又撿到了一個石斧。我們沿著彎曲的山稜（高度比台中市高出二千尺），然後下溪，過溪後爬上蕃人的耕地。路旁魚藤盛開著小花，桑樹結實纍纍，景色很美。午後四點五十分，一行人抵達油竿來完社，今日行程約四日里，比台中高出一千七百尺。❷

　　目前的情形是這樣的：凡是要進入蕃社的平地土人，例如腦丁，都要改穿蕃服，打扮成蕃人才敢進去。今天和我們一起入蕃的一個平地人，已經化裝為蕃人，我半開玩笑地用土語問他：

　　「你是蕃乃是人麼？」

---

❷註解❶所提到的，參與簽署和約的南勢蕃社一覽表中，把油竿來完社寫成油芋來完社，介在捎來社與白毛社之間。這一個蕃社名未出現於森氏的《台灣蕃族志》南勢蕃社表上，《蕃地地形圖》也沒有標示，所以應該是Saurai社（捎來社，今台中縣和平鄉和平）的一個小社。一行人仍在大甲溪北岸。

「差不多是。」對方這樣回答。

折田氏告訴我，這個人是通事，名字叫羅辛成。是不是出入蕃社的土人，差不多都已經「蕃化」了？或者是爲了行動自由、方便，故意裝成蕃人？❸

我們大家想要看著山上明月睡覺，都跑到戶外露宿。老實說，我們並非風雅之士，主要原因是要避開屋內跳蚤的攻擊。想不到半夜時分下起大雨，倉促間抱著被褥跑進頭人的家。唉，好可怕啊！頭人屋宅內的跳蚤大軍搖旗吶喊，大肆攻擊每一個人，終夜抓癢，久久無法矇矓入睡。

早晨起床後，走向頭骨架那邊參觀。現在頭骨架上只擺放著五、六顆頭骨，附近豎立著一支在別的蕃社也看過的馘首旗竿。

比起北勢蕃，南勢蕃的風俗更加粗鄙，房屋用茅草修葺，矮小而不乾淨。社內有婦女在織布，夾織要用的紅線只能靠外界供應，所以很少用。婦女小腿上穿護腳布，這是北蕃部落中少見的現象。我只有在東部木瓜蕃的部落看過這種風俗。

五月十三日，快到中午時分才放晴。臨行，頭人的家

❸譯文直接引用森氏所寫的土語「你是蕃乃是人麼？」，意思是「你是蕃人嗎？還是人？」或「你是蕃人嗎？還是漢人？」。平地的漢人蔑視原住民，以前用「蕃」和「人」以示區別，認爲平地漢人才是「人」。即使看不起原住民，漢人通事、社商，甚至部分的腦丁、苦力，進入山上部落時，都要穿披肩式的蕃服，腰跨蕃刀，以避免遭受原住民誤殺。一般的文獻沒有記載這樣的趣事，只有森丑之助、鳥居龍藏的文章裡才有如此細膩的觀察與記載。

人製作小米糕贈送我們。我們翻越二千三百尺高的稍來山，途中看到闊葉林中混生著台灣五葉松。午後四點抵達梢來社，行程三日里餘，比台中高出一千七百尺。

這裡的副頭人不歡迎我們進去，找了一個藉口，拒絕我們進去過夜，但經過頭人的努力幹旋，才勉強地允許我們進去。這個蕃社看起來特別窮，社內毫無朝氣，蕃人個個面貌憔悴，覺得很可憐。❹

五月十四日，晴天。我們預定的行程，是從梢來社前往白毛社和阿冷社。因為雨後溪水氾濫，無法涉渡大甲溪，所以決定循原路回去。午前七點出發，十點回到大茅埔出張所。十五日和十六日都是大雨滂沱的日子，繼續留在大茅埔。❺

五月十七日放晴了，我們通過蘇魯山下的藤橋，爬向馬那邦山的山腰，投宿於蕃人的耕作小屋。抵達時間是午後五點，今天走了六日里路。途中偶然看到荷槍的蕃人正在釣魚。

五月十八日，午前六時出發，沿溪前行，十點左右抵達盡尾社（Tsinmui）蕃人的耕地，這裡種著陸稻、小米等，一年只有一季的收成，現在只長出四到六寸的高度。從這裡起，在一個蕃童的引導下走向山徑，茅草高過人

---

❹通常，部落人不歡迎外人進去的原因，是外人常常帶進傳染病。
❺白毛社、白冷社和阿冷社都是南勢群的蕃社，位於大甲溪以南，今和平鄉南勢村。日治時期已有客籍漢人入墾，「白毛」和「阿冷」都是客語譯音字。白毛社的泰雅語原稱是Mebasin，阿冷社則是Aran Kusiya。

頭，而且很茂密，一邊撥開茅草一邊前進，來到一個隔溪和眉必浩社（Mabiruha）相望的地點吃午飯。

下溪朝北方前行，開始爬三百尺高的山稜，通過新開墾處，高出台中一千八百尺，午後五點終於抵達盡尾社。今日行程大約五日里。盡尾社原來座落於離新耕地一日里的北方，蕃人最近才集體遷居於此，目前大家忙於建造家屋。

今晚住在頭人Terao的新居。頭人從溪畔釣魚回來，準備鮮魚、鹿肉等佳餚，也端出蕃酒招待我們這些不速之客，盛情難卻。

我和鳥居先生在路上看到不少石器，尤其在本社附近，翻土整地以建築新屋時，被埋在土層中的石器時代遺物一個接一個出土。石斧長度大約九寸至一尺之間。

頭人說，本社是東勢角方面位於最北端的一個蕃社。由此北進，可以通到宜蘭；西行可以通往五指山、大湖方面。從盡尾社向積雪的最高山峰攀行，大約三天就可以登頂，但是直到現在沒有蕃人攀登過此山。他所謂最高的山，大概是指Sylvia山罷。❶❻

五月十九日，陰天。午前七點出發，採取昨天前來的舊路回到昨天通過的小溪。如果走山徑，路途遙遠，因此決定沿溪下降。我們四個人手拉手涉水，不會游泳的我不小心放鬆了手，立即被捲入激流中，載浮載沈，被沖到下游處。折田氏見狀游過來救我，因為我把他抓得很緊，他

也被急流沖倒，兩人一起逐波而流。這時候，幸而中村氏趕來施救，他踢到水中的岩石而跌倒，好不容易地把我們兩人救上岸。至於鳥居先生，他游到對岸安全的地方。

房里溪畔的溪崖上有許多梅樹，樹上的梅子已成熟了，茅叢中有野薔薇，也結滿了血紅色果實，從天空傳來陣陣的老鷹叫聲，此情此景撫慰了異鄉作客的旅情。

最後我們來到馬那邦山下的藤橋。因為洪流的關係，過橋的時候，藤索搖晃不已，同行的土人苦力心驚膽戰地通過。在對岸的橋墩吃午飯，同時拍了全體人員的合照。午後一點抵達馬那邦社。今夜宿於頭人的家。午後兩點，雨勢轉大。今天的行程大約四日里弱。

五月二十日，大雨。今天想走山路前往大湖，尋找帶路的蕃人。蕃人說：

「聽說，大南勢社的社蕃擊傷了日本人，怕受到日本

---

❶森氏一行人再度從東勢角南側的大茅埔向北走，「通過蘇魯山下藤橋，爬向馬那邦山腰過一夜，第二天沿雪溪而行，中午以前抵達盡尾社」，可見行進快速，走先前的原路到今達觀附近的吊橋過大安溪，從今大克山山腰繞過馬那邦山山腰，第二天抵達今屬泰安鄉梅園村天狗的盡尾社，此處位於盡尾山的西南麓。路程很長，而且大部分沿大安溪中游西岸前進，大概是山徑狀況良好的緣故罷。盡尾社頭目講解對外交通的情形，只是概略的說明，不管是北向宜蘭、西向大湖，或東向積雪山前進，有千山萬水橫隔，不是一般人可以在三、五天內可抵達的。原住民獵者翻山涉水遠行的本領，是大家所熟知的，站在頭目的立場，他的想法和說法，並無虛假。森氏猜想冬季積雪的最高峰是Sylvia山。按明治年代所謂Sylvia及台灣割讓以前，遠征Sylvia山的馬偕博士所想像的積雪最高峰（Sylvia），是今名大霸尖山的高峰，而不是雪山山脈最高峰——雪山。原住民不登高山是基於對山岳的素樸信仰，山頂是祖先發祥地，也是祖靈永居的靈地，因此不想登頂。

人報復而不敢下山到大湖。加害者故意說他們是馬那邦社的蕃人，被污衊的我們馬那邦社人，正要到大南勢社去談判。無論如何，現在情勢不穩，最好放棄此行。」**⓱**

我們終於找到了一個願意帶路的蕃人，這件事被頭人聽到，頭人把他訓斥了一頓，叫我們不要冒險走山路。頭人說：「從我們蕃社到大湖的路上，有幾處是我們預設的防守設施，我們不願意別人通過，也不要別人知道防衛設施，所以最好不要走這條路。」

不得已，想改走往罩蘭庄的路，到蕃社內找嚮導，但是午後雨下個不停，沒有蕃人願意跟我們走。

午前十點，一行人辭別馬那邦社頭人，又來到昨天通過的藤橋，但見溪水高漲，藤橋已泡進溪水中，太危險了，於是決定走山麓的小徑。路上原有兩處腦寮，但已經被報復的蕃人燒燬。

從這裡起抓著草根和藤蔓橫越溪崖，到了上端看到很多老樟樹被腦丁從根部橫切的殘跡，原來這裡是製腦之地。小徑是昔日腦丁所走的，窄小而且處處有坍方。

我們多次迷失了方向，爬到高出台中二千二百尺的高處尋路，還是找不到正路。我忽然想起昨天一行人通過腳下的溪流，當時發現西岸這邊是溪崖連綿，猶如屏風一字

⓱ 大南勢社，今大湖鄉大南村，位於大湖溪北岸，南勢山的西側，屬於泰雅族大湖群。依照森丑之助《台灣蕃族志》的記載，大南勢社、小南勢社及沙英禾社，於明治三十七年被日人討伐後，被迫合併成擁有五十五戶的大部落，叫做Mashyatan社，分布於大南勢山山腰到洗水溪之間。

排開，想不到今天迷路，走到這溪崖頂端。這時候急雨又趕來，隨即雷聲隆隆，濃霧罩下來，方位完全不清。啊，心已涼了一半，無精打采地走原路回去。午後四點才摸到蘇魯社的耕地過夜。所攜帶的糧食只剩今晚一餐而已。

五月二十一日，雨勢暫停了。我們用身上的物品和蕃人換米，只換到足夠煮成五、六碗飯的一握米而已。吃過早飯後，走向昨天想要通過的藤橋。跟昨天一樣，藤索泡在水中。假如在此被耽誤，一定會重蹈Yabuguyana山的覆轍。⓲

我們鼓著勇氣想要通過藤橋。通過時，人好像在水中走鋼索一般。鳥居先生走在前頭，安全通過了。現在輪到我，走到中央時突然感到一陣頭暈目眩，不敢走過去，只好慢慢後退。中村氏猶豫了一下，也不敢過橋，輪到折田氏過橋時，他卻鼓起勇氣通過了。

隊伍分成兩半，已經在橋對岸的鳥居和折田兩人沿著東岸的蕃路往下游走，最後回到東勢角。而在橋這邊的中村氏和我不得不改走山徑，目標是罩蘭庄。

⓲森氏和鳥居來大安溪訪查泰雅族以前，已經於三月至四月巡訪阿里山達邦社和特富野社。當時偕同鄒族嚮導走到鹿林山下轉往沙里仙溪的路口，因為糧食已盡，鄒族又不肯由此爬玉山，折騰了兩天兩夜，才有東埔社布農族帶上糧食和新的嚮導，得救後，放棄下沙里仙溪往東埔社的原先計劃，從此攀登玉山，東下八通關。森氏把鹿林山那邊的山稜，隨同鄒族叫做Yabuguyana。本段文章提到森氏和鳥居兩人，不願意見到他們在糧食告盡，又不能冒險過藤橋的情形下進退兩難，亦即重蹈Yabuguyana山的覆轍。

我們和土人苦力又回到昨天過夜的耕地小屋，想要找蕃人帶路。很可惜，耕地小屋附近都沒有人影，大家茫然失措。這時適巧有一群蕃人路過，詢問後才知道這一群蕃人來自司馬限社，他們正要前往罩蘭庄，我們高興得雀躍起來。

　　和這一群好伴一起翻越山嶺，山徑陡急，氣喘吁吁地爬到二千二百七十尺高的嶺頂，在蒼鬱的森林裡休息。從巨木傳來陣陣蟬聲，涼氣沁入五臟內。繼而下溪，又上坡，連續登越高度約一千四百到一千七百尺的三座峰頭，最後下到一個溪谷，從此往下游涉水前行，走了一日里後來到一處草生丘陵地，繼續走一日里才進入罩蘭庄的範圍。

　　這一條丘陵形如腰帶，環繞著罩蘭庄，形成一條隘線，線上每隔五、六町就有隘寮，由此可見庄民努力做好防蕃設施的一斑。我們從清國政府遺留的營盤址左側通過，午後二點半安全抵達罩蘭庄，投宿於苗栗辦務署罩蘭出張所宿舍。今天行程六日里。據說我們是第一批走此山路進入罩蘭的日本人。

　　午後起又開始下雨了，因而房里溪上的橋樑全部被沖垮，無法繼續回到東勢角。想要改往三叉河〔三義〕，但是聽說哆囉嘓溪也漲溢無法涉渡，只好在罩蘭多停留一天。

　　罩蘭庄是一個廣東部落〔客家人部落〕，有五百多

戶。庄裡除了出張所外，有屬於大湖支署的巡查派出所及陸軍守備隊。出張所主任的名字叫米村耕一郎，他和我的好友川上生之介氏在大湖服務的時間很久，兩位都通曉蕃語。我們在這裡受到他們盛大的招待。很多庄民飼養鵝，我們飽食了著名的鵝肉。

五月二十二日又是雨天，繼續留在罩蘭庄。聽說今天午後大湖那邊逮捕了十三個土匪，大湖離這裡只有四日里，原來設有撫墾署，現在已改成苗栗辨務署的大湖支署。

二十三日，小雨，繼續逗留。

二十四日，陰天，仍然留在罩蘭庄。

二十五日，晴，下午有人從東勢角帶來第一批信件，聽說房里溪已漲到胸部的高度。

五月二十六日放晴了。午前八點和中村氏一起涉渡房里溪後，沿溪畔走回東勢角的支署，抵達時間是午前十一點。今天走了二日里半。在這裡和鳥居、折田兩位先生會合。

鳥居先生一行人於十九日和我們分手後，克服了無數困難走了一天多，於二十日午後三點回到東勢角來。因為我們取山路經罩蘭回來，慢了六天，這幾天他很耐心地在東勢角等我們。

鳥居先生和我決定於明天回台中。今晚東勢角支署的官員大開酒宴歡送我們，他們的隆情厚誼使我倆非常感

動。

　　五月二十七日，晴天。午前九點從支署出發。因爲東勢角附近的竹橋已經流失了，改在渡船口乘小舟過大甲溪，經由葫蘆墩搭乘輕便鐵路的台車，午後三點左右通過孚門進入台中縣廳。我們回到小西成章氏的官舍。此行遇到連日下雨，路程不順暢，但大家平安歸來，完成了東勢角方面的蕃地調查。❶⑨

　　我和鳥居先生下一個目標是埔里社方面的調查。❷⓪

---

❶⑨小西成章是服務於台灣總督府殖產局的林業技師，和森丑之助是好朋友。森氏長期借宿於小西氏的官舍，向他學習植物分類和林學方面的知識。因此，森氏說他「回到」小西氏的官舍。小西當時是台中縣殖產課課長。

❷⓪「埔里社方面」指南投縣埔里及附近泰雅族及布農族部落。森氏和鳥居龍藏於五月二十七日回到台中後，隨即轉往埔里調查「眉蕃和埔蕃」，也調查下山到埔里交換所的泰雅族和布農族。他們於八月一日決定橫越中央山脈之舉。埔里的調查和中央山脈探險的經過，鳥居龍藏為我們留下兩篇記錄：〈台灣蕃地探險談〉及〈台灣中央山脈之橫斷〉，請參照遠流版《探險台灣──鳥居龍藏的台灣人類學之旅》，1996年。森丑之助則沒有給我們留下完整的報導。在《台灣日日新報》連載的本文〈北蕃行〉共有八篇，沒有出現續篇。

鹿場大山 探險談

原載《台灣山岳》
第六號
昭和七年（一九三二）十一月

解題

　　繼苗栗廳於明治四十年（一九○七年）三月組成一支「加裡山探險隊」，測量地形並調查蕃社後，台灣總督府警察本署於同年十月派遣一支探險隊前往鹿場大山至大霸尖山一帶調查。根據森丑之助氏《台灣蕃族志》第一卷第二章〈蕃地探險的順序及踏查區域〉，一行人溯行大湖溪，從洗水山往鹿場大山探險，想繼續縱走至大霸尖山探險，但是由於蕃情險惡，從中途折返，沿汶水溪下山。本次森氏以殖產局囑託身分參與調查地理、森林與泰雅族部落的分布。參與調查的動機，是次年十月，台灣總督府博物館將正式開館，森氏已多次入山採集植物及原住民族誌標本，以充實博物館展示內容。本次探險行動後，森氏的報導內容也著重於海拔二六一六公尺高鹿場大山以下山地的地理、植物與部落分布，以及攀登雪霸路線的分析，至於鹿場大山以東到大霸尖山的測量與探險，直到一年半後的明治四十二年，始由蕃務本署主任測量技師野呂寧率領的探險隊伍，予以完成。

本文是台灣總督府殖產局囑託故森丙牛氏談話記錄，自明治四十一年（一九○八年）十一月起分為六次連載於《台灣日日新報》。

在台灣地理學上黑暗時代，森氏囑託組織探險隊，親自登上鹿場大山，並觀測東方大霸尖山至雪山的山稜，所獲得的概括性知識，與後來台灣山岳會同仁所探查出來的狀況頗為一致，再次讓我們由衷佩服森氏的慧眼。敘述內容與台灣山岳會會誌《台灣山岳》發行主旨吻合，特別將已去世的先驅者探險記錄轉載於本期《台灣山岳》，希望各位岳友共同欣賞。

——《台灣山岳》編者

明治四十年（一九○七年）十月，苗栗廳組織一支探險隊前往鹿場大山探險，當時本報已做大幅度報導。現在刊出參加探險隊的殖產局囑託森丙牛氏的探險談以饗讀者。

——《台灣日日新報》編者

鹿場大山附近的森林

從苗栗廳大湖以東到高熊卡〔泰安鄉大興村榮安鞍部〕一帶，是泰雅族大湖群所占居之地，其一半土地已被拓殖，未開拓之地處處有溫帶林。用以製材及製造樟腦的有用林木，早已被砍伐殆盡。從高熊卡到洗水山隘勇監督

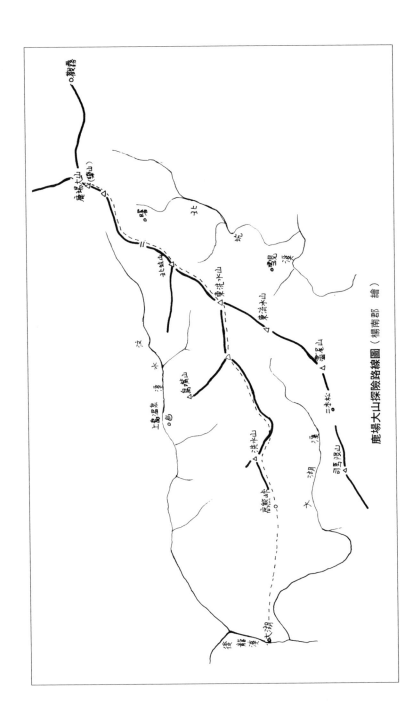

鹿場大山探險路線圖（楊南郡　繪）

所一帶，則是半爲草生地，半爲林地；洗水山完全被森林覆蓋，從此延伸到東洗水山、盡尾山及鹿場大山，全是大森林。❶

　　洗水山附近有殼斗科樹林分布，樟、楠之類也有，不過很少。從洗水山沿著稜線到東洗水山，沿線的殼斗科巨木聳天蔽日，白晝行進於林中，感覺昏暗如夜晚。林下清幽，一望無盡的巨樹挺立的情形，假如換成針葉樹，一定會像阿里山的美麗檜林了。這裡的闊葉樹林相，是台灣數一數二的美林。

　　東洗水山的東側闊葉林中，混生著巨松及矮小的羅漢松、假稻等。再往前走近鹿場大山，則有闊葉林與扁柏混生。我在途中測量一株巨檜，胸圍三十四尺。台灣的巨木中，以阿里山神木胸圍六十四尺，巒大山神木四十尺來衡量，這裡胸圍三十四尺的巨木算不了什麼，但這是我在路上隨便將一株較大的量一量而已，將來如果調查這一帶的

---

❶這一條從大湖向東伸長的古隘路，在大湖溪北側。高熊岅是海拔九四○公尺左右的鞍部，日治早期是一個戒備森嚴的關卡，設有高熊警官駐在所，隘路延長到東方的洗水山隘勇監督所。按山區隘路每隔二日里設一處監督所，派警部補及若干巡查駐守，每隔一日里設一處分遣所或警戒所，沿線防守原住民攻擊。後來蕃地恢復平穩，廢除上述組織，改設警官駐在所，原來的官設隘勇改名爲警手，配屬駐在所。森氏來調查時，洗水山附近的隘勇線，是屬於東部起自宜蘭縣南澳鄉「大南澳海岸分遣所」，沿北橫前身的東西方向隘線，由尖石鄉李棟山繞西南方向，經過洗水山、盡尾山山腰南下大安溪、大甲溪、北港溪，越過撒拉矛鞍部（梨山）南下，迄於合歡山南方，櫻峰之西南「三角峰分遣所」，所謂「大西部隘勇線」的一小段。鹿場大山，海拔二六一八公尺，位於觀霧之西，今山頂設有空軍雷達，山名被改爲樂山。有歷史淵源的古名「鹿場大山」應該繼續使用才好。

森林，應該可以發現更大的巨木。

　　接近鹿場大山一帶，地勢之佳彷彿是另一個阿里山。山中到處有平坦開闊的地方，森林鬱蒼，通過時渾然忘記身在六、七千尺高的山地，以為是平地的造林地。附近的地質屬於第三紀層的砂岩，地質和阿里山相同，難怪地形也相同，可見這個現象並非偶然。

　　從東洗水山沿稜縱走至鹿場大山，通過殼斗科闊葉林帶，爬高到七千尺的時候，開始進入一大片的針葉林，主要的樹種是二葉松、台灣五葉松及朝鮮五葉松，後者巨大成林。其間有很多鐵杉和扁柏混生，而在鹿場大山山頂附近則是一片鐵杉純林。

　　山頂開闊，全部被草本植物所覆蓋，森林密生於山頂附近，地勢和景觀酷似玉山背後的八通關。地質和洗水山同屬第三紀砂岩層，高度約八千六百尺。❷

　　從大霸尖山起有一條支脈向西伸展，鹿場大山突起於其上，支脈末端伸至加裡山。從台灣北部深坑廳向南經桃園廳、新竹廳到苗栗廳分布的西部蕃地，除了「北部中央山脈」主脊上各山峰以外，鹿場大山算是高度最高、基盤最大的一座山。❸

　　洗水山以北的森林，具有更高地帶的林相，而從鹿場大山到大霸尖山連嶺上的森林，也具有比實際高度更高的

---

❷鹿場大山的高度，日治時代蕃地地形圖標示八八五六尺，近測高度則是二六一六公尺。

林相，這是我最感到驚奇的事。由此可以推斷，雪山、大霸尖山一帶的植物相，是我們研究高山植物者最感興趣的對象。❹

從東洗水山上到汶水溪源頭一帶，滿山都是巨大樟樹林。如果苗栗廳有意設置製造樟腦的事業區，那麼汶水溪源流地帶最有希望入選。如果伐採這裡的樟樹林，或許可以重現往年南湖〔位於大湖之南〕製腦事業全盛時代的繁榮。

大安溪上游的森林

大安溪上游有大森林，這是我們早已料到的事，但是覆蓋面積究竟是什麼程度，在林業上的開發價值有多大，則迄今不為世人所知。過去殖產局在新竹、台中、斗六，以及蕃薯寮等各廳轄區內，進行森林覆蓋面積的調查，如果按照過去在各地調查的實況來估算本區的森林，難免會發生低估的可能。

我多年跋涉全島山地，調查山地蕃人對森林的關係，發現從蕃人在山地的分布狀態及周邊山地面積的比例，可

---

❸森氏來探險時，地形測量還沒開始，所以台灣脊樑山脈的實況尚不明，因此他把今日已獨立的雪山山脈，當做中央山脈的一部分，所以叫做「北部中央山脈」。鹿場大山的正式測量，是一年半以後的明治四十二年六月，由蕃務本署主任測量技師野呂寧，率領一支武裝探險隊冒險完成，測量時遭受泰雅族抗爭，發生了嚴重槍戰。

❹明治三十八年（一九〇五年）台灣總督府命殖產局設置有用植物調查課，從此開始全台植物調查事業，森氏正式參加植物調查，所以本談話記錄〈鹿場大山探險談〉，內容著重於植物方面的敘述。

以推算林野分布的大概情形，結果事先的估算和實際調查的結果，多半是一致的。

然而，大安溪上游的情形，實際上超出預估的情形。從本次探險行動，我發現這裡有廣大森林，不但面積廣袤，而且地理上的位置適中，地勢與水系極佳，假如能善加利用，對林業的發展自然會有很大幫助。

本區森林位於大安溪上游一帶，範圍是司馬限蕃地盡尾山以北，大霸尖山、鹿場大山連嶺以南，南北縱距約六日里，東西寬約五日里餘，從后里附近入山，溯大安溪而行十三、四日里，就可以到達。

爲了方便地理上說明，我把從大霸尖山伸向鹿場大山、呈分岐狀態的支脈，暫稱爲「鹿場連嶺」。鹿場連嶺以北有大漢溪支流薩克亞金溪、上坪溪及中港溪，以南有大安溪支流及大甲溪支流。從海拔八千六百尺的鹿場大山向東伸到大霸尖山的連嶺，蜿蜒起伏如波浪，連嶺上的山頭高度參差，大約在海拔七千尺至八千尺之間，到了大霸尖山的前山，高度急升，似乎達到九千尺乃至一萬尺以上。❺

因爲溪流上游一帶的連嶺高度，大約在七、八千尺之間，本區主要林地的高度，大約在五千尺至七千尺之間。大安溪是本區內的一條大溪，支流分岐，源頭發自鹿場連嶺，匯集十多條溪谷的水，流經司馬限蕃地與北勢蕃地之間，在〔三義鄉南側〕伯公坑與后里以西，分爲數條幹

流，從苑裡和大安溪〔大安港〕之間入海。大安溪流域比大甲溪流域更廣，其流路極為曲折，全長可能達到二十五日里以上。❻

　　從鹿場大山和連嶺的地質構造可知，大安溪沿岸一帶的地質同屬第三紀砂岩層，也和阿里山略同，地勢也和阿里山近似。森林的分布情形也應該和阿里山相同。當我們一路踏查東洗水山至鹿場大山時，發現了不少地方有這種特徵。

　　大安溪上游的地勢，大致上不怎麼峻險。林相以針葉樹為主，闊葉樹為副。以鹿場大山的林相來判斷，高峻的林帶屬於鐵杉及松樹，比較下方的則是扁柏之類，最下方就變成闊葉林，主要樹種是櫧、柯等殼斗科樹木，混生著楠屬樹木。峻崖地形中點綴著肖楠巨木，這裡的肖楠林恐怕是全台灣最有砍伐價值的。

　　針葉林中的松類，好像多半是朝鮮五葉松。從東洗水

❺森氏來作處女地調查時，溪名都還沒確定，所以翻譯時做了適度修正。例如，大嵙崁溪，改為大漢溪支流薩克亞金溪；內灣溪改為今名中港溪；大安溪及大甲溪，則改為大安溪支流及大甲溪支流。所謂大安溪支流，指馬達拉溪及北坑溪；而大甲溪支流，則指志樂溪，支流名稱沒有補入內文，以免混淆。至於大霸尖山高度是三五〇五公尺。森氏來探險時，地形及山岳測量尚未開始，所以森氏只靠遠望，猜測其高度在「九千尺乃至一萬尺以上」。按大霸尖山，直到昭和二年（一九二七年）七月才由台灣山岳會隊伍用繩索完成首登。

❻森氏足跡未至大安溪的全部流域，但是他對溪流的敘述相當正確。尤其是下游入海的情形很對。明治三十七年臨時土地調查局調製的二萬分之一《台灣堡圖》，顯示當時大安溪下游分為幾條幹流，平行流入海洋。今日的情形，則是只剩一條主要河道入海。

山分布到鹿場大山的檜木林，大部分是純粹的扁柏，紅檜不多，從這一點可知，這一帶的檜木林非常名貴。

依照殖產局在阿里山調查的結果，阿里山的扁柏蓄積是三百四十四萬立方尺，而紅檜則有四百四十萬立方尺。阿里山林場砍伐的木材用森林火車載運下山，這裡不談其經營方式。本區如果採用水運，對於紅檜的利用就呈現不利的狀況。像現在巒大山林場，多半用木馬及滑道搬運；運至濁水溪岸後利用水運搬出，但是紅檜遇水則沈，所以砍伐樹種僅限於扁柏。將來大安溪上游的森林利用，第一個要考慮的是水運，如此看來扁柏與紅檜混生的情形對林業經濟的經營有重大關係。

本區林地，將來可以全面砍伐並運出，但是離開溪流很遠的林地可以暫時除外，先砍伐可以利用水運的林地為佳。砍伐地可以裝設木馬、滑道，或用鋼索吊車，把原木吊到溪谷放流到下游，在后里一帶設集材所，架設鐵路支線運出。原木也可以繼續利用水運載送到大安溪出海口南岸的大安港，裝船出口。

因為還沒開發林道搬運，原木的搬運主要的是要靠水運。大安溪溪床尚稱良好，不需另外修築水路，即使要，也不會太多。假如有這這種優良的水運條件，那麼本區森林的利用已占地利之便。

森林經營的先決條件，是原木的搬運方便與否。現在，阿里山林場所面臨的問題，是相對於原木的利用，其

運材設備的投資是否符合經濟效益。雖然運材方便與否尚未經過精算，材積多大也不明瞭，將來實查的結果如何也是一個未知數，但是我敢斷言這裡有一大片針葉林，是最有希望的砍伐區。因此，製作談話記錄的目的，是要向世人發表，我們在這裡發現了大森林，希望有關當局盡速進行調查，把森林調查與利用，做為蕃地資源開發的一環。

本區森林位於蕃地，認識蕃人和林地的相互關係對於森林砍伐作業，有重大關係。和這片林地關係最密切的附近蕃人，就是「北勢八社蕃」，此外，汶水蕃、大湖蕃、撒拉矛社蕃、西熬社、石加祿〔石鹿〕社蕃等，有時候因為打獵或與其他社蕃聯絡而來到本區。無論是蕃社或耕地，似乎都在森林範圍外，所以這裡的森林與蕃人生活沒有直接發生關係。❼

大安溪上游的大森林，自古以來幾乎沒有人為的破壞與伐採，北勢八社蕃最深入山區的耕地，也只到盡尾社〔Chinmui〕、眉必浩社〔Mabiruha〕一帶。接近這片原始

---

❼所謂「北勢八社蕃」，是指分布於大安溪上游的泰雅族北勢群：Rubun社（盧翁社）、Chinmui社（盡尾社）、Temokubonai社（得木巫乃社）、Mabiruha（眉必浩社）、Manaban社（馬那邦社）、Suro社（蘇魯社）、Robu^ngo社（老屋峨社）及Buyon社（武榮社）。括弧內漢字是森氏來時漢人所給社名。「汶水蕃」和「大湖蕃」指分布於汶水溪及大湖溪的泰雅族，以上三支族群的生活圈位於鹿場大山、東洗水山向西南分歧伸長的山稜南側。西熬社（Shiigao）和石加祿社（Shyakaro）等，分布於上坪溪上游及其支流霞喀羅溪範圍，這兩支族群的生活圈位於鹿場大山北側。至於「撒拉矛社蕃」，則遠在梨山一帶，似乎不可能與大湖、汶水群或加拉排、霞喀羅群聯絡，也似乎不可能越過雪山、大雪山的長稜到北方來打獵，但古時候的獵人曾作長途狩獵行動。

林的各蕃社都屬於苗栗廳管轄下，業已歸順，所以蕃地平穩。只有分布於北部新竹廳管轄下的石加祿蕃及大也干蕃〔Taiyakan，泰岡〕，以及大甲溪上游撒拉矛蕃〔Saramao〕至今還沒歸順，因此，假如將新竹廳內的「鹿場隘線」上某一個點起，向南延長隘線，越過鹿場連嶺，南連台中廳管轄下的「白毛隘線」〔大甲溪南岸白毛社一帶，亦即南勢蕃範圍〕，把鹿場大山及大安溪上游流域劃入隘線內，那麼這片大森林就能開發。❽

將來或許有機會在本區進行「隘線前進」，對於蕃地資源的開發及蕃地的發展，必有助益。以前，位於北蕃〔泰雅族〕地界的林產開發，僅限於砍伐樟樹製腦，我相信不久的將來可以看到本區林業的振興，林業的振興也將帶動中部地區的繁榮。❾

「北部中央山脈」的地理觀察

---

❽ 所謂鹿場隘線及白毛隘線，森氏來調查時還沒連接成大西部隘線的一條南北方向幹線。

❾ 所謂「隘線前進」，又稱「隘勇線前進」，指山地警備線用武力向山區推進，把要開發的山區納入線內，將原住民隔絕於線外。隘線上設置隘寮、警戒所等，防備原住民進入線內，這種措施造成原住民生活空間被迫縮小，也造成極不公正、不公道的族群隔離，日治時代末期，隨著山地部落集體遷村，山地恢復平穩，這種以武力圍堵的警備線大部分被撤消了。森氏來時，正是隘勇線還沒加緊向山地推進以前的年代，他站在總督府殖產局的立場，極力主張開發大安溪上游森林資源，想不到日治時代並未全面砍伐，戰後國民政府進行了森林皆伐，所以現在劃入雪霸國家公園西南界內外之地，都已成慘不忍睹的景象，原始的檜木森林皆已消失，令人慨嘆！

「北部中央山脈」的地理形勢還沒明朗。因為本區人跡未至，其山脈水系尚未測量，只是用觀測畫出其概略地形而已，很難瞭解真正的地理形勢。不過，警察本署已調製一份北蕃圖供我們參考，從本次探險行動，發現北蕃圖所顯示的大霸尖山位置很正確，令人佩服。❿

多年來警察本署警視賀來倉太從事山地查察及測量技手財津久平努力於地形觀測與製圖結果，完成了一系列的北蕃圖，這是目前要瞭解北蕃形勢最優越的工具，地理學上的價值很大，值得重視。

北蕃把大霸尖山稱之為Papak，亦即耳朵。由於大霸尖山聳立於高稜上，奇岩形如人的耳朵，所以蕃語叫Papak。從宜蘭廳、北部深坑廳、桃園廳或新竹廳方面，可以望見這一座北部「最高的山」。附近的蕃人間有一則神話，把大霸尖山當做祖先發祥之地。從蕃人流傳的口碑及高聳的獨立峰特徵，可以推想大霸尖山確是台灣北部眾山的盟主。⓫

以往的台灣地圖，有的標示大霸尖山，有的標示Sylvia山；有的地圖把一座山標示兩個山名──雪山與

---

❿正式的「北蕃圖」是兩年後的明治四十二年十一月繪製的，森氏所看到的北蕃圖，應該是指更早的觀測圖。鹿場大山一帶的測量於明治四十二年六月實施，十一月繪製二十萬分之一北蕃圖，其備註提到：「沿隘勇線實測的部分還算正確，但線外的蕃地只用觀測或目測，所以無法保證正確性。」當時大霸尖山還沒印上測量人員足跡，森氏也沒登上，只用北蕃圖草稿到鹿場大山校正大霸尖山的位置。小標題「北部中央山脈」，指雪山山脈，尤其是指以雪山主峰為中心的高海拔稜脈，亦即雪山地壘。

Sylvia山。按雪山是漢人所稱，Sylvia山則是西洋人所命名的，因為嚴冬時，山頂積雪，在陽光照耀下閃爍著銀白光芒。至於大霸尖山，一般人不知道是指哪一座山。很多人把蕃人所稱的Papak山當做西洋人所稱的Sylvia山。❷

　　大霸尖山位於崇山峻嶺之中，孤峰聳峙於雲表之上，山容奇特，從平地也可以望見。山的正確位置是「北蕃地」〔北部泰雅族地界〕的中央，世人以為這座山是中央山脈上的一座高山，但實際上它位於北端，微微向西北彎出的山，雖然幾乎是北蕃所居之地中心點，中央山脈卻是偏東的南北縱行山脈。Sylvia山隔著一道溪谷，屹立於大

---

❶泰雅族所稱Babo Papak指雙耳峰，亦即大霸尖山與旁邊的小霸尖山，形如雙耳聳立於海拔約三千三百公尺的平坦稜上，日人另稱為「世紀之奇峰」。相傳太古的年代大霸尖山山頂的巨岩裂開，生出一對男女，他們是泰雅族的始祖，所以在泰雅族心目中，大霸尖山是一座聖山。昭和二年（一九二七年）日人初登時，隨行的泰雅族無法阻止日人用繩索進行技術攀登，但是他們因為對這一座聖山的信仰關係，拒絕一起登上山頂。山頂有很多巨大岩石橫七豎八地堆在那裡，巨岩的岩質與岩塔本身的岩質不同，太神奇了。

❷森氏說當時的人把大霸尖山當做西洋人所稱的Sylvia山，是有道理的。西元一八六七年英國軍艦Sylvia號航經台灣東海岸，遠望台灣北部有一座高聳的山，命名為Sylvia山，一般人相信英國人所見的山是雪山山脈的盟主，亦即台灣第二高峰的雪山，但很可能從花蓮至宜蘭外海所能遠望到的，就是大霸尖山，而不是雪山。雪山與東海岸之間有中央山脈北段南湖大山、中央尖山阻止視線。難怪一八七三年在淡水的馬偕博士為了攀登Sylvia山，跋涉到苗栗縣獅潭鄉山地，只因為賽夏族嚮導變卦，不願意帶到Sylvia山，馬偕博士不得已半途即撤退。譯者認為馬偕博士所認知的Sylvia山不是雪山，而是大霸尖山，從他前進的方向也可以知道，目標是大霸尖山。另一方面，賽夏族不願帶他到山頂，因為所謂Sylvia山，亦即大霸尖山，正是不可侵犯的聖山。現在，一般所認知的Sylvia山，就是雪山山脈盟主──雪山。

霸尖山的西南方，彼此對峙競高，雖然到現在為止，只有觀望的高度標示，所示的高度不一定準確，此次探險行，發現雪山較高。⓭

「北部中央山脈」探險見聞

如果要探險大霸尖山，最好的捷徑是從大甲溪上游撒拉矛蕃地出發，溯大甲溪上游至山頂。然而，要進入撒拉矛蕃地，對於蕃人可能採取的反應，應有充分的防範準備。⓮

依照今日已探知出來的情況來說，從鹿場大山連嶺東進到大霸下，是攀登大霸尖山的捷徑，但無法預知沿途取水有多大困難。⓯

如果採取鹿場連嶺路線，其詳細情形如下：從鹿場大山至大霸頂，需走十日里至十二日里路，上山要四天，下山回到鹿場大山則要三天，共七天。⓰

⓭ 森氏來探險時，隊伍中有蕃務本署主任技師野呂寧，但是因為「蕃情不穩」，沒有深入雪霸方面，僅在鹿場大山觀測高度。一行人從鹿場大山山頂觀測，近觀雪山與大霸尖山間有一道溪谷〔即次高溪〕，這是觀測角度的問題。森氏當時還沒暸解蘭陽溪和大甲溪上游，已把雪山山塊與中央山脈隔開，雪山山塊已成獨立山脈，而雪山與大霸尖山間的稜脈正是雪山山脈的主脈。在雪山山脈的概念還沒形成以前，森氏等人把雪霸當做中央山脈的一部分，只是向西北彎出的中央山脈餘脈，因而他的描述，從今日的地理常識來判斷，的確勉強。事實上，野呂寧主任技師所繪製的《北蕃圖》（二十萬分之一），把中央山脈主稜畫成從畢祿山起銜接到雪山，因而地圖上雪山位於中央山脈上，根本沒有雪山山脈的存在。由此可知，探險先驅在深山自行摸索會遇到種種困難。反過來看，探險趣味在於摸索困境中，不期然解開謎題。若不是親身體驗者，是無法理解，也無法享受到個中滋味的。

要前往鹿場大山，通常是從苗栗廳大湖走隘路到東邊的洗水山監督所，然後〔溯汶水溪〕上到鹿場大山；從鹿場大山到大霸尖山之間，鹿場連嶺的高稜北邊，是新竹廳管轄下的石加祿社、太也干社等各蕃社的狩獵區，南邊是大甲溪上游撒拉矛社等各蕃社的狩獵地，蕃社和耕地距離連嶺相當遠。

鹿場連嶺的起點——鹿場大山，海拔八千六百尺，由此連嶺向東伸展，高度在七、八千尺之間，再折回東南至大霸尖山，高度急升。連嶺頂端是草生地，山坡及山麓盡是森林。由於連嶺岩層風化作用不大，所以縱走於其上，

⓮ 小標題原文寫「北部中央山脈探險」，照行文內容，應該是指雪山山脈探險。所謂撒拉矛蕃地，指Saramao社地界，亦即位於雪山一帶的泰雅族居地。森氏原文用「捷徑」的字眼，實際上並非捷徑，是一條既漫長又危險的路線。這是森氏聽聞之言。如果走此路線當然可以登臨大霸尖山：從東勢出發，走上舊「大甲溪道路」（今中橫谷關、梨山段的前身，日本理蕃道路未開鑿以前的泰雅族社路），溯行大甲溪，由Saramao社轉向志佳陽社（環山）、七家灣溪武陵，由此強登池有山、品田山稜線，直趨大霸下，如此長途跋涉，要十多天功夫才能到達大霸下，所經之處是明治年代情況不明的泰雅族佳陽社、撒拉矛社、志佳陽社等，隨時都會發生身首異處的災禍。

⓯ 下面引用《台灣山岳》日人編者註解：「森氏憂慮這一條捷徑有取水的困難，但是本山岳會已排除這個疑慮。本路線起自竹東，經井上溫泉（清泉）、檜山，越過鹿場連嶺，從山腰繞至伊澤山，蕃路上至少五處可以下溪取水飲用。從伊澤山向大霸尖山，完全走稜線，中途有兩處可以下溪取水，稜線上有雨水池。」按目前登大霸尖山的捷徑是沿用日治時代開拓的大霸尖山西稜路線（部分已更改過）。至於森氏原先指出的路線，由於中橫及宜蘭支線公路的開通，戰後登山者從武陵上山，已開拓品田山、大霸、雪山的ㄚ型縱走路線。由此可知，森氏所指出的古老的溯大甲溪路線，還是很理想的攀登大霸尖山路線。

似乎不難。沿途沒有人煙，似乎行走於無人之境，但說不定有占居附近的蕃人遊獵、徘徊的影踪。

通過本區時，我們應當戒備，尤其是要防範石加祿社、撒拉矛社蕃人的挑釁。據說，去年石加祿社的二名社蕃被撒拉矛社蕃人馘首，石加祿社派蕃丁前往撒拉矛社那邊復仇，卻大敗而歸，從此以後，兩個蕃社反目。

因為還沒做實地踏勘，雪山和大霸尖山的地質構造還不明瞭。從鹿場大山這邊展望，但見大霸尖山屹立於高稜上，岩塔幾乎呈方柱形，雖然無法查明岩質，從斷面觀察，可知岩層呈水平走向，造成方柱體突起姿態。

大霸尖山與雪山間的山稜彎曲，其間很多高峰雁行排列，好像單獨形成一支雪山支脈，但還是屬於中央山脈，只是稍微向西北彎出而已。宜蘭濁水溪〔蘭陽溪〕的源流伸向雪山與大霸尖山之間，而大甲溪的源流發自大霸尖山與其前嶺之間。❼

從苗栗廳方面前往大霸尖山的方法，與其採取通過司馬限蕃地的路線，還不如我們此次採行的路線，亦即從大

---

❶《台灣山岳》原註：「從位於鹿場大山南側的Mogiri（**觀霧**）駐在所出發，來回頂多是五天。過去最好的記錄保持者，是台北一中（**今建國高中**）的壯舉，他們因為聽到颱風警報，趁颱風未襲至以前，縮短攀登時間，在伊澤山露營一夜，當天爬上大霸尖山後立即返回結城駐在所（**今馬達拉溪北岸觀霧林道旁結城山下，今名高嶺**）。」日治時代所開的路線是觀霧—結城（高嶺）—檜山—境界山—伊澤山—大霸尖，而戰後因為觀霧林道的開通，改為觀霧—馬達拉溪口—九九山莊—大霸尖；日人路線是稜線縱走，戰後的路線不經境界山的長稜，由林道直上九九山莊。

湖出發，經由洗水山上至鹿場大山，再沿鹿場連嶺前往。
⓲

從新竹廳方面入山，由於蕃情不穩，無法直接由竹東南下，將來管轄區內的蕃人加以肅清，就可以發現此條捷徑。目前還是利用鹿場隘勇路向鹿場大山出入。**⓳**

假如從台中廳方面入山，一定要溯行大甲溪，經由撒拉矛蕃地，不但地理形勢不明，而且長程跋涉相當困難。

假如從宜蘭廳入山，可以從南澳蕃地直溯大濁水溪〔和平溪〕，經由大元山前山前往為捷徑。從今日的蕃地情勢來判斷，可以從叭哩沙溪〔蘭陽溪月眉一帶〕上溯，通過溪頭蕃地，進而繞過南澳蕃地北面前往大霸尖山。**⓴**

⓱ 本段敘述有誤。現今已知雪山山脈是一支獨立山脈，呈東北、西南走向，其東面有蘭陽溪源流及大甲溪源流在思源埡口相對，把雪山山脈與中央山脈隔開。至於大霸尖山至雪山主峰，再向西南延伸至劍山的山稜，是雪山山脈的主脈。大霸尖山與所謂前嶺間的溪流，如果前嶺是指東邊品田山、池有山、桃山山列，那麼，其北面有塔克金溪，南面有大甲溪支流的七家灣溪；但如果此前嶺解釋為大霸尖山西邊的鹿場連嶺，則其北面有上坪溪支流的霞喀羅溪，南面有屬於大安溪系統的馬達拉溪。蘭陽溪源流只伸到思源埡口，未伸到大霸尖山與雪山之間。森氏在地形測量尚未開始時，做觀望式的描述，難免有錯。

⓲ 本段森氏的原意，是打從大湖出發取東北方向前往鹿場大山，南邊的一條經由細道邦、司馬限的大湖溪路線稍遠；而北邊經由汶水、上島溫泉的汶水溪路線較近捷。森氏一行人採取汶水溪路線。汶水溪路線後來被日人登山隊採用，做為從大霸尖山下山時的變化路線，從大霸尖山西下結城山的路段，與鹿場連嶺段相同，不同的只是，從結城山起，不走檜山、石鹿、清泉到竹東的北線，而是折西，經觀霧、鹿場大山、曙光鞍部、洗水鞍部、上島溫泉、汶水，回到大湖。

⓳ 森氏預測由竹東可以打通一條前往大霸尖山的捷徑，後來被證實了。日治時代及戰後所開的竹東、清泉、大霸尖路線，成為熱門路線。

此外，如果從北部深坑廳或桃園廳方面入山，則要通過大嵙崁溪〔大漢溪〕中游的「大嵙崁後山蕃」地界，亦即Gaogan蕃地，前往大霸尖山。❷

照目前的情形看來，從苗栗廳前往大霸尖山的路線最佳；從新竹廳方面進入，雖然可以縮短一天的行程，但是管轄區內的蕃情不穩，採取此路線者，要慎重考慮。

探險大霸尖山後，假如要採取橫越方式，從另一邊下山的話，有兩條路線供選擇。其一是向北經由卡奧灣蕃地，出深坑廳屈尺方面；另一是向東經由溪頭蕃地，出宜蘭廳叭哩沙方面；出宜蘭廳的路線比較容易，所以我相信想做長途探險行動者，最好從苗栗廳入山，越過大霸尖山後向東下至宜蘭叭哩沙方面，行程大約十天。

---

❷⁰本段敘述，部分不合理。南澳蕃地指南澳鄉大南澳南北溪及和平溪一帶，溪頭蕃地則指蘭陽溪中、上游一帶，前者是「南澳蕃」占居地，後者是「溪頭蕃」占居地。從宜蘭方面前往大霸尖山，日治晚期已開鑿沿蘭陽溪而行的卑亞南越嶺路，亦即中橫宜蘭支線的前身，從羅東通過三星鄉月眉、牛鬥、四季、南山，也就是泰雅族溪頭群地界，到思源埡口附近直登桃山，然後沿稜稜縱走池有山、品田山、下塔克金溪，登上大霸尖山。此桃山、喀拉業山直登路線，戰後由於武陵登山口出現而被廢棄。森氏所謂起自南澳蕃地的路線，應該是登南湖大山的舊路線，與大霸尖山無關。然而森氏在其《台灣蕃族志》第一卷裡說，泰雅族南澳群與大安溪的北勢群之間有往來。他們長途跋涉去訪問族親，可能順便往大霸尖山方面打獵。

❷¹這是大霸尖山北稜路線。從大溪沿大漢溪至三光（卡奧灣群的中心點），由此西南行，經由李崠山、秀巒，沿基那吉山、馬洋山稜線，直登大霸尖山。此一路線在日治時代屬於變化路線，可惜戰後採取此探查型路線登大霸者不多。大漢溪下游復興一帶的泰雅族，在早期年代被稱為「大嵙崁前山蕃」，而屬於馬里闊灣溪與大漢溪匯流點往下游的地界，則叫做「大嵙崁後山蕃」。森氏雖然沒有親自去探查各路線，但所預測的路線正確，我們不禁嘆服他有一雙慧眼，而且能夠從原住民打聽出正確的入山資料，非常難得。

我一直抱持著一個理想，也就是說，一旦機會來臨，我要單身背著一面國旗，挺身登上大霸尖山的絕頂，插上國旗，然後繼續單身橫越大霸稜脈，向宜蘭廳方面縱走過去！

　　南投廳北港溪上游的眉肉蚋社（Binikuzei，今眉原）蕃人曾經對我說，從他們的蕃社北行，花費八天越過峻險的高山，可以到達Kaalan地方。我猜想，所謂Kaalan地方，豈不是舊稱「蛤仔蘭」的宜蘭？所謂峻險的高山豈不是指大霸尖山？前一年曾經有南投廳撒拉矛社蕃人，越過崇山峻嶺來到溪頭蕃的蕃社，而且新竹廳石加祿社蕃人也來過，可以想見南投廳及新竹廳的內山蕃，有時候做長程旅行，來到宜蘭廳蘭陽溪一帶的溪頭蕃社。將來如果撒拉矛蕃能夠由當局懷柔操縱得宜，蕃人會臣服，屆時我們可以雇用撒拉矛蕃人為嚮導，由南投廳或台中廳，做長程探險行動，從宜蘭廳方面下山，這件事做起來並不難。❷❷

　　從鹿場大山遠望，大霸尖山和雪山間有一道溪谷阻隔兩地，如果要縱走，非橫越此溪谷不可，地形險惡，從大霸尖山出發，需要三、四天才能到達雪山，假定地勢平坦，只需二天就可以。北蕃圖所標示的大霸尖山位置正確，但是所示的雪山位置，有待研究。❷❸

　　如果要爬雪山，有幾條路線可以採用：從南投廳方面的白狗〔Hakku〕或托洛庫〔Torrok〕蕃地前往，或從台中廳方面撒拉矛蕃地前往，或從苗栗廳大湖、汶水蕃地前

往都可以。但是，假如從南投廳能高山方面，踏越中央山脈上的奇萊主山等連峰北進到雪山，那是不可能的，因爲這是「痴人之夢」，主張這種走法者不識地理，不值得與他談論。❷

「北部中央山脈」〔即雪山山脈〕迄今還沒被探查，地理形勢仍屬不明。恰好，台灣蕃社的主要資源，卻是在這一個地區。這裡有尚未被人打開的森林寶庫和礦產寶庫。當前最重要的工作是探險本區，這是施政單位或學術單位應該要積極開展的事業。

---

❷ 南投廳北港溪位於合歡山西南側，中橫霧社支線西側。北港溪南岸有 Mabaala 群（森氏沿用當時漢名眉肉蚋，日譯爲眉原蕃），今仁愛鄉新生村。從北港溪下游溯行到上游，越過福壽山農場的古道，前段叫做眉原古道，後段叫做松嶺越嶺道。北港溪的泰雅族走這條姻親道路到梨山背後，然後沿中橫宜蘭支線前身的卑亞南越嶺道至宜蘭。這是古時候南北縱貫山道之一。北港溪泰雅族走此古道前往宜蘭縣蘭陽溪，找遷居至蘭陽溪流域的族親（叫溪頭群），是很自然的事。森氏的時代，上述眉原、松嶺越嶺道及卑亞南越嶺道還沒被日人及漢人使用，所以他僅從眉原社原住民，聽到這個重要消息。眉肉蚋是 Mabaala 的譯音漢字，但森氏另外加註其譯音爲 Binikuzei，反而與原音不符，內情不詳，待查。此外，森氏所謂越過大霸尖山，從路線判斷，完全不可能，所謂高山或高嶺，應該是指梨山背後今福壽山高嶺，以及卑亞南越嶺道所通過的最高點「卑亞南鞍部」（今思源埡口）。森氏又說，將來可以雇用梨山的撒拉矛原住民爲嚮導，跋涉山區到宜蘭方向，這個建議當時不一定行得通，因爲撒拉矛群與溪頭群素無往來，可以說是對立的。如果從北港溪雇用眉原社原住民前往，就不難，因爲蘭陽溪的泰雅族溪頭群是往昔從北港溪遷居的。

❷ 森氏當時不知道大霸與雪山的高稜，今稱聖稜線，可以縱走而且只需二天。所謂兩山之間的深谷，指大安溪源流之一的次高溪。從鹿場大山觀望，森氏只看到近前的次高溪，沒注意到聖稜線可以縱走。其實，森氏所獲的資料也沒錯，從大霸尖山起，有一條古獵路沿著聖稜線西側山腰，繞著次高溪向上方分歧的各小溪流，南行至雪山西稜，由此可以登上雪山。所謂三、四天行程，是在泰雅族老獵人嚮導之下才能達成。

近年來，理蕃政策的進步，給從來是黑暗的北蕃地，帶來了一道曙光，因此，相信本區的全面探險，應該是指日可待。

然而，要完成全面性的探險，有賴各方面的配合。關係最深的因素，並不是地理而已，也不是所要通過的蕃地可能發生的危險而已，探險者苦心積慮要解決的事，就是在探險過程中，能否找到水源飲用，以及長途跋涉時應攜帶的糧食問題。因為要攜帶笨重的帳蓬及衣物防寒，無法全力搬運糧食，造成揹負太重，體力會大大地減低。防寒裝備重要？還是糧食重要？這是一種痛苦的抉擇。

為了逐行探險的目的，做好萬全的準備以便一舉成功，是我們的期望。但是，準備之充足與否，可以說有一得一失，充足的糧食與裝備需雇用很多腳伕揹負，行程會變得緩慢，反而受到阻礙。我寧願採取非常的手段，組成

---

❷當時地形與山岳測量還沒展開，森氏也只到鹿場大山，沒有深入雪霸區域，他上面所述的登雪山路線，只是臆測資料，部分與今日已開闢的眾多登雪山路線相差很大。「白狗」指北港溪畔的泰雅族一支族群。「托洛庫」指廬山溫泉北邊的靜觀、平生一帶，都距離雪山很遠。不過，森氏只是在轉述原住民的解釋，也有真實的一面。理由之一，是古時候原住民出門遊獵，有時長達一個月，他們一口氣踏越無數山峰與溪谷，有如家常便飯，所以空間距離的概念，不能以平地人的概念來衡量。另一個理由，是當時距離大遷徙的年代不遠，雖然居地被千山萬水阻隔，但部族與部族之間，及部落與部落之間，彼此還在互相探訪、聯絡，所以從濁水溪系統的部落，去探訪大甲溪或大安溪系統的族親，並非虛假，自然；雪山仍是他們可及之地。至於從奇萊主山去縱走雪山，森氏已指出絕對不可能。理由很簡單：奇萊主山屬於中央山脈，雪山屬於雪山山脈，彼此之間有南湖大山山列阻隔，而且還要下到大甲溪源流。森氏斥為痴人作夢，不無道理。

一支小隊伍，用輕裝疾行的方式達成探險目的！**㉕**

　　雪霸探險在施政和學術研究方面，不但有益，而且探險成功將成爲施政者的榮譽，也是學界的驕傲。我希望能夠獲得當局許可，挺身踏上征途，登至大霸尖山與雪山山頂，讓國旗飄揚於絕頂！我敢說，我多年來的蕃地探險，要等到登上雪霸絕頂，才算完成初志啊！**㉖**

史前時代先住民的遺跡

　　十月八日，從鹿場大山探險踏上歸程，我們從東洗水山下降到「洗水溪頭」〔地名〕，通過篩稼鞍社的對岸打必厝社的新遷徙地，這時候，在路旁斷層中撿到石器和陶器破片。北蕃地到處可見打製石斧，苗栗廳內汶水蕃、大湖蕃及北勢蕃的地界，是石器分布帶，但是過去從未發現過陶器。因此，本次發現古陶是考古學上及人類學上有益的資料，可以據以考查史前時代先住民的遺跡。本地所發現

㉕森氏在台三十年，都果敢地單人入山做輕裝疾行的探險，為世人所津津樂道。在本文裡森氏首次披露他個人入山探險的方法，非常珍貴。岳界近年來已發展了一個趨勢，以阿爾卑斯式的少人數輕裝快攻的登山法，代替早期以大批人馬、重裝備去攻頂的極地法。森氏是最早提倡單人帶少數原住民探險的人，鳥居龍藏、鹿場忠雄等學界人物，也都這樣做，所以這是台灣早期學術探險法。

㉖森氏首次在本文裡談到不畏危險，單身去完成雪霸探險的動機和志趣，充滿使命感的語句的確感人。鳥居龍藏於一九〇〇年第四次渡台調查時，偕同森氏完成玉山初登與沿清代八通關古道橫越中央山脈壯舉，森氏對雪山山脈探查的熱忱，與鳥居博士齊名，意氣之高流露於字裡行間。鳥居博士結束台灣四次的人類學調查，曾經表示將來再來台灣登雪山與大武山，結果都沒能如願，森氏也是一樣沒有機會登臨，學術界人士中，鹿野忠雄則曾登臨兩山，進行學術調查。

的石器與別處一樣,是打製石斧,而陶器皆有紋樣,共三種。陶器伴隨石器出土,應該是石器時代的遺物。

海拔三千六百尺高、老樟蓊鬱的山中,居然有石器時代的遺物出土,我想,這是史前時代先住民的遺跡。所獲的標本,我已帶回平地,現在存放於「殖產局附屬博物館」內。㉗

㉗汶水溪畔的篩稼鞍社(Shikaan)及打必厝社(Tapiksak),沒有標示於明治年代的《台灣堡圖》及《蕃地地形圖》,所以應該是舊社,確實位置不詳,待查。另外,殖產局附屬博物館,日治時代改稱台灣總督府博物館,今稱國立台灣博物館。博物館內的很多民族標本、石器及陶器是森氏所蒐集的。

南中央山脈探險
——森丙牛氏談話記錄

原載《台灣日日新報》

明治四十二年（一九〇九）一月七日～二月四日

解題

本篇長文是森丑之助（號丙牛），於一九〇八年十二月底從「南中央山脈探險」歸來後，立即應台灣日日新報社邀約，口述他利用二十五個行動日，觀測玉山山脈東部與南部，並從中央山脈東下布農族部落群，調查各社動態所遇到的各種驚險經過。這是一篇既翔實又曲折，充滿動感的報導文學佳作。

在地理觀測方面，首先以實地踏查證明，玉山並非已往所誤傳的中央山脈分水嶺，同時證實荖濃溪上游並非東部溪流的源流，這些已成今日一般人常識的山岳、溪流的位置與流路，在地形測量尚未開始、「蕃地黑暗而充滿危險」的年代，森丑之助竟然不顧隨時會被馘首的危險闖入，用徒步方式跋涉山野，給我們帶來第一手資料，令人嘆為觀止。

從本篇敘述，今日研究台灣族群者，可以驚異地發現早期原住民在深山生活的「活見證」。森氏很生動地描述原始人最善良、最溫馨的人情，全然不同於一般人印象中的「低文化」或「野蠻」。早期的人類學、地理學探險

者，徒手進入尚不為外界所知的原始部落與族群中所做的第一手報導，正是後期文獻所忽略的學術資料，因為是森丑之助親身體驗，沒有重新在腦子裡整理、潤色過的口述見聞，才是最真實、最珍貴的學術記錄。

森氏在談話中，穿插了他於二年前（明治三十九年）獨自從八通關爬向中央山脈東側——海拔最高的布農族部落群調查，不幸被捲入「台東蕃變」事件的餘波。一群二十七個打訓社的布農人在頭目率領下，提著一個新鮮的日本人首級，到森氏正在訪問中的大崙坑社，強要割下森氏首級，幸而大崙坑社頭目冒死拒交人頭。森氏繼續闖入打訓社領地完成他的行程，卻被打訓社的人追蹤五天要取他的首級。談話中森氏首次透露他晝伏夜行，逃離魔掌的嚇人經過，真是一幕驚心動魄的活劇。

所以，本篇南中央山脈的探險記錄，裡面包藏著戲劇性的小插曲，使人讀起來趣味盎然，愛不釋手。譯註者曾經調查過森丑之助所走的大部分路程，深覺森氏的談話一點也不誇張，充分顯示他心思周密、觀察入微的學者典範。

森氏所報導的鄒族和布農族古部落群，部分已從舊地形圖、舊文獻中完全消失，沒有痕跡可循。翻譯時譯註者充分運用《蕃地地形圖》所給的地形標示及地形分析，盡量交待清楚各部落的相關位置，以及探險隊所走的路線，部分只能憑個人三十多年的入山勘查經驗推斷，假如有瑕

疵，將於來日再實地查證。

森丑之助過去投稿給《台灣日日新報》的文章，比較重要者都被轉載於學術雜誌，但是本篇是公務探險的記錄，是資深記者所記，所以九十年來未曾出現於其他刊物，若非譯註者和王淑津小姐努力挖出，恐怕仍將繼續埋沒於舊報章堆裡，不復見天日。

森氏口述時，正是他非常活躍於「蕃地」探險時期，雖然不是他親筆撰寫的，但行文流暢，遣詞用字仍保留他平時撰文的風格，所以讀起來很親切，很有「森丑之助的味道」，這是譯註者要再三強調的事實。

本談話記錄的末尾（從東部新武呂溪流域的迂迴調查，到翻越中央山脈下至荖濃溪畔的行進路線描述），似乎過於簡略，這是美中不足之點。他和同伴於明治四十一年（一九○八年）十一月二十四日從台北出發，十二月底始返回台北，其間十一月二十八日至十二月二二日在山野跋涉，披星載月到處奔波，遇到連日大雨，夜晚都露宿地面，差一點被半夜降下的一陣冰雹與冷雨凍斃。而隨行的原住民分成八個班次用接力方式替換，但森氏和同伴一口氣跑完全程，精神和體力耗損過多。果然，他一下山，口述到一半即生病入院（病情不明），所以記錄者不得不打住，在文末留下一句話：「探險歸來後，丙牛氏生病了，被抬進醫院治療，本談話記錄只好以本日（一九○九年二月四日）的記錄結束。」

本次探險完成以前，地理學上尚屬不明的地帶，是台灣北部Sylvia〔雪山〕一帶及其南方的新高山〔玉山〕東側一帶。去年一月，我從埔里社起程，橫越中央山脈至花蓮港，十月及十二月，分別進行北部鹿場大山探險與東北部宜蘭溪頭蕃地界的探險。

綜合以上各次探險成果，我們已從各角度窺知北部地理現況。本次「南中央山脈探險」歸來後，進而闡明了台灣南部蕃地現況。因此，今後要進行的蕃地地理探查，只剩下「北中央山脈的一部分」而已。❶

近年來理蕃事業已有大幅度進展，原來是極危險的蕃地，因為蕃社逐漸歸順而呈現一片平穩狀態。蕃地忽然變成了一個重要生產事業區，現在轉向迎接事業家從事開發、生產的機運。

為了因應時代要求，總督府最近開始蕃地調查事業，針對幾年前臨時台灣土地調查局完成測繪後製作的台灣地圖中，未調查、未測繪的蕃地，決定做全面性的測量，以

---

❶ 依照明治年代各界的地理常識，包括森丑之助等蕃地探險家及地形測量家，還沒有「雪山山脈」（一支獨立山脈）的概念，所以森氏所謂Sylvia山一帶被看成「北中央山脈的一部分」。依照今日的常識，蘭陽溪與大甲溪上游從東北向西南形成一條構造線，把雪山山脈從中央山脈分隔，雪山山脈與中央山脈銜接處便是思源埡口。雪山山脈包括大雪山支稜、大劍山支稜、聖稜線及雪山東支稜，其核心地帶就是森氏所謂Sylvia山一帶，當年是森氏的伙伴鳥居龍藏想前往探查，但由於出差到台灣進行人類學調查的機會中斷，未能完成宿願而念念不忘。森氏則留居台灣三十年，初期屢次計劃前往探查，卻因為雪山周圍的泰雅族各群抗拒官方勢力入侵，不得其門而入。以Sylvia山為盟主的雪山山脈，東北起自三貂角，西南伸至濁水溪北岸，總長一百八十公里。

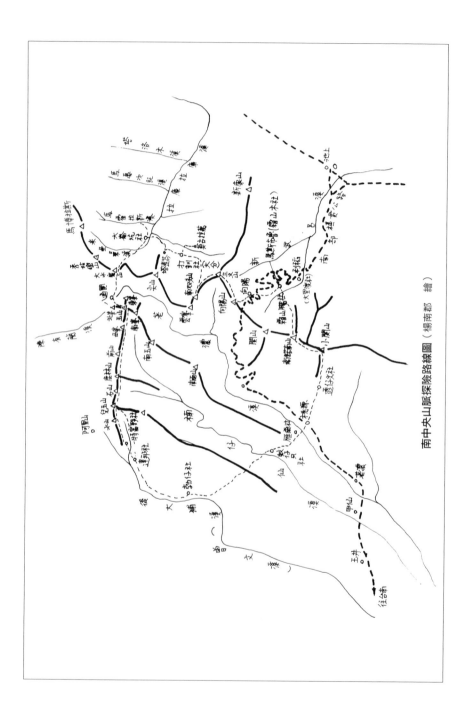

南中央山脈探險路線圖（楊南郡　繪）

「水準曲線」〔等高線〕填補空白地帶。為了推行這個計劃，主管單位的警察本署現正加速進行中。❷

　　本次調查和測量的對象，是屬於山岳地帶的蕃地。山地的調查、測量和平地不同，總要面臨種種困難，主要的是地形與氣候的制約。從去年夏天起留在北部山地的測量人員，因為多天即將到臨，北部會進入多雨的季節，決定移師於冬季乾燥的「南部」，從新高山一帶開始調查、測量。❸

　　土地調查局所製作的地圖〔指《台灣堡圖》〕顯示新高山西側，也就是嘉義廳及斗六廳方面，都已經測量過，圖上有等高線的標示，這是唯一的例外。嘉義廳方面及斗六廳方面的蕃地測量，分別是高木氏和勝〔Katsu〕氏兩人特別努力追加的。至於新高山東側（台東廳方面）及南側（蕃薯寮廳方面），則完全沒有測量過，圖上只留一片空白，其地形狀況都是一片漆黑。

---

❷臨時台灣土地調查局已於明治三十七年（一九〇四年）完成全島平原及山麓地帶的測量，並印製二萬分之一《台灣堡圖》。此地形圖精密度相當高，但是各山脈及高山地帶沒有涵蓋在內。此外，明治二十九年（一八九六年）底，隸屬於參謀本部的陸地測量部，完成了台灣平原及丘陵地帶的測量，製作五萬分之一地形圖，於明治三十年（一八九七年）正式發行。此兩種地形圖都因為目的與功能不同，沒有涵蓋蕃地。因此，森氏說民政部警察本署已在著手測繪蕃地地形圖。次年，主管單位由新成立的蕃務本署接替。這些五萬分之一《蕃地地形圖》，於大正初年陸續完成製作與出版。森氏應邀談話時，蕃地地形測量只完成了北部一部分，玉山東側一帶則正要開始。

❸明治年代的地理學概念，也以為玉山山脈是中央山脈的一部分，所以森氏認為「新高山一帶」仍屬於「南中央山脈」。所謂「南部」，是相對於「北中央山脈Sylvia山一帶」而言，實際上是包括新高山一帶的中、南部。

以往的測量單位只測量過新高山西側，將來測量東側後，回頭修正西部的若干錯誤。既然要以新高山為中心全面測量其周圍地形，首先要實地踏查其四周的主要山川位置，作大局部的觀測，然後才進行細部的測量。

　　台灣總督府核准這計劃後，警察本署立即派遣主任測量技師野呂寧，以及在署內擔任囑託的志田梅太郎和我，於明治四十一年（一九○八年）十一月二十四日從台北出發，前往「南中央山脈」探險。❹

　　我們本來要先從蕃薯寮廳方面，開始長途跋涉，循新高山南稜到新高山，然後環繞其東邊與南邊觀測，但是這條路線的山勢水脈不明，無法預測所需日數，自然行程無法確定，所以起點的新高山南稜部分，將保留到最後，從新高山東方往蕃薯寮方面下降時再查。

　　我們所擬定的第一階段行程，是從蕃薯寮方面荖濃溪沿著山徑越過楠梓仙溪，然後走向曾水溪上游〔後大埔溪〕，沿溪岸山徑溯行，進入阿里山蕃地，從那裡沿著新高山西稜爬上新高山，登頂後向東側的八通關下降。換句話說，從新高山南稜的西南方，繞到山的西側，再繞到其東側的八通關。這條路線比較清楚，而且也比較能控制日數，成功的機率高。

　　其餘的，從新高山東側及南側觀測另一個半面的工

---

❹志田梅太郎本身是測量人員，職稱是囑託。森丑之助是台灣總督府舊慣調查會囑託，兼任蕃務本署囑託。

作，屬於第二階段。我們所擬定的行程是從八通關登上中央山脈，沿著山脈主稜南行，最後向荖濃溪方面下降。如此縱走就可以繞行新高山一周。因為第二階段所要通過的高山地帶，其形勢不明，確實的行程仍屬未知數，所構思的細部路線規畫有三條：主稜線、郡蕃線及巒蕃線，分析各線的優劣後，再行定奪。

主稜線──從八通關登上中央山脈主稜，然後沿主稜向南縱走，至關山東麓的霜山木社〔Masuboru社〕，其間通過無人煙地帶，在高地露營三夜，預定能夠在第四天抵達霜山木社。

郡蕃線──從八通關登上中央山脈主稜，從主稜下至東側的大崙坑社〔Tarunasu社〕，繼而南下到打訓社〔Tafun社〕、下世老社〔Esiro社〕、大里渡社（Rito社）等南遷的「郡蕃」〔布農族郡社群〕各社，最後到霜山木社。部分路段在高地露營，但大部分日子可以借宿於各蕃社內，行程大約七、八天。

巒蕃線──本線前半段和郡蕃線相同，但是到了大崙坑社後，繼續朝東方繞個大彎，經蚊仔厝社〔Maniton社〕、轆轆社〔Rakuraku社〕、大崙社〔Rurun社〕等南遷的「巒蕃」〔布農族巒社群〕各社，最後還是到霜山木社。這支南遷的巒蕃叫做Vanuada，又稱Vanuan或Manuan。❺

這三條路線中，主稜線是沿著中央山脈主稜，幾乎成

一直線向南縱走，最後下到關山東麓。由於始終在高稜上行動，由此觀測新高山東面及中央山脈這邊的地理形勢，可以說最方便而且能在短時日內完成，這是採行本線的優點。

如果採行郡蕃線，探險隊可以在地理觀測之餘，同時順訪位於南中央山脈東側，也就是「人類」所能占居的最高處各蕃社，所以採取本線最有益處。

至於巒蕃線，由於本路線迂迴穿行於南中央山脈至東部台東縱谷之間，已遠離南中央山脈，所以展望不佳，不利於地理觀測。

我們不敢採取主稜線的理由，是本路線的末端，要從荖濃溪本流順溪下降到平原，途中有不少險崖深峽，無法讓探險隊安全通過。從事台灣蕃地探險時，我們常常遇到這種險阻地形。

我曾經在幾年前完成「中央山脈橫斷」兩次，分別從

---

❺路線的選擇似乎是由森丑之助主導，他考慮到地理觀測的同時，可以調查南遷的布農族高地部落群，這樣做已經超出地理觀測的範圍。當時野呂寧、志田兩人還沒嘗試從玉山橫越到中央山脈，由森氏這個識途老馬主導，森氏因而完成東部拉庫拉庫溪郡社群的探查。最後決定採取「郡蕃線」似乎是他的腹案，探險的實際狀況，森氏即將娓娓道來。至於第一條「主稜線」與第三條「巒蕃線」，因為事先沒有充分資訊，森氏只做跳躍式說明，似乎有點牽強，寥寥幾句更使人無從做出正確的判斷。依照目前的登山知識，中央山脈主稜縱走最符合觀測玉山山脈東側與南側的原則，但看他下面說明，森氏本來想從中央山脈雲峰或三叉山向西彎下荖濃溪本流觀測，但因溪谷地形危險，所以他放棄主稜線。「巒蕃線」要通過的巒社群部落，均位於郡社群部落群東側，其分界線是伊霍霍爾溪及向北延長的縱線。

嘉義廳及斗六廳出發，越過山脈到東部的璞石閣〔花蓮縣玉里〕。別人也多次橫越過，走法一律是東西方向的「直線橫斷」，而我們這次遂行的，是沿南中央山脈做南北方向的「直線縱走」。

這次南北方向探險行動，是過去未曾有他人試過的。所謂人跡罕至、地理上仍是黑暗的蠻荒之地，現在只剩「北中央山脈Sylvia山一帶」及「南中央山脈新高山東側一帶」，所以本次探險，不管採取那一條路線，只要能夠完成，就能解明其中一個地理上不明的地區。

我們希望採取具有多方面優點的路線，這是人之常情，但是所要探險的地方是蕃地，一定會遇到種種制約，所以決心直接闖入現場觀察實際狀況，或採取臨機應變措施，或修正路線，遂行探險計劃。結果，我們獲致超過預期目標的成果，圓滿達成了使命。

世人一聽到探險，就聯想到有勇無謀的冒險。其實，我個人多年來從台東廳方面及蕃薯寮廳方面，進行過數次局部性的踏查。綜合那數次預察，我已經獲得若干基礎資料，加上本次一氣呵成的「南中央山脈探險」所得的資料，所以我敢說我們所以能達成目標，並非僥倖或偶然的結果，而是因為事先有多次預察，是理所當然的結果。

新高山一帶的蕃地測量，其先決問題是要確實掌握新高山的地理位置。假定說新高山是中央山脈上的分水嶺，那麼只要踏查其周圍並登上新高山頂，就可以完成大致上

的觀測。假定說新高山並非中央山脈上的分水嶺，而是向西分出的支脈上隆起的高峰，那麼不但要踏查新高山的周圍，還要踏查南中央山脈部分。

我於明治三十三年（一九〇〇年）二月，踏查了蕃薯寮廳轄區內蕃地及關山〔小關山〕西麓蕃地；同年三月進入嘉義廳轄區內的阿里山蕃地踏查，四月登臨新高山中峰，以前有人從斗六廳方面，亦即新高山背後攀登，我們締造了從嘉義廳方面登頂的創舉，也是首登中峰〔主峰〕的隊伍。同年五月調查濁水溪蕃地〔以及大安溪泰雅族北勢群〕，六、七月調查南投廳埔里社蕃地，八月再從斗六廳方面〔回溯陳有蘭溪〕，經東埔社、八通關，橫越中央山脈到東部璞石閣。❻

從新高山的登越與中央山脈橫斷探險所做的地理觀察，我已經確知新高山並非座落於中央山脈主稜上，它是從中央山脈向西分出的一條支脈上的高峰。

我也觀察到新高山西側的溪谷共有數條支流，都是楠梓仙溪的源流（這個事實我當時發表過）。至於新高山東側的源流究竟流向何處則不清楚。當時我們猜想發源於新高山東側的溪流一定是秀姑巒溪的源流，迴轉於中央山脈連嶺間凹地，最後向東流入太平洋。

---

❻以上明治三十三年的長程跋涉，指森氏陪鳥居龍藏所進行的調查，包括小關山西麓南鄒族部落群、阿里山北鄒族部落群、陳有蘭溪畔布農族部落群及埔里的各族群調查，以及玉山的東西方向橫越、循八通關古道橫越中央山脈等大活動。

既然我們已確定新高山不在中央山脈主稜上，又發現它是東、西兩側溪流的分水嶺，所以新高山仍然屬於脊樑山脈。這是地理學上非常不合理的推論。當時，這一個大疑問始終無法解決。到現在為止，我已登過新高山四次，跋涉山麓蕃地也已有十多次，可惜每次的山旅都因為天氣不佳，雨霧阻止了視線，無法作充分的展望。❼

　　持同樣疑問的人很多。他們一致認為新高山並不在中央山脈主稜上，其東側八通關那邊的溪流，有人說是秀姑巒溪源流，又有人說是新武呂溪源流，無論是那一條溪的源流，其下游都流向台灣東部。

---

❼今日學問的累積已變成一般人的常識。但是，十九世紀末、二十世紀初，像森丑之助等在台灣的探險家，在高山測量還沒開始以前，冒險深入山地，跋涉於地理學上仍然是空白的地帶思考、摸索、研究，每次都遇到種種疑問與無法解決的困難。他們在險惡地形思考、摸索的過程，以及從點點滴滴的事實推論，並努力解開全部事實的精神很動人，也很珍貴。我們翻開今日容易拿到手的精密地形圖，不難瞭解：玉山和南北連峰形成一個獨立山塊，與中央山脈平行，而八通關就是玉山山塊（又稱玉山山脈）與中央山脈的銜接點，北有陳有蘭溪，南有荖濃溪源流的向源侵蝕，是個大鞍部，海拔二八三〇公尺。剛開始調查時，森氏陷入極大困難，無法解開「玉山不在中央山脈上，但其東側的溪流卻似乎向東流，所以也是分水嶺」的矛盾命題。主要的關鍵是，當初他也承認東側的這一條溪（今日我們所稱的荖濃溪源流）的流向仍屬不明。今日的地形圖充分顯示，荖濃溪在台灣西部和楠梓仙溪平行，呈東北、西南方向，其上游從玉山山脈極南的荖濃山、南面山向東北繞過南玉山、玉山南峰、鹿山東側，伸向八通關南緣，突然向西回轉，伸向玉山主峰東北側。這條溪流極盡曲折的能事，溪谷深邃，獵路很少盤繞於溪谷內。森氏踏上探險之途，經過二十五天的環繞玉山一周後，才發現原來荖濃溪最後與楠梓仙溪一樣朝向西南平行流下，匯入高屏溪後注入台灣海峽。譯註者深信學問成果不稀罕，直入現場用無數血汗求取學問的精神，才值得流傳於後世，可以做為後世學者的最佳典範，其過程的描述不只是學理上的論證，同時是一篇英雄史詩，也是最好的報導文學作品。

回想起來我覺得很奇怪，像長野義虎中尉是軍官，也是地理探險家，他和齋藤音作林學士、齋藤讓理學士及地質、礦物學的福留喜之助工學士都是專家，有的人登過新高山，有的人橫越過中央山脈，但這些人依然無法解釋這個矛盾現象，可見南中央山脈的觀測作業艱鉅，除非排除萬難，果敢地用實際行動追查，那麼這個謎題是永遠打不開的。即將開始的南中央山脈探險和後繼的實地測量作業，當然不能忽視這個問題。

探險隊完成了準備就出發了。擔任領隊的野呂技師因為有重要公務，不得不在探險半途，從新高山急急地返回總督府，隊員們惋惜他不能走完全程，他也覺得很遺憾。他只花五天就回到台北，以此為例，將來從台北往返新高山，只要十一、二天就夠。

於是，從新高山前往南中央山脈探險的任務，由於野呂技師的中途離隊，交給負責地形觀測與測量的志田囑託，及負責地理嚮導及蕃人操縱工作的我兩人進行。我不但在現地擔任蕃語、漢語與日語的口譯，同時自行採集植物與岩石標本，以及攝影工作。

野呂技師在新高山頂觀測荖濃溪上游一帶所做的判斷，等到我和志田囑託完成探險的最後階段，被我們證實他確有先見之明。除了我們三人交情很好，能夠一起踏上探險之途，使我萬分高興外，我們從探險歸來，能夠把野呂技師從新高山頂觀測南中央山脈的結果，和我們實地探

查所獲的資料，以及後來志田囑託前往實地測量的結論，綜合起來把南中央山脈的真相向世人報導，更是最令人愉快的事。❽

我們先從探險隊出發前的準備事項談起罷。

第一個階段的行程，是從蕃薯寮蕃地出發，行經阿里山蕃地攀登新高山，踏越山頂向東降到八通關。這個階段的準備已就緒。❾

屬於第二階段的南中央山脈之行，占另一半行程，所要繼續準備的事項，我們已委託斗六廳處理。我們請那邊的官員代雇轄區內東埔社的蕃人，最好熟悉南中央山脈地形、身體強壯的嚮導與腳伕七名，加上蕃人所信賴的東埔社通事林仕貓里，把二星期份的糧食運補到八通關，務使人員與糧食在十二月六日以前到達八通關與我們會合。❿

---

❽ 在這裡森氏沒有說明野呂寧對荖濃溪流向的初步判斷是如何，但是談話記錄的末尾，森氏才說出探險隊最後證實：源頭伸向玉山東北側，看起來東流的荖濃溪，實際上大翻身向西南流下，下游匯入高屏溪入海。森氏敘述了先前的疑惑、誤判與最後獲得確實印證的經過。

❾ 八年前，亦即明治三十三年，森丑之助和鳥居龍藏兩人，採取從蕃薯寮廳轄區內的南鄒族居地，朝北走向後大埔溪上游的北鄒族居地，在鄒族陪同之下攀登玉山，踏越玉山下至東側的八通關的南北及東西迂迴路線。因為這條路線森氏較熟悉，同時雇用嚮導方便，所以他把這條路線當做第一階段行程。所謂探險隊出發前的準備事項，除了糧食及裝備外，最重要的是要透過通事或自行找部落頭目雇用原住民嚮導及腳伕，這與日治後期及戰後初期，台灣登山界準備的事項，完全相同。森氏探險的時代，雇用原住民的理由除了請他們協助揹運糧食與裝備外，另外有一個重大理由，與原住民同行，能夠減低被同族或他族攻擊的風險。所要通過的山區全是各族的獵區，如果沒有同族陪伴而冒然前往，難免因為犯禁而遭受馘首報復。

此外，我們預先請南部蕃薯寮廳官員代雇雁爾溪頭社蕃人，囑咐他們到關山東麓的霜山木社，和南下的探險隊會合，一起下山。⑪

我上次前往荖濃溪上游調查時，曾經和雁爾溪頭社土目Hais〔哈伊斯〕見過面，當時曾向他透露將有南中央山脈之行。他說，因為霜山木社沒有什麼親戚，反而更東邊的大崙社有很多親戚，所以社蕃希望在大崙社等候，探險隊南下到霜山木社時，只要派一個使者到大崙社通知，他們會馬上走回霜山木社迎接，一起下山。

我想霜山木社是東部最靠近中央山脈的一個蕃社，和雁爾溪頭社同屬施武郡蕃〔南邊的布農族郡社群〕；而大崙社則屬於巒蕃系統，和雁爾溪頭社、東埔社等郡蕃系統不同，而且位於霜山木社東方，多走一天才能到達，因此在霜山木社等候探險隊比較近，也比較方便。但是，我再從另一面檢討這件事。我們預定南下的路線深入內山，也就是說，要迂迴於南中央山脈主稜與山脈東側，從秀姑巒

---

⑩明治四十一年十一月至十二月探險行，是屬於全島行政區域劃分為二十廳的時期（明治三十四年至四十二年），當時的斗六廳轄區包括今日南投縣的一部分。從水里沿著陳有蘭溪，經東埔上至八通關，從八通關攀登，是明治年代正式的玉山攀登路線，起站水里及信義鄉屬於斗六廳轄地，所以森氏交待斗六廳準備第二階段事項。

⑪雁爾溪頭社和雁爾社（Gani社）是兩個不同的部落，前者位於小關山西稜透仔火山的西側山坡，隔著荖濃溪和雁爾社（今高雄縣桃源鄉桃源）遙遙相對，布農語社名是Take Laiazoan。雁爾溪頭社是布農族部落，但雁爾社是布農族與鄒族混居的部落。森丑之助的《布農蕃語集》，在雁爾溪頭社欄下註明其原來社名叫Lailoa。

山到關山南方直徑約二十日里的範圍內，光是霜山木社附近直徑約十日里範圍內的活動日數就無法預估，何況讓對方在少有親戚的霜山木社久候，只會增加他們的困擾，所以我們認為大崙社雖然已偏離中央山脈，還是尊重雁爾溪頭社蕃人的意向比較好。

當時我們對雁爾溪頭社頭目說，我們預定於明治四十一年（一九○八年）十一月二十九日從荖濃溪畔雁爾社〔雁爾日警駐在所〕出發，經由阿里山蕃地登越新高山，十二月六日預定下到八通關，從那裡登上中央山脈，採取主稜線沿稜南下，四天後的十二月十日或十一日左右應該會抵達霜山木社，請社蕃於十二月六日或七日起程，前往大崙社和我們探險隊會合。❷

其次，讓我談談新高山周圍的蕃族分布，和各族之間的互動關係。

我們知道新高山的周圍有兩大蕃族占居。其一是阿里山蕃，也就是鄒族，另一是布農族。在這裡我要附帶地談談布農族的自稱　伊能嘉矩先生在明治三十二年（一八九九年）首先提出本島蕃人的種類，他說其中一族叫做「ヴォヌム族」，這個族稱後來被普遍採用。我想他譯音為Vonum是大錯，布農族自稱Bunun。人口一萬五千多人的

---

❷事實上，森氏和志田一行人沒有採取主稜線南行，反而從中央山脈主脊大水窟東下，沿主稜東側的「蕃路」迂迴南行，再回到主稜南下，直到十二月十九日才到達霜山木社。

布農族中，沒有人自稱Vonum，這是我這幾年來的主張，但現在為止我沒有發現過任何反證。**⑬**

鄒族所居之地在台灣前山方面，南自荖濃溪左岸起，北至陳有蘭溪左岸，向西伸到廣大的阿里山蕃地。其中，在荖濃溪左岸屬於蕃薯寮轄區內的南鄒族，叫做四社蕃（**下四社**），更北的部分叫做簡仔霧蕃；屬於嘉義廳阿里山一帶的北鄒族，叫做阿里山蕃；在陳有蘭溪左岸，屬於斗六廳的北鄒族，叫做鹿株蕃〔**Loft群，舊漢譯**〕。北鄒族蕃社也被稱為頂四社，與南鄒族下四社對應。

布農族分布於埔里社以南的中央山脈，最南到關山以南高山地帶，也以帶狀分布於新高山東側〔**郡大溪岸**〕。

布農和鄒這兩支蕃族是世仇，直到現在還是處於互相仇視反目的狀態，隨時會發生武力衝突的局面。他們兩族雖然無法和平相處，但是也有例外。例如斗六廳方面陳有蘭溪左岸的和社和楠仔腳萬社〔**南投縣信義鄉和社和久**

---

⑬ 伊能嘉矩根據他和粟野傳之丞兩人從明治三十年五月三十日起到同年十二月一日，共一九二天，行程涵蓋全島山麓地帶約二千多公里的巡察結果，向台灣總督府民政長官提出巡察復命書《台灣蕃人事情》，於明治三十二年（一八九九年）出版。伊能在書中說：「埔里社以南干達萬山及濁水溪以南之地，有一群沒有刺墨的蕃人，自稱ヴオヌム（Vonum）。全島中的ヴオヌム族共有一四四個蕃社，二〇七二戶，人口一六六一〇人。」按森丑之助對於伊能把原住民分為七族，再加苗栗南庄的「平埔族」（**伊能後來改稱賽夏族**）共八族，持不同的意見，甚至對族稱的不同發音法、不同譯音有強烈的反對意見。譯註者認為這不只是學理之爭，同時反映著一個重要事實：好動、狂熱地頻頻出入山地，不拘小節的森氏，在個性上比較接近學術同伴鳥居龍藏，不同於嚴謹、愛好涉獵古文獻、勤於寫作的伊能。請參照森丑之助〈台灣蕃族概說〉（明治四十四年《台灣時報》第37號）中所舉列的六族，布農族被森氏譯音為ブヌン（Bunun）。

美〕的鄒族，與位於陳有蘭溪右岸的布農族東埔社有來往；又如蕃薯寮方面的浦來溪頭社〔寶來溪頭社，Topiya社〕和雁爾溪頭社的布農族，與雁爾社、排剪社的鄒族有來往。

因為新高山四周有不同的族群割據，我們針對這個事實，在雇用蕃人的時候，特別留意蕃人彼此間的關係。從蕃薯寮方面的四社〔Saaloa〕及簡仔霧（Kanakanab）蕃地前往阿里山的階段，雇用同屬鄒族的蕃人當嚮導與腳伕；從阿里山登新高山的階段，則雇用達邦社或知母勝社鄒族。

假如從嘉義廳方面〔經由公田、達邦社〕前往新高山，只有在阿里山蕃地雇用鄒族當嚮導一途。

假如要從斗六廳方面起程前往新高山，那麼一定要雇用東埔社或轆轆社布農族，原則上是雇用熟悉他們居地蕃路的蕃人。事實上，阿里山鄒族和新高山背後的布農族有敵對關係，所以阿里山鄒族不肯前往新高山東側，亦即斗六廳方面的布農族地界；斗六廳方面的布農族也不肯踏進嘉義廳方面的鄒族地界。

我和鳥居龍藏〔於明治三十三年，一九〇〇年〕從阿里山登新高山，為了要增雇東埔社布農族，在Tataka〔塔塔加鞍部〕等他們上溯東埔溪〔指沙里仙溪〕和我們會合。隊員和兩族嚮導一起攀向新高山，登頂後向八通關下降。當時從阿里山陪我們來的鄒族沒有原路折返，歸途仍

然走在一起，全隊人員走陳有蘭溪底路，途中經過東埔社，最後鄒族嚮導抵達下游處的同族蕃社——屬於鹿株群的「和社」和「楠仔腳萬社」。阿里山鄒族和陳有蘭溪近上游處的東埔社布農族，及近下游處溪畔的鄒族素有來往。假如不是隨同日本人隊伍行動，我想阿里山鄒族不敢，也不會單獨地和新高山背後的布農族一起登山越嶺的。

言歸正傳。我們從雁爾社〔高雄縣桃源〕踏上征程，幸而我們三人——野呂技師、志田囑託和我是健步如飛的人，行進速度比一般旅行者快兩、三倍，很快地照所計劃的日程來到阿里山達邦社，但是碰巧蕃社有祭事，再過四天以後，社蕃才有空陪我們遠行。❹

我們很擔心延後四天才出發，會影響第二階段和斗六廳方面蕃人交接的日期，也影響第三階段和蕃薯寮廳方面蕃人交接的日期。更糟糕的是「達邦社蕃務官吏駐在所」沒有裝設電話，只好派使者帶書信前往嘉義廳所在地，並請嘉義廳有關官員代向斗六廳及蕃薯寮廳拍發電報，告知日期要順延。我們萬分焦急，深怕延誤行程會出紕漏。

好不容易地等到祭事完畢，我們一行人偕同新雇用的鄒族蕃人，於十二月六日從達邦社出發。❺

出發時，陣容更大。警察本署已命蕃薯寮廳的池端警部、嘉義廳的中村警部和一名巡查補加入探險隊伍。❻

我們一行人和阿里山蕃人採取經由阿里山藤田村的道

路〔在途中過兩夜〕，十二月八日繞過飯包服山，只花一天便到塔塔加，在台灣雲杉林中找出東埔社蕃人所搭建的獵寮過夜。幾年前，我和鳥居先生登新高山的時候，曾經在這個獵寮過了幾夜。❶❼

　　這時候，野呂技師發現他的膝蓋浮腫，志田囑託扭傷了腳，池端警部的腳起了水泡，過半數的人員都成跛腳鴨子，令人擔憂：這跛腳隊怎麼能夠做長程跋涉呢？

　　志田君試著占卜前程，結果顯示「跛腳能行」，能行是沒有錯，但我還是不能放心。現在時序已進入冬季，白天短，黑夜長，而且連日來天氣不佳。十二月九日清晨起床時，名字叫阿巴里的巡查補大喊肚子痛，折騰了一下就

---

❶❹森氏等三人於明治四十一年（一九○八年）十一月二十九日，從雁爾社出發。森氏談話記錄沒有提及隨行人員是誰，但我們相信一定有「雁爾蕃務官吏駐在所」警察及雁爾社鄒族（即所謂四社蕃）陪同。森氏也沒有談到一行人採取什麼路線前往阿里山達邦社，或那一天到達。雁爾溪頭社的布農族隨行比較不可能，因為森氏一行人此行第一個目的地是阿里山鄒族地界。森氏安排雁爾溪頭社的布農族，於探險隊最後階段要從關山東部的布農族地界回到西部時，去迎接隊員回來。這是森丑之助的巧妙安排，避免部落人前往對立的、不同族群的部落。

❶❺從延後四天才出發的事實以及出發的日期可以推測，一行人應該是十二月一日或二日抵達達邦社。從起點的高雄縣桃源鄉桃源，向北方經由三民鄉到嘉義縣阿里山鄉達邦社，水平距離大約二十一公里，換算曲折又上下起伏伸展的山徑或「蕃路」，步行距離可能達六、七十公里。雖然這條山路要橫渡荖濃溪和楠梓仙溪流域，最後溯行於曾文溪上游，路程既長又辛苦，但是好在當年北鄒族和南鄒族之間的古老姻親道路仍很清晰，又有鄒族嚮導同行，一行人快速地抵達達邦社。此段山路走了三、四天。

❶❻巡查補：明治年代的台灣人警察，位階低於巡查，所以叫做巡查補。大正九年地方制度大幅度改正時廢止，和日人一樣一律稱為巡查。從名字「阿巴里」，可以知道這位巡查補原來是原住民，探險隊中原住民警察同行，有很多好處。

好了，於是眾人忍痛踏越「新高山前嶺之險」〔玉山前峰與西峰間的斷崖地形〕，黃昏時分來到「新高山西麓之谷」〔玉山主峰西側，今排雲山莊下方溪源〕過夜。今天假如半途遇到天黑，一定很慘，因為西稜上滴水皆無，沒有水則沒有熱騰騰的飯可吃。唯一值得欣慰的是大家通過斷崖之險時，沒有發生事故，能夠在天黑以前趕到今天預定的露宿處。

天黑了，下起雨來，露宿處上方找到一個岩洞避雨。岩洞四周的岩石已風化，似乎隨時會滑落、坍壞，風雨中萬一滑落傷人，那還得了！果然，半夜時分岩洞開始漏雨，小岩塊紛紛掉落下來，洞底積水，但外面雨勢加大，一步也不敢走出洞外，既不能躺下來，也不能站立，只好蹲下來，用外套裹身等待天明。

好不容易天亮了。十二月十日整天下著雨，大家冒著雨勢強登新高山。

新高山的近景攝影和附近寒帶林的大景觀攝影，能夠給平時看慣亞熱帶台灣風景的人士大開眼界，但是過去似

---

❼一般從達邦社前往塔塔加鞍部，都是沿社路到特富野（知母勝社），再向東沿著獵路踏越東水山、石山至鹿林山的稜線過去。探險隊卻先繞到「阿里山藤田村」後折回，再繞過飯包服山西側，回到特富野社以東的正路，原因不詳。按特富野社與位於今日阿里山火車站一帶的「藤田村」有舊道，從特富野社向北繞過飯包服山西側，經「二萬坪」後東折，沿今日阿里山森林鐵路南側，平行伸向阿里山藤田村。日商藤田組承包阿里山鐵路新建工程，工程與測量人員已進駐於阿里山，員工宿舍與辦公室形成一個聚落，稱為「藤田村」。六日及七日晚上，一行人可能投宿於藤田村及特富野社，但是森氏沒有說明。

乎沒有人拍過令人滿意的山岳照片。現在東京帝國大學理學部收藏的新高山近照，是我在明治三十三年四月與鳥居先生一起首登新高山時拍到的，照片顯示四月新高山仍有殘雪。

本次探險行動選在十二月實行，本來希望拍攝到載雪的新高山，和雪中匍匐生長的圓柏帶回紀念，但是降雨的關係，我的希望落空了。我一邊走一邊想，下次再找機會來拍雪封山林的景觀罷。從一萬零五百尺高的露營地〔*海拔約三千二百公尺處*〕穿過台灣冷杉、玉山圓柏和玉山杜鵑混生的寒帶林，來到一萬二千尺高的崩石坡，但見岩屑如流水般滑落，崩石坡上偶有玉山圓柏及玉山杜鵑混生其間，匍匐生長的灌木叢幾乎要淹沒落腳處。

行行復行行，我們已來到崩石坡上端，這裡只有裸岩。沙岩和粘板岩受到劇烈風化侵蝕作用而變了形，到處都是壁立的險崖。我們個個攀援岩角上升，有些岩角太脆弱了，不堪一抓，就改為蜘蛛一般匍匐前進。上面灌木叢更少見了，岩角背後有不堪風霜侵害、萎縮乾枯的禾本科及菊科草木植物點綴著。

我仰頭望絕頂，只見到巍峨巨岩矗峙。此時雨勢變小了，但濃霧蔽天。同行的二十五、六名達邦社蕃人因為衣衫單薄，下半身只穿輕薄短裙，無法忍受寒氣，大家都不肯登頂。我交待其中的三、四名，無論如何要揹最起碼的裝備隨同主隊人員登頂；另一方面帶領其餘的蕃人到折向

北峰的風口，叫他們走下東側大斜坡，到下方的溪源等候主隊。⓲

　　我爬回去和主隊會合。池端君是明治三十三年陪同我和鳥居先生首登新高山中峰者，八年後我們再一次攜手攻頂。阿巴里君來過很多次，野呂技師、志田囑託和其餘的人一樣，第一次攀登新高山。

　　因為濃霧未散，視野幾乎是零，大家找不到絕頂的位置。阿巴里君和我走在前頭，前進中，阿巴里君差一點偏離正確方向，我立即從他的背後給他指點。最後，我們於午前十點攻上海拔一萬三千零二十尺高的新高山絕頂。⓳

　　我在山頂找出了兩年前，我陪同淡水海關支署署長岩政憲三和斗六廳廳長荒賀直順同登新高山，當時所留下的一面國旗，上有登頂者的簽名。我和阿巴里在濃霧中一面揮舞新、舊國旗，一面高喊萬歲，給跟在後面上來的同伴指示山頂位置。

　　等了三十分鐘後，全體人員到齊，在無言中互相握手慶祝登頂成功。現在又開始下雨，大家簽在國旗上的墨水簽名，被雨水打濕，變成一片模糊。去年春天，我帶這面國旗去橫越中央山脈分水嶺的能高主山時，曾插在山頂，現在又把這面國旗重新插在這座台灣的靈山上。

　　我們在山頂整理出一塊平面，把這次揹上來的一座小

⓲山地原住民男子以前穿傳統的短裙。

祠安置在那裡，一齊參拜後打開一瓶威士忌酒，舉杯歡呼。兩年前我帶上來的小祠，由於附近的基石已崩壞，小祠現在已不知去向，所以這次帶一座新的來替換。去年十月三十日，來登新高山的日商藤田組登山隊員也帶上了另一座，但已經傾倒，我小心地把它扶起，放在我們今天安置的小祠旁邊。❷⓪

我又把最初登頂者所立的一座木標扶正，然後，把親自帶上來的三顆印章，連同登頂者名片、筆墨和印泥一起收放於小祠下面抽屜裡。其中一顆是川上松龍氏所贈送，上刻「登山紀念」四個字的圓形紀念印章；另一顆是尾崎白水氏所贈送的印章，這是東京著名刻印師足達疇邨所刻的，只有「萬歲」兩個字；第三顆是我交代台北市以文堂主人，用篆體字刻上「新高山」三個字的一顆石印。

此外，還有白水氏以前登頂時留下的一顆陶質印章，顯示著兩個字「常盤」〔Tokiwa〕，它的含義是「但願永恆如山！」。我想白水氏所題署的「常盤」，象徵著冬季山頂覆雪時，雪中不畏寒，永遠不願凋萎的玉山圓柏精神罷。

❶⑨明治三十七年，臨時土地調查局負責測量新高山西側的高木喜與四技手，雖然未登頂，測得一三○二○尺（約三九四五公尺），森氏談話記錄誤植為一三二○○尺，譯文已改正為一三○二○尺。本次探查行的次年，亦即明治四十二年十一月，與森氏同行的志田囑託再度登頂時，測得一三○七五尺（約三九六二公尺）。大正六年（一九一七年）十月，陸地測量部在山頂豎立一座高大木造座標進行三角測量，當時測得玉山高度為三九五○公尺。戰後聯勤測量署測得三九九七公尺，最近的航照圖最後修正為三九五二公尺。

這次來新高山再次登頂的目的，是地理學上的觀測，所以細雨濛濛的天氣不利於所要進行的觀測工作。因為有任務在身，不能倉促下山。我們主隊人員在山頂靜待天氣轉晴，要利用雲霧散開的片刻，觀測四周的山峰與溪谷形勢。在雨中整整等了四個鐘頭，好不容易地雲散天開，趕緊用儀器測繪。這片刻的晴朗天氣，是代表台灣神社的小祠神明保祐的結果，測完後再次向小祠叩謝神恩。

現在，我們非趕緊下山不可，目的地是新高山東側〔東北側〕有水源的營地。

從新高山風口拐彎處直接往荖濃溪溪畔的蕃人行李隊，已在露營預定地等我們。主隊在暮色蒼茫中急急地下山。抵達營地時驀然回首中峰那邊，但見灰色空中浮現出那崇高雄偉的黑色輪廓，那是剛才登頂的新高山！營地前，清冽的荖濃溪溪水淙淙地流著。

天空沒有雲影，只有陰曆十七日的一輪明月，從八通關那邊的上空發出黃金色光芒。我斜躺著，讓視線穿過附

---

❷⓪森氏於明治三十九年十月，陪同殖產局技師川上瀧彌登玉山，採集植物標本，當時森氏帶了一座小祠安置在玉山頂。同年十一月，森氏又陪同淡水海關支署署長與斗六廳廳長登玉山，那次留下一面國旗。按小祠，指木刻的日本神道教神龕，高僅一尺。祀奉的神名用墨水寫在一根小神位上，安奉於裡面。木質神龕下面有抽屜。森氏帶上來的小祠很小，後來有關單位另外安置一個較大型的木質神祠，高及肩部，也在絕頂豎立一個上端圓錐型，主體為四角錐型的座標，高約三、四公尺，雄偉美觀。可惜二次大戰結束後，有人盲目加以破壞，另設一個于右任銅像。因為私人銅像立在台灣最高峰實在不倫不類，有辱玉山崇高無私的精神，國內登山朋友把它推倒於溪谷裡。譯註者主張任何山頂除了三角測量基石外，不應留下文字或任何圖騰。

近的冷杉林，觀察四周與上下的景物，感覺龐然大景觀絕非塵世所能見到，也絕非人間所有！這裡海拔高度是一萬一千二百尺。**㉑**

　　新高山山頂和荖濃溪溪畔間的地形觀測資料，我想應該留給主任技師野呂氏向外界正式發表，我在此不提。現在我說明新高山的山名來歷，以及四周鄒族和布農族關於這座靈山的傳說。

　　大家知道新高山是明治天皇所命名的。歐美人士之間，這座山被稱為Mt. Morrison；在漢人之間一直保留著舊稱「玉山」。《雲林縣采訪冊》記載：「八通關山，又名玉山」，可見新高山的原名是八通關山。

　　現在被稱為八通關的地方，是指新高山與中央山脈之間的一個大鞍部。清同治年間〔應該是光緒元年〕，南澳鎮總兵吳光亮率同飛虎軍，從林圯埔〔南投縣竹山〕起開鑿這條通往後山璞石閣的道路，叫做中路。當時在這個大鞍部設置一個關門〔一個臨門，即八通關營盤〕。這裡是控制前山與後山交通的樞紐，寓意四通八達，占前山與後山間，以及北路與南路間的要衝，所以叫做「八通關」。

　　阿里山蕃古來把新高山叫做Patungkan，漢人譯其音為「八通關山」，後來通往後山的中路經由此地，設營盤

㉑這個荖濃溪溪源的營地，現在叫「荖濃溪營地」。明治年代，森氏和鳥居從玉山下降時，都摸黑到這裡過夜。大正年代營地上方設置「新高駐在所」，但森氏和野呂來時，這裡相當原始，只能露宿或烤火待旦。

駐守時，取「八通關」爲這一個關門的名稱，而原指新高山的舊名反而被世人淡忘了。漢人形容此山秀麗如玉，所以現在除了新命名的「新高山」外，「玉山」仍在漢人之間通用。布農蕃把新高山叫做Wusabiyaha。❷

現在引用阿里山蕃的口碑傳說如下：

> 太古的時候，祖先居住於Patungkan山頂，當時的山頂平闊，不像現在這樣傾頹不平。除了祖先以外，還有Sebukun，也就是布農蕃住在那裡，人數加起來也不多。有一天，Sebukun辦祭祀的時候，用手指頭指向山豬、猴子之類的頭，然後指向人頭，因而引起了我們祖先的不滿，無法相處的結果，決定各自離開。當時我們祖先中有一個男子，名字叫Yikauna，女子的名字不知道。在我們阿里山蕃之中，有的人願意留在原居地，有的人覺得原居地土壤貧瘠且堅硬，不適於耕種，寧願遷到別地方，於是分成兩派。願意遷居的一派結果離開了可愛的家園，到東方很遠的地方去了。他們要出發的時候，爲了留下臨別紀念，每人拿出一支箭集成一束，從中央部分折

---

❷據森丑之助《ぶねん蕃語集》，玉山的布農語是「ウサベハヤ」，與本段原文的片假名標示「ウサビヤハ」略異，布農語的含義不詳。森氏的蕃語集也顯示布農族把八通關稱爲イモソ（Yimoso）。據譯註者調查清代八通關古道時向布農族嚮導（老獵人）查證，結果獲知八通關的布農山地名又叫做Babahrasun，意思是「小河流」，指流過八通關草原南緣的荖濃溪源流，轉爲八通關的名稱。

斷成兩半，留居者和要離去的人每人拿到半支箭，相約要鄭重保存下來。〔將來萬一有機會相聚在一起，可以拿出折成一半的箭來相認彼此是族親。〕要遷往遠方的這一群人，由名字叫做Maya的人帶領。古時候遷離的族親定居於東方，因為那邊的土地肥沃，生活得更好，也比較開化。我們猜想，日本人難道不是Maya的後裔？

因為目前的阿里山蕃有這一則古老傳說，以為日本人就是已離去多年的同胞，所以把日本人叫做Maya〔瑪雅〕。❷❸

東埔社和加走咱社（Kasauran）那邊的布農蕃傳說是這樣的：

太古的時候，祖先住在新高山山頂。當時耕地在濁水溪溪畔，所以祖先常常下山去種粟或稗，也去收割。他們所用的農具是一種石斧，叫做Taya。後來為

---

❷❸鳥居龍藏和森丑之助同時往訪阿里山鄉鄒族的時候，各自採錄了這一則有名的傳說。鳥居博士在自傳中是這樣轉述的：「我們的族人遷離部落的時候，都要帶走加裝翎羽的箭，經過很長的歲月以後，萬一遇見本族的人，就要出示個人所持有的箭，如果形式一樣，就可以指認我們本是鄒族的子孫。但是相傳曾經有一群族人，遷居到瑪雅國（Maya）去了。到底這瑪雅國是什麼地方呢？自古以來我們鄒族人一直在尋找它。」森氏、鳥居和鄒族大家一起交談，兩人用文字引用的鄒族談話內容，部分沒有重疊，森氏引用的話，中段加括弧部分，是譯註者所加，使語意更加明晰，也符合鳥居所引用的內容。森氏的引用比較詳細，而鳥居著重於弓箭的研究。他說，只有鄒族的箭能加裝翎羽，這種箭能夠保持平衡飛行，中的機會加大，所以是比較進步的箭。

了省去上、下山的麻煩，乾脆搬下山來，分散於各地生活。

布農蕃和阿里山蕃都有祖先曾經住過新高山的傳說。傳說的真實性可以存疑，但是作為一則故事或昔日譚，他們所傳的祖先來歷，所涉及的空間宏偉，故事內容富有詩的想像力。

住在新高山周圍的蕃人朝夕望著雄偉的山，自然地身心都投入於這座山的靈氣，不知不覺中被這座山擁抱在懷裡，所以相信這座山就是祖先的發祥地，祖先原來住在山頂，祖靈也永居於山頂。

同樣是這座靈峰的子民，布農族的器量恢宏，但是阿里山蕃的器量則比較狹小。

阿里山蕃投宿於布農蕃的獵屋時，不管是利用已劈好、放在獵寮的木柴，或自己採來的木柴升起火堆，第二天清晨如果還留下一、兩根木柴沒有燒掉，就拿起木柴丟入溪谷，或者是故意把它燒掉才走開。假如夜宿於自己臨時搭建的草寮，臨走時都會放火把它燒掉。假如在布農蕃常走的路上要收拾日本隊員丟下的空罐或瓶子，阿里山蕃一定會把這些瓶罐打破，使之不堪再被人使用。第二天要離開宿夜處，阿里山蕃基於迷信，大家舉起蕃刀互相磨擦刀身，然後背向宿夜處，用腳向後踢砂土，以驅除魔鬼。

布農族就不一樣了。即使深入敵蕃領地，他們會搭起半永久性的草寮過夜，離開的時候把草寮留下供別人使

用。他們把沒有燒完的木柴堆放於寮內，甚至把汲水用的竹筒和瓢都留下。從敵蕃領地回到自己的部落時，先在部落外面的地上豎立茅葉，點火後，大家一個接一個地跨火通過，以驅除外面的不祥。他們絕不像阿里山蕃做出向背後踢砂的侮辱性動作。

阿里山蕃和探險隊一起露營的時候，如果沒有被吩咐，決不會主動地砍柴汲水。布農蕃則會默默地做這些工作。

如果身上沒帶槍枝，阿里山蕃不敢登新高山，但是布農蕃則甚至空手也敢上山，布農蕃的臂力比較強。阿里山蕃女不敢隨同探險隊登新高山，但布農蕃女則比較勇敢，敢和男人一起登高山。❷❹

十二月十一日，天氣晴朗。大隊人馬沿著溪底向八通關徐徐下降。這條溪直到現在以前，被認為是東部秀姑巒溪上游的一條支流。我們跳躍於溪底橫七豎八的巨岩間，有時候匍匐於巨大倒木上，遇到深潭則攀上左岸或右岸前進。涉水數十次，溪水冷冽如冰，途中野呂技師落水了，不久我也跟著落水，從冰水中奮力爬到岸邊，幸好身體沒有摔傷。❷❺

通過針葉樹林的盡頭，前方豁然開朗，八通關已經在望。我們從右岸爬上草坡，奔向東邊的八通關草原。

忽然在前方乾溪附近，看到幾條紅毛毯披晒在那裡，認出是斗六廳派來迎接我們的登山隊，太高興了，用叫聲

引起他們的注意。我們探險隊已完成第一階段的路程，現在從補給隊接下第二個階段所要使役的東埔社蕃人及補給品。兩隊一起吃午餐並舉杯互祝一路平安。野呂技師因為公務要隨同斗六廳隊，沿陳有蘭溪下山。**㉖**

　　現在，想不到卻發生了一件麻煩的事。我們的隊伍已經在達邦社延後四天才出發，使斗六廳原來的計劃不得不修正。斗六廳當局本來已指派塚本警部帶領補給隊上來，

㉔本段原文「阿里山蕃は銃器を攜へず新高山に登る勇氣はない」，顯然地，「攜へず」的後面缺落「に」或「，」，分別可作不同解釋。如果是「攜へずに」就成上述的譯法，如果是「攜へず，」，就可譯為「現在沒有帶來槍枝，所以不敢登新高山」。無論如何，本段敘述可能是筆錄者的誤會，與森氏本意及事實有所出入。按早期的原住民男子，平時蕃刀不離身，居家或出門都要用到蕃刀，可以砍柴、切肉，或當武器。即使布農族很勇敢，不會空手（沒帶武器）出門或空手就上山。又，如果說鄒族不帶武器出門，也違反常態。森氏在本段所描述的是明治三十三年（一九○○年），他和鳥居龍藏兩人，從阿里山帶鄒族「前往濁水溪」，但是在塔塔加鞍部露營時，臨時改變主意，不直接下陳有蘭溪，決定攻上玉山。鄒族同伴事先沒有心理準備，也沒多帶糧食而拒絕登山。幸好向東埔社布農族求援，兩族一起陪同森氏和鳥居登越玉山。從當時所拍的照片，看不出鄒族有沒有帶槍枝。譯註者堅信兩族都非常勇敢，只是當時的鄒族有特殊情況，使森氏做了以上奇怪的敘述，不同於他平時對待原住民的溫馨、同情的態度。另外，所謂「蕃女」登高山的事情，補充說明一下。依照譯註者的經驗，過去多次登高山時曾有泰雅族、布農族及排灣族男女青年被一起雇用，工作性質不分彼此。女子也很勇敢確是事實。不過，登山隊沒有遇到過像森氏和鳥居同時雇用不同種族登山的情形。戰前的《台灣山岳》會報曾經記載：昭和十七年（一九四二年）十二月至次年一月，日人登山隊首次完成從大甲溪直登劍山並從劍山縱走到雪山的壯舉，所雇用的原住民腳伕包括從谷關附近哈崙台部落雇用的六名泰雅族女子，年齡分別是48、18、16、14各一名，11歲的二名。

㉕大正十年（一九二一年）八通關、玉山間的登山道路竣工迄今，登山隊都沿著荖濃溪源流北岸新路來回於玉山與八通關間。明治年代，森氏隊伍及其他隊伍都走溪底上下山，從八通關到東埔也走陳有蘭溪溪底，所以艱險多了。

而且也雇足了蕃人腳伕，但是由於起程的日子順延，所雇用的東埔社蕃人只剩四個青年及三個蕃女可以隨隊出發，而且補給隊準備好的糧食，由於等候期間太長，被吃掉了一大半。

在八通關碰面的時刻，我們發現揹負行李的蕃人人數不足，而且所攜帶的糧食不足以應付長途旅行的需要。另外，所雇用的蕃人都是年輕人，對南中央山脈的地理形勢不熟悉。雖然巡查和巡查補已為我帶上來重要的副食品（早先用包裹從各地寄到嘉義的），但蕃人與主食都不足的情形下，怎麼能夠從事南中央山脈探險呢？

探險隊因此不得不隨同補給隊下到東埔社重整旗鼓。大家再度把分給我們探險隊的糧食，重新和補給隊的部分捆包在一起，交給蕃人揹著，在野呂技師帶領下要離開八通關。

當眾人正要從草原邊緣垂降「八通關崖下之險」時，從東埔社來要接替的蕃人之一，輕拍了我的肩膀向我開口。他正是明治三十三年帶我和鳥居先生橫越中央山脈到東部的蕃人。他發問：

「您們真的不取消往內山的計劃嗎？」

「無論如何一定要去。三、四天以後我們再從八通關出發。」我表示很大的信心。

---

❷❻本段原文寫「補給隊聽到叫聲走過來，還沒會合以前，我們和野呂分裝衣物、午餐又舉杯道別」，似乎過度簡略，改譯如譯文。

這個蕃人朋友歪著頭想了一回，很不放心地說：

「現在到部落也找不到人上山，大家忙著開墾山坡地啊！要等好幾天才能湊足人數，所以不必麻煩再回到東埔社找人。我看就這麼辦罷。您們把計劃縮短，不要老遠地跑到霜山木社去，只到大崙坑社就夠了。假如同意，我們這幾個人可以跟您們一道去。」

「人數太少，恐怕揹不動這麼多行李。」

「行李重一點，我們可以承受，只要不要去太遠就好了！」

我覺得這個蕃人的話很有道理，立即把眾人叫停，在草原邊緣坐下來重新檢討。以下是我考慮的重點：

當初探險隊不採行中央山脈主稜線，是基於縱走主稜後再順沿荖濃溪溪谷摸索下山會耗費更多日子，而且溪谷地形危險，無法確保安全。與其在不能預知的地形浪費時間，倒不如利用同樣長的時日走「郡蕃線」，因為郡蕃線通過蕃社間的要道，能夠順訪位於高地的蕃社，對調查工作益處多多。

眾人聽完我的分析，就決議讓探險隊採取郡蕃線，不去東埔社整補。主要的助力來自野呂技師的態度，他非常贊同我的想法。大家再度開酒瓶，舉杯互祝健康、成功。野呂技師特別叫攝影者拍攝探險隊的合照。

當我們探險隊員排成一列接受拍照時，我腦中只浮現出一幕景象：攝影者按下快門後，馬上拍成一張紀念照，

而探險隊此去生死未卜，說不定一去不復返，那麼這一個快門的卡擦聲，豈不是在宣告一張訣別的紀念照已拍成，徒留這張照片給親友們留念？

我不敢說出心內的悲情，但看到隊員個個表情肅然，感覺每一個人都有「壯士一去兮不復返」的悲壯感懷！

強喝了一些酒，但絲毫沒有醉意，我督促蕃人們把探險隊要攜帶的行李分裝好，和補給隊握別。補給隊從此下斷崖到陳有蘭溪溪源，而我們探險隊則橫越八通關草原，攀上中央山脈。

兩隊人員邊走邊回頭，為了鼓舞對方士氣大聲喊「萬歲！」，聲響竟然激起了山谷回應。

接受嘉義廳派遣，從阿里山蕃地一起登越新高山的中村警部、一名巡查、阿巴里巡查補，以及達邦社蕃人們，都隨同野呂技師下山了。達邦社蕃人預定走到楠仔腳萬社〔信義鄉久美〕後和日本人分手，從那裡溯和社溪返回阿里山蕃地。嘉義廳的這一名巡查補繼續從楠仔腳萬社，帶野呂技師下山到平地。

現在前往中央山脈的探險隊，只剩志田君、池端君和我三人，以及新加入的斗六廳巡查鴻農清久。隨行的蕃人就是剛說過的七名布農族男女青年。

我非常憂慮前程。到現在為止，旅途中已有兩次挫折，行程計劃上要通過蕃社的日子，都偏巧碰上蕃社正忙於舉行收穫祭的時候，祭事多的季節當然沒有蕃人會答應

上山。遙想前程，我們將通過更多蕃社，如果一而再地重蹈發生於達邦社的覆轍，至少會耽擱半個月時間。即使探險隊不在乎行程延誤，由於通信極端不便，在深山蕃地發生任何事情，都會使外界為探險隊的安危擔憂。

另一個顧慮是蕃地發生動亂。我們一上山，至少半個月時間與婆娑世界完全隔離，山地與平地間音信斷絕，說不定在這段期間，在蕃地某處、某日，突然發生蕃人叛變的事端，我們被蒙在鼓裡，聽不到平地官憲的緊急通告，繼續在蕃地間走訪已發生問題的蕃社，那麼，我們探險隊員遭受橫禍的機率很大。

回想兩年前，亦即明治三十九年（一九○六年）我陪官員攀登新高山，正要下山時與隊伍分手，我獨自走向中央山脈，準備從東部下山。當時在山中發生了打訓社〔Tafun社，位於拉庫拉庫溪上游〕蕃人割下日本人頭顱的事件，璞石閣那邊陷入一片恐慌中。但是，在山上跋涉中的我沒有接獲這蕃人叛亂的消息，飛蛾撲火似地躍入敵蕃陣地，成為社蕃要鹹首的對象，結果差一點喪命。❷❼

此外，我們越過中央山脈後第一個會看到的蕃社是大崙坑社〔Tarunasu社，位於米亞桑溪東岸上游〕，過去我總共三次訪問過這個蕃社，每次都發生了不祥事故。第一次於明治三十三年（一九○○年）和鳥居龍藏一道訪問

---

❷❼森氏在台灣蕃地探險行動中，明治三十九年的遭遇最為驚險，森氏將於後段談話中作翔實而逼真的說明。

時，同行的安井萬吉失踪幾天；第二次前往，同行的蕃人行經轆轆社〔Rakuraku社，位於陳有蘭溪岸〕時，不小心踩進捕捉野鹿的陷阱，雙腳受傷；第三次前往大崙坑社時，打訓社蕃人悍然要求大崙坑社頭目，把我的頭割下來交出。

我雖然不是迷信的人，但是想到發生過的種種不愉快的事情，即將出發的時候很不情願帶隊前往。但是，我不敢說出苦衷，怕說出來後會引起同伴不安，影響到全隊士氣。

果然，本次探險期間中央山脈東側發生了動亂，我們最後下降到荖濃溪中游雁爾社，才聽到「台東事件」。假如這個事件提前於去年我從埔里橫越能高主山到花蓮時發生，那麼我和同伴早已被殲滅了。❷❽

蕃界的種種事情不是可以用常識判斷的，蕃地隨時隨處會發生無法預知的事端。即使能夠容忍蕃人加害我們的危險性，沿途要雇用新的蕃人腳伕來接替舊腳伕，能否順

---

❷❽明治四十一年十二月，森氏探險隊正在南中央山脈東側前進時，發生了所謂「台東事件」。按明治年代所謂台東，指台灣東部，花蓮也屬「台東廳」管轄，直到明治四十二年十月才有獨立的花蓮港廳的創設。台東事件指花蓮阿美族七腳川社叛變事件。明治四十一年十二月，七腳川社的社眾突襲北埔隘勇線上各分遣所與警戒所的日警，總督府派警視總長協同台東廳廳長指揮陸軍步兵與砲兵，以及警察部隊加以鎮壓，結果七腳川社被擊敗，遭受廢社命運。森氏的意思是，如果這個事件發生在前一年（明治四十年）他從埔里起翻越中央山脈能高主山，東出花蓮，那麼他很可能被叛變的阿美族殺死，或者這個事件如果發生在他所經過的南中央山脈東部或西部，那麼，他也有可能被捲入事件而遭受誤殺。

利雇到適當人員一直是未知數，這是我最苦心要解決的問題。如果是我單身旅行，那麼事情很好解決，但是探險隊員人數多的情況最麻煩，相對於主隊人數，擔任腳伕的蕃人也要增加。

我組隊時曾經考慮到這個問題，所以本次南中央山脈探險隊的人數，已減少到最低限度，決定放棄大部隊調動的方式，只組織少數人員的隊伍，採取生蕃輕裝出草那種方式，進行我們的調查行動。

同時，我們也下了決心，萬一遇到緊急狀況，甘願拋棄所攜帶的行李；即使蕃人腳伕無故離隊，或發生事故離開探險隊，我們探險隊員決心靠本身的力量和判斷，完成探險日程，抵達最終目的地。

我想抵達大崙坑社後，能夠獲知附近蕃社是不是進入祭期，也可以打聽各蕃社的動靜，大崙坑社以後的行程計劃，要等到抵達該社以後根據現況重新修正。❷⁹

我們於十二月十一日午後三點，馬不停蹄地從八通關，沿著吳光亮所開鑿的古道踏出了第一步，前往南中央山脈探險。

---

❷⁹從森丑之助談話中所透露的點點滴滴，讓人發現原來做出探險計劃時，森氏已鎖定行程於過去他比較熟悉的路段，例如從荖濃溪南鄒族地界往北鄒族地界，從阿里山達邦社翻越玉山到八通關，以及從八通關攀上中央山脈主脊上的大水窟，東下米亞桑溪旁的大崙坑社。由於他三度訪問過這個最靠近中央山脈、海拔最高的布農族部落，已經變成頭目的好友，所以他很放心在大崙坑社重新檢討所剩的行程，前往比較陌生的、更南方的部落群的計劃比較能夠落實。膽大心細的森丑之助，心思縝密，不是旁人印象中的一介勇夫而已。

沿著清代古道前行，夜幕要降臨的時刻，隊伍已來到一條溪，借宿於溪畔獵寮。這一條溪是伸向中央山脈的荖濃溪支流，從此向西流出。❸

這裡海拔高度是九千六百尺。附近有蒼翠的台灣雲杉和鐵杉成林。一輪明月照耀下，大氣澄明，月光穿過雲杉枝椏間，向溪面投下斑駁的光影，銀色的水花飛濺。我置身於如畫美景中，感覺身心舒爽萬分。

午夜十一點，氣溫降至華氏三十五度。這裡距離南投集集街相當遠，但是健腳者急行三天就可以到達。這個地方難道不是在亞熱帶生活的人們最嚮往的最佳避暑地？

**現在讓我先談談布農蕃的分布狀態。布農蕃大致可以分為六群，其中三群分布於埔里社以南的前山地帶。他們是濁水溪干卓萬群（Take Kantavan）、卓社群（Take Toro）及卡社群（Take Vaka）。其他三群則分布於前山和後山，部分最南分布到蕃薯寮廳的內山。他們是丹社群（Take Iwatan）、巒社群（Take Tavanuada）及郡社群（Take Asan），郡社群遷到南方者叫做施武郡（Sebukun 或Sibukun）。

這些蕃人通稱Bunun〔布農〕，也就是「人」的意思。日本北海道土人自稱Ainu，也是「人」的意思。

---

❸探險隊過夜的地點，應該是從巴奈伊克走向杜鵑營地叉路下方的荖濃溪底，海拔二七四五公尺。

在台灣東部，土人把「有黥蕃」〔泰雅族〕以外的山地部族稱爲「高山蕃」，專指布農蕃。拔仔庄附近山上的高山蕃，被稱爲Take　Iwatan，他們是西部丹社群向東部分出的部族。璞石閣以南至里壠庄〔關山鎮〕附近山上的高山蕃，則被稱爲Take Tavanuada，他們是西部巒大社分出的部族。東部平埔蕃和漢人把這些「高山蕃」，分別簡稱爲Iwatan及Vanuan（或Manuan）。布農語Take是「蕃社」的意思。

本次南中央山脈蕃地探險結果，首次闡明了布農蕃的實際分布。南部的郡大蕃，亦即「施武郡蕃」，分布於大崙坑社以南，內本鹿社以北，屬於中央山脈東側高地，沒有和台東平原接壤。如果從高山下降到台東平原，一定會通過巒蕃占居地。同樣地，分布於蕃薯寮廳方面的施武郡蕃雖然部分居住於荖濃溪右岸，但絕不會再下降到平地。在蕃薯寮方面，轄區內的高山蕃，被稱爲Sebukun，但在台東方面的，被稱爲Take Asan，兩者名異實同，是南遷的布農蕃。❸

假如沒有阿里山蕃分布於新高山周圍幾個點，那麼，我們可以說布農蕃分布於新高山四周。阿里山蕃地內有施武郡蕃，他們獨立成爲一個蕃社。這個蕃社叫做勃仔社

---

❸大崙坑社實際上是一群部落，分布於拉庫拉庫溪支流米亞桑溪兩岸，Tarunasu社在東岸，Miyasan社在西岸；同樣地內本鹿社是分布於鹿野溪上、中游兩岸的部落群，共有十四社。打訓社也分為打訓社（大分社）本社和其他小社群。因此，所謂某社，不一定是指一個部落。

（Take Buyan，或Takubuyan），保留著布農特有的社名，但是社內族人模仿阿里山蕃習俗，而且彼此和平相處。這是一個特例。明治三十三年（一九〇〇年）我和鳥居先生首次往訪時，發現了這個事實，做了正確的報導，但現在外界的人仍然把勃仔社的蕃人當做阿里山蕃看待。

此外，外界也把水社潭〔南投縣日月潭〕水社和頭社的蕃人，當做伊能嘉矩氏所謂Vonum（即Bunun蕃）的一支。其實，這一小群被稱爲化蕃的蕃人不是布農蕃。伊能氏在頭社訪問時，聽社蕃說，他們是「頭社的Vonum」，才誤認那邊的化蕃是布農的一支。照我看來，只有頭社屋式是布農式，頭社和水社的語言和習俗比較接近阿里山蕃語言和習俗，甚至布農蕃的口碑傳說，也明白地說，水社化蕃和阿里山蕃是同族。化蕃自稱Thao，我想Thao是阿里山蕃的自稱Tsou轉訛的。❷

台灣各蕃族之中，布農蕃的分布地最高，蕃社群彼此間的空間距離很大。布農蕃平時翻山越嶺前往別社訪問族親，他們的活動力強大，活動範圍也大，但仍覺得不夠大。這是別族少有的現象。

布農蕃最早集中的地方，是前山的濁水溪方面，後來爲了擴張賴以生活的土地，部分族人越過中央山脈到東部台東廳方面居住，部分順著中央山脈南遷到南部蕃薯寮廳方面居住。東遷和南遷的族人很少與平地聯絡，反而與濁水溪方面的平地，也就是南投、斗六廳方面聯絡。

台東廳及蕃薯寮廳所轄的平地，平時和布農蕃沒有聯絡，也沒有共同的利害關係，所以兩廳山地的布農蕃想要出草時，總是選定平地人為馘首的對象，因此當地平地人把布農蕃看成鬼神一樣，懼怕得很。兩廳在蕃界所設的防蕃設備，當然為的是防止布農蕃下山獵人頭。

　　布農蕃之中，施武郡蕃占居地形上最險要的地方，平常恃險跋扈，以慓悍聞名，最受他族懼畏。

　　我們探險隊沿著可怕的施武郡蕃分布帶，一路迂迴南下，目的是要利用他們占居地的高度，邊走邊探測南中央山脈的形勢。❸❸

　　兩年前〔明治三十九年，一九○六年〕，我陪同岩

---

❸❷關於日月潭邵族的族群屬性與歸類，從森氏、伊能到日治晚期，乃至戰後的今天，一直是學術界爭論的焦點。一九九四年十一月十九日，南島語言學者Robert Blust教授在台灣中央研究院演講〈邵語音韻的若干問題〉，席間譯註者發問：「日本學者有關邵族的傳說記錄，曾經說邵族和鄒族一樣，是從阿里山來的。語言上是不是也可以找到證據？」教授回答說：「這是個很有趣的問題，但是語言上找不到可以支持這種傳說的證據。根據我的理解，早在南島民族遷徙到菲律賓時，台灣島上（南島語）已經分裂成十到十五個不同語言了。我也沒有什麼證據可以說邵族究竟比較接近哪一族。」在場的Wright先生發言說：「邵Thao和鄒Tsou都是『人』的意思，這個不能證明什麼，因為有許多民族都共同使用一個稱『人』的語詞。Thao和Tsou只能表示他們同屬南島民族。」今日，一般的看法是邵族應該看成一個獨立的族，納入台灣原住民之列。另外，「化蕃」是清人所給的稱呼，意思是「已歸化的生蕃」，本來除了水社、石印社、卜吉社及頭社等所謂化蕃外，還指苗栗南庄的賽夏族，因為當時賽夏族被認為是「退入山中生蕃化」的一支平埔族。清人對化蕃的兩種解釋正好相反。關於伊能嘉矩的頭、水社訪問記錄，請參照遠流版《台灣踏查日記》上冊。

政、荒賀等官員攀登新高山，下到八通關後與岩政氏一行人分手，個人帶著六名東埔社蕃人，但沒有帶通事，飄然走向東部璞石閣。幾次攀登新高山後，我才明瞭台灣植物的垂直分布狀況，但是中央山脈東、西側的分布狀況還不太清楚。為了調查中央山脈兩側的植物帶，我才單獨帶蕃人前往。

我們在中央山脈跋涉數日後，於十一月二十九日來到大崙坑社，抵達時忽然接到一個驚人的消息。土目Salilan（沙里朗）對我忠告：

「三天前，我們布農人到璞石閣的針塱庄襲擊腦寮，割下了一個日本人的頭。出草的人將於明天帶著這個首級，到我們蕃社喝酒慶祝。另外，無樂散社的布農人也在半個月前，到蕃薯寮方面的Tarotarotsun腦寮，割下了四個日本人的頭。你說明天要前往打訓社，打訓社那邊的布農人恨你們日本人，所以不要去。……我勸你明天躲在一個地方避開他們，後天從這裡出發，改向斗六方面回去罷。」❸❹

---

❸❸森丑之助談話記錄中，穿插著族群的介紹、分布地的分析，以及前幾個梯次他前往探險時，所發生的插曲，非常有趣。前段他才講到帶一行人來到八通關與山脈主脊大水窟之間的荖濃溪底獵寮，就打住了行程說明，轉而介紹布農族的分布等。他接著將敘述他在明治三十九年走這一條路線，經過一個溪底獵寮後，越過主脊下到米亞桑溪畔大崙坑社時，所發生的驚險故事，談話內容精采而且很長，又非屬本次探險，譯註者特別於段落前後用一個標記＊＊，以區隔前次和本次探險故事，避免閱讀時發生混淆。

我問他爲什麼打訓社的社蕃恨日本人？據土目的話，幾年前台東廳迪佳庄〔玉里鎮三民里〕發生蕃害，第二天不知情的打訓社蕃人五、六名下山到璞石閣，被誤以爲滋事蕃人而被璞石閣支廳的警察拘禁，後來警察單位判明這幾個蕃人不是加害者，隨即把他們釋放。但是，他們已被關在牢裡好幾天，個個生病了。他們在其他蕃人扶持下，苦撐著病軀返回山上的蕃社。不到幾天後，屬於土目階級的Koson死了，不久又有一個死亡。猜疑心很重的蕃人立即判斷，這些被捕的蕃人一定是坐牢期間被日本人強灌魔藥，才導致相繼死亡。從那次事件以後，他們社蕃恨死日本人，數次下山出草報仇，但只獵到土人〔漢人〕和別族的頭，直到這次才馘首日本人成功。

　　我很瞭解打訓社懷恨日本人的理由。這時候，繼續前進嗎？還是從此撤退？我不得不作最後決定。眼前只有三條路——繼續前進到目的地的蕃薯寮廳，或折東向東部下山，或從大崙坑社折返，向北方的斗六廳方面下山。

　　前兩線都是險路，一定會碰到復仇的打訓社蕃人。但是，採取第三線往斗六廳方面跋涉，還是不怎麼安全。現在警察本署已內定於近日內興兵討伐郡大社，所要通過的郡社群地界一定充滿著危險。分析的結果，我覺察到我無

---

❸❹無樂散社（Burakusan）是位於新武呂溪北支流布拉庫桑溪岸的布農族部落，向東部出入。西部屬於蕃薯寮廳的所謂Tarotarotsun究竟指什麼地方，待查。針塑庄，今花蓮縣玉里鎮光復里。

論走那一條路線都危險，已經到了無路可走的窘境。

　　最後，我對土目說，我決定冒險通過打訓社的地界向東部下降，無論如何要貫徹初志。土目和社蕃聽了我的話後非常驚訝，齊口說萬萬不可以去冒險，他們百般勸我向斗六方面回去。我再度向他們表達堅持前往的意思，蕃人們在無法把我勸退之下，不得已叫我今晚去一個耕作小屋過夜，第二天整天躲在那裡。我說，明天的事，明天再做決定。於是把我的日本草鞋和私人用品用油紙和舊報紙包起來，藏在屋子裡，當夜在土目家就寢。

　　第二天清晨，蕃人再三勸我趕快避難。我回答說，我要留在這裡觀察打訓社蕃人的模樣。這時連從東埔社一道前來的蕃人也加入勸解，叫我趕快躲一躲。

　　就在蕃人忙於把我勸退，我則堅持留下，一來一往的時候，午前十點左右，從對岸傳來了陌生蕃人高唱蕃歌的聲音，不久他們就會現身了！我從門口走出屋外想跟他們會面，老土目把我一把拉住，不停地說：「危險，危險！」，順手把我推入屋內，乾脆丟進木箱一般狹小的寢室內，用木板堵住寢室的門，不准我出去。

　　寢室面向屋前，所以我偷偷地從牆板裂縫窺視外面的動靜。不久一群二十七、八個蕃人醉醺醺地來了。其中一個容貌和身材魁偉，約莫三十歲的壯蕃，手裡提著一個人頭。原來這個人就是發誓要報仇的Aliman Siken，所提的是日本人腦丁北山音助的頭。在針塱六號腦寮工作的北山

在十一月二十五日，被這群打訓社蕃人馘首。打訓社蕃人乘勝巡訪大崙坑社所屬的眾小社，每到一處都大喝一場，今天來到土目家報喜。㉟

　　土目家也準備了很多小米酒慰勞打訓社友蕃。照這邊的蕃社習俗，馘首成功的蕃人因為禁忌的關係，不能隨便走進人家屋內，所以他們只在屋外享受酒菜的招待。

　　這時候，打訓社蕃人開始向大崙坑社及東埔社蕃人咆哮，雙方的爭吵越演越烈。他們所站的地方距離我藏身的寢室，大概有二十多間〔每間六尺，約一百多尺〕遠，我無法聽清楚爭吵的細節，但是聽到「可恨」、「想殺」、「日本人」等細碎語詞，而且這些語詞被反覆說過了好幾次。我不知道雙方爭論的結果是如何，反正午後四點左右，打訓社的蕃人回去了。

　　他們離開後，老土目和東埔社蕃人一道走進房間來，把我請到室外，對我警告說：

　　「剛才聽阿里曼的話，他帶眾蕃去獵日本人的頭，為坐牢病亡的大哥報仇了，但是回到蕃社後，想不到社內的蕃眾不但沒有高興，反而破口大罵說：『土目被害，怎麼僅僅割下一個卑賤的日本人苦力呢？太沒見識了！』阿里曼不甘受辱，立即出門，想再次出草，割下一個大人的頭帶回去祭拜亡兄　他們幸而聽到目前有一個日本人來到我

㉟阿里曼・西肯（Aliman Siken）是打訓社頭目拉荷・阿雷（Raho Ale）的弟弟。

們蕃社，以為天賜良機，還沒正式辦人頭祭以前，先來我們這裡討你這個大人的頭。阿里曼和我們見面時，不停地懇求我們把你的頭交給他們，不然他們沒有面目回蕃社，也無法撫慰蕃社眾蕃的悲歡。」

土目沙里朗繼續說：

「我正正經經地對阿里曼說：『你打聽出來的日本人就是Mori呀，難道你沒聽過這個人的名字嗎？Mori來過我們蕃社三次，已經是我們這裡的朋友，我不能答應你們的要求，把他的頭交給你們！這麼辦罷。兩、三天後Mori將離開這裡，到他所要去的地方，以後看看你們的手腕罷。』聽完，阿里曼和其他打訓社蕃人還是不肯讓步，講出不客氣的話，強要你的頭。最後，我本人生氣了，對他們大喝一聲：『你們真的要訴之於武力把這個日本人朋友拉走嗎？』這時候阿里曼猶豫了一下，留下一句話走了：『我們決定在途中埋伏，割下這個日本人的頭，你們大崙坑社的人不要陪他走！』」❸❻

大崙坑社蕃人力勸我不要停留在社內，因為阿里曼一夥人隨時會回來找我，勸我趕快沿山稜向郡大溪郡大社方

---

❸❻Mori是森丑之助姓氏的讀音，因為他常年出入於山地部落，個性隨和而在原住民間深獲人緣，被暱稱Mori，但是明治三十九年以前，森氏還沒到過打訓社及那一帶布農族部落，所以副土目阿里曼‧西肯還不認識他。後段談話描述森氏和阿里曼碰面和以後戲劇性演變。另外，「大人」是清末及日治初期普通老百姓對達官貴人的尊稱，也是僕人對主人的稱呼。森氏和志田兩人是民政局囑託，算是官員，又是大崙坑社的客人，所以頭目和社眾稱他「大人」。

面走，北邊的路比較安全。這個時候，我有一句話悶在肚裡不敢向大崙坑社友人透露，那是總督府近日內要興兵討伐郡大社的事情。我好像是啞巴吃黃蓮，只管堅持說，我要走計劃中的路線向東部下降。❸❼

我對土目說，明天就要出發。我的策略是畫伏夜行，現在正值月圓的日子，想利用月光行進於山路。我拜託土目派四名社蕃跟我走，預計兩天後會抵達蚊仔厝社（Maniton社），蚊仔厝社以後的路程，我會設法請當地社蕃帶路。❸❽

土目沙里朗和眾蕃人打住我的話，改用熱誠的口吻，

---

❸❼ 從大崙坑社前往郡大社避難，路途遙遠而且需要順著從秀姑巒山向東南延伸的太魯那斯支稜上攀，上至秀姑巒山後，沿著主稜到馬博拉斯山，從其西側陡降，沿稜縱走駒盆山山列，向西北方向的郡大溪下降，再沿郡大溪東岸的社路（日治後期改修為郡大溪理蕃道路），朝北到位於東岸的大社「郡大社」。郡大社是大崙坑社及東埔社等郡社群的祖社，彼此有聯絡。假如對社眾透露總督府即將征討的事，將會一發不可收拾，所以森氏好像啞巴吃黃蓮──有苦說不出。既然沒有好理由可講，只好堅持說照計劃走。森丑之助確是一條好漢，不信邪，不怕威脅，他要運用機智化解本人被馘首的危險。

❸❽ 蚊仔厝社名，森氏附上布農族原音Maniton，應該是指馬嘎次託溪（明治四十三年測繪的《蕃地地形圖》顯示マガツ溪，亦即蚊仔厝溪）東岸的布農部落Magatsuto社。譯註者於一九八七年九月至十月，為調查清代中路舊跡，連續從大水窟涉渡米亞桑溪、馬霍拉斯溪、馬嘎次託溪及塔洛木溪四大支流，在馬嘎次託溪兩岸發現古道石階群，但沒有發現明顯的部落遺址。日治大正年代日人開築的「八通關越嶺道」主線在南岸，未築路以前，南岸斷崖多，部落少，位於南岸的打訓社、伊霍霍爾社等較上游的部落群，利用開在北岸的社路（日治時代拓修為越嶺道支線）向玉里方面下降，而位於蚊仔厝溪東岸的蚊仔厝社，當時是半途上的一個中繼站，所以大崙坑社的友人勸森丑之助不要走此條道路。因為打訓社的社眾經常經由蚊仔厝向玉里方面出入。

勸我向北方撤退，絕對不可以冒進。我感謝他們的忠告，但露出頑固的個性，說：

「萬一我在路上和打訓社蕃人發生正面衝突，強勢的他們要我的頭，我就高高興興地獻上我的頭罷！」

身體魁偉，活像古代畫卷上所繪「酒吞童子」的沙里朗，立即爽朗地說：

「壯士快人快語，讚！我下令七個手下帶槍跟你上路。我叫蕃女們今天把小米舂好，馬上製作小米糕讓你們帶走！」**㊴**

十二月一日午夜時分，月出山頭，我和七個蕃人利用皎潔的月光出發了。首先，我們沿著耕作小徑迂迴前行，凌晨三點，通過打訓社和異骨社（Iku社）之間，朝向下世老社（Esiro社）繼續前行，天快亮時抵達一處山谷，在林中蔭蔽處塔建一間小屋，白天躺在裡面睡覺，夜半時分又出發，第二天清晨八點抵達蚊仔厲社，此時我們已脫離了危險地帶。**㊵**

我們在蚊仔厲社停留兩天，受到土目Manihon和社蕃的保護。十二月五日，一行人從蚊仔厲社出發，當夜投宿

㊴「酒吞童子」又稱「酒顛童子」，是日本古代傳說中的一個神怪人物，午夜時分扮鬼臉嚇人，劫走過路的婦女，遁入空中。森氏利用圖畫上「酒吞童子」又強壯又狂野的身段，形容頭目沙里朗的體形和性格。另外，古時候的台灣原住民把當天或第二天要吃的小米去殼，但不預先把帶穗的小米全部舂好。這是南島民族的習俗，平埔族也是這麼做。沙里朗命「蕃女們」立即舂小米，製作小米糕相送，這是部落主人對客人最高的誠意。

於異祿閣社（Iroko社），於六日抵達了卓溪社（Take Posiko），訪問卓溪社蕃務官吏駐在所。❹

　　駐在所的警察們看到了我，以為是我死後陰魂不散，突然出現於面前。一陣驚嚇後，他們搶著告訴我：

　　「台東廳研判你在中途被打訓社蕃人劫殺，台北那邊拍發了緊急電報，命台東廳立即組織搜索隊上山搜索，我們也正奉命做入山準備中。」

　　從山上來的蕃人不願到平地的璞石閣，所以我一方面酬謝從蚊仔厝社陪我下來的蕃人，請他們原路返回蕃社；另一方面吩咐駐在所警察安排平地腳伕來接我，同時派出一個使者前往璞石閣支廳拍電報報告平安。今天我在駐在所過夜。❷

---

❹依照明治四十三年一月測繪的《蕃地地形圖》，大崙坑社東邊第一個蕃社叫Iboku社，森氏襲用漢人通事所譯的異骨社，應該指Iboku社。下世老社未出現於新、舊地形圖上，從森氏行進方向來判斷，應該是Masisan社的位置，亦即馬霍拉斯溪東側的山腹。拉庫拉庫溪南岸屬於打訓社的小社群，包括Tadafun社、Moguravan社、Esiro社等，其中的Esiro社與北岸的Esiro（下世老）社，讀音相似，也許南岸的Esiro社是從北岸遷來的。

❹從大崙坑社一路橫渡眾多的拉庫拉庫溪北支流，繞行於山腹的社路，終點是卓溪社。此古老社路與清代開鑿的中路（八通關古道）東段大致平行，清代古道靠北，社路靠南，互不相疊，只在東端玉里山南側交叉一次。森丑之助深入內山「蕃社」間，都受到頭目和社眾照顧和歡迎。據譯註者分析，這是五個因素造成的：(一)森氏會講各族語言，在部落內用布農語交談比較有親切感；(二)森氏入鄉隨俗，很容易和部落人相處；(三)訪問陌生的部落時，身邊都帶著與此陌生部落友好或有姻親關係的布農人，部落主人自然地以禮相待；(四)森氏入山時從來不帶武器，也不帶大隊人馬，避免部落人發生戒心；(五)森氏以誠對待部落人，能夠融入部落生活，據實採擷民族誌資料，尊重部落的信仰及生活方式，不加以批評或蔑視。又，此段森氏和布農嚮導腳程快速，顯示原住民赤腳走天險的本領，也證明當年的社路較少崩坍情形，與百年後譯註者前往調查時所遇到斷崖連綿、山崩路失的情況，真是大相逕庭。

第二天（十二月七日），我從卓溪社朝向璞石閣下山，路上遇到一群平地腳伕來接應。怎麼他們全是日本人呢？據他們說，現在蕃情極為不穩，平地蕃和土人都不敢上山，過去二十天以內蕃人已出草八次，造成璞石閣一帶草木皆兵，人心惶惶。我走上璞石閣街頭，馬上感覺到異常的氣氛，嚇了一跳。

　　當時，璞石閣一帶的腦丁們已經嚇破了膽子，因為那年七月底起，太魯閣方面發生了屋伊里事件，很多日本人被馘首；接著在八月，位於萬里橋溪出海口附近的Malipasi製腦地被襲擊；如今，生蕃殘殺平地人腦丁事件已蔓延到璞石閣這邊。璞石閣附近的腦丁聽日本人業主拍胸保證，才勉強到山上的腦寮工作。原來，業主說：

　　「第一次和第二次發生在北方的騷亂，都是有黥蕃惹起的，第三次發生在璞石閣這邊的騷亂，是沒有刺墨的生蕃，向平地蕃及土人挑釁、尋仇所引起，請大家放心，生蕃不會給日本人製造麻煩。」

　　這些腦丁聽了之後恢復工作，但心裡的惶恐並沒有消

---

❷從山上一同下來的布農族不願意到平地的原因，是玉里方面已經發生布農族與平地種族間的流血衝突，不願意陪森氏到玉里，避免平地人報復。另一個不是很重要的理由，是在山中走好幾天山路，原住民衣衫簡陋，也沒帶來比較「體面」的衣服換穿。以前從事登高山者都體會過本身及原住民腳伕下到繁華都市時的窘境。明治三十八年起，台灣總督府殖產局增設「有用植物科」，開始進行全島植物調查，森丑之助是其主要成員之一，明治三十九年的探險活動，採集了不少植物標本與民俗標本，交給東埔社、大崙坑社及蚊仔厝社布農族，以接力方式揹下山來。到了卓溪社，布農族同伴要回山上，所以森氏需要平地腳伕來搬運。

除，卻沒想到從十一月起，凶蕃已在本地出草八次，每次都割下人頭。蕃人起初只割平地蕃的頭，日本人腦丁以為只要不殺日本人的話，還可以容忍，甚至有人替剛割下首級、正要回去的生蕃，準備酒菜送行，但是，他們萬萬沒有料到日本人的頭是下一個目標！**❸**

自從名字叫做北山音助的日本腦丁，被打訓社蕃人割下首級後，突然風雲變色，在腦寮工作的一千名左右腦丁，個個變成驚弓之鳥，很狼狽地紛紛丟下生產器具，從腦寮奔下山來，心有餘悸，怎麼說也不肯再上山，他們群情激憤，幾乎釀成一場暴動。

璞石閣這邊的人忽然看到我出現在街上的衙門，著實嚇了一大跳。據官員們早先所獲的消息，我已經在幾天前慘遭凶蕃的毒刃，斃命於山中。他們正要派出一支搜索隊，只抱著一縷希望，要確定遭難的地點，但不敢奢望把我救出。

更糟的是台北的警察本署及其他機構紛紛拍來電報，有的是在查問我的下落，有的是在指示應變措施。十幾通長文電報不是屬於「危急電報」，就是這裡未及覆電，那邊已接續拍來的「追尾電報」〔追蹤電報，追問處理結果〕。而且，我在山中斃命的消息，也驚動了北邊的斗六

---

❸「有黥蕃」指泰雅族；「沒有刺墨的生蕃」指布農族；「平地蕃」指玉里一帶的阿美族或平埔族；「土人」指玉里一帶的漢人，尤其是指客籍漢人。這些不同種族的人在腦寮工作，一律被稱為腦丁。

廳及東部的台東廳官員，無端地添加各有關單位的麻煩，使我惶恐萬分。

我單身走下東部的消息，至少給恐慌中的腦丁們一服安定劑罷。

不久，璞石閣支廳派遣總通事杜泗賓前往卓溪社，從社蕃聽取內山蕃人的傳言。據實地偵查所獲的資料，打訓社阿里曼・西肯一行人，打從我離開大崙坑社後，就開始追蹤我的行跡到最東邊的異祿閣社，共五天，結果白白地讓我逃逸，憤恨地咬牙切齒不已。回來後，總通事引用一句古語「大難不死，必有餘慶」，向我表達慶賀生還之意。

我下山的日子，比預定日期晚了五天，但是總算能夠走完全程，並且帶出沿途採集的植物標本及蕃情資料，覺得很欣慰。

**〔一九○八年〕十二月十一日夜，我和志田、鴻農兩君在荖濃溪溪底露營時，鴻農君對我說，他服務的斗六廳方面蕃地，現在還流傳著兩年前蕃情極端不穩、外界的人頻頻被馘首的時候，我闖越危機四伏的打訓社領地，活著回到璞石閣的「英勇故事」。他的話頓然勾起了懷舊之念，便向兩人談起以上的詳情。

本次南中央山脈探險期間，我們無論到大崙坑社，或到下世老社、大里渡社〔Take Rito，今利稻〕，都聽到蕃

社內迄今仍流傳著我的故事。也就是說，我的故事蔓延到北起斗六廳蕃地，南迄於台東廳蕃地，南北直徑約三、四十日里的廣大範圍內，我沒想到各蕃社的人竟然都知曉這件事！

想起來這是很自然的現象。蕃地不像平地有看戲、看小說之類的娛樂，唯一能吸引蕃人的，是發生於蕃地的特殊個案，眞實的故事在蕃人之間口耳相傳，變成家家戶戶津津樂道的傳奇故事。

十二日清晨，我們從露營地出發，先過溪，然後沿著從中央山脈延伸過來的支脈〔從大水窟山伸向躑躅山的支稜〕上升，大部分沿著吳光亮所開的古道走，午前十一點抵達中央山脈分水嶺。這裡地勢平闊，彷彿是另一個八通關草原，中央有個凹地，積水成池，蕃人說地名叫Kappohan，漢人稱之爲大水窟，海拔高度測得一萬一千尺。

我們爬上南側高山〔指南大水窟山，海拔三三九九公尺〕觀測，但濃霧中視野不開，不得已延到明天再做，沿著古道走到冷杉林中烤火過夜。半夜裡下了一陣冰雹，林下又濕又冷，久久無法入睡，只好起身烤火待旦。

天亮後，但見分水嶺上的大水窟草原變成一片銀白世界，原來是昨夜降下的冰雹都停留於灌木葉尖及草葉上，一夜之間凝結成白燦燦的珠串，好像地上舖滿鑽石一般，在旭日照耀下映出斑爛光彩。

因為南側高山是重要的觀測據點，今晨再度登上，完成附近的觀測。我們從此改走蕃路，向分水嶺東側的大崙坑社下降。

從分水嶺到海拔九千尺處，是沿著東南支稜急降，從九千尺起蕃路繞到支稜北側的林中，降到七千尺處，就遇到耕地，在六千五百尺處開始看到蕃屋，土目沙里朗的家在海拔五千五百尺的大崙坑〔米亞桑溪〕溪畔。抵達時間是十二月十三日午後三點。❹❹

沙里朗於幾天前帶一群社蕃去狩獵而不在家，但是他的家屬很親切地招待我們。大崙坑社目前有兩個通事，一個叫林章，另一個叫杜阿里萬，都是日本領有台灣以前就落籍於蕃社的漢人，阿里萬的母親是蕃人。兩年前我來的時候，這兩人因事到斗六廳方面，這次我們來的時候，阿里萬在家，所以請他到沙里朗家來和我們見面。❹❺

不久，蕃人陸續從耕地回來。我們向阿里萬和一、兩個蕃人問起以後的路況，以及會不會碰上沿路蕃社的祭期。他們回答說，沿途的蕃社都很平穩，應該不會碰上祭

---

❹❹森氏在東埔社四男三女的嚮導隊帶領下，從八通關起走清光緒元年開鑿的中路（八通關古道），但從大水窟分水嶺起改走「蕃路」至大崙坑社。理由是清道取正東的短稜急降，而且不經過大崙坑社，所以改走布農族常走的社路，偏向東南稜下降。一般來講，原住民不喜歡走清人所開的路，新開的道路容易崩壞，不像「蕃路」結實；清道遇陡坡時都築造石階，原住民和今日的攀登高山者一樣，不喜歡走石階路，石階路反而不好走。

❹❺日本領有台灣以後，清末留下來的通事，已喪失原來的功能，但照樣地出入於山地部落，或娶原住民女子為妻，常住於內山部落，做山產交易的工作。

期中的蕃社，所以大家都放心了。我們參考他們的意見，做成了行程計劃表。**㊻**

　　十二月十四日我們留在大崙坑社，整天清理已打濕的行李和衣服。依照所計劃的行程表，十五日經打訓社到下世老社，十八日可以抵達大里渡社的分社巴丁具流社〔Vatsingul社〕，十九日可以抵達霜山木社或大崙社，二十一日或二十二日左右，應該能夠抵達最後一站——荖濃溪畔的雁爾社。

　　至此，已延誤了四、五天，爲了緊急通知台北警察本署及蕃薯寮廳，我於十三日晚上寫好了電文及書信，十四日早晨派一名東埔社蕃人持信跋涉原路到林圯埔〔*南投縣竹山鎮*〕，交給電信支局拍電報，告知有關機關行程延誤，無法如期下山的狀況。這個布農使者走了十天艱辛的山路，於十二月二十三日才抵達林圯埔，而信件被有關單位收到時，已閱歷「六菖十菊」的時日，剛好是我們探險隊安全抵達雁爾社的次日！

　　十二月二十六日《台灣日日新報》刊登的拙文〈奧の奧の蕃社より〉，就是我於十二日十四日交給使者帶到林

㊻森氏和鳥居龍藏曾經在南部排灣族及中部布農族、鄒族部落遇到祭期而延誤行程。本次南中央山脈探險的第一階段，也在達邦社因祭期而多住了四天。嚴格地講，祭期中人人嚴守部落禁忌，外地的人不能進入，祭期開始以前已進入蕃社的外地人不能離去，當然蕃社內的人在祭期中不能遠行。森氏所擔心的是途中所要通過的部落，萬一已進入祭期，那麼不但不能借宿，還有可能觸犯禁忌的顧慮，不得不先問個清楚。

坵埔寄出的信。**㊼**

大崙坑社的社蕃對我們說：「再過幾天，我們就有祭祀活動，你們玩一玩再出發罷。」

我謝了他們的隆情厚誼，但不能再延誤下山的日子，在細雨濛濛中動身。我們沿著東南邊的山腰迴繞，正午時分抵達打訓社。**㊽**

土目阿里曼·西肯走出蕃社外面歡迎探險隊員。他滿面笑容，撫摸著每一個隊員的背部，藉以慰勞遠來的我們這些客人。他用蕃語說：「Mashiyare！Mashiyare！」

我們告訴他要去下世老社，然後轉往大里渡社。他熱誠地回答說：「那麼，我明天帶手下蕃人到下世老社揹運你們的行李，到大里渡社罷。」**㊾**

啊！前年曾試圖追殺我的敵人，現在正在他的蕃社熱烈地款待我！任何人一生的遭遇，沒有比這件我親身經歷

㊼〈奧の奧の蕃社蕃より〉可以意譯為〈寄自最深入內山的蕃社〉。從派遣使者由中央山脈東側翻越中央山脈回到平地拍電報這件事，可以讓我們瞭解森丑之助思慮周密，行程事先有計劃，延誤數日即想盡辦法通知接駁單位及主管單位，以免對方操心。另一方面，使者走十天山路到平地拍電報，也讓人驚嘆布農族的強大活動力，單人橫跨山脈又連續翻山涉溪，算是家常便飯，勇氣與體能只有喜馬拉雅山山區的雪巴族差可比擬！

㊽森氏一行人從米亞桑溪東岸，沿著太魯那斯支稜的稜尾西側，向米亞桑溪和拉庫拉庫溪匯流點的斷崖峭壁下降，橫渡主流到對岸的小社Tadafun社（塔達芬社），然後向南直下打訓社本社。這條「蕃路」最原始而且最艱險，本來就是南、北郡社群的交通要道。從森氏等人首次在布農族帶領之下走過了以後，迄今將近一百年，甚至登山隊都未曾嘗試。米亞桑溪匯流點今日已變成崩坍最嚴重的地段，甚至後來築成的「八通關橫斷道路」米亞桑段也不通了。

的事更神奇的了！事實比小說更奇！兩年前晝伏夜行才僥倖逃出魔掌，當時萬一有細微差錯，我早已被阿里曼馘首，我的首級早已被放在他家的頭骨架上，那有今日的我？

我們從打訓社出發，通過「蕃橋」〔用藤條製成的藤橋，或用原木橫跨於溪流上的木橋〕後，溯行〔拉庫拉庫上游南支流〕至右手可以望見異骨社的溪邊，遇到一個漢人通事帶著一個蕃人來到路上迎接我們。原來是住在下世老社的通事，名字叫陳曲來。我們在他引導之下繼續前行，午後四點來到下世老社，在陳曲來家過夜。這裡海拔五千六百尺高。❺⁰

十二月十六日是個晴天。一大早就看到阿里曼從打訓

---

❹⁹森丑之助編著的《布農蕃語集》將這個語詞寫成マシヤレ（Mashiyare），說布農語的含義是「吉」，又作「善」解，在這裡可以意譯為「辛苦了，歡迎你們來！」本段原文把阿里曼稱為土目，因為他的大哥去世以後，他繼承打訓社頭目的地位。七年後的大正四年（一九一五年），阿里曼帶領眾多部下殲滅打訓社及喀西帕南社的兩處警官駐在所全體日警，世稱「大分事件」及「喀西帕南事件」，可見阿里曼的強勢角色展露無遺。事件發生後，他和另一個哥哥——拉荷‧阿雷（大分七社總頭目及抗日總指揮）退守拉庫音溪上游的塔馬荷社繼續抗日十八年，其間，阿里曼首先向東部日警靠攏，移居平地，但是，二哥拉荷‧阿雷繼續死守天險抗日，至昭和八年（一九三三年）才答應以「簽訂和約」的名義歸順。請讀者注意本段敘述阿里曼的態度，與兩年前要追殺森丑之助所顯示的仇恨態度，判若兩人，加上後日的發展經過等，都襯托出阿里曼變幻莫測的性格，為研究民族心理者提供極佳實例。明治三十九年的腦丁被殺及打訓社蕃人無故受害而引起的仇殺事件結束後，山地似乎又恢復平靜，所以明治四十一年森氏直接往訪打訓社時，受到熱誠歡迎與幫忙，譯註者思考很久，仍無法判斷為什麼有這麼大的改變？明治三十九年至四十一年間，發生了什麼事，使平地玉里一帶與山地打訓社一帶恢復到相安無事的狀態？待查。

社帶來幾個蕃人，要幫我們揹行李。爲什麼阿里曼要獻殷勤呢？我偷偷地向一個熟悉內情，而且一路從大崙坑社陪我們來的蕃人打聽了。他說：

「當時阿里曼和手下的蕃人判斷，你只有兩條路可走——一條是朝北方退回斗六廳方面，另一條是退避於大崙坑分社之一的Iwuno社附近，所以阿里曼把手下的蕃人分成兩組，在你可能走的路上埋伏，要割下你的頭。但是，也許是天意罷，他們沒有料到你反而決定從最危險的打訓社領地通過，東下璞石閣。坐失良機的阿里曼，當時非常生氣。但是，現在雨過天晴，幸虧當時沒有逮到你，不然怎麼會太平無事呢？阿里曼深知這個道理，爲了抵償罪過，要替你揹行李到很遠的大里渡社去的啊！」❺

我腦裡估算，幸虧阿里曼等人要送我們到大里渡社，到了大里渡社，等於完成前程的一半，以前每天在擔心的事已迎刃而解，大大地放心了。在這裡我請大崙坑社蕃人和通事阿里萬，只送我們到這裡。

從下世老社起，我們在打訓社蕃人、下世老社蕃人，以及下世老社通事陳曲來的引導下，朝向西南方的中央山

<hr>

❺⓪ 明治四十三年一月測繪的《蕃地地形圖》，未顯示異骨社（Iku），但顯示隸屬於打訓社的其他許多小社，分布於溪流兩岸山坡。異骨社可能是從拉庫拉庫溪北岸遷過來的小社之一，戶數不多，所以地形圖上沒有加以標示。下世老社是這打訓七社中最南端的小社，其位置顯示在《蕃地地形圖上》。明治年代，甚至最深入內山的部落中，都有漢人通事定居，值得研究。

❺ 明治四十三年一月及以後的《蕃地地形圖》未顯示Iwuno社位置。據譯註者判斷，大崙坑社的小社應該都集中在米亞桑溪岸，Iwuno社可能在西岸。

脈攀登。52

我們離溪後，通過海拔七千尺高的耕地，繼而穿過檜木林，到了海拔九千尺高處，就進入台灣雲杉林，爬到海拔一萬尺高的山脈主脊時，映入眼簾的全是草生地，只有些許冷杉和松林點綴於低窪處。海拔一萬零六百尺高的一座山頭，有一個小水池，池旁建有獵人的一間石室，今夜就在這裡過夜。這裡蕃名叫做Subatowan，位於中央山脈主脊上，距離北邊主脊上的大水窟水平距離七日里處。53

我們從十二月十三日在大水窟高地〔指南大水窟山〕開始觀測以來，一直到今天在南方高地再次作了充分的觀測，已完全明瞭荖濃溪源流的流路與去向。

過去被認爲是東部秀姑巒溪源流的荖濃溪，發源於新高山中峰〔玉山主峰〕，東流至八通關，於八通關南側匯合幾條從中央山脈流下的溪流，以大迴轉的身段迴繞至「新高東山南麓」，流經關山西麓，成爲荖濃溪主流，向西南流下。換句話說，新高山西側的溪水流入楠梓仙溪，東側的溪水則流入荖濃溪，兩溪都向西南蕃薯寮廳方面流下，匯成下淡水溪〔高屏溪〕，注入西海〔台灣海峽〕，因

52從拉庫拉庫溪南支流南岸的下世老社出發，「朝向西南方攀登」。從新、舊地形圖上研判，可知森氏一行人與布農族嚮導，是沿著伸向西南方的源流上溯至南雙頭山南鞍，然後沿著山脈主脊逐峰縱走到南橫公路埡口方向，從此沿新武呂溪前往利稻的。

53有些山頭凹地積水成池，這種雨水池的水，或盈滿或乾枯因季節而變化。從森氏的描述推斷，一行人露營於南雙頭山東南方幾座高度約三千至三千一百公尺高的山頭之一，但無法確定是那一個。

此，新高山的水甚至一滴也沒有流入東海〔太平洋〕！❺❹

　　過去一般人也把新高山當作中央山脈分水嶺，以爲其東側屬於台東廳管轄區，但現在我們已完全能夠確定新高山並非座落於中央山脈上，它只是從中央山脈西伸的支脈上。如果把中央山脈當作西部嘉義廳與東部台東廳的廳界，那麼地理上新高山與台東廳毫無關聯。❺❺

　　曾文溪上游是嘉義廳與蕃薯寮廳的天然分界線。以前的人以爲新高山是西部蕃薯寮廳與東部台東廳的廳界，但自從荖濃溪的流路與去向被發現後，新高山與中央山脈間的山谷，就成爲蕃薯寮廳的範圍，八通關也成爲北邊斗六廳與南邊蕃薯寮廳之間的廳界，而斗六廳與台東廳之間的廳界也應該移到中央山脈分水嶺了。「新高東山」一直被初登者稱爲「台東新高」，這個別稱顯得很不妥，以後應該改稱「新高東山」，或從蕃薯寮方面自行稱爲「蕃薯寮新高」。❺❻

---

❺❹這是台灣地理學探險尚處於黑暗狀態時第一個重要的發現。現在已有精密的地形圖和航照圖，一般人知道發源於玉山東北側的荖濃溪源流的流路與去向，但是明治四十一年（一九〇八年）以前，玉山東側的地形觀測與測量尚未展開，森丑之助和志田兩位，用徒步方式環繞玉山山脈一周，並從中央山脈大水窟及南二段南雙頭山一帶做詳細觀測，才解明這個地理學上的謎題。實地踏查的過程是後學者最佳的典範。本段文字說明顯得有點不精確，原因是當時玉山南峰以及南方南玉山等各山峰的名稱還沒確立，測量也還沒開始，所以森氏說「迴繞至玉山南麓」是自然的結果，我們只要瞭解他的意思就夠。

❺❺當時玉山和南北各峰自成一支山脈的概念尚未產生，森氏解釋玉山是中央山脈西伸的支脈上高峰，算是比傳統的想法，至少跨了一大步。

十二月十七日又是一個大晴天。我們從Subatowan營地出發，沿著中央山脈主脊，踏越高高低低的山峰，最後來到距離昨夜營地三日里半南方，此地海拔一萬一千七百尺〔似乎是海拔三六○○公尺高的向陽山南坡，稜脈在此分岐〕。

在這裡再度進行地形觀測後，取道東南方向下降，於九千五百尺處穿越針葉樹林，於八千一百五十尺處進入檜木林，林中發現一間蕃人所搭建的獵寮。午後四點卸下行裝，在獵寮旁「野宿」。此地蕃語叫Tashidaitan。❺❼

十二月十八日，晨起濃霧蔽天，又下起雨來。冒雨朝西南前進，附近有鬱蒼的針葉林。我們已經離開中央山脈了，涉渡一條溪，溪兩岸都是綠泥片岩，溪水碧青。爬上對岸一條東南走向的支稜，穿越大森林。這邊的針葉林，

---

❺❻這些玉山衛星峰的別稱，在日治晚期就消聲匿跡，不再被使用。本段最後一句的意思，是地理區域上玉山南側與東側，亦即荖濃溪流域，已屬蕃薯寮廳，當地人可以逕行稱呼「新高東山」（即玉山東峰）為「蕃薯寮新高」（即位於蕃薯寮廳界內的玉山東峰）。

❺❼森氏當年探險時似乎沒有攜帶帳篷，沿途借宿於獵寮或石洞內。從他的敘述和鳥居龍藏的文章，隨處用「露宿」、「野宿」字眼，可以推知探險隊晚上通常圍著營火睡在地面，身上只蓋一張毛氈。鳥居博士曾說：「晚上蓋一件毛氈，起床時發現毛氈已沾滿露水。」獵寮通常很小，頂多只夠四、五個原住民獵人躺下來，圍著火堆睡覺。隊伍抵達過夜處，經常是天黑了，或者下著大雨，已來不及搭建臨時草寮，這時候大家擠在獵寮內半躺半蹲地烤火。沒有下雨的晚上，原住民在寮內，隊員在寮外露宿。最重要的原因是獵寮、山洞或草寮，獵人常用以睡覺，獵狗也在裡面，同時寮內也是烘烤獵肉的地方，所以是跳蚤的温床，非獵人者會被咬得全身紅腫，整夜難眠。探險隊或登山隊成員都寧願在獵寮外面烤火露宿，或搭起帳篷睡覺。獵人宿夜處都有水源，所以隊伍都選擇獵寮或有人使用過的石洞當宿夜處。

大部分是屬於高海拔地帶的台灣雲杉和鐵杉，尤其台灣雲杉枝幹高大，有些胸圍達三丈寬。

從海拔八千七百尺處起，向下急降到七千七百尺處，看到另一間獵寮。密林中雨下得更密，雨霧中視野不到五、六間〔三十多尺〕，走在後面的人看不清前面的人，互相呼喚以免迷失方向。突然，前方響起一發、二發、三發槍聲，隨後傳來狗吠聲，猜想是獵人在射擊才放下心。

當時，我們的探險隊和蕃人腳伕都沒帶槍枝，同行的蕃人只帶簡單的弓箭射鳥，不是武器。原來，同族的人來往於族親的蕃社是不攜槍的。實際上，從東埔社陪我們到大崙坑社的蕃人、從大崙坑社陪我們到下世老社的蕃人，以及從下世老社起陪我們走的打訓社、下世老社蕃人，都沒有帶武器旅行。我們在海拔七千五百尺小徑上，看到一個獵人拿著一支槍在那裡休息。他說，他是霜山木社的人，除了他以外，還有很多同伴正在追捕水鹿，又說從今天算起再過四天，霜山木社就進入祭期。❸

從這裡起，蕃路陡降，海拔六千五百尺一帶有很多茅草，不久來到耕地。很多蕃人冒著雨整地，準備播種小米。他們臉上露出驚愕的表情，因為活了一輩子都沒看過日本人到他們那裡來。午後二點，我們來到大里渡社的分社──巴丁具流社，海拔五千五百尺。

巴丁具流社附近林中有很多「大實櫧」〔一種殼斗科

植物〕，布農蕃語叫做Vatsingul，所以蕃社名是巴丁具流社。大透仔火社的蕃名是Sasibe（一種山中野生的芒果），所以蕃社原是用土產果實命名的。明天要去的霜山木社，因為位於兩溪合流點，所以蕃語叫做Masuboru，意思是「合流」。大崙社位於山頂附近，所以蕃語叫做Take Rurun（位於山上的蕃社）。

一行人今天在巴丁具流社通事杜阿秋家過夜。杜阿秋是大崙坑社通事杜阿里萬的哥哥，今天適巧不在家。今天晚上商量的結果，決定明天探險隊在下世老社通事陳曲來，和一個蕃人陪同之下前往霜山木社，其他來自下世老社和打訓社的蕃人，明天和我們分手，循原路爬中央山脈回去。明天起陪我們走的蕃人，在本社〔巴丁具流社〕補充。今夜大雨，有點擔心明天的行程。

十二月十九日，大雨未停。阿里曼‧西肯和他手下的蕃人向我們揮手告辭。探險隊在新雇用的巴丁具流社蕃人們陪同之下，通過他們的山坡耕地，向南方下降到Silk

---

❸本段森氏的敘述內容，有點費解。他說同行的布農朋友都「空手」（沒有帶武器）。不過，依照譯註者與原住民登山、探勘的經驗，早期的原住民朋友都帶槍上山，把重背包或背籠揹在身上，一隻手握著槍，腰部蕃刀不離身。即使是晚近年代，為登山隊揹行李的原住民「腳伕」，也帶刀，因為刀是野外生活必備的生活用具。記得譯註者由魯凱族朋友陪伴到霧頭山南側的聖地拜謁時，同行的魯凱朋友依照古例帶槍前往，以示對祖靈的尊敬。照森氏的意思，把「空手」譯為「沒有帶武器」。另外，原文說森氏一行人看到「一個蕃人拿著一支槍在那裡休息」，可譯為「……蹲在那裡休息」。按平地人休息的時候多半是坐下來，或暫時站著休息。但據譯註者的觀察，以及從森氏、鳥居氏等人早期所拍的照片，原住民在野外休息的時候，差不多都是蹲姿，未漢化的平埔族也有同樣的生活習慣。

溪，海拔三千一百尺，在溪床遇見五、六個陌生的蕃人。

我問他們：

「雁爾溪頭社的蕃人有沒有來大崙社？」

「有。七、八天以前土目哈伊斯帶三名手下蕃人來大崙社。據說，他們一聽到日本人下山的消息，會馬上去霜山木社迎接。」**❺**

我們過溪〔新武呂溪〕後上坡，繼續朝南方走，來到海拔四千三百尺高處，看到對面山上平坦，點綴著很多蕃屋，它是大里渡社本社，從其中一戶升起的一面旗幟迎風飄揚。同行的蕃人說：「那是大里渡社，幾天前社蕃下山到新開園取了一個平埔蕃的首級，因為舉行馘首祭才升起那個旗幟。」

現在我才瞭解為什麼打訓社土目阿里曼・西肯不肯陪我們到大里渡社的原因。他早已聽到這個消息，有意避開別社的馘首祭。**❻**

繼續繞著山腹折向東南下溪。海拔四千四百尺處有一戶蕃屋，我們已經來到霜山木社的範圍了。從此再下另一

---

❺位於東部新武呂溪的部落範圍內，遇到陌生的布農人，就可以打聽到中央山脈西側雁爾溪頭社的頭目有沒有帶手下來訪問。這件事可以從兩個角度解釋。第一，當年的布農族活動力強，走幾天山路橫越山脈到有姻親關係的部落訪問，再走幾天山路回去，對他們來講，好像我們平地人在市區訪問朋友一樣，是很平常，很輕易地做得到的事。平地人與山地人對距離的遠近，用不同的尺寸衡量。第二，山地部落間的空間距離很大，表面上看來沒有互通消息，但是人際關係比較緊密，也因為平時都有人在山路或獵徑上走動，任何芝麻小事，或風吹草動都逃不過他們的耳目，很快地傳到遠方的部落。

條溪，溪底高度測得海拔三千九百尺。溯溪而上，不久遇到垂直峭壁，高約一千尺，其下方是一個深潭。我們叫帶路的蕃人涉水過去，他們發現溪水太深，不要說涉渡困難，恐怕游泳都成問題。

峭壁下，深潭邊，只剩下二十間的距離很難繞過去，我們不願意為了避開這一段險崖，還要再與蕃人一起高繞峭壁上端。於是志田君走在前面，在斷岩下方近潭水處匍匐前進，我緊跟在後。突然志田君滑了一跤，全身掉進深潭了！在一陣驚叫聲中，看他頭部浮在水面上，盡量移動到崖腳，我伸出登山手杖，在兩個蕃人協助下，把他拉起來。幸虧志田君很快地讓身體浮起來，不然，他早已被捲入漩渦中，葬身潭底！

我們隊員只好跟著蕃人嚮導高繞千尺高的峭壁，朝向溪畔下降，然後沿溪溯行，不久爬上右岸〔南岸〕山坡耕地，抵達霜山木社，海拔五千四百尺。今天投宿於通事張坤的家。**⑥**

社蕃說，原來在大崙社等候探險隊的蕃人〔指雁爾溪頭社頭目和部下〕，已經無法再等下去了，六天前才離去。我在霜山木社交涉雇用腳伕的事，但是大後天起霜山

---

⑥ 大里渡社的布農人下山到新開園（台東縣池上鄉錦園村）割取平埔族的頭，頭顱帶回部落後立即舉行馘首祭。馘首祭是專為新獲的首級舉行的祭祀，把新鮮的首級安置於頭目家，或直接下手砍取首級者的家前院，大開酒宴，以歌舞祝賀馘首者凱旋回來，並供祭敵靈，使敵靈的神力守護部落；同時在部落高處升起馘首旗，對外宣示英勇並收威嚇的效果。

木社即將進入祭期，蕃人都很忙，無法受雇。於是，我們決定到霜山腳社交涉，請幾個本社蕃人帶我們過去。**❻❷**

　　兩社間的距離只有半天行程。明治三十七年（一九〇四年）十月，南部「四社蕃」掀起動亂時，霜山木社和霜山腳社蕃人，竟然祕密下山到荖濃溪參加暴亂，雖然四社蕃和他們是敵對關係。因爲霜山腳社也即將進入祭期，而且曾經有反抗日本官憲的歷史事實，他們是不是眞的願意受雇，我不敢樂觀。

　　我們決定讓從下世老社陪我們前來的通事陳曲來和蕃人，從這裡回去。這裡的霜山木社通事已經是六十多歲的老人，無法陪我們走，於是拜託他的兒子給我們帶路。張坤的兒子名字叫「蕃薯」，他出生於蕃社，所以精通蕃語，蕃化很徹底。幸而他不忍心婉拒我們的央求，爽朗地答應明日帶我們翻越關山到西部荖濃溪溪畔。

　　十二月二十日，微雨中從霜山木社出發，走向西邊的

---

❻❶探險隊橫渡新武呂溪，沿著南支流（馬斯博爾溪）上溯至兩條支流合流點上方尾稜上的Masuboru社（霜山木社）。依照《高砂族調查書》有關「蕃社概況」的記載，Masuboru社位於中央山脈關山與海諾南山間向東傾斜的支稜尾端，四周是樹枝一般分叉的支流，分爲幾個小社分布於河階上，距離南橫公路利稻警官駐在所（即利稻中心點）西方三日里多處，冬季降霜，附近山稜縱橫，溪流迴繞，氣候溫和。

❻❷霜山腳社的布農語社名，森氏用日文平假名註明爲「まいふうま社」（Maifuma）。他的《布農蕃語集》記載：「霜山腳社的蕃語社名叫メフマ（Mefuma），又叫スパラナン（Suparanan）或タタアリ（Tataali）。那麼，Mefuma（或寫Maifuma）社應該是指霜山腳社本社，其他Suparanan社及Tataali社則是小社。霜山腳社的位置比霜山木社高，而且更接近冬季積雪的關山（海拔三六六六公尺），由此推斷，所謂「霜山」應該是指此南台霸主──關山。

另一條溪下降，溪底高度是四千二百尺，這裡也是一個 masoboru（合流點），分別從南邊及西邊流過來的溪水在此匯合，過溪後向西方爬陡坡，越過海拔五千七百尺高的一座山，然後下到五千二百尺高的溪谷，過溪後再上陡坡，爬到六千五百尺高的平坦山坡地，看到蕃人的耕地，這裡就是霜山腳杜〔Mefuma社〕，投宿於土目Aran的家。抵達的時間是中午，雨勢越來越大。

在霜山木社聽到的消息沒有錯，這裡的蕃人正忙於釀酒，據說再過五天就進入祭期，因而社蕃都說沒有辦法陪我們走。我們知道西出關山再回來，一定超過五天，他們不可能在祭事開始以前趕回來。我們很誠懇地再三拜託，最後社蕃勉強同意明天給我們帶路。

最後一程的蕃人嚮導與腳伕已打點完畢，交涉過程很順利，使我大大地放心了。這時候我心中的快樂已達極點，無法以筆墨形容。

十二月二十一日，早晨在張蕃薯及霜山腳社蕃人帶領之下，冒雨出發。因為目的地是屬於蕃薯寮廳的其他蕃社，這裡的蕃人個個都帶一支火槍，全副武裝同行。隊伍朝向位於西南方的耕地，穿過針葉林帶，爬到海拔九千五百尺高的一間蕃人獵屋，獵屋在「關山」直下的地方。

我們沒有停留，繼續上坡，通過鐵杉林，急登頂上有開闊草生地的「關山」絕頂，海拔一萬零八百尺，山名叫做Sorun，東部漢人所稱的「霜山」，也許是Sorun的台語

音譯字。**❻❸**

　　從關山〔*海諾南山*〕循山脈主脊往西南縱走約三日里後，雨霽，得以進行最後一次的地形觀測。透過西側雲煙的空隙，可以展望到更遠的海洋，荖濃溪近在眼前，蛇行於腳下，頓時我感到無比的興奮與快樂，幾乎忘記了連日來翻山涉水的勞苦。

　　我們已來到海拔一萬一千尺高的一個山頭〔*小關山*〕，這裡是位於西南往浦來溪〔*寶來溪*〕、西往大透火社稜線的分岐點。我們沿著西稜朝大透火社的方向前進，在一片鐵杉林中發現一間獵寮，今天就在此過夜。**❻❹**

　　十二月二十二日放晴了。從露營地出發後，朝西北大透火社的方向下降。這裡已經是針葉林的盡頭，從此走入闊葉林中。**❻❺**

　　到了海拔六千尺處，從下方傳來講話聲，走近時，看到根間警部補帶雁爾駐在所的部下到路上迎接我們，他們慶賀探險隊平安回來。

---

❻❸探險隊在關山一帶最靠近中央山脈的最高部落Mefuma社布農族帶領之下，沿著馬斯博爾溪上游，從海諾南山向東伸下來的支稜攀登。森氏說一行人登上海拔一〇八〇〇尺的山峰，認為是「關山」。譯註者仔細研判舊《蕃地地形圖》，並參考行進方向的描述：「從Mefuma社朝西南方爬坡」，認為他們沒有採取關山東南稜，而是直接採行海諾南山的東稜。按關山標高三六六六公尺，海諾南山三一七四公尺，森氏所測的山上高度是一〇八〇〇尺，約等於三二四三公尺，與關山的高度相差太大，所以森氏一行人似乎登上海諾南山，而不是關山。另外兩個理由是東、西部越嶺路用不著盤繞到關山絕頂那麼高的地點，越嶺路會選擇較低的鞍部或山頭，海諾南山是比較像越嶺點。譯註者記得原住民朋友告訴我海諾南山有越嶺路。以上猜測有待將來我帶隊前往查證。

大夥兒沿蕃路下到大透火社，在蕃社內吃午飯，飯後繼續下降，經過雁爾溪頭社的耕地，一口氣降到海拔只有二千五百尺高的荖濃溪溪底。隊員和隨行的蕃人共浴於溪中洗掉征塵，午後三點安然抵達雁爾蕃務官吏駐在所。**⑥⑥**

回想起來，我們是上個月（十一月）二十八日從這裡起程，歷經阿里山蕃地，爬上新高山，翻越中央山脈後沿山脈東側南行，回到山脈縱走，再次翻越中央山脈到西部，也就是說環繞「新高山」〔玉山山脈〕一周後，回到原來的出發點，全部行程費時二十五天。

如果細算各段行程，大概是這樣的：從雁爾社，經阿

---

⑥④「海拔一萬一千尺山頭」指小關山，海拔三二四○公尺。越嶺路從海諾南山南下，至小關山折西，沿著透仔火山的的支稜下降。現在有美壠山林道大致上順著支稜，伸向小關山。森氏一行人從巴丁具流社、霜山木社、霜山腳社一路西南行，越過中央山脈分水嶺的海諾南山，南行至小關山再向西下降，可以說是連結新武呂溪與西部荖濃溪的最短路線。在這裡我們發現三點重要信息：第一，東部新武呂溪與西部荖濃溪間的舊越嶺路走向，與今日的南橫公路走向，完全不同。早期的布農族走森氏與霜山腳社布農族走過的這條舊越嶺道。南橫公路的前身「關山越嶺道路」，是直到昭和二年（一九二七年）才開鑿的，開鑿以前似乎不是主要的布農族越嶺道。第二，橫越海諾南山、小關山的舊越嶺道，其沿線到處有布農族部落群、耕地與獵區，自然地形成一條族群彼此來往的孔道。第三，因為明治年代以及更早的年代，東部的布農族不走毫無人煙，只有高山聳峙的「關山越嶺道」，而走他們古老的小關山越嶺道，因此，從南雙頭山、三叉山一路循主稜南下的森氏探險隊，沒有從現在的關山以北「關山埡口」向西部下降，寧願先向東部新武呂溪下降，再循古越嶺道爬回中央山脈主稜，由小關山向西部下降，目的地是荖濃溪溪畔的雁爾社。森氏一行人的目的是玉山山脈東側與南側的觀測，從中央山脈向東部利稻方面下降，根本不能觀測，但他們非如此做不可，其理甚明。

⑥⑤以上各段原文有時寫透仔火社、大透仔火社或大透火社，指同一個部落，叫Sasibe社。

⑥⑥雁爾溪頭社和雁爾社都是雁爾駐在所管轄地。探險隊抵達駐在所，等於走回原來出發之地，完成了全程。

里山蕃地登新高山，下至八通關，這段「直線」距離〔水平距離〕差不多有四十三多日里；從八通關登上南中央山脈南行，回到雁爾社，這段距離有六十一日里半。表列如下：

八通關至大崙坑社	十一日里
大崙坑社至下世老社	八日里
下世老社至巴丁具流社	十九日里
巴丁具流社至霜山木社	六日里半
霜山木社至霜山腳社	三日里
霜山腳社至雁爾社	十四日里

以上我們一共跋涉了一百多日里的艱險蕃路歸來。**❻❼**

本來我計劃要繼續探險內本鹿方面，然後向東部下山，但是偏巧碰到「台東事件」，不得不中止後續計劃。**❻❽**

現在，讓我談一談此行在東部所看到的森林和地質概況。

---

❻❼我們不知道森氏所列各段日里數，是根據地形概念圖，或根據原住民的推測，或用其他方式推測出來的。他說二十五天的山野跋涉，一共走了一〇四日里（大約等於四〇八公里），平均日行十六公里。不過這個數字應該把探險隊在祭期中等候四天，以及在部落休息的日數考慮在內，那麼譯註者猜想森丑之助等人，每天平均走二十公里或多一點。

前年〔明治三十九年〕從八通關橫越中央山脈到東部時，我發現了令人驚異的大森林，對外發表這大森林對將來的森林經營很有希望。本次南中央山脈探險，我再次很興奮地證實廣大森林祕藏於台灣東部。

以前我從埔里社橫越能高主山分水嶺到東部Chiyakan溪〔知亞干溪〕上游時，發現生長於高海拔地帶的鐵杉、松樹類的針葉林繁茂。對台灣林業有用的樹種只有兩種：檜木等針葉樹和屬於闊葉樹的樟樹，其他樹種就遠遜於上面兩種。

依照現在的伐木作業水準，在高海拔生長的針葉樹不太有利用價值，但檜木的伐採、利用則很有希望。東部檜木林從打訓山〔Simkan，亦即新康山〕起分布到轆轆溪

---

❻❽從地形圖判斷，新武呂溪流域與南方的內本鹿方面（台東縣鹿野溪上、中、下游），相距很長，不是十天以內可以走通。假如從雁爾社出發，那麼還要重新翻過中央山脈到內本鹿，所需日數更長。森氏沒有透露他為什麼跋涉二十五天後，馬上要返回中央山脈。據譯註者推測，明治四十一年正是他忙於台灣高山植物調查的時期，東部山地植物是殖產局植物調查科其他成員，未能深入的最後一塊採集地，他急欲利用與雁爾溪頭社布農族的友好關係，或繼續雇用從霜山腳社一起來的布農族，繼續前往東部鹿野溪上游進行未有前人足跡的「蕃地」調查，順便採集植物標本。森氏瘋狂的程度只有昭和年代的鹿野忠雄可比。明治至昭和初年的記錄顯示，原住民被雇用登山調查，離家一、二十天甚至更長的時間，都不當一回事。本段敘述中，森氏提及「台東事件」，請參照本書第三六九頁譯註❷❽，及《理蕃誌稿》第一集，明治四十一年度記載：「台東廳花蓮港蕃變」欄。森氏於十二月二十二日下山到位於高雄縣桃源鄉桃源的雁爾社，結束了南中央山脈探險，他在雁爾駐在所聽日警說，十二月十三日台東廳的花蓮港支廳七腳川社叛變，目前台東廳派警察討伐隊配合陸軍加以鎮壓，內本鹿方面雖然在台東山區，距離交戰之地還有一段距離，但由於軍事行動，台東方面的山地「蕃情不穩」。所以，即使森氏想從雁爾社出發，向台東方面探險，也不得不聽從南部蕃薯寮廳及東部台東廳官員的勸解，中止了後續的行動。

〔拉庫拉庫溪〕流域，南北十六、七日里、東西六、七日里的廣大範圍內。

中央山脈主脊上主要是草生地〔短箭竹及灌木密生之地〕，主脊低窪處則有高海拔地帶森林。檜木林的位置稍低，低於山脈主脊下，海拔八千尺以及降至六千尺的高度，鬱鬱蒼蒼而且很美。本來，只要花四、五天詳查就可以知道分布的狀況，但是受制於有限的山野跋涉時日，我們從中央山脈向東部急降的旅途中，只是天天穿越大森林，天天展望到鬱蒼的檜木林分布於其間，但來不及詳查，令人遺憾。我希望他日再前往詳查其真相。

關山方面的森林，主要是鐵杉林，也有松樹之類混生，荖濃溪上游的林相大致上也是如此。幾年前蕃薯寮廳的山地由官方出資砍伐的所謂「一葉松」，好像是台灣雲杉，無論如何高海拔地帶的森林砍伐，是值得商榷的問題。大透火社更上方地帶的闊葉林是殼斗科植物，而樟樹林帶已被蕃人占用，濫伐情形很嚴重。浦來溪〔寶來溪〕方面，現在還有很多樟樹林。台灣專賣局技師小川氏在老人溪所發現的樟樹林，利用價值很高。

地質方面，南中央山脈由粘板岩和片岩構成，東部片岩最多。本次探險中沒有經過「石灰岩層」地帶。蚊仔厝社和異祿閣社之間有石灰岩層，最發達的地方似乎是拔仔庄以南到璞石閣的靠近山區一帶。以前進行「能高主山橫斷探險」時，也發現狹窄的石灰岩層。宜蘭方面的山地片

岩層發達，但石灰岩層似乎意料之外地少。**⑥⑨**

（探險歸來後，丙牛氏生病了，被抬進醫院治療。本談話記錄只好以本日〔一九〇九年二月四日〕第十九篇記錄爲最後一篇，全文結束。──台灣日日新報社記者附記。）

---

⑥⑨地質構造方面的報導，僅限於森氏本人多次橫越能高主山分水嶺及玉山背後大水窟分水嶺時，沿途所發現的情形。南中央山脈探險的主要目的，在於地理觀測，陪同警察本署測量專家工作之餘，森氏特別按照個人的志趣，同時觀察「蕃地」現況，旁及林產與地質考察。森氏對《台灣日日新報》記者口述探險的經過，附帶地略提林產與礦產。他所謂「石灰岩層」，顯然是指結晶石灰岩，亦即大理石。

中央山脈橫斷探險報文

集集、拔仔庄線

呈報台灣總督府民政局長稿本

明治四十三年（一九一〇）撰

台灣總督府圖書館收藏

解題

　　本報文譯自珍藏於中央圖書館台灣分館內的一份鋼筆原稿裝訂本。封背上用毛筆正楷題爲《集集・拔仔庄間中央山脈橫斷探險報文》，不具作者姓名。另外，扉頁用蕃務本署稿紙寫此書名，其右上角蓋有作者森丑之助的藏書印章「丙牛圖書」，書名上蓋有「台灣總督府圖書館藏」大印，並註明「大正十三年二月十二日森丑之助贈送」，表示本報文原稿已於上列日期入藏。

　　這是台灣總督府民政局蕃務本署囑託森丑之助於明治四十三年（一九一〇年）向民政局呈報的報文，歷經九〇年到現在，一直保留原稿原狀，而且報文內頁多處仍貼著他在探險途中，當時拍攝的照片原件，以及親手繪製的植物著色素描。

　　內文是同年四月探險途中所作的記錄，從副題也可以看出，他的報文內容旁及沿途林況與地質（第一篇）、蕃情（第二篇）、太魯閣蕃身體上所作的體質測定內容（第三篇），以及太魯閣蕃語集（第四篇）。蕃語集末尾並附上森氏另次和鳥居龍藏、近藤儀三郎連袂前往南投縣仁愛鄉靜觀(森氏所稱的Toroko)所查出的的蕃語集，當時題爲

「埔里社方面Toroko蕃語集(草案)」，由此可知這些是他早期探險的結果，屬於第一手資料，價值非凡。

森氏在〈拔仔庄奧の森林に就いて〉(《台灣時報》第9號，大正6年7月2日)一文中，說明探險隊的組織與目的。他說：「明治四十三年四月，台灣總督府為了整修集集·拔仔庄古道，並探查集集、馬太鞍間的產業資料，組織一支橫斷探險隊，蕃務本署野呂寧技師為隊長，率領本署測量員中島、財津、高橋及本人，此外有土木局張技師和伏木氏、殖產局中井氏、鐵道部榎本氏，及農事試驗場新渡戶氏也參加，台灣日日新報社派遣記者服部鳥亭隨行，於四月九日從台北出發，十一日起入山，橫越中央山脈分水嶺上的關門，二十日安全抵達拔仔庄。」

本來的計劃是向東部下降時，從倫太文山附近向馬太鞍溪下去，但是發現沒有路跡，在密林中邊開路邊走很難，改循清朝古道向拔仔庄下去。分水嶺上關門是清兵所稱，原有木造隘門及營盤，只餘石堆，而且古道在森氏的年代已大半傾廢，但仍可通行。

森氏一行人沿線測量地形及調查林產，但未及調查蕃情。原因是此隊伍以測量和產業調查為主。森氏已於十二年前的明治三十一年，從東部拔仔庄出發，循此清朝古道逆向走向中央山脈分水嶺關門，並向西部的南投縣集集下山，當時已調查布農族的分布。

一行人下到東部花東縱谷，到花蓮後森氏順路調查太

魯閣一帶泰雅族，所以本報文以「集馬線方面林況及地質」與「太魯閣方面的過去與現在」兩篇爲主，鋼筆稿文共三四○頁。

因爲報文和明治年代台灣總督府出差官員所寫的其他報文及復命書一樣，從未刊印過，所以一般人對它很陌生，而且原稿一直被禁止複印流通，使本報文越顯得珍貴。

本中文譯述，涵蓋森丑之助的原稿主文及照片說明。至於所附錄的八份十六張太魯閣族體質測定表，限於篇幅無法直接附錄於譯文後面，只將一份原件照片添附在文中，讓讀者看到森丑之助筆跡與測定表內容，同時也譯出他的專文〈太魯閣蕃的體質〉。

此外，原來用日文片假名譯音的泰雅語語詞與日文對照表，長達二二八頁，用日語譯音本來就不會完全準確，即使重譯爲羅馬字也因爲不準確而失去學術價值，所以予以刪略。附錄的〈太魯閣蕃語言〉是一篇短文，屬於「蕃語、日語對照表」的文字說明，強調東部太魯閣族東賽德克語系與西部西賽德克語系的微細差異，及賽德克語與其他泰雅族語言的較大差異，已一併譯出。

緒言

我受命參加中央山脈橫斷探險隊，於本年〔明治四十三年，一九一〇年〕四月九日，從台北出發，經南投到集集街，十一日從集集街踏入蕃地，橫越中央山脈分水嶺，於二十日下山到東部拔仔庄〔今花蓮縣富源〕。次日前往花蓮港，在海岸候船期間，巡察了附近太魯閣蕃地的實況，於二十八日回到台灣總督府復命。❶

此行涵蓋橫斷線踏查及花蓮港方面太魯閣蕃調查，各花費了一週而已，因而對中央山脈橫斷線兩旁大自然的觀察，以及對幾乎是黑暗狀態的太魯閣蕃地所嘗試的調查，只能敘述大概情形。草此本報文之際，發現所記內容不夠詳盡而靦顏，久久無法交出。雖然如此，報文對於將來的研究不無參考價值，於是整理出集馬線沿途森林狀況、林地利用及地質的觀察所得，同時附記太魯閣蕃地的過去與現在、其語言與大料崁蕃語的比較，再加上埔里社方面

---

❶森丑之助此行，是繼明治二十九年（一八九六年）陸軍參謀本部長野義虎中尉，首次循此路線橫越中央山脈後，同一條路線第六梯次的探險行動。台灣總督府蕃務本署於明治末年起，擬定並實施橫貫道路的測量預查，共計五線，而森氏所走的集拔線（又稱集馬線）即其一。由於此行距離清代光緒十三年清兵開鑿本越嶺道的時間，才二十三年，仍可通行，所以能夠僅花十天走通集集‧拔仔庄間的山路。立霧溪口泰雅族太魯閣群的調查是附帶的性質。明治年代採用漢人舊稱「大魯閣」，譯文改用通行的名稱「太魯閣」，原音還是Taroko。官員奉命出差執行探險，調查任務回來後，依規定要呈報「復命書」，報文即其形式之一。

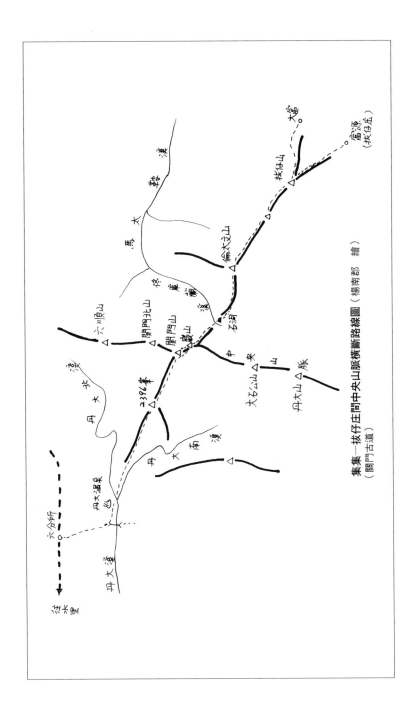

集集—拔仔庄間中央山脈横斷路線圖（楊南郡　繪）
（關門古道）

Toroko蕃語集等，分成數章，謹此復命。

　　本次橫斷旅行所經之地，是屬於布農蕃的地界。其分布及部族與部族間的關係，直到不久之前尚屬混沌不明的狀態。過去幾年來，我在布農族所屬各部族分布地進行了調查。正如不久以前我就南蕃各部族的分布現狀，提出了報文，我本次已將布農族的狀況和蕃語，作過記錄。

　　臨行之際，我事先從舊稿抽出《布農蕃語集》及緒言裡略記的布農各部族分布資料，利用本次探險旅行的機會重查，結果發現沿線所查出的情形，與舊稿所寫的內容相當吻合，認定舊稿不需修訂，這是我最感到欣慰的事。❷

　　沿線視察所得到的，有關布農族各項資料及太魯閣蕃蕃俗，將另外擇期編述，並呈報上級單位審閱。

　　我不揣菲才，在台灣進行蕃人的人類學調查多年，已經把它當做我半生的事業。有關各蕃族的調查結果，將另期公布於學術界。

　　本次橫斷旅行結束後，順路踏查了太魯閣蕃地，特別將太魯閣蕃身體上所作的體質測定與觀察資料附記於文末，供上級單位瞭解東部太魯閣蕃在人類學上的定位。❸

第一篇：集馬線方面的林況及地質❹

　　集馬線橫斷探險隊一行人所踏查路線，簡述如下：

　　從集集街起程，向濁水溪上游前進，經過社仔庄（海

---

❷舊稿指森氏的《布農蕃語集》，於明治三十三年成稿，明治四十三年由蕃務本署出版。

拔980尺）、拔社埔（1200尺）、Bakurasu社（2500尺），從這裡折右，走到卡社（3800尺），途中經過大約5000尺高度的連嶺，下到丹大溪系統的Kanmutsu溪底（4000尺），上到Kanmutsu社（5500尺），從這裡沿著一條支脈上攀，經過松林（7000尺）、草嶺（8200尺），而抵達中央山脈主脊，馬黎拔憩溪源流地點（10400尺），沿著「嶺巔」（9600尺至10550尺間高度）向南縱走到關門（10200尺），再由其嶺頂（10350尺）向東麓急降（每走1日里路程下降3000尺），下到馬太鞍溪上游的Tonkuran溪（6600尺），涉渡後上攀倫太文山（9800尺），沿著連嶺向東南方的拔仔庄下降（從倫太文山顛下至拔仔庄附近溪底，共走5日里半，下降了9600尺）。❺

　　沿線觀察到的林況及地質，概述如下：

　　中央山脈把台灣橫隔為西側的前山與東側的後山，從這兩方面來說明較為方便。原因是前山與後山一般的狀況互不相同。前山大致上是缺少森林的草生地，但後山則是

---

❸本段緒言說明為什麼報文作者專述「林況及地質」，而沒有述及最重要的布農族之分布與習俗等。通常，探險旅行回來後，需立即整理資料，向派遣單位提出報文。但是，人類學上的繁雜資料需要時日整理，所以森氏來不及將民族誌的記述放入報文。森氏果然實踐諾言，不久以後撰述布農族祭祀習俗與傳說，刊載於《蕃界》雜誌及官方的《台灣時報》雜誌，也寫了一篇長文〈布農蕃地及布農蕃〉交給《台灣時報》，從大正五年（一九一六年）八月開始連載，同時準備為自己的《台灣蕃族志》系列書，添加一本續卷──布農族篇。

❹大正六年，亦即探險回來又經七年後，森丑之助寫了一篇〈拔仔庄奧の森林に就て〉，刊載於《台灣時報》（第94號，大正6年7月25日），內容與本篇內容相同，但略有增補，請參照該文。

一片蒼鬱的森林。從林業經濟的立場看後山的森林，似乎沒有很高價值。前山多草生地，從林業的立場看，只有少數森林分布於巒大山和治茆山，其他只是斑點一般點綴於山地，蓄積的林木少到不值得估算的程度。

前山缺乏森林的原因，是數百年來占居這一帶的布農族，全力拓墾的結果。放眼一望，山地到處是連綿的舊墾地和新墾地。他們把灌木、野棘生長的土地，用燒墾的方式變為可耕之地，除草、整地後開始播種。今年的耕地，到了明年即成休耕草地，如此周而復始，也就是他們所採用的輪耕。

耕地在山坡地，雖然傾斜度很大，但是到處可見布農人用手鍬耕作。因為燒墾輪耕屬於幼稚的原始農業，需要

---

❺凡是草創期的探險報告，所記行程與所經地點的描述，都難免模糊和誤記，森丑之助於明治四十三年的記述也是如此。如果要仔細研討，會成長篇大論，在這裡僅作簡單的地名註解。至於詳細的路線描述，請參照大正二年野呂寧作，拙譯的〈南投、花蓮兩廳間交通道路踏查〉，收錄於台大登山社發行的《丹大札記》。社仔庄，指南投縣水里鄉水里市街中心南側的聚落，今日仍稱社仔。拔仔埔，即水里鄉靠近東邊的民和村，是入山道路的真正起點。Bakurasu（巴庫拉斯社）、Asang Baka社（卡社）、Kanmutsu社（舊譯簡吻社，今譯堪姆卒社），都是古道沿線的重要布農族部落。松林、草嶺只是用地形、地物命名的經過地點，不是部落名。「馬黎拔懇」是舊譯，森氏譯音為Malipasi，亦即東部萬里橋溪，溪源伸至中央山脈主脊。沿「嶺巔」（即主脊）南走到「關門」。按「關門」的來由，是光緒十三年清兵在此主脊上建造了木造營房，命名為「關門」，位於關門山南側，附近發現有舊路迹伸至巖山（森氏稱為嶺頂），由此向東循土階急降。東部終點是拔仔埔，今花蓮縣瑞穗鄉富源。這一條古道，森氏稱為集馬線（集集到馬太鞍溪），如果以拔仔庄為終點，則可稱為集拔線。清代古道繼續由拔仔庄向南延伸到水尾（今瑞穗），所以當年稱為「集集‧水尾道」，無論叫什麼，都指同一條越嶺道。

開闢很大的土地，加上布農人用火攻的方式狩獵，致使山區全部變成看不到林木的草生地。❻

　　布農族雖然敢於到遠隔之地或險峻地形的地方開墾，但是即使在同一個地方耕作，也會採用集約性的耕作法：為了增加土地的肥沃，休耕之地種赤楊，使地力恢復，赤楊造林也可以提供薪材，所以是一舉兩得。

　　集馬線西段沿線堪稱爲林地者，只限於頂崁山的楓樹林以及Banbarasan埡口所見到的松林和栓皮櫟林。丹大溪和巒大溪〔卡社溪之誤〕合流點附近嶺上也有栓皮櫟成林。❼

　　走進丹蕃占居地，處處可以看到赤楊林，這是蕃人的造林。從茄弄社〔Ka-aran社，今譯卡阿郎社〕以東到中央山脈主脊之間有松林，這是往年八通關方面橫斷探險時，我發現的新種，經由早田文藏理學博士鑑定，學名叫做*Pinus Morii* Hayata〔*Pinus Morrisonicola* Hayata，台灣五葉松〕。看到了這一片台灣五葉松林，好像和老朋友重逢一般快樂。這些林木是蕃人燒山墾種時的倖存者，雖然有各自的林相，但決不是自然的狀況。

　　從拔社埔到中央山脈的全線，溪谷間或斷崖地形都有稀少的樹林，但不能視爲森林。接近主脊附近，海拔八、

---

❻燒山圍獵的時候，動員多數族人在放火處外圍砍草及撲滅火苗擴散，所以是小規模的燒山。
❼頂崁是一個台地，屬水里東南側。Banbarasan不詳，待查。

九千尺的高地有鐵杉點綴，而主脊上是草地，主要的是蕃人放火燒山圍獵動物的結果。總而言之，前山方面沿線幾乎看不到有價值的森林。

頂崁的楓林位在水里聚落中心附近（距離集集二日里半，距社仔半日里處），可以說是楓樹密生的地方，如果加以整理，將來可以做為「天蠶飼育林」。Banbarasan的松樹林，可供將來拓修本越嶺道所需的土木工程材料。沿線各地的栓皮櫟，它的樹皮加工後可以製成軟木瓶塞，所以不無利用價值，但是我發現這裡的栓皮櫟屬於劣種，不敢寄以厚望。

中央山脈西麓的松林和簡吻山的松樹、扁柏混合林，隨著將來的開發計劃，可以開採製材，部分繼續保留，做為預留地。大致上看來，沿線一帶的林木不怎麼豐富，經濟上的利用，需要再三考慮。沿著中央山脈主稜附近，海拔約八千尺以上的高地有鐵杉林，在目前的情況下無法伐採、利用，將來推動開發計劃時再考慮就可以。

以上所寫的是前山方面的林況。後山方面的情形如下：

高山頂附近有草生地，斷崖處崩岩磊磊，除此以外，到處是蒼鬱的森林帶。非專業人員遠望到廣大的森林會大吃一驚，以為林相是檜林，貿然向世人報導發現到有開採價值的大森林。但是，從林業的立場看，事情沒有像門外漢所說的那樣樂觀，所以無法立即贊同這個說法。

我曾經於明治三十一年（一八九八年）從東部拔仔庄出發，沿這條越嶺道，經中央山脈主脊「關門」，西出集集街。後來，台東廳官員平田屬〔人名〕也〔於明治三十五年〕曾經走通此道，回去台東後向台東廳報告。他說：所經過之處，森林綿延，材積豐富，冠於全島，又說沿此道可以舖設鐵軌，築成橫貫鐵路。

　　關於鐵路線的預查，曾經有曾根俊虎海軍大尉率領的「橫斷鐵路調查班」通過。總督府殖產部的官員也曾經前往調查沿線的林況。當時對沿線林況有實際瞭解的人，對於平田屬向台東廳報告的內容，頗感意外。

　　後來，殖產局囑託小西成章林學士，從拔仔庄出發，向中央山脈攀登，調查了馬太鞍溪和關門附近的森林。他的結論是當地的森林有開採、利用的價值，但是要等到地方充分開發以後才能夠利用到，現在不值得立即訂出林業經營的方針去開發。

　　今年花蓮港廳派遣本田警部補，前往馬太鞍溪方面踏查。他的復命書提及他在當地發現了東西寬六日里、南北長十八日里的大檜林。這一份報導也傳到日本內地，著名報紙競相刊載。由於非專業人提出不夠嚴謹的報告，引起有關單位注意。本次橫斷旅行的目的，是重查林況，完成查察後所得的結論，和小西囑託的結論完全一樣。

　　我們從關門向東下降到Tonkuran溪，沿線上半部是鐵杉林，有少數的冷杉及五葉松混生，下半部則有台灣雲

杉、松、扁柏、花柏、台灣杉及高地闊葉樹混生。Tonkuran溪底越嶺道旁，高度六千六百尺一帶，是東部扁柏林的中心，林地中除了主要樹種的扁柏及花柏外，尚有其他雜木繁生。

從溪底爬向倫太文山，下半部有扁柏混生，上半部逐漸有鐵杉及台灣雲杉等海拔較高的針葉樹成林。再從倫太文山沿稜向東南方向下降，隨著高度遞降，針葉樹種逐漸減少，成反比例地溫帶闊葉林相繼出現，劣種的雜木林及大茅叢生。這一帶土地潮濕，從海拔六千尺至四千尺的地方，螞蟥滋生。

下降到海拔四千五百尺一帶，就有桫欏樹出現，下方有屬於熱帶樹種的山芭蕉、黃藤、人心果、蒲草、小竹等生長。樟科植物方面，小西氏楠稍多，但一般樟樹卻很少見。再沿越嶺道降至溫帶、熱帶林區，樹種屬於粗惡的雜木林，並非有用樹種。

從Tonkuran溪上至倫太文山，沿途針葉樹林中有台灣黃楊繁茂，蕃人把黃楊木砍下來製作煙斗、木匙或刀柄，而且都施加雕刻。

馬太鞍溪及附近的森林蓊鬱，但不知道是否可以越嶺道沿線的樹種來類推全區林況？

馬太鞍溪和拔仔庄一帶的樟樹林，尚未清查，所以很難推斷實際情形，但我們可以確定這方面的溫帶林，從林業經營的立場看，是沒有多大價值的。

針葉樹林帶可以分為「高寒地帶的針葉林」及「扁柏林」兩種，從林業經營的立場看，當然是扁柏林比較有價值，但是主要扁柏林分布地並不廣，只是疏林狀態，材積不大。

至於高寒地帶針葉樹，如鐵杉、蝦夷松〔台灣雲杉〕、冷杉等，由於生長地海拔高，無論是伐木作業或搬出都很不方便，所以應留待將來作森林經營計劃時研討，不是現在就要解決的問題。

同時也因為台灣東部港灣不良，陸路交通也不便，將來當地的開發，必然地要動用很多本地木材來築路並鋪設鐵軌。遠看中央山脈東側似乎森林蒼翠，但在目前的情況下無法找到合適的林業作業地，也無法搬運高地生長的木材，所以目前平地的建築材料，幾乎是靠水路運來的所謂「內地材」供應。❽

假如東部的森林能充分供給本地需要，當然有益於開發事業，但已如上述，馬太鞍溪附近的扁柏林距離平地不遠，但是因為上述的不利狀況，不值得匆匆做出林業經營策略。

前山幾乎沒有森林，只剩一片草地，這與後山的情形構成顯著的對比。其原因是前山在已往數十年前，乃至數百年前就有布農族拓殖，但是後山的少數蕃人，只是較晚近的年代才遷入的。

---

❽「內地材」指來自日本內地的木材。

馬太鞍溪剛好是位於屬於泰雅族的木瓜蕃和布農蕃分布地的接界。南北兩族自古以來彼此敵對，幾乎是水火不相容的程度，所以他們在山區相遇時，必定引起武裝衝突。自古以來馬太鞍溪流域是一個天然的緩衝地帶，雙方的蕃人極力避免接近這一個接界，因而馬太鞍溪一帶的林地沒有受到蕃人開墾，森林沒有荒廢。❾

　　布農蕃沈勇豪膽，身體強壯，即使是婦女，也習慣於揹起重負遠行。我們日本內地人來台灣登玉山或前往中央山脈探險，所雇用的腳伕中，部分是婦女，婦女出役揹運行李的能力，稍遜於男人。布農蕃敢於單人在山區行動，或以少數人隊伍，強入敵蕃的地盤狩獵。

　　例如，幾年前干達萬社（Kantaban）的蕃人曾經一次地殲滅一百三十多名霧社蕃。又如丹大社（Haol Vatan）的蕃人，習慣於翻越中央山脈到遠方的能高主山去狩獵。簡吻社（Kanmutsu社）的蕃人曾經從能高主山「垂冰之池」撿回明治四十一年（一九〇八年）一月，「台灣總督府能高主山橫斷隊」的隊員放在池旁做為紀念的國旗和碗，便是一個證明。布農蕃的強悍豪勇於此可見一斑，這是別族所遠不及的。❿

　　一般來講，北蕃〔泰雅族〕的性情慓悍凶猛，南蕃則

---

❾木瓜蕃，指分布於花蓮壽豐鄉鯉魚山旁木瓜社及萬里橋溪口、萬榮等地的泰雅族木瓜群。泰雅族和布農族在西部的地理接界，是霧社西南側的萬大與曲冰之間，而在東部的接界，據森氏的觀察是馬太鞍溪。如果把東西兩個接界之間，劃一條橫線，則顯示其位置是北緯二十四度弱。

比較樸直、沈著，所以外界把他們誤解爲魯鈍、怯弱，這是不瞭解蕃人性情所發生的誤解。位於橫斷古道沿線一帶的蕃地，將來產業發達的時候，需用到很多勞動力，這些身體強壯，但性情溫良的「南蕃」，將是勞動力的主要來源。⓫

　　前山蕃地將來可以經營的產業，除非有礦脈發現，只有林業可以開發。但是本次觀察地勢後，卻發現前山根本沒有大森林，而只有草生地，全區在目前的情況是「非生產地」，因此我認爲要選擇適當的樹種，進行全面造林。

　　這裡的布農蕃已有傳統的造林觀念，在廢耕地進行赤

⓾「霧社蕃」指霧社一帶的泰雅族部落群，包括馬海僕社、萬大社、霧社等約十個部落。泰雅族在地理上的分布，最南是萬大社。萬大社以南就屬於布農族的地界，而干卓萬社就是布農族最北的部落。干卓萬社和霧社、萬大社的關係，在早期的年代是常常互殺的局面。「霧社蕃殲殺事件」，指明治三十六年（一九○三年），日政府因爲霧社蕃不服政令，命埔里社支廳封鎖其向埔里的出入，同時爲了膺懲的目的，鼓動與霧社蕃敵對的干卓萬社蕃，藉口要修好，誘出霧社蕃到兩族的接界談判，當時干卓萬社及其他布農族蕃社的壯丁約二百名埋伏於四周。伺機一舉虐殺了泰雅族「霧社蕃」一百三十多名。由於霧社群精銳被殺光，日政府的「隘勇線前進」（圍堵行動）更加順暢，終於平定了「霧社蕃」。另外，位於丹大溪簡吻社的布農族豪勇，從丹大社出發，越過北方卡社溪上游，接上屬於泰雅族勢力範圍內的萬大南、北溪，上到中央山脈能高主山一帶狩獵，這是前所未聞的長程狩獵行動。其間水平距離約三十公里，但實際在這四條溪流迂迴跋涉，實際行程可達一百公里，可見布農族丹大群的活動能力強大。森氏爲我們找到一個驚人的實例。至於能高主山「垂冰之池」，位於能高主山東側，當初某一探險隊在池旁紮營時，天寒地凍，池水結冰，因而把無名水池取名爲「垂冰之池」。

⓫早期日人探險家把分布於台灣北部的泰雅族簡稱爲「北蕃」，以南的非泰雅族山地原住民統稱爲「南蕃」。但是，本篇主題是布農族，以此橫斷中央山脈古道沿線的布農族，與北部泰雅族作比較，森氏強調布農族丹大群身體強壯而性情溫和，對該地將來的產業發展有幫助。因此，本段「南蕃」可以譯爲布農族。

楊的造林，所以只要在他們傳統的基礎上給予指導，鼓勵造林，同時把完成造林的部分土地撥給他們，當做「蕃人授產」的一個有效作法。❷

在這裡，尤須注意的是，政府應該改善蕃人的農業方法，獎勵他們在固定的耕地上進行集約性農作。

部分論者以為最好強制從遠祖時代以來習慣於高山生活的蕃人，移往於平地，使成為普通的農民。我以為這不是上策。我認為應該利用蕃人的長處，不要強制他們移住，應該讓他們留在山地，改種像日本內地的有用植物。聽說殖產部山林局，計劃要從歐洲原產地引進優良樹苗，以便在山地推行造林。

台灣山地非常適於造林。譬如說，現在山上的栓皮櫟林，可以改種優良樹苗，以達到生產比較有用產物的目的。軟木塞可以在山地做適當加工後才運出。因為體積小、重量輕、價格高的優點，種栓皮櫟樹及生產軟木塞是山間僻地最好的生產事業。

將來蕃地一經開發，高寒地帶的針葉樹不必強行運到平地，應該設法採用水力與機械，就地製作板材，或利用

---

❷所謂「蕃人授產」，是日治時代理蕃手段之一種。明治四十三年四月到大正四年三月台灣總督佐久間佐馬太施行的「五年理蕃計劃」，亦即以討伐為主的政策結束後，山地恢復平靜，於是總督府打出以所謂「撫育」為主的方針。除了強化學校教育外，也進行一連串的「授產」設施，包括改變傳統的輪耕農業為水田耕作和畜牧事業。日人事先規劃農地和牧地，提供已移住山麓地帶的原住民使用。「蕃人授產」，其實在討伐時期以前已做局部實施。森氏在明治四十三年，亦即討伐正要開始時，就已提出授產的構想。他的想法較為先進。

木材加工為工業原料，這些都是應用方面的眾多方法之一、二。

現在不是談論森林利用的時候，理由是目前總督府正在大力推動的經濟活動，不是森林的應用方面。當然，我們內地人在蕃界所要建立的事業就是林業。為了要進行以蕃人為本位的林業，應該增加某種特殊計劃，一方面要使蕃人有實際利益，另一方面要使蕃人對林業的作法發生興趣，假如成功的話，對林業的發展會有鼓舞作用。

在上述構想下，台灣山地造林可以增加別的樹種，例如胡桃。胡桃樹生長快速，果實和樹木不但有用，而且它的收益比別種的樹快得多。台灣山地蕃人種胡桃，但不種栗樹。梧桐造林也是一樣，生長快速、價格高，而且收益也快，它是製作各種傢俱的良材。我想讓蕃人種植這些有用的樹種，不失為良策之一。

後山方面的作法，我建議保護針葉林，用疏伐的方式砍掉非主要樹種，促進自然更新，使之變成純針葉林。屬於溫帶林的劣等闊葉樹，則寧可伐採，改種有用的樹種，造林事業應該列入最優先。

關於台灣森林植物的分布，已經有本多靜六林學博士來台調查並提出評論，我在後山方面探查時，沒有發現特異現象，所以不再贅言。

但是，在前山方面即使已進入寒帶林地，也沒有看到台灣冷杉的分布，這是我感到奇異的一點。附近的能高主

山、合歡山、巒大山的山頂都有冷杉，而且屬於後山的高地也有冷杉生長，唯獨在「關門」〔關門山〕西側未見其踪跡。我想這是研究台灣植物分布者，應該要特別注意的事實。

我趁此次高山旅行的機會，採集了這一帶高山植物的珍奇標本，獲得了植物學上及本島植物調查方面有益的資料。其中，三種嘉德麗亞屬的蘭花特別珍貴，其中的兩種說不定是新種，所以，希望他日加以鑑定後再發表。這三種植物標本現在收藏在殖產局附屬博物館內。❸

本隊伍中有殖產局林務課技手中井氏〔舊姓加藤〕參加。當隊伍下到花蓮港廳後，他前往北起知亞干溪〔壽豐溪上游〕，南至太平溪〔豐坪溪〕間的廣大區域，進行森林調查，所以東部林況可以參考中井氏的報告。以上本人僅就橫斷線上所觀察到的林況作了簡略報告。至於報文中所附的林木照片，都是中井氏所拍攝的。

其次，我將敘述沿線的地質。中央山脈西部從濁水溪畔起至分水嶺，地質上屬於粘板岩系，處處有砂岩夾層。分水嶺的地質屬於石灰岩系，處處有片岩的夾層，這情形尤其在分水嶺上的「關門」更顯著。其北方可以看到更多的片岩夾層，但南方則少見。分水嶺向東分出的支稜上有倫太文山，至其山頂後石灰岩就消失，被露出的片岩所取代。再往東方過去，全是片岩層。直到山麓地帶的拔仔庄

---

❸殖產局附屬博物館後來改稱台灣總督府博物館，即今日的國立台灣博物館。

為止，東部的岩層中，石灰岩的分布不廣，倒是片岩的分布更寬廣。

扼要地說，中央山脈的地層是水成岩，由以上所舉的三種岩系所構成。前山主要的是粘板岩，後山則是以結晶石灰岩〔即大理石〕及片岩所構成。

丹大溪的溪底有數處的溫泉湧出，泉水澄明無味，但是略帶硫化氫的氣味，溫度非常高。此外，卡社溪底也有溫泉湧出，而且粘板岩帶中有水晶露出。

本路線曾經有配屬於殖產局礦務課的民政局技師石井理學士前往調查過，但未曾聽過有什麼礦物值得開採。假如將來有任何發現的話，應該在後山，因為後山的岩層含有結晶片岩的成份，應該選派礦務人員前往後山細查才有收穫。

第二篇：太魯閣蕃的過去與現在⑭

緒言

本人曾經奉本署命令編述理蕃史料，當時從歷史淵源最不為外人所知的太魯閣蕃著手，而將南澳蕃的史料一併

---

⑭本篇篇名係用毛筆書寫，右上角註明「太魯閣蕃後記」，左邊寫「明治四十三年四月調查，囑託森丑之助」。此行毛筆字占滿全頁，似乎是一篇獨立報文的封面。所謂「後記」，指以前調查結果的補述。至於本篇的性質完全與橫斷路線的報文沒有直接關聯，而且稿本頁數達一○七頁，與第一篇「集馬線方面林況及地質」只占四十二頁的情形比較，可以說是一篇獨立的長篇論述，附加於「集集‧拔仔庄間中央山脈橫斷報文」後面，呈交負責理蕃事業的總督府當局參考。

撰寫，脫稿後已呈本署長官審閱。編述內容偏重於日本人及官方對太魯閣蕃的看法，這樣作表層現象的敘述，可以說只述及半面事實而已。

至於太魯閣蕃人對日本人的態度與看法，世上不少人談及，但多半是臆測。對於該蕃的歷史淵源，過去一直沒有聽到有人瞭解詳情。

我早於明治二十九年（一八九六年），前往太魯閣探查部分情況，後來隸屬於花蓮港守備隊本部時，進駐於米崙山，特別注意太魯閣蕃的動靜。

本年（明治四十三年）一月及二月，數次和太魯閣外社內社蕃見面。四月進行集馬線探險的歸途前往視察，得以從各方面查出蕃人的性情，以及四十多年來的狀況變化。❶⑤

綜合幾年來實地踏查的結果，以及近年來太魯閣所發生的事故，我發現在一片模糊不清的狀況中，仍有令人意會到的事實真相。闡明太魯閣的過去與現在，對於本署研擬理蕃策略具有參考價值，所以現在呈報各項查察出來的內容。即使本調查內容不能保證完全精確，但這是我國領有台灣以後，最早闖入太魯閣蕃地，實地訪查所得的成果，同時也是最近我和太魯閣蕃人見面所獲的最新資料。

---

⑮分居立霧溪兩側的太魯閣族部落群，外界把它分為「內太魯閣」與「外太魯閣」，或分別稱為「內社蕃」與「外社蕃」。按位於天祥的他必多社（Tabito）及上游部落群，稱為內太魯閣，天祥以下到溪口的部落群，以及面臨太魯閣海岸的部落全部稱為外太魯閣。

目次

（一）清國政府時代太魯閣蕃的勢力

大約四十年前的太魯閣蕃勢力，其實微不足道。他們的北邊有南澳蕃，南邊有強敵加禮宛蕃及阿眉蕃，只有西側有一條活路，能夠和遙遠的埔里社方面祖先之地——

Toroko及霧社部分地區交通而已。❶

　　最早記錄太魯閣蕃的文獻，是清同治末年，船政大臣
兼督辦台灣防務的沈葆楨向清廷上奏的〈北路、中路開山
情形疏〉。依據這件奏摺，「自大濁水至三層城止，依山
之蕃統名爲太魯閣，其口社曰九宛，曰實仔眼，曰龜吹，
曰吹沙，曰符吻，曰崙頂，曰實空，曰實八仔眼，凡八
社，憑高恃險，野性靡常。」。❶

　　所謂「口社」指「外社」，內山有「內社」。據我們所
瞭解的，外社的蕃人昔日住在內社之地，其後方仍有內社

---

❶所謂太魯閣蕃，指泰雅族分布於立霧溪的族群，今日民族覺醒的結果，族
人自稱太魯閣族。這一族在十八世紀從南投縣仁愛鄉靜觀與平生一帶，越
過奇萊連峰，向東北的托博闊溪遷徙，然後陸續往立霧溪中、下游遷移，
形成一個獨立的泰雅族群。日治早期所謂「埔里社方面」，狹義指「埔里
社平原」（即現今所稱的埔里盆地），廣義則指包括霧社、靜觀一帶。東部
泰雅族的祖居地，森氏稱之爲Toroko（托洛閣），昭和年代台北帝大移川
子之藏教授實地調查後，稱爲Taroko-Tarowan。森氏查出這一支族群遷入
立霧溪後又經過一百年，族人繼續與西部濁水溪源流的祖居地族親來往。
「約四十年前太魯閣蕃的勢力微不足道」，四十年前指一八七二年（同治十
年）琉球人漂流到台灣東部八瑤灣被原住民所殺的年代，亦即日政府開始
注意到台灣島的年代。

❶大濁水，今和平溪口北岸的澳花；三層城，今三棧溪口的三棧，都是清同
治十三年清兵開鑿北路時，所設的營盤名稱，也是當時的地名。九宛社指
三棧溪口南側的Kauwan社；實仔眼社，指今立霧溪（當時叫得其黎溪）
北岸，寧安橋上方的Shiragan社；龜吹社指Kolo社，漢名古魯社，立霧溪
南側富世與秀林之間山坡地；吹沙社，指Rosao社，三棧溪北岸；符吻
社，指立霧溪口北岸Hohosu社，森氏稱爲得得黎社內之一小社；崙頂社，
指立霧溪口南岸Rochien社；實空社，即石空社，位於立霧溪北側石公溪，
舊名石碇仔溪口北岸，今名「小清水」；實八仔眼社，今三棧南溪下游南
岸的Sanbaragan社。這些清代通事所譯的部落名稱，用台語發音就比較接
近泰雅語音。「口社」的意思是屬於溪口，而不是內山的太魯閣族部落，
森氏解釋爲「太魯閣外社」。

蕃居住，不管是內社蕃或外社蕃，他們的勢力都微不足道。

正如Toroko蕃〔托洛閣蕃〕今日仍蟄居於西部濁水溪上游的一角，太魯閣蕃也蟠居於中央山脈東側的山中，東部太魯閣蕃因爲懼怕來路不明的「敵蕃」攻擊〔在此指平地加禮宛族及阿美族的攻擊〕，不敢移居於面向東海岸的山麓地帶，也不敢到山麓耕作。❶❽

後來，部分漢人占居海岸地帶，而且有時候有中國戎克船停泊於海岸，離海岸稍遠的太魯閣蕃人聞訊，趁夜下山到海岸，用蕃產和漢人交換農具、布匹等日用品，但因爲害怕別的蕃人攻擊，白天不敢下山，甚至不敢前往從平地可以望見的山坡地耕作。

慓悍的平地蕃人──加禮宛蕃〔從宜蘭南遷的噶瑪蘭族的一支〕及阿眉蕃〔阿美族〕，有時候看到山中有炊煙冉冉升起，便急速地循著炊煙的方向去攻擊太魯閣蕃，交

---

❶❽森氏所謂Toroko蕃，指泰雅族西賽德克群托洛閣部族，居住於濁水溪北支源流山坡地帶，今南投縣仁愛鄉靜觀、平生一帶，由於祖居地與現居地叫Toroko，森氏借用地名爲族名。Toroko部族對十八世紀東遷，進入立霧溪沿岸居住的族親，稱爲Toroko Tarowan，按Tarowan是居住於陶塞溪的陶塞部族對立霧溪上游的稱謂，所以Toroko Tarowan，意謂「住在立霧溪上游各支流的族親」。遷入立霧溪的族人，被昔日與他們接觸的漢人稱爲Taroko蕃（大魯閣蕃），今稱太魯閣族。Toroko與Taroko音近似，只差一個母音不同。最妙的是日治昭和年代台北帝大移川子之藏教授的實地調查，發現Toroko那邊也有Tarowan社，今稱平生。族人是從Tarowan社出發東遷的；而在立霧溪的族人則遙指奇萊連峰西側的祖居地，稱爲Taroko Tarowan。換言之，東、西部族親彼此稱對方爲TorokoTarowan親人或Taroko Tarowan親人。Toroko與Taroko語音的細微訛化是自然的現象。

戰時割下對方的首級。平地蕃有時候組隊到山中出草，襲擊耕作中的太魯閣蕃人，甚至圍攻他們的蕃社。結果，太魯閣蕃人懼怕平地蕃，視同鬼魅，小孩哭的時候，大人只要喊一聲：「加禮宛人來了！」，小孩立即怕得不敢作聲。❶⑨

因為太魯閣蕃所需物品，都要秘密地仰賴暫住於海岸地帶的漢人，以及航行到東部海岸的中國戎克船供應，不用多說，他們的勢力軟弱。族人所持有的弓箭、鏢槍、刀都是殘缺不全的，只有少數族人擁有火繩槍而已。難怪族中老人記憶裡，昔日他們被平地蕃族瞪一眼就毛骨悚然。

（二）清國政府對太魯閣蕃的撫蕃政策

清國政府對太魯閣蕃地的經營，是清同治十三年（一八七四年），陸路提督羅大春奉命開鑿蘇澳、花蓮之間道路〔北路〕時所開始，這也是官員首次與太魯閣蕃的接觸。在此之前，只有少數漢人私自到太魯閣海岸，暫居於得其黎社及石空社。此外，很多中國戎克船航行到基隆及宜蘭時，也繞到東海岸，停泊於太魯閣外海，讓船上淘金客下船，淘洗得其黎海濱〔立霧溪口〕的砂金，船員也登岸尋找船用薪材和飲用水。

由於船隻的寄航，外界部分的人已聽到太魯閣蕃地土地肥沃的消息。最初，有李錦昌的父親李阿春從中國廣東

❶⑨出草，獵人頭之意。

帶領一些佃農渡台，在溪口南側的新城開墾。這是距今五十多年前，亦即清咸豐七、八年的事。❷⓿

不久以後，李阿香、李阿隆父子也從宜蘭方面遷到岐萊〔花蓮〕，然後轉到新城居住。當時李阿隆才六歲，因為年紀太小，被父親送到十六股庄〔日治時代改稱豐川，今花蓮市新火車站北邊〕朋友家寄養，十四歲的時候回到新城父親處。當時的新城屬於草萊未開的蕃地，常常有蕃人出草加害漢人，因此移墾於新城的漢人雇用民壯自衛。

李阿隆後來隨父遷到得其黎溪口的得其黎社居住。他每天不分晝夜到山上狩獵，某一天就獵獲了三、四隻大鹿，所以能夠單靠狩獵養活父親和四個兄弟。年紀輕輕的阿隆身材高大，臂力強而且健腳，他在山中張弓射鹿的本領更是勝過常人，所以他十六歲就被村民推舉為民壯，一方面隨興之所至遊獵，另一方面參與防蕃警戒的工作。當時李阿隆祇要聽到有漢人被蕃人馘首的消息，便攻入蕃地，放火燒燬蕃屋並殺蕃人報仇。因此，蕃人知道李阿隆勇猛，他的威名傳遍蕃地，蕃人都屈服。雖然沒有正式經過派任，李阿隆在蕃人心目中已經擁有太魯閣蕃通事的地位。❷①

已如上述，當時的太魯閣蕃勢力不大，即使偶而下山

❷⓿威豐七、八年即一八五七、五八年，比同治十三年（一八七四年）牡丹社事件爆發，日軍登陸南台灣及羅大春開鑿北路的年代還要早。李阿春、李錦昌父子的事蹟，後文有補述。下一段將要提及的李阿隆和李錦昌分別擔任「太魯閣蕃」總通事與副總通事。

割取漢人的頭顱，還不致於大舉施暴，對平地蕃則不敢逞勇。當時已入墾於海岸地帶的漢人根本沒有受到清廷的保護，只靠民間自己的力量湧入蕃地。沈葆楨奏摺中也提到「……地曠人稀，新城漢民僅三十餘戶耳，外盡蕃社也。」

李阿隆當時曾經出力協助清軍開鑿北路的事蹟，被記載於奏摺中：「十月初八日，陳光華一營紮小清水，陳輝煌進紮大清水，隨有新城通事李阿隆等，帶太魯閣蕃目十二人來迎，願為嚮導。陳輝煌、李英、王得凱等各軍，遂於十三日抵新城。」

同治十三年羅大春為紀念開路事蹟，在新城郊外立一座石碑，碑文也提到「民蕃雜處，解耕種，通人理，尚喁喁然有內附心。」由此可以想像當時的實況。**❷**

清廷在前一年，亦即同治十二年採納沈葆楨及台灣兵備道夏獻綸等人的意見，訂定開拓後山政策，決定先開鑿北、中、南三條通後山的開山撫番道路。北路起自宜蘭蘇澳，經新城、花蓮港〔花蓮〕至水尾〔花蓮縣瑞穗〕。中路從雲林縣林圯埔〔南投縣竹山〕起工，經八通關至璞石閣〔花蓮縣玉里〕。南路起自鳳山縣赤山〔屏東縣萬巒鄉赤山〕，經諸野葛〔台東縣金峰鄉近黃社上方，有清軍大營盤〕至卑南〔台東〕。北、中、南路的開路清兵，分別

---

❷得其黎社，又作擢基利社，位於今太魯閣國家公園管理處後方山坡，另一處在立霧溪口北海岸，今崇德。得其黎社，泰雅語唸Takkiri。「得其黎」用台語發音，則更接近原音。

❷此碑即「師次新城碑」，已被海浪捲入海而不存。

由陸路提督羅大春、南澳鎮總兵吳光亮及南路理蕃同知袁聞柝帶領，打通了前山與後山的隔絕。❷❸

從蘇澳向花蓮港方面開鑿道路的清兵與民工，在南澳蕃地〔大南澳南、北溪下游的蕃地〕遭遇到南澳蕃的抵抗和凶暴，所以道路開鑿隊蒙受了蕃害。繼而向南前進，渡過大濁水溪〔和平溪〕進入太魯閣蕃地，不但沒有遭遇反抗，反而有李阿隆率領太魯閣蕃土目多名迎接清軍於途中，協助清軍開路，最後北路完全開通了。

當時的太魯閣蕃容易控制，但是平地的加禮宛蕃和阿眉蕃卻是非常難於應付。當羅大春的道路開鑿隊完成太魯閣海岸一帶的道路後進入新城，要從新城開一條通過「加禮宛原野」的道路時，加禮宛蕃和阿眉蕃立即聯合起來，進行示威行動，並且用武力阻止開路民工前進。❷❹

羅大春想出一計，調集岐萊〔花蓮〕的清軍和商賈民

❷❸關於北、中、南路開路的背景與實際路線，請參照楊南郡著《八通關古道調查報告》、《台灣百年前的足跡》，以及羅大春的《開山日記》、沈葆楨的奏摺等。

❷❹描述北路開工的情形，一般學者只依賴重要文獻——羅大春的《開山日記》和沈葆楨的奏摺，但南澳以南清軍與太魯閣泰雅族，及花蓮縣新城鄉所謂加禮宛原野的住民加禮宛族和阿美族的關係很少加以研究。森氏的文章特別詳細，可謂印證北路開工的出色文獻。族群之間的敵友關係，以及對清軍、日軍的關係，與我們過去所認知的有很大差異。譯註者認為太魯閣泰雅族由於通事李阿隆的「操縱」得宜，早期對清、日採取低姿勢，但住在新城的加禮宛人和阿美族似乎仗恃人口多，對外來者不怎麼友善，而且沒有有力的通事居間調停，所以森氏的印象中平地各族很難控制。另外，加禮宛原野，指花蓮美崙溪以北，屬於新城鄉的平原。宜蘭加禮宛社人於清道光年間受漢人壓迫而南遷，遷居的第一站便是現今的新城鄉嘉里至北埔一帶。因為住民大部分是來自宜蘭加禮宛社的加禮宛人，所以叫做加禮宛原野。

人到加禮宛原野，讓民人也穿起軍服與清軍一起列隊，扮成強大軍容，並且透過當地總通事林錫時，召集加禮宛社蕃及阿眉蕃參觀軍容。總通事向這些平地蕃人遊說，說：「清軍強大，與清軍抗衡是極不利的妄舉。」結果平地蕃的情緒平穩下來，開路工程才得以順利完成。

此外，據說清國當局為了防範加禮宛社蕃和阿眉蕃聯合起來與漢人衝突，曾經預先買下加禮宛社、新港街、荳蘭等地方的土地，供漢人使用。❷⑤

在那個時代，比起住在立霧溪的太魯閣蕃，住在木瓜溪兩岸的木瓜蕃〔泰雅族木瓜群〕勢力較大。目前木瓜蕃占居地是鯉魚山背後至木瓜溪溪岸，平日與北部太魯閣蕃、東部平地蕃對抗，因為占居之地已迫近平地，平地蕃現在處於其暴威之下。

直到六、七年前，花蓮港至馬大鞍〔馬太鞍，Vata-

---

❷⑤加禮宛指新城鄉加禮宛人居住的加禮宛平原。新港街指花蓮的新街市，今中山路與中華路之間大同市場一帶為中心，相對於早期座落於花蓮溪出海口北岸的舊花蓮港街，新街市改設於離海岸稍遠的內陸，主要原因是海岸地方潮濕，蚊蟲叢生，容易感染瘧疾。荳蘭，阿美語原音是Natauran，今花蓮縣吉安鄉田浦。以上加禮宛和新港街，早期年代就有阿美族占居。換言之，阿美族也分布於今日已屬花蓮市的新港街、米崙、軍威、十六股，以及屬於新城鄉的新城、北埔一帶。清政府買下加禮宛族和阿美族的土地，撥給移墾的漢人居住，可能與光緒四年，後山統領吳光亮興兵討伐加禮宛有關。據伊能嘉矩《台灣蕃政志》，加禮宛社和阿美族的Sakor社（竹窩宛）被打敗後，吳光亮下令「用官費買下加禮宛的土地，北起加禮宛社，南至荳蘭溪、東至加禮宛溪，西至山脈，做為官有地，允許漢人開墾，並訂立和約，以荳蘭溪（吉安溪）為界，北邊土地屬於漢人，南邊屬於阿美族，雙方不得侵犯限界。」嚴密地講，花蓮新港街一帶原屬撒基拉雅人（Sakiraya），族人被清軍打敗後離散而阿美族化。

an社，今光復〕間的十多日里平原，全是一片茫茫草原，杳無人煙，所以沒有人敢單獨前往。即使是平地蕃要通過，也要組成數十人的武裝隊伍，邊警戒邊行。由此可知，昔日木瓜蕃的強大勢力，已延伸到南方的平地。❷❻

　　清光緒十三年（一八八七年），鎮海後軍副將張兆連率領清兵開鑿集集・水尾越嶺道，原來所擬定的路線，是西部從南投縣集集興工，「經由丹大山」〔沿濁水溪及其支流丹大溪，上升到分水嶺上的關門山〕，向東下山，經倫太文山，沿馬太鞍溪到馬太鞍社。據說，為了避開當時木瓜蕃的頻頻出沒並加害行人，最後的定線改由偏南的倫太文山支稜，下降到拔仔庄〔瑞穗鄉富源〕，通到平地後南行到水尾〔瑞穗〕。

　　往年的時候，勢力強大的木瓜蕃，已經有日漸衰弱的跡象，但是仍然時而和平地蕃爭戰。木瓜蕃社內處處有頭

---

❷❻森丑之助《台灣蕃族志》第一卷記載，古時候「木瓜蕃」分布於木瓜溪上、下游，共八社，後來立霧溪「內社蕃」勢力向南方的木瓜溪入侵，形成巴托蘭社等五社，稱為巴托蘭蕃，而原來的木瓜溪族群勢力被削弱。在森氏來調查的明治年代，已遷離木瓜溪中游的木瓜群，有的在花蓮縣壽豐鯉魚山西南坡及荖溪下游一帶結社，稱為木瓜社；部分南遷到萬里橋溪溪口南岸及北岸，分別稱為Malipashi社（萬里橋社）及Tagahan社（長漢社），今屬萬榮。另外有Banao社在更南方。據台北帝大移川子之藏教授調查，木瓜群的一支從中游移居於下游溪口「銅門蘭」（Tamonan，今銅門），也叫做木瓜社。因為木瓜群已移居於木瓜溪下游及南方萬里橋溪及馬太鞍溪以北一帶，森氏提及屬於平地群的阿美族往來於花蓮、馬太鞍時，都為自身安全，結隊而行。這個危險性，是明治三十三年作環島視察的伊能嘉矩也親身體會到的。他來到花蓮縣光復東邊的大巴望社時，好心的阿美族安排四人抬的竹轎給伊能坐，一路由健壯的阿美族扛轎，前後左右由二十五名全副武裝的阿美族壯丁，護送他通過這片危險地區到花蓮市。

骨架。明治二十九年十月，我曾經在Chiyamawan社頭目
Taimo Sayun的家，看到一座頭骨架，擺滿五十個頭骨，
其中數個膚髮未脫，是割下未久的敵首。㉗

加禮宛蕃原來住於宜蘭地方〔宜蘭縣五結鄉冬山河彎
曲出海口南側〕，由於漢人有如潮水一般湧入，加禮宛蕃
的土地被漢人侵占殆盡，族人不堪壓迫向南方的岐萊〔花
蓮〕尋找新天地，移居於現在的加禮宛平原，但是遷入新
居地不久，與尾隨而至的漢人作生存競爭，加禮宛蕃不滿
漢人巧取豪奪，當然迫不得已和附近的阿眉蕃〔Sakiraya
人〕聯手，和縱容漢人奪取族人土地的清軍對抗。

站在清軍的立場看這情勢的發展，清軍感覺非挫弱加
禮宛蕃的勢力不可，於是先發制人，於光緒三年趁機以住
在加禮宛社的一個漢籍商人被殺，以問罪為由，動員大軍
於岐萊，次年八月攻入加禮宛社和竹窩宛社（討伐後被改
稱歸化社）。㉘

㉗此處木瓜社Chiyamawan的社名，未出現於森氏的《台灣蕃族志》、《蕃族
圖譜》或明治、大正年代蕃地形圖，森氏也沒有說明它的位置，令人費
解。明治二十九年十月森氏第一次訪問木瓜社。而鳥居龍藏於同年第一次
來台，在東部旅行時曾經到訪木瓜社，而且說，他是日本領有台灣以後第
一個訪問木瓜社的日本人。兩人所訪問的木瓜社，是不是當時已從木瓜溪
中游Sakahen（坂邊）遷來花蓮縣壽豐鄉鯉魚山西南坡及荖溪下游定居的
木瓜社，或是原從中游Batoran社一帶遷到下游南岸銅門的木瓜社，有待
將來繼續考證。不過，森氏前文已提及「目前木瓜蕃占居地，是鯉魚山背
後至木瓜溪溪岸……」，剛好是指鯉魚山、鯉魚潭至銅門一帶。位於鯉魚
山邊的木瓜社，於大正三年太魯閣征伐戰後，被迫遷到木瓜溪南邊的知亞
干溪（Chiyakan）溪口北岸，日治時代社名即已改為「溪口社」。
㉘竹窩宛社，是撒基拉雅族部落，自稱Dagubuwan社，阿美語叫做Sakor社
，位於十六股庄西側，今屬花蓮市內國慶里。

當時的討伐軍包括駐守岐萊的七營清兵，以及討伐軍司令吳光亮從基隆調來的六營清兵，共十三營。因為上述兩社位於平原，不堪一擊而潰散。族人遁入背後的山中，但很不幸地連日陰雨，族人在淋雨與飢餓交逼之下，很多人患病，最後不得不投降。當時很多壯丁被殺，只剩老弱婦孺，有的回到殘破的蕃社，有的遠遷到南方。

加禮宛社和竹窩宛社被討平後，負責統治後山的清軍仍然施行暴政，族人不堪其擾，再度前往更南方之地。他們在「秀姑巒方面」〔秀姑巒溪出海口一帶〕的海岸，形成數十個部落居住。至此，曾經一度和阿眉蕃同時稱霸於岐萊的加禮宛蕃，已步上衰微之路。

原來，加禮宛蕃和漢人在歷史上是生存競爭的對手。照清軍的想法，即使屬於阿眉蕃的竹窩宛社已被討平，其他的阿眉蕃社也許會再度與加禮宛蕃聯手復仇。為了一勞永逸，統治後山的清軍想出一計，命太魯閣蕃通事李阿隆「操縱」太魯閣蕃，利用太魯閣蕃勢力向平地的加禮宛蕃及阿眉蕃施壓。❷❾

於是太魯閣蕃在清人的煽動和後援之下，常常下山加害加禮宛蕃及阿眉蕃。清國當局聽到太魯閣蕃對平地蕃造

---

❷❾台灣被日人領有以後，早期的台灣總督府官吏常用「操縱蕃人」一詞，表示政府當局用巧計隨意指使蕃人做出合乎政策動向的事情，好比是人在操作機器，使機器開動或停止一般。因為當局認為當時的原住民智能不高，容易用籠絡手段改變其群眾心理，所以「操縱」是當年理蕃當局慣用的手法之一。

成人員的傷亡與物質上損害，就秘密地將火槍和火藥賞給加害者，也就是說，用武器獎勵太魯閣蕃逞凶暴行。另外，假如太魯閣蕃受到平地蕃所加的損傷，則對加害者〔平地蕃〕嚴加懲罰。

清人推行這種政策的結果，太魯閣蕃突然大舉向平地逞凶暴行，勢力突然增大，所以，據說太魯閣蕃逞凶犯法的禍源，是當時的清國政府所培植的。

如前所述，加禮宛社和竹窩宛社的勢力被挫以後，太魯閣蕃獲得清國政府的後援，一面和平地蕃對抗，另一面逐漸遷居於三棧溪以北，面臨海岸的山地〔新城、秀林一帶〕。這是太魯閣蕃開始向花蓮港方面伸展其勢力的契機，也就是清國政府為了爭取漢人的利益，利用太魯閣蕃勢力的結果。

因此，太魯閣蕃的勢力逐漸向南方伸展，族人甚至行獵到加禮宛山附近。他們橫行於新城附近和古魯山、九宛山一帶，但是還不能侵入最南方的岐萊平原〔花蓮平原〕。❸

現在太魯閣蕃人之間，有一則流傳到今日的傳說：昔日曾經有太魯閣蕃土目六、七名，在清吏嚮導之下趁夜陰時刻到花蓮港。阿眉蕃南勢群的七個蕃社聽到這個消息

---

❸太魯閣族敢遠獵到加禮宛社西北方的加禮宛山，也敢於無忌憚地橫行於古魯社西側的古魯山，亦即新城山，以及南方三棧溪九宛社附近山地。按「九宛山」並非一座獨立峰。

後，立即召集壯丁趕到花蓮港，要捕拿太魯閣蕃。清吏立即把這些土目藏匿在兵營內的倉庫，對趕來的阿眉蕃說，根本就沒有太魯閣蕃人留在兵營內。幾天以後，清吏終於利用天黑的時刻準備好一艘戎克船，讓這幾名太魯閣蕃土目從花蓮港搭船返回新城，從新城起土目們步行回到各自的蕃社。

光緒二年（一八七六年）太魯閣蕃人加害清兵，對居住於新城的漢人有圖謀不軌的情事。當時，李阿隆接受官命捕拿了加害蕃人，採陸路押送到台北。

原來，李阿隆早就知道要逮捕蕃人，用尋常手段很難成功，所以他用甜言蜜語對涉案的五名蕃人說，要給予火藥，請他們到他的住宅拿。當蕃人走進屋內後，他立即命手下的人關閉門窗，出其不意地當場逮捕，解送清軍兵營。

李阿隆押送這五名太魯閣蕃途中，兩名在大濁水〔今宜蘭縣南澳鄉澳花村〕逃脫，走入山中時被南澳蕃馘首；其餘三名被押到台北，後來被清廷釋放，其中二名搭戎克船回到新城，一名暫時停留在蘇澳後，步行回到自己的蕃社。從此以後，太魯閣蕃暫時停止對漢人逞凶。據說，被捕的蕃人中，有一個名叫Yaro，他目前健在，住在Loten社。從這件事，可以推知李阿隆對付太魯閣蕃的實力。**❸❶**

（三）太魯閣蕃與本島漢人的關係

當太魯閣蕃蟄居於立霧溪上游山坡地的時代，其地四面被敵對蕃社所包圍，只有西部濁水溪上游祖居地Toroko蕃及部分霧社蕃，可以連絡並交換物品。到了漢人移入東海岸的時代，族人為了生存與扶植族人的勢力，與漢人通好，發生了互信的親密關係。從此以後，他們和西部「貧弱的友蕃」之間，因為瑣碎的事端引起了多次紛爭，最後斷絕了彼此間友好關係。㉜

於是，太魯閣蕃已陷入孤立狀態，與四周的蕃社不相往來，所以在生存上只有漢人可以依賴。他們和漢人特別親密的關係，是從彼此結識以後，一直到現在都沒有改變，他們把漢人視同親族，這種微妙的關係，是外界的人不容易覺察出來的。

事實上，過去加禮宛蕃、阿眉蕃及日本內地人很多次被太魯閣蕃殺害，唯獨本島漢人很少受害，即使今日仍然有漢人留居於太魯閣蕃地，雖然漢人沒有給太魯閣蕃什麼

㉛Loten社，原文寫ローテン社，社名沒有出現於森丑之助的《台灣蕃族志》第一卷第94頁至98頁所載「太魯閣蕃內社及外社蕃社表」。ローテン社的漢名與位置不詳，待查。

㉜文中森氏形容立霧溪的族人仍在交往的西部族親及霧社等友好部落，是「貧弱的友蕃」，但沒有進一步說明理由。大凡遷徙到新天地的族群，回顧原居地的情形，不免感到落後窮困。當初他們從西部越過奇萊連峰進入立霧溪的主要動機是，故鄉的耕地和獵區因人口增加，不足以養活眾多人口，遷徙後有一段很長時間彼此維持親密關係，但是經過幾個世代以後，族親的認同會淡化，乃至於因細小事故而爭執反目。據譯註者實地訪查所知，立霧溪的族群和西部濁水溪上游的族群敵對的原因，是獵區分配所引起。立霧溪源流的塔次基里溪已伸向屏風山西側，而屏風山、奇萊連峰西側的溪流一帶，正是西部族群傳統的獵區，獵區的重疊造成了緊張關係，最後導致同族的人互不相往來。

好處，但能夠繼續住在太魯閣的地盤，接受蕃人的保護。

明治二十九年我第一次去太魯閣調查時，發現很多中國戎克船從宜蘭、基隆，甚至從台灣海峽對岸的廣東方面，航行到太魯閣海岸，船上的漢人登岸停留，據估計，經常維持二百名以上。漢人常常來訪的目的，是淘洗砂金、採集薪材，以及交換蕃產。漢人在海岸的居所不定，他們都仰李阿隆的鼻息活動，假如有人違反李阿隆的意思，即使是漢人也無法停留於其地。李阿隆幾乎變成太魯閣地方的首領人物。

明治二十九（一八九六年）年七月統計出來的新城漢籍居民共十戶，五十人；十二月增加到十五戶，七十二人。此外，寄居於各蕃社內的漢人人口，大約和上列的人口一樣多。明治三十三年（一九〇〇年）三月，台東廳長相良長綱前往太魯閣蕃社視察時，李阿隆提出的簡報，詳列寄居於各蕃社內的漢人男女人數與戶數，抄錄如下：

蕃社名	戶數	男	女	小計
九宛社	2	4	3	7
古魯社	10	25	27	52
擢其黎社	6	12	17	29
石空社	4	7	6	13

以上總計二十二戶，一〇一人，其中男四十八人，女五十三人。此外，七腳籠社也有兩名漢人（男人）寄居。

這一〇三名漢人是長期居留於蕃社的人，其他臨時停留的漢人非常多。㉝

明治二十九年十二月爆發新城事件，次年初春討伐行動開始，因而戎克船不再航行到太魯閣外海。討伐結束後，海岸及蕃界出入口的戒備不嚴，所謂海岸封鎖有名而無實，漢人依然循陸路，或從海路向太魯閣蕃地出入。㉞

台東廳於明治三十三年招撫太魯閣蕃後，爲了迎合太魯閣蕃和李阿隆的意向，讓日商賀田組在古魯社從事火槍、火藥的買賣，而蕃產的交易則和從前一樣，交給當地的漢人營運。㉟

漢人依然出入於外太魯閣蕃地交易。到了明治三十九年（一九〇六年）七月屋伊里事件爆發以後，花蓮港支廳在遮仔埔頭至七腳川山腳之間設置隘勇線，並派遣警備船巡邏於海岸，從陸上及海上封鎖蕃人的出入與物資的輸

㉝擢其黎社即得其黎社，石空社又寫石硿社。七腳籠社，指位於和平溪口南岸Dekaron社及Gukutsu社的總稱。

㉞明治二十九年十二月，駐守新城的日本陸軍（當時隸屬於花蓮港守備隊，叫做新城分遣隊），突然遭受太魯閣族夜襲，官兵十三名全部被殺，世稱新城事件。次年春天，台灣守備軍步兵第一聯隊第一大隊在聯隊長率領下，前往太魯閣討伐，雖然動用野砲攻擊蕃社，但天時與地利不利於討伐軍，於五月草草撤軍。明治三十一年，台東廳命住在新城的李阿隆上山勸誘太魯閣族投降，兩年後，亦即明治三十三年，部分太魯閣族表示歸順之意。

㉟古魯社（Kolo）位於花蓮縣秀林鄉，夾在Busegan社（富世）與Busurin社（秀林）之間山坡地，當年已設有蕃童教育所、警所和公醫醫療所，事件發生後日政府重點綏撫之地。古魯社屬於「外太魯閣蕃社」之一。按立霧溪口以南，三棧溪南北支流各沿岸的部落，及立霧溪口以北大、小清水一帶，當時全部屬於外太魯閣，這一點請讀者注意。賀田組是日商，當時在古魯社及屋伊里社從事樟腦製造業和樟樹造林。

入，結果，漢人無法像以前秘密輸送蕃人所需的物資。因為漢人再也不能給蕃人種種方便，太魯閣蕃對他們的態度已不像往日那樣親密。因此，這些居留於蕃地的漢人再也不能坐收其利，紛紛離去，只有部分與蕃人維持特殊關係者，留在蕃地觀望。❸❻

明治四十年（一九〇七年）六月，海軍進行艦砲射擊的時候，李阿隆的家也被砲彈擊毀，他心裡明白總督府從事件發生以後，改採強硬措施對付太魯閣蕃人，暗地裡將自己的家產裝載於一艘戎克船，駛向宜蘭老家，做為退路。

李阿隆疏散了家財後，偕同部分家族，再度回到太魯閣蕃地，不久隱居於花蓮港，靜待太魯閣蕃善後問題獲得解決之日，才要東山再起。他知道太魯閣蕃被討平後，由於日軍用通電的鐵刺網封鎖，生活所需的物品供應被杜絕，痛苦不堪，於是用計騙蕃人。他說，他可以向日本官署交涉，讓日人同意和太魯閣蕃訂和約，解除封鎖，准許

---

❸❻屋伊里社位置，依照大正二年七月蕃務本署測繪的《蕃地地形圖》，在加禮宛社西方的山麓，今花蓮縣秀林鄉佳民村。在屋伊里社附近從事製腦的賀田組因為發放工資給「蕃人」時發生糾紛，明治三十九年（一九〇六年）七月，突然遭受在這蕃社領工資的西拉岸社蕃人攻擊，各蕃社響應，前往救援的花蓮港支廳長以下三十四名日人中，三十二名全部被殺。因為日軍發動陸上攻擊失利，從新城鄉北埔的東北海岸遮埔頭分遣所起，設置三日里（十二公里）長的隘勇線加以封鎖，尾端是屋伊里社附近的「七腳川山腳」。次年，日軍調派二艘砲艦進行艦砲射擊，並在五百名阿美族壯丁協助下，攻陷部落。這就是屋伊里事件的始末。大正二年五萬分之一蕃地地形圖上有虛線，標示隘勇線位置。

「鐵炮店」設於蕃界等等。❸

　　太魯閣蕃土目和有權勢的社衆聽到這一席話後，非常高興。他們飽受日本海軍的海上攻擊後，已經變成驚弓之鳥，幸而有本領的李阿隆要替他們開闢一條活路。於是明治四十一年七月十九日，得其黎、古魯、九宛等各社的土目率領蕃丁下山，李阿隆坐在蕃丁所抬的轎子上，在衆蕃丁前呼後擁的情形下，前往遮仔埔頭海岸向日警交涉。

　　因爲遮仔埔頭以南地方，是與太魯閣蕃敵對的阿眉蕃及加禮宛蕃土地，衆土目和蕃丁只到遮仔埔頭後就折返。李阿隆和他們分手後，偕同長子李朝春到十六股庄訪問朋友，在朋友陪同之下一起到花蓮港新港街，拜訪花蓮港支廳公署。原來，李阿隆向官署請願，希望以後能長期居留於新港街，台東廳依照他的願望，准許他居住於花蓮港。

　　過了幾天以後，李阿隆趁夜把留在得其黎社的家族帶出，一起搬到新港街居住。不久，住在古魯社的通事李火盛一家七口，也趁夜走出蕃社，在花蓮港居住。❸

　　原來，早於明治三十一年（一八九八年）一月以來，李阿隆被台東廳任命爲「太魯閣蕃總通事」，月領二十日圓。明治三十九年七月屋伊里事件發生時，暫時停止支付，從八月起減薪爲每月五日圓，太魯閣蕃總通事的官職不變。後來根據台東廳長向上級單位提出的報告，我們才

---

❸ 通事所說的鐵炮店，指專賣槍枝與彈藥的店。原住民需用槍械狩獵以維持生計。

知道明治四十一年十二月，李阿隆病歿於自己的家。

李阿隆的死對太魯閣蕃人似乎沒有發生任何影響。他在太魯閣蕃地的舊勢力已成過去，何況自從蕃地被封鎖以後，他已經沒有力量打破僵局為蕃人帶來利益，蕃人對他的態度已經改變了。

從李阿隆生前的立場看，他往年在蕃地也曾經受過種種迫害，因而用掉了很多家財消災。他覺得蕃人的性情反覆無常，身邊隨時會發生危險，因而攜家帶眷脫離蕃地，自然他和蕃人之間的關係急速變化。

「太魯閣蕃副總通事」李錦昌也已經死了。明治四十一年六月，日本海軍進行艦砲射擊的時候，他的家族五名從得其黎社出走，想要前往花蓮港。當他們走到遮仔埔頭隘勇線附近的時候，花蓮港支廳警察隊正準備發動陸上攻擊，誤以為是「敵蕃」而加以射殺。他們的屍體留在現場，但幫助日警的七腳川蕃（**來自七腳川社的阿美族**）立即予以馘首，據說七腳川蕃又把首級交給木瓜蕃。

後來，留在七腳籠社的漢人李阿九，因為與蕃人發生糾紛而被殺；Loten社的張阿察、莊烏毛兩人，也在蕃社

---

❸鑑於太魯閣族遭受長期封鎖後，向日本官署交涉都無效，李阿隆已發覺太魯閣族積怨已久，擔任總通事的他會變成箭靶，太魯閣族可能會再度發動抗暴行動，於是事先做出金蟬脫殼之計。森氏本人參與遮仔埔頭海岸的談判事務，所以很瞭解族人及李阿隆的想法。他批評這個總通事狡猾，用計騙取「蕃人」的信賴，但私下脫離蕃地，投靠日本政府。按：遮仔埔頭，又寫鵲仔埔頭，今花蓮新城鄉北埔東北，貼近海岸處，清代設一哨營，日治明治年代設隘勇線分遣所，為「外太魯閣蕃地」南界。

與蕃人發生金錢糾紛，格鬥時被蕃人殺害。

現在留居於太魯閣蕃地的漢人，只剩十五名，列表如下：

寄住蕃社	姓名	推測年齡	摘要
牛窟社（Gukutsu社）	李阿成	35	原為李阿隆之妾，蕃名為Teuwan Pawan，生李朝春。
大清水社	許阿旺	29	
得其黎社	張媽古	34	來自台北艋舺的打鐵匠，在蕃社開打鐵店，娶蕃女為妻，富裕。
得其黎社	林阿江	(?)	張媽古的徒弟
得其黎社	許阿蔥	45	全上
得其黎社	胡阿貴	52	來自基隆的殺人犯
得其黎社	胡阿元	27	胡阿貴之子
得其黎社	王氏阿銀	26	胡阿貴的家族，纏足
得其黎社	阿玉	65	全上（據說家內另有一個女人）
九宛社	張有水	42	富裕
九宛社	劉依三	32	福州人
九宛社	李連發	15	
九宛社	李旺	56	盲人，富裕
遮埔頭（Doreku社）	李白毛	40	來自宜蘭的小匪首
遮埔頭	張石隆	(?)	

以上名單中，只有九宛社的李旺是落籍於蕃社的漢人，其餘的漢人住戶，最久的有十年，也有只住六、七年的。其中住在得其黎社的張媽古是個打鐵師傅，在蕃社專修農具而大受歡迎。六年前他赤手空拳來蕃社暫住，現在變成一個富翁。男的都在蕃社娶蕃女，部分的人只會講一些蕃語。

這些漢人原來從事蕃產交易，但自從日警封鎖蕃人出入後，不得已從事農業，但大多數的人不諳農業，只靠勤快的蕃婦耕作以糊口。由於婚姻關係，蕃人不加害這些蕃社內的漢人，反而暗中加以保護。

從前，得其黎社、古魯社及九宛社有牛車十二輛，都是漢人所有，現在只剩下三輛。原來住在大清水〔指卡拿岸溪口Kanagan社〕的王泰伙等人，當時他們擁有數艘戎克船從事海上運輸，現在都一無所有了。

以上資料是我最近向太魯閣蕃，及直到最近仍居留於外太魯閣的漢人打聽出來的，因為是聽聞之言，錯誤在所難免。

目前住在花蓮港一帶，但從前住在太魯閣蕃地的漢人戶口，列表如下：

居住地	姓名	年齡	摘要
新港街	李朝春	25	李阿隆之子，母親是蕃婦，居留於蕃地至明治四十一年七月，熟諳蕃語。
新港街	張阿三	56	原任通事，娶蕃女爲妻，曾經居住於新城三十年，明治四十年以前離開新城，半通蕃語。
新港街	陳永傳	42	二十年前曾經居住於新城，半通蕃語。
十六股庄	邱景福	(?)	曾經居住於古魯社七、八年，半通蕃語。

此外，已脫離蕃地，目前居住於六股庄的蕃婦有三名，居住於新港街的蕃婦有二名。屬於太魯閣蕃人與漢人間所生的混血子女，目前住在新港街的，有下列幾個人：

居住地	蕃名	性別	年齡	摘要
新港街	Tappa	男	19	李阿隆的養子，明治四十一年以前住在蕃地，略懂漢語，熟諳蕃語。
新港街	Lito	女	20	曾經住在宜蘭五、六年。明治四十一年離開蕃地。熟諳漢語與蕃語。
新港街	Yumin	男	21	張阿三之子。明治四十年離開蕃地。遲鈍，略懂漢語，熟諳蕃語。
新港街	Kumo	女	18	纏足。熟諳漢語，略懂蕃語。
新港街	Agin	女	6	Chiwan之女。熟諳蕃語。

現任的太魯閣蕃通事是林烘爐，六十歲，明治三十八年任用，月領十二日圓。他長期住在岐萊地方，通曉地方事務，富裕而有名望，但不諳蕃語。

另有蕃婦Chiwan也被任用為太魯閣蕃通事。Chiwan今年三十歲，月領十日圓。她原是九宛社的人，九宛社和巴托蘭社（Batoran）都有親戚，嫁給留居於九宛社的漢人盧賢忠為妻。明治四十年日政府招撫巴托蘭社的時候，盧賢忠被任用為通事。巴托蘭隘勇線設置完成後，盧某仍留在蕃社從事蕃產交易，於明治四十一年病亡，由其妻

Chiwan替代通事的職務。

　　女通事Chiwan不諳漢語，也不通平地蕃語〔即加禮宛語及阿美語〕。因為常常與日人接觸，雖然日人講太魯閣蕃語在發音和文法上不正確，她都能分辨真正的意思，用正確的蕃語翻譯或解釋給蕃人瞭解。

　　Chiwan現在已改嫁給陳永傳。陳永傳是耽溺於賭博與抽鴉片煙的一個無賴，是日政府列為注意人物之一。Chiwan享有與巴托蘭蕃交易的專利，所累積的資本和家財，似乎變成陳永傳抽鴉片及賭博之資。

　　Tappa是一個蕃婦與名字不詳的漢人間所生的非婚子女，從小就被李阿隆收養。被養育十八年後，養父就去世了。這時候，市井無賴陳永傳忽然在眾人面前宣稱，他就是Tappa的生父，於是到李阿隆的家，把已長大成人的Tappa強拉回去，從此以後，Tappa變成Chiwan的助理譯員。故總通事李阿隆的遺族對於陳永傳的奸計，非常憤慨，雖然Tappa的生父是誰無從查證，很多新港街住民都同情李家的遭遇。

　　七腳籠群的牛窟社內，除了李阿隆的小妾李阿成外，據說另外有一個名字叫阿番的一個漢人寄居。

（四）新城事件前後的太魯閣蕃

　　日本領有台灣之初，太魯閣蕃對日本人沒有表示敵對或反抗的態度，只有當時居留於新城及太魯閣蕃地的漢

人，非常忌諱日本人進入蕃地或與蕃人接觸，百般阻擾日本人進去。

明治二十九年秋天，我們〔森氏和日警〕到新城查察時，當地的勢力者李阿隆等人派密探尾隨我們一行人，偵查我們的行動，每次我們要跟蕃人交談的時候，都出面制止，不許我們與蕃人接觸。當時李阿隆對我們解釋，說他派人保護我們，又說他不讓我們跟蕃人直接接觸，以免受害。

其實，我們已觀察李阿隆一夥人的言行，發覺他們表面上假裝好人，暗地裡做出害人的勾當。我敢說，當時實查這一方面情況的人都說，將來我方所要面臨的危險，與其說是太魯閣蕃，毋寧說是寄居於蕃社中的漢人與日本人之間的利害衝突。

新城分遣隊於是加強了對太魯閣蕃的監視，一方面組織定點斥候組，由軍官率領兵士擔任，另一方面大量貯存軍用補給品，準備整修宜蘭、新城間的古道〔指清代北路〕。這是新城事件的主因。

引燃事件的直接起火點，是一個駐軍兵士調戲蕃女。據說，這個蕃女是得其黎社蕃Hawan Vakan的女兒，名字叫做Iwan Hawan，天生遲鈍。這件事引起了部分太魯閣蕃憤慨，趁大部分蕃人對日本人不懷好感的節骨眼裡，到處煽火，教唆各蕃社堅拒日軍駐留其地。結果，爆發了太魯閣蕃於十二月二十二日夜襲新城兵營，造成新城分遣隊

全滅的慘案。（Iwan Hawan後來遷到七腳籠社方面，幾年前在牛窟社〔Gukutsu〕嫁給漢人李阿九，李阿九被殺以後，現在仍留居於牛窟社守寡。）

早於清國政府〔於光緒四年，即一八七八年〕興兵討伐花蓮加禮宛蕃後，清軍的逃兵曾經秘密將武器交給太魯閣蕃，其後又有漢人以及李阿隆等勢力者，秘密用槍械、彈藥與蕃人交換蕃產，因此，太魯閣蕃已經擁有Mauser式來福槍〔毛瑟槍〕，但是蕃人的勢力只限於三棧溪以北地方，不及南方。往年我們〔森氏和官吏〕曾經只帶三個「土人苦力」〔漢人腳伕〕，沿著海岸線往返新城，三名苦力中只有一個帶槍，當時沒有別的武裝警衛隨行，卻沒有遭遇太魯閣蕃人挑釁。

假如當時李阿隆以誠信對待日本人，那麼從新城起改修通往蘇澳的舊道，一定是很容易著手的。或者說，假如李阿隆等一夥人沒有阻礙我軍行動，那麼，當時前往太魯閣蕃地探險，或進行舊道的踏查，應該能夠順利達成。好可惜啊，當年錯失了機會，使太魯閣一直成為治理上的一大問題，令人遺憾。

明治三十年春天，我們陸、海軍聯合討伐太魯閣蕃，原本應該會收到很大的戰果，但是討伐戰中陸軍被不利的地形牽制，而且陸軍部隊是由各師團選派加入的，組成一支混合部隊，結果戰事失利。兵士們本來在台灣北部討伐平地土匪，沒有經過休養就被調來岐萊地方，又遇到連日

陰雨，海岸波濤升高，船隻無法靠岸，無法卸下器材與補給品。從事太魯閣蕃討伐的這一支陸軍部隊，沒有器材設營，也缺乏糧食的供應，因此，軍中罹病者增多。

討伐軍不只與蕃人作戰，也要和不利的天氣、險惡的地形苦鬥。假如堅持要戰到蕃人被掃蕩臣服爲止，不知道還要付出多大犧牲？所以這一場戰爭臨時被叫停。陸地戰爭中雙方陣亡人數是：太魯閣蕃陣亡者不到十名，但我軍被割去三十多顆首級，也被擄走接近一百挺的村田式步槍。值得憂慮的是經過這一場不分勝負的討伐戰後，太魯閣蕃反而變得更傲慢，更加輕視日本人的實力。

戰爭中止後，日軍在「加禮宛埔」的舊清軍營盤，設置一處「監視哨」，派一個下士和六名兵士駐守。位於米崙的「陸軍花蓮港守備隊本部」留下一個大隊，其中一個中隊的兵員分別被派遣到大巴塱社（Tavarong）和拔仔庄擔任警備工作。❸⁹

由於海岸線很長，從加禮宛方面來的漢人很多是走山麓線到太魯閣蕃地，但從宜蘭載運的物資多半利用戎克船運輸，加上軍警缺少取締走私的關卡，明治時代對太魯閣蕃的封鎖，實際上是有名無實。❹⁰

（五）台東廳對太魯閣蕃的懷柔政策❹¹

台東廳在明治三十一年〔一八九八年〕透過與李阿隆

---

❸⁹大巴塱社，又寫太巴塱社，是阿美族的大社，位於花蓮縣光復鄉富田。

有深厚交情的花蓮港居民，勸誘李阿隆歸順，但是李阿隆不肯出面，命李錦昌爲代表前往岐萊辦務署，提出二個條件談判：一、日本人不得直接掌控太魯閣蕃，任何事都要透過李阿隆洽辦；二、以遮仔埔頭爲平地與太魯閣蕃地的接界，日本人及平地蕃不得涉足於遮仔埔頭以北之地。李錦昌說，日本人如能接受上面兩個條件，李阿隆就答應歸順。

台東廳當局接納了李阿隆的條件，結果是只有新城方面的漢人表面上歸順了，但蕃人沒有歸順。李錦昌又傳言說，太魯閣蕃人頑固而且強悍，不肯歸順，所以李阿隆要見機督促蕃人歸順，一旦有好消息，李阿隆決定親自到花蓮港報告。

於是當局準備了很多「惠與品」，請李錦昌帶回轉交蕃人，同時任命李阿隆爲太魯閣蕃總通事，月領二十日圓，李錦昌及張阿三爲副總通事，各月領十二日圓。❷

但是，太魯閣蕃依然凶暴犯行，不斷地遠征加禮宛平原出草。直到明治三十三年爲止，已經有兩年時間，李阿

<hr />

❹本段中「加禮宛」是否指宜蘭加禮宛，或指花蓮加禮宛，森氏沒有指明。假如只強調「沿山麓線走入太魯閣蕃地」，應該是指北部宜蘭加禮宛方面的漢人。理由之一，是北部加禮宛方面才有移墾的漢人，花蓮加禮宛裡漢人不會很多，而且從花蓮加禮宛前往太魯閣蕃地，當然走海岸邊的平坦路，不必強調走山麓線或採什麼路線到太魯閣。森氏特別指明有「山麓線」可走，可以想見從同治十三年（一八七四年）北路的開鑿，到明治三十年（一八九七年）太魯閣蕃討伐戰才二十多年，北路（蘇花古道）仍可以通行，成爲宜蘭方面漢人利用，作爲向花蓮方面移民的途徑。
❹明治三十年代的台東廳涵蓋台東縣和花蓮縣。

隆等人沒有踐約勸誘蕃人歸順。因為對太魯閣蕃的「操縱」效果不彰，相良廳長於同年一月親自到花蓮港坐鎮，再度派遣使者到李阿隆那裡〔得其黎社〕，督促他勸導蕃人。

我們從李阿隆與相良廳長間的書信往來可以看出，李阿隆的語氣相當倨傲不遜，也從李阿隆與蕃人間的往來消息，可以推知他沒有把廳長及官員看在眼裡。從這些蛛絲馬跡我們知道，新城事件的爆發並非偶然。

經過數次交涉，相良廳長終於接納李阿隆等人所提的條件，以交換日本人進入太魯閣蕃地的要件：

一、日本人在不傷害留居於蕃社的漢人利益的前提下，可以進入太魯閣蕃地。

二、為報答被允許進入蕃地，日本政府首先贈送Mauser式來福槍的彈藥，然後安排日本商店向蕃人銷售槍枝與彈藥。

三、日本政府支付各蕃社土目月薪。

四、日本人進入蕃地以後，不可以隨意到處活動，「入蕃」人數由台東廳予以限制，而官署認為有必要派人

---

❷「惠與品」是日治時代推行理蕃政策的特殊用語，意思是「官署為了施恩，特別賞賜的禮物」，以禮物籠絡，使「蕃人」感恩臣服。其項目依照時代的變遷而有所調整，從早期的鹽巴、火柴、針線、酒、布匹、活豬、可宰殺食用的老牛等，到昭和年代贈送青年服、國民服等與皇民化運動之推行有關的用品。另外，李錦昌與陳阿三的任用，原文寫「副通事」。鑑於太魯閣、新城地方有幾個通事，做為李阿隆副手的李錦昌不可能只當副通事，猜測森氏的原意，譯為「副總通事」。

跋涉蕃地，進行踏查活動時，必須事先交涉。

五、以遮仔埔頭為界，平地蕃不可以侵入遮仔埔頭以北之地。❹

據說，台東廳長於明治三十三年三月巡視古魯、九宛、得其黎三社。一般人不敢相信台東廳長因為熱中於太魯閣蕃招撫，竟然會喪失威嚴，屈服於蕃人所提出的條件（其實是總通事李阿隆一夥人所提的條件），簽訂和約。有人卻指出，廳長進入太魯閣蕃地的時候，曾經雇用牛車裝載很多「惠與品」與五萬發彈藥，全部贈給蕃社，同時對每一個土目發給認可土目的派令和當月薪的銀兩。對於一般蕃戶，則額外地贈送很多「惠與品」。另外，針對個別蕃人發給數發子彈，讓每一個蕃人親自來領受，以便調查各蕃社戶口人數。據說，有些蕃人無法下山來領，只好派代表代領，其中有人一次領到數百發彈藥。

後來，從明治三十四年四月起，在古魯社和其他蕃社設置學校〔即蕃童教育所〕，同時允許日商賀田組在古魯社開設「槍砲火藥店」，把屬於「禁制品」的槍枝、彈藥賣給蕃人。

台東廳又制定遮仔埔頭為界，禁止太魯閣蕃以外的平地蕃向北出入，同時禁止學校教師及賀田組員工涉足於工作場所以外的地區。

---

❹「入蕃」，是理蕃政策的一個術語，指官吏或執行公務人員從平地進入蕃地。

從這些措施，外界批評相良廳長的對蕃政策內容，過度委屈求全，有辱於官署的尊嚴。對於外界的指責，廳長幾乎無法反駁。廳長所展現的委屈求全，極端的撫蕃政策，只是做到一時的相安無事。這是一種鹵莽行為，有害於將來要推展的理蕃大業。

　　在這種情形下，名義上已簽約表達歸順的太魯閣蕃，是不是真的有誠信對待日本官署呢？我認為有疑問。舉實例來說，明治三十五年十一月，台東廳試圖招撫太魯閣內社蕃，以及三十六年十二月為了膺懲南澳蕃，台東廳於行動開始以前，利用太魯閣外社蕃交涉，但是幾乎沒有收到效果。從上面兩個實例可以看出，太魯閣蕃沒有守誠信。

　　利用外社蕃招撫內社蕃的過程，嚴密地說只是一場把戲。原來，外社蕃為了維持自己蕃社群的勢力，特別抑制內社蕃的勢力，不願見到漢人和日本人接近內社蕃。不但如此，內社蕃所需的物資，全部經由外社蕃之手供應，外社蕃居間獲取利益，同時經常用各種方法防止內社蕃勢力坐大。因為萬一內社蕃向日方歸順，則關係到外社蕃自己的勢力消長，外社蕃內心裡不喜歡內社蕃歸順。

　　外社蕃因為情勢所迫，也為了敷衍日方的要求，僅僅派出四名傀儡蕃人，宣稱是內社蕃的代表，下山和相良廳長會面，表達歸順的意向。後來我們發現不祇那四個求見的蕃人，聽到日方要招撫的消息時很高興，內社蕃都雀躍不已，一共數百名內社蕃人下山來求見，之後日方和內社

蕃應該會保持互相往來的情形。假如沒有這一個實例，我們實在無法推斷有關內社蕃情的眞相啊。

明治三十七年四月，相良廳長去世，台東廳進入森尾廳長治理的時代。新廳長就任後緊縮對太魯閣蕃的政策，在古魯社新設「警察官駐在所」〔山地警所〕，並限制槍枝、火藥的銷售。

森尾廳長於明治三十七年□月特許賀田組在部分的太魯閣蕃地從事樟腦製造，也計劃允許賀田組開墾加禮宛原野。到了明治三十九年七月，賀田組與被雇用的蕃人之間，發生「山工銀」糾紛，連帶地引起了蕃社與蕃社之間的內訌，演變到「屋伊里蕃害大慘案」的爆發，多年來小心翼翼經營的太魯閣蕃政策，在一夜之間被連根拔起，一敗塗地。❹

有人說，假若相良廳長仍在，他不會同意民間業者在蕃地從事樟腦製造的，他會依然安撫蕃人，視若神仙，那麼這種慘案應該可以避免。我想，這是一種淺薄的見識。相良廳長即使極端地安撫蕃人，彼此之間的關係早晚總會破裂。究其原因，我認定是台東廳過度卑微，甘願屈就蕃人的種種要求，導致蕃人輕侮日本官憲。

賀田組與蕃人間的山工銀糾紛和談判破裂，只是事件

---

❹「山工銀」是台語名詞。在山地被雇用來從事製腦、伐木等肉體勞動的原住民或漢人，所領取的工資，日治時代工資已用日幣代替清代所付的銀兩。

的引火點而已。當時的台東廳某一個官吏，爲了逢迎太魯閣蕃，曾經在蕃人面前故意怒罵陸軍，說：「陸軍所用的村田式步槍代表怯弱，所以陸軍官兵是怯弱的。」太魯閣蕃響應他的說法，照他的意思稱呼日本兵爲「荷村田槍的傢伙」，甚至恬不知恥，把一般日本人侮辱爲 "Logai"，亦即猴子。台東廳的吏員某某在太魯閣蕃面前被嘲笑爲猴子，卻不敢矯正這個蔑稱。這種沒有見識、沒有能力辨別是非者的作爲，也是我們前所未聞的怪事。

往年的時候，台東廳的吏員對外誇口說，與其動用數百名兵員去打仗，還不如憑三寸不爛之舌去說服蕃人有效，他們如此宣揚太魯閣蕃招撫的績效，可見他們的思想幼稚，甚至低於生蕃！

（六）太魯閣蕃勢力的膨脹

原來懦弱的太魯閣蕃，由於漢人在他們的蕃社煽動，加上台東廳日本官員的懷柔政策，逐漸增大他們的勢力。他們的勢力膨脹到什麼程度呢？試舉武器爲例，日商賀田組賣給蕃人的槍枝，據說光是十五連發的Winchester式自動步槍，就超過五百挺，假如再加上大量的Mauser式來福槍及其他經過改造的槍枝，蕃人擁有數量龐大的武器。

就內社的情形來說，過去輸入蕃社的精銳武器，包括新式的和舊式的槍枝，爲數可觀，內社蕃人及巴托蘭蕃人中，已經有人持有十五聯發的Winchester自動步槍了。

屬於太魯閣蕃的七腳籠社及石硿社蕃人，以前偶而前往北方大濁水溪岸，與南澳蕃接界的地點，都非常害怕遭受南澳蕃攻擊，但是自從有了防禦力強大的精銳武器後，大膽地移居北方，形成牛窟社。原來在遮仔埔頭以北的洛韶社〔Rosao，又稱屋伊里舊社〕及落芝煙社（Rochien）蕃人，也因為同樣理由，於七、八年前大膽地向南方移動，定居於現址。

至於太魯閣內社蕃及巴托蘭蕃的情形，則是向南方擴張勢力。巴托蘭蕃最後占領木瓜溪木瓜蕃的領域，結果木瓜溪的蕃語Yayung Pulibao（木瓜蕃對木瓜溪的原稱），被改稱Yayung Batoran（巴托蘭溪）。❹

從以上太魯閣蕃勢力的膨脹，可以瞭解這是日本官方施行鹵莽的懷柔政策所致。

別處的蕃人一旦有槍枝流入，則把槍身上的準星拿掉，把槍管切短，並削掉槍托後才使用，但只有太魯閣蕃大膽地保留原狀，甚至剛到手的新式槍枝，或從清兵轉手流入的舊式Mauser槍也一樣，完全不改裝。他們非常愛護所獲的槍械，比如說，把槍帶到野外的時候，用鹿皮包紮，放入外袋扛在肩上。從日軍獲得的村田式步槍都有皮

---

❹新、舊地形圖均顯示巴托蘭是木瓜溪從中游向北伸出的一條支流，其匯流點一帶是巴托蘭群分布地。森氏在後文中說：「巴托蘭蕃是太魯閣內社蕃的一支，共有五社」。他沒有說明為什麼巴托蘭小群原屬內社？其原居地在內社地盤（立霧溪上、中游）的何處？遷入木瓜溪系統後與「木瓜蕃」的互動如何？理由是當時太魯閣內社群堅拒日人進去調查，內情尚未晴朗化。

質揹帶，皮帶都被保留下來，行走時揹在身上。❹

太魯閣蕃所貯存的彈藥比較豐富。假如我們向他們要，他們毫不猶豫地送我們二、三發彈藥。所擁有的Mauser、Winchester及村田槍三種，各有多量的彈藥。我檢視鉛彈內的火藥，發現是原廠製造的，而不是蕃人自製、塡裝的。這是別地方的蕃社所看不到的現象。

太魯閣蕃每逢日本人就訴苦，說缺少槍枝、火藥，所以生計困難。實際上，這不過是一個藉口，想要獲取更多槍械罷了。如以上所述，他們已經有足夠的槍械及彈藥。

巴托蘭蕃的彈藥豐富到什麼程度呢？譬如說，他們經常大量地搬出猴子的骨頭交換日常用品。假如他們眞的缺乏彈藥，絕不會把貴重的彈藥浪費於射擊猴子。外社蕃到隘線附近出草時，巴托蘭蕃爲了制止對方，做出毫無意義的「威嚇射擊」，浪費彈藥。從上面例子可以推斷，蕃人即使在今天也不匱乏彈藥，所以不應該輕信他們的說法。

過去在清治時代，清廷曾經利用太魯閣蕃制壓平地

---

❹譯註者在一九六〇年代與原住民獵者一起登山探險，常常看到所攜帶的獵槍及舊式步槍，都缺少準星及槍托。詫異之餘觀察一下，才知道他們射擊方法與軍事射擊法不同，不用準星瞄準，快速移動槍身對準飛躍的動物。舊年代的照片也顯示原住民半蹲式射姿，可見準星沒有受重視。他們拿掉槍托，切短槍管，使它輕便，易於攜帶至密林。古時候行獵都翻山涉溪，攀登斷崖地形，而且晴雨變化快速，所以特別切短槍身以便穿越密林，槍身拴住一片鹿皮以保護板機部位，以防淋雨。另外，太魯閣族不改造槍身，可能與勢力強大有關。族人不怕日警知道本身擁有新式的，來路可疑的精銳武器，以及擄獲自陣亡日本兵的制式步槍（村田槍），這是森氏特別強調的一點。

蕃，又有漢人走私槍枝於蕃地內，蕃人目前仍擁有很多精銳的Mauser連發槍。日本領有台灣之初，台東廳施行懷柔政策的結果，有更多的新式武器流入蕃社。最值得注意的，是太魯閣蕃目前持有五百多挺的Winchester十五連發自動步槍（有人估計七、八百挺或四百挺，確實的數量存疑）。

將來蕃人所持有的彈藥減少到某一個程度的時候，那些新式的槍枝就不值得憂慮，因爲沒有彈藥的槍枝形同廢物；反而舊式的火繩槍才可怕。今日太魯閣蕃已經持有極多的彈藥，這才是戰術上最可怕的利器。❹

（七）加害蕃人與屋伊里隘勇線

明治三十九年七月三十日，在屋伊里社製腦地發生賀田組所雇用的腦丁被殺，繼而引起蕃人虐殺日人的「大蕃害」。它的近因是蕃人之間的不和、賀田組雇員與蕃人之間的紛爭，以及代表賀田組處理紛爭的當事人之間不和等，但是深入查明事件的潛伏因素，可以說，是日本人的威信墜地，社蕃不輕信日本人的話。

事件發生的時候，住在古魯社的日本人受到蕃人保護，這並非全是蕃人眞心好意，多半是出之於一時的權

---

❹森氏當年以陸軍通譯身分參加日方與原住民間的談判，從他的經驗，發覺當時的太魯閣族最可怕之點，在於他們擁有豐富的武器，還會製造火藥裝填於舊式火繩槍，所以即使停止供應彈藥，原住民有恃無恐地與日方抗爭。

謀。從加害蕃人範圍之廣，可以瞭解這不是一個單純的偶發事件。

下面我把事件發生之日，在現場割取日本人首級的蕃人姓名、各所屬的蕃社名及每人馘首數目表列如下：

居住之蕃社	姓名	馘首數	備考
Takkiri社 （得其黎社）	Rodon Komo	1	
*Ribaku社	Tairon Ivan	2	
*Ribaku社	Vanawatan Raisi	2	
Doreku社	Rangau Siyatsu	1	
Doreku社	Tain Shiyatsu	1	Rangan的弟弟
Shiragan社	Wiran Wulai	1	
Shiragan社	Yudau Shitaran	1	
*Puretaragan社	Hayakau Rawutsu	1	殺八木氏
Puretaragan社	Sudo Rodon	1	殺喜多川氏
Rochien社	Rauken Omen （又名Ravaku）	1	殺吉川氏
Rochien社	Omen Yakau	1	
*Ayo社	Omen Wulau	1	

Kolo社 （古魯社）	Hisao	2	
Daorashi社	Shiyatsu Ohai	1	
Daorashi社	Wuili Awai	1	
Kauwan社 （九宛社）	Rahan Shita	1	
Ekadosan社	Yaad Yakau	1	
Ekadosan社	Omen Yakau	1	
*Sagasu社	Yakau Halon	1	
*Subiki社	Wiran Suto	1	
*Wuili社 （屋伊里社）	Watan Awoe	9	在遮仔埔頭殺五名，在屋伊里社殺四名。
*Wuili社	Omen Halon	1	
*Wuili社	Gaogare	1	
*Wuili社	Yakau Vakuli	1	
*Wuili社	Yakau Tonofu	1	

總計14社25名加害者，36個日人首級被割下。❹

　　上面所列的加害蕃人姓名，是根據聽聞之言抄錄的，難免有誤，僅供參考。其中自己宣稱在事件中親自割下九名日本人首級的Watan Awoe，據說事後他的五名子女（三男二女）相繼死亡，五十多歲的他膝下已經沒有子女

承歡而終日悲嘆，很後悔當年的罪障，雖然仍然居住於蕃社內，覺得已死的日本人亡靈在作祟，每天生活於恐怖中。又，據說隔鄰的Ekadosan社中，取得日本人首級的蕃人，把大山十郎支廳長、山田海三等人的首級還給日本當局，也是已死的日本人亡靈在作祟，心生恐怖的結果。

經過了海軍的一連串艦砲射擊與武裝警察隊的討伐行動，日本官方傳出捷報，但戰況似乎不像台東廳所稱的那樣有利。被艦砲擊中的得其黎社、古魯社及九宛社，只有豬、犬被擊斃，人員倒是沒有死傷。在得其黎社的李阿隆住家和其他七、八間蕃屋，被擊中而燃燒起來，在砲彈炸裂聲中，蕃人子女害怕得哭起來，紛紛逃向巖穴避難。

警察隊向部落迫近的時候，蕃人早已知道進軍的路線，所以能夠從容地避開正面衝突，用計應戰，造成警察隊很多死傷，但是蕃人沒有任何傷亡。這是當時留在蕃社內，但現在已逃到花蓮港居住的一個漢人目擊者，所供出的實情，不過內情如何還是不清楚。

日軍發動陸海攻擊後不久，蕃人曾經數次潛出，對位

---

❹上面統計表，原文用日文片假名列舉部落名稱與人名，翻譯時一律以羅馬字拼音。因為間接譯音，與泰雅語原音可能不怎麼符合。部落旁加註「＊」記號，以表示該部落是明治年代存在的舊部落，未再出現於昭和年代文獻（例如鹿野忠雄的〈台灣原住民族の分類に對する一試案〉內的部落名稱表）。部落的漢名「得其黎社」、「古魯社」及「九宛社」，因為當時已通用，森丑之助採用於表上。從這一份統計表可知，參加屠殺日本人事件的太魯閣族，來自立霧溪北岸以南到花蓮市北側的廣大區域，也就是秀林鄉及與部分新城鄉，所以屋伊里事件反映著當年太魯閣族，對日人強入部落土地砍樹製腦的不滿與全面抗爭。

於遮仔埔頭的隘線守軍進行奇襲戰，從這一點事實可以推斷，蕃人根本沒有懾服。

從遮仔埔海岸向南方七腳川山麓方向伸展的「屋伊里隘勇線」，是當年日方與太魯閣蕃協商後舖設的。太魯閣蕃不知道隘勇線對他們的行動自由有箝制作用，以為隘勇線是一種防線，使他們免受可怕的平地蕃，尤其是七腳川社蕃人的襲擊。他們反而高興隘勇線確保他們領地的完整，所以當初日方在山麓地帶架設有鐵刺網的隘勇線時，似乎不覺痛癢，也沒有表示反感。戰爭結束後，他們對日軍埋怨的內容，頂多是日軍不應該砲擊耕地，使他們挨餓，如此而已。

（八）巴托蘭蕃的招撫

到了明治四十年（一九○七年），台東廳已有開鑿從花蓮地方通往南投方面的「中央山脈橫斷道路」計劃，認為位於橫斷道路花蓮段上的巴托蘭蕃，確有招撫的必要，想招撫後加以利用。不過目前只是懷柔示好的階段，進一步「操縱」為我方利用的事，留待將來再實施。

巴托蘭蕃是太魯閣內社蕃的一部分，分布於木瓜溪上游，一共有五個蕃社形成一小群，總稱「巴托蘭蕃」。前文已提到內社蕃一直受到外社蕃牽制，而內社蕃中，巴托蘭蕃是最貧弱的一小群，與下游的木瓜蕃是世仇，而且與強敵平地蕃對峙，形勢對自己很不利。

幸而經過台東廳的斡旋，巴托蘭蕃與木瓜蕃、平地蕃和解了。由於巴托蘭蕃自古以來被四面強敵圍繞，生計困苦。日軍占領台灣東部以後，他們受到日本官方懷柔政策的恩惠，從日方直接獲得物資的供應，照道理他們應該感恩而誠心歸順才對。但是，巴托蘭蕃多年來觀察外社蕃的行徑，知道外社蕃對日本人的態度越來越強硬，於是他們近來對日方的態度，變得很曖昧。

台東廳官員宣稱：「巴托蘭蕃早已和太魯閣外社蕃及內社蕃分離，現在已孤立了。」事實上巴托蘭蕃仍然和內社、外社有連絡，彼此間的關係非常密切，只是巴托蘭蕃無法和內、外社蕃維持共同的利害關係，猶如外社蕃和內社蕃彼此有勢力的對抗，因而無法融洽。巴托蘭蕃對內社蕃的關係，很像外社蕃對內社蕃的關係；也像外社蕃中的得其黎、古魯、九宛等南方各社對北方的石空社及七腳籠社（包括大清水社、牛窟社等蕃社群）的關係。換言之，彼此間密切往來，但缺少共同的利益關係。❹

明治四十一年（一九○八年）七腳川社叛變，木瓜蕃和七腳川蕃採取聯合行動，木瓜蕃被日本討伐軍痛擊。事件中巴托蘭蕃曾經響應七腳川社的行動，但沒有受到討伐

---

❹ 此處七腳籠社，指和平溪南側的七腳籠社（Dekaron），附近有牛窟社（Gukutsu）。更南的大清水溪有Kanagan社，最南的石硿溪有石硿社。後來日人以Gukutsu社為代表，泛稱「Gukutsu蕃」。本段中，森氏說明從最南的九宛社到最北方的七籠社，同屬太魯閣外社，彼此密切往來，但因為沒有共同一致的利害關係，不怎麼融洽。Gukutsu社，今屬花蓮縣秀林鄉極北的和平村，森氏依照漢人通事用台語譯音為「牛窟」，用台語發音則比較接近泰雅語原音。

軍制裁。巴托蘭蕃在木瓜溪方面的「巴托蘭隘勇線」參加暴動，是無法掩人耳目的事實，暴動之前甚至太魯閣外社蕃也知道巴托蘭蕃有叛變的意思，向日方密告。❺⓪

太魯閣外社蕃向台東廳長密告的日期是明治四十一年十月二十七日（五十四天後的十二月十四日暴動爆發）。台東廳據報後，於十一月四日向台灣總督作以下的書面報告。

十月二十七日午後二點，遮埔頭分遣所後方約五百公尺處的海岸，突然出現了太魯閣蕃古魯社蕃婦Awai的身影，原來她下山來分遣所傳言。這時候，服務於北埔監督所的小川警部補立即趕來處理。他問蕃婦下山的理由。她的答語引用如下：分遣所後方五百公尺處的海岸，已經來了古魯社頭目Omen Yaken的弟弟，名字叫Karau。Karau奉哥哥命令下山來，請求和分遣所的日警會面。她是被差遣來傳話的。Karau被召請進來後，提供了下面情報：他

---

❺⓪ 本段略述「七腳川社蕃的叛變與討伐」。七腳川社是位於花蓮縣吉安鄉大昌村近山腳處，古時候的阿美族大社。明治四十一年十二月在北埔隘勇線擔任隘勇以對付太魯閣蕃的七腳川社壯丁首先起義，引起七腳川社響應。事件發生後木瓜溪的泰雅族木瓜群參加暴動。七腳川社阿美族襲擊北埔隘勇線上的各警所，被台東廳長及總督府警視總長指揮的警察隊及步兵、砲兵中隊鎮壓。退到山中的反抗軍因為天寒缺糧，加上日軍延長隘勇線，南經七腳川社外圍，渡木瓜溪至鯉魚尾社，用通電的鐵刺網封鎖，反抗軍不得已投降。結果，擁有二百九十一戶，七百九十一人的阿美族大社被迫廢社，族人全部被拆散，遷到其他阿美族南勢群部落，有的遠遷到台東方面大埔尾。從此以後被瓦解的阿美族七腳川社，變成歷史上的名詞，今已不存。

於兩、三天前因事去九宛社訪問社蕃Rausen Taemo的家。據Rausen說，兩天前他前往巴托蘭蕃，當時聽巴托蘭社蕃正在計劃協同木瓜、七腳川及太魯閣內社（Ibo社）社蕃，見機大舉襲擊巴托蘭隘勇線，搶奪隘勇線上各日本警備員的槍械、彈藥，因而匆匆下山來報告。花蓮港支廳長也曾經向本廳報告蕃情的變化。前來遮埔頭分遣所的蕃人所供述的蕃情內容雖然模糊不清，不足以完全採信，但顧及地方的安寧，已指令七腳川派出所、銅門蘭駐在所及巴托蘭蕃隘勇線上各警戒所嚴密戒備，另一方面已命令「換蕃人」陳永傳進入巴托蘭社偵探蕃社內情。本廳做了萬全的準備，足以應付任何突發事端。

　　謹呈

　　台灣總督閣下

報告人：台東廳長森尾茂助

明治四十一年十一月四日❺❶

---

❺❶已如上述，陳永傳是巴托蘭蕃女通事的丈夫，平時做蕃產交易。當年蕃產交易所叫做「換蕃所」，而從事交易者叫做「換蕃人」，相當於清末在台灣蕃社交易的社商。從這一份台東廳長的報告，我們多多少少瞭解明治時代，日本官方，尤其是警方的作業程序，也知道「換蕃人」也從事偵探蕃社內情的任務。漢、「蕃」、日之間，彼此互動的動態，描繪得很生動。另外，「巴托蘭隘勇線」，指北埔隘勇線（已延長到屋伊里社，所以又稱為屋伊里隘勇線），向西南伸展，把木瓜溪巴托蘭小群的地盤圍在線外，繼續延長到鯉魚潭西側，所以森氏的年代叫做巴托蘭隘勇線。所謂線外是原住民居地，線內是一般地區，實際上巴托蘭族人的部落距離隘勇線很遠。用通電的鐵刺網與沿線設置的分遣所以及隘寮，圍堵族人向平地的出入。

在討伐期間，巴托蘭蕃潛伏於木瓜溪上游深山中的蕃社，討伐後悔悟參加暴動的罪惡，暫時不敢下山來。最後下山到巴托蘭隘勇線上的Tamonan分遣所〔今秀林鄉文蘭，位於鯉魚潭北側〕，向警方辯解，說他們沒有參加七腳川社發動的騷擾事件，所以希望警方撤消隘勇線，恢復已中斷很久的「交換所」。❺❷

花蓮港支廳本來想利用巴托蘭蕃打擊尙未歸順的木瓜蕃，以及避居於壽豐背後山區的七腳川蕃，將計就計，秘密地命巴托蘭蕃攻擊木瓜蕃及七腳川蕃，立功償罪。巴托蘭答應見機行事，果然在明治四十二年□月，下山到七腳川蕃遷徙地，把前往耕地收穫農作物的蕃人□名（其中蕃女□名）馘首，把首級帶到Tamonan監督所表明歸順之意。

於是支廳依約認定巴托蘭蕃暫時有歸順之意，同時爲了今後繼續「操縱」蕃人，同意在這個監督所線外，恢復蕃產的交易。這一個換蕃所是在Tamonan監督所立會之下，由巴托蘭女通事Chiwan專責營運的「民業」，交易數

---

❺❷根據《太魯閣蕃事情》（台灣總督府民政部蕃務本署發行，大正三年四月）附錄的〈太魯閣蕃之沿革概要〉，「明治四十一年七腳川蕃暴動時，巴托蘭蕃響應，把隘線上的日本巡查三名馘首、一名砍傷，又把一個分遣所和一個駐在所放火燒燬，掠奪了若干槍械、彈藥。」以上補充了巴托蘭族人潛回內山以前的動態。另外，交換所又稱換蕃所，也就是蕃產與平地日用品交換的場所，通常設於線外，分遣所附近。又，根據台灣總督府警視江口良三郎的〈巴托蘭方面探險復命書〉，大正二年十一月八日，當時換蕃所都設定日期換蕃，每月三次。

額相當多。

來換蕃所的蕃人之中，有人公然帶著從巴托蘭隘勇線搶奪的村田槍，而警方則見怪不怪，沒有加以追究。有人每次來換蕃所，都強要彈藥，甚至做出不服官命的舉動。他們所帶出來的蕃產中，混雜著來自太魯閣內、外社的物品，因而警方懷疑所交換的平地日用品，部分可能由巴托蘭蕃經手流入已被封鎖的內社蕃人手中。

站在花蓮港支廳的立場，目前正在計劃開鑿從東部沿木瓜溪向能高主山或奇萊主山方面伸展，從中央山脈分水嶺下到埔里社方面的橫斷道路〔今名能高越嶺道〕，非「操縱」沿線的巴托蘭蕃不可。採用的方法應該是摒棄前任台東廳長相良長綱的招撫方式，只准許巴托蘭蕃有限度的交易，施小惠以進行適度的操縱。

現在巴托蘭蕃常常與日方接觸與交易，所以勢力大增，他們的實力非以前的巴托蘭蕃可比。我想讓巴托蘭蕃無限制膨脹其勢力，有害無益，尤其對我方目前對太魯閣蕃所採取的政策，必定有壞影響，在推行整個理蕃政策上，顯然是極為不利的。現在，外社蕃每次遇到日本人的時候，都異口同聲地說：日本人特別允許巴托蘭蕃交易，好像是家中飼養狂犬，嘲笑日本人的作法。

（九）太魯閣蕃果真強大嗎？

太魯閣的內情，現在仍幾乎是一片混沌不清的狀態，

尤其地理狀況不爲外人所知。

　　一般所謂太魯閣蕃，可以粗分爲外社和內社兩大類。內社又可細分爲位於北方〔立霧溪中、上游〕的內社，和〔位於木瓜溪中、上游的〕巴托蘭。外社也可細分爲位於北方的七腳籠、石空二社，和〔立霧溪出海口及外圍的〕得其黎、古魯及九宛等三社。南北蕃社之間各有不同的利害關係，所以所謂太魯閣蕃，並非一個統一的集團。

　　幾個蕃社結合成爲一個群體，和別的群體競爭勢力，因時空的變化，隨時形成合縱連橫的關係，其內情非常複雜，非局外人所能知，所以各個群體很難認定爲特定的部族。一般人錯認巴托蘭蕃業已從太魯閣分離，成爲一個獨立的集團，但是我認爲它仍然屬於太魯閣內社的一部分。

　　向來與我們日本人維持種種關係的集團，主要的是屬於外社，尤其是位於南方的得其黎、古魯及九宛的三社。涉入新城事件中的「加害蕃」，雖然與日方對敵，應該也是屬於與日本人維持關係的集團。

　　至於屬於外社的大清水以北各蕃社，以及內社，與日本人的關係很小。現在部分內社蕃移居於外社之地，或在外社之地拓墾，因而形成外社蕃和內社蕃的對立。

　　內社蕃所占居的地方，大部分受制於地形的阻隔，迄今未能和日本人接觸。外社蕃中位於北方的石空社及七腳籠社，也沒有和日本人接觸，這情形有一點類似內社蕃。

　　幾年前，牛宿社蕃人，曾經透過該社〔應該是七腳籠

社〕的蕃婦李阿成〔Teuwan Pawan〕分別向花蓮港支廳及宜蘭廳大南澳監督所表達歸順的意向。從上面幾點事實可知，太魯閣蕃的內部沒有統一，各地方群採取各自的行動。

由於最早與日方發生關係，外社蕃中的南部三社（*得其黎、古魯、九宛*）勢力最大而且富裕，舉凡槍械、彈藥、家產都不缺，其他方面則不如巴托蘭蕃。

最近巴托蘭蕃和日本人比較有接觸，由於獲准作物資的交易，突然富裕起來，能夠與外社蕃分庭抗禮，因此，外社蕃憎惡巴托蘭蕃。雖然如此，外社蕃因為生計的問題，不得不向巴托蘭蕃採取低姿勢，仰賴後者供應必需品。巴托蘭蕃不只與部分的外社蕃及內社蕃，經常保持連絡，而且逐漸有向木瓜溪方面拓墾、移居的趨勢。歸根究柢地說，這是花蓮港支廳准許設置換蕃所，讓巴托蘭蕃交換物資所引起的後果。

太魯閣蕃在已往的年代，多次向日本人施暴，但是直到現在還沒受到日方的膺懲。過去日軍的鎮暴與壓制行動，未能掌握他們死活的關頭。所謂「太魯閣蕃處分」不但對東部方面的理蕃有影響，對總督府能否全面統御整個「北蕃」的策略，也有關鍵性的影響。❺❸

現在仍然持續地保持反抗狀態的太魯閣蕃，假如能夠順利制抑，那麼全台蕃人的「征服」就告一個段落，所以太魯閣蕃的問題，勢非解決不可。在蕃地開拓、東部礦產

的開採，以及宜蘭、花蓮港間陸路交通方面，太魯閣蕃處分變成當務之急，不可以只施行姑息小策。

所建議的實際作法，是全面封鎖該蕃對外出入，先對反抗的蕃社作經常性海上艦砲射擊，配合以陸地上的攻擊，制壓已移居於新城、三棧、遮埔頭方面山麓地帶的反抗蕃，那麼寄居於蕃社內興風作浪的漢人，自然會撤離，而外社蕃勢非撤退到內社不可。

但是內社之地多半是岩山，地勢險峻，遁入其地的外社蕃只能墾耕崎嶇不平的荒地，要維持生計很難，只能冒險到處找可耕之地。以前部分蕃人來到海岸，自製所需的食鹽，既然我方把海岸線加以封鎖，蕃人的食鹽供應斷絕，在山上耕作所用的農具損害時，也無法從平地購入替換，打獵用的槍、刀損耗後也無法補充，生計的困難會達到極點。此時假若沒有趁機給予扼亢拊背的一擊，就無法展現日本政府的威力。現在是讓他們屈服、歸順的重要時

---

❸「太魯閣蕃處分」在當年是一件棘手問題。日治初期立霧溪及木瓜溪方面的所謂廣義的「太魯閣蕃」，雖然經過森丑之助的努力，想要進入探險，都不得其門而入。迨至大正二年「太魯閣蕃討伐戰」展開的前一年，在台灣總督佐久間左馬太授意之下，動員蕃務本署及陸軍的軍、警力量，進行了（一）合歡山方面探險、（二）能高山及奇萊主山方面探險、（三）立霧溪及Gukutsu方面（今和平溪南側山區）探險及（四）巴托蘭方面探險，用迂迴包圍的方式調查地理形勢與遙望內社各部落的分布，但是日本軍警及探險隊，始終無法直入現地調查。可見全台灣遺留到最後，尚未能探查、溝通的「太魯閣蕃」，是明治末年及大正初年，總督府未竟的理蕃事業。森氏堅決地指出：「太魯閣蕃處分」──要完全掌握太魯閣族群，是整個泰雅族能否肅清、歸順的關鍵性問題。森氏的口氣是暫時站在總督府的立場說的，一反他平時對山地各族群的溫和，甚至同情的看法。這也是撰寫復命書者所無法避免的宿命，譯註者能夠瞭解森氏的無奈。

刻，值得專案探討。假如只貪一時的小康，蕃人尚未完全屈服於政府威嚴就簽訂和約，那麼反抗的情事會層出不窮，一如過去反抗與鎮壓行動交替的歷史故事，一定會重演下去。

現在附帶地說明，外社蕃受到制壓，逃入內社蕃的地盤時，可能會發生的狀況。

按外社蕃四十多年來，依賴移入寄居的漢人後援，與四周的其他蕃族對立，對本族內社蕃也持傲慢的態度。因此，內社蕃不見得會好意收留闖進來求助的外社蕃，比較富有的外社蕃只好散財求援，但不可能永遠獲得內社蕃的同情與援助。

海岸線一經封鎖，寄居於蕃社內的漢人很難隨同蕃人遁入內社。原因之一是太魯閣蕃按照傳統風俗舉行祭祀時，嚴禁異族停留於社內，而且祭祀期間忌諱與外界的異族會面。這是蕃俗中最重要的禁忌。

長年留居於太魯閣蕃的漢人，會在這期間避居於別地方，而住在蕃社外圍的漢人會把自己關在屋內，不敢出門。漢、蕃聯婚所生的子女也是如此。站在蕃社的立場來看，一旦與異族結婚者，或從前曾經嫁給漢人的蕃女，一律視同漢人，已經喪失族人的身分，所以不得返回蕃社居住。冒犯這一個禁令，則等於冒犯蕃社奉為神聖的祖先遺訓。當然會遭受嚴厲的制裁。因為蕃社素有這樣的禁忌，漢人從來不敢永居於內社蕃地。據我思考的結果，「漢人

處分」問題，在海岸線全面封鎖的同時，自然能夠獲得解決。❺❹

太魯閣蕃曾經誇口說：「殺漢人沒什麼，好像下田挖出自家的芋頭；殺日本人也沒什麼，好像殺掉自己的子女一般，〔不需他人協助〕。」

當年太魯閣蕃發動夜襲新城分遣隊的時候，一舉殘殺十三名陸軍官兵，我方派軍追剿時被狙殺的兵士，全部是單獨在陣前行動的斥候。屋伊里事件中，三十六名日本官員與隨從，在大白天被慘殺。當時大山支廳長所率領的隊伍中，只有兩名巡查攜帶單發的村田槍而已。嗜血如狼的二百多名蕃人，以十五連發的Winchester槍和Mauser式連發槍對付赤手空拳，沒有防衛力量的官員，當然日本人全部慘遭毒手。

太魯閣蕃雖然屢次發動攻擊，殘殺日本人，但是他們不像其他地方的北蕃那樣勇敢。戰爭中太魯閣蕃最卑怯，日軍進軍的時候，他們不敢迎戰而作鳥獸散，躲在樹叢裡窺視日軍鬆弛戒備的時刻，再從樹叢狙擊。他們常常攻擊沒有帶槍或沒有防衛能力的對方，所以看不慣這種作風的平地蕃，與太魯閣蕃戰爭時，怒罵對方說：「有種的話，從樹叢跳出來罷，讓我們堂堂正正地交戰！」

---

❺❹「太魯閣蕃處分」、「漢人處分」，或台灣牡丹社事件前後年代，日政府所喊「琉球處分」，其著眼點在於確定其身分與地位，劃歸日本有效治理的架構下，處理各種衍生問題。森氏所建議的處理方式，非常嚴厲，也許反映當時負責處理原住民與漢人問題的官署看法。

太魯閣蕃出草的時候，通常潛伏在平地的樹叢中，見機割取人頭。暗中出其不意殺人，根本不是男子漢的行為，殺人後還敢向部落的人自誇馘首之勇，其實馘首者未曾露臉於被害者面前，也沒有正式交戰。由此可見，他們比平地蕃怯弱。因為擁有精銳的槍械及豐富的彈藥，太魯閣蕃才敢跋扈不馴，對外逞兇。

（十）蕃社和人口究竟有多少？

太魯閣內、外社的總人口，有人說一萬人、五千人或三千人，無從知悉實際人口。明治二十九年（一八九六年）我問過李阿隆，雖然不一定正確，他回答說大概是三千人，或二千五百人左右。據他說，外社有一千人，內社大概是接近兩倍的人口。

最近部分內社蕃遷到外社方面居住，所以外社的人口略為增加了。據台東廳的調查，管轄區內的蕃人，共有五千四百多人。至於蕃社的總數，蕃人說非常多。蕃社名列舉如下：

カウワン（九宛社）　　マカドレク（馬卡得列克社）

エカドサン（埃卡得散社）　ウヰリー（烏伊里社）

コロ（古魯社）　　シンリガン（新利干社）

ダガロン（得卡隆社）　ダオラス（達歐拉斯社）

サモダン（撒磨丹社）　ルウサウ（洛韶社）

パラタン（帕拉丹社）　プラガン（普拉干社）

ダッシ（達西社）　シラガン（西拉干社）

ローチエン（落芝煙社）マカダオラス（馬卡達歐拉斯
　　　　　　　　　　　　　　　社）

タキリ（得其黎社）　ホウホス（霍赫士社）

シナビド（西那比得社）ガドヨン（卡多用社）

マハヤン（馬赫揚社）　エボ（埃波社）

バタカン（巴達幹社）　タラハオン（達拉哈翁社）

シキパヤナン（西其帕　ラオシ（荖西社）
　　　亞南社）

マホテン（馬赫騰社）　アヨ（阿唷社）

バナウ（巴腦社）　カアラウ（卡阿勞社）

タロワナン（塔羅娃南　ソワサル（蘇瓦沙魯社）
　　　社）

シパハン（西巴寒社）　カスリハン（卡斯利寒社）

シイクイ（西奎社）　バラナオ（布拉腦社）

タブラ（達布拉社）　パチガン（帕契干社）

パダガ（帕達夏社）　マリワワイ（馬利哇歪社）

カバヤン（古白楊社）　レボク（列博克社）

パトノフ（拔都諾夫社）カリホワン（卡利赫灣社）

カイテン（凱登社）　シラホカフニ（西拉奧卡夫尼
　　　　　　　　　　　　　　　社）

ロウペ（羅烏柏社）　　　ソウソク（所烏束社）

トボコ（托博闊社）　　　ダカワン（得卡灣社）

カビラン（卡比朗社）　　ウウサウ（烏烏騷社）

カロゲ（卡羅格社）　　　ルキヤウ（路其遙社）

カシヤ（卡西亞社）　　　ロボク（羅博克社）

シイパウ（西寶社）　　　バロガン（帕羅干社）

シビヤナン（西比亞南　　バナラ（巴拿拉社）

　　　　社）

オーラン（歐蘭社）　　　ワサパラフヤン（哇撒帕拉夫揚

　　　　　　　　　　　　　　　　社）

タバコヤン（達巴可揚　　ムギエボ（木基埃博社）

　　　　社）

タナラガン（清水社）　　グウクツ（牛窟社）

タッシ（達西社）　　　　ウロン（烏隆社）

バトラン（巴托蘭社）　　マハヤン（馬赫揚社）

シカヘン（西卡亨社）　　カモエ（卡摩埃社）

チカラン（七腳籠社）　　パーエン（巴煙社）

トモワン（托摩灣社）　　サエラン（撒埃朗社）

イヤー（石空社）　　　　シモラン（西摩蘭社）

ボクスイ（牧水社）　　　カバヤン（古白揚社）

　　以上共有八十社。蕃人說，表列的蕃社以外，還有幾
個蕃社名沒有列入。花蓮港支廳裡負責太魯閣方面的一個
「太魯閣通」官員說，太魯閣方面的蕃社大概有一百個，

蕃人一口氣說出的八十個蕃社名，是相當可信的。❺❺

太魯閣蕃口述的社名，豈不是漢人慣用的「舊大字、小字」中的小字？它相當於北部泰雅族所稱的Gagaā，也就是親族之類的團體（其族長叫做土目），太魯閣蕃把它叫做Ritotsu（或唸Ritstotsu？）。Ritotsu是否可以視同蕃社（Aran）不無疑問。蕃人說八十社，不是指八十個Aran，而是說他們有八十個Ritotsu，亦即八十個Gagaà。❺❻

太魯閣蕃在山地以散居方式分布。一個地方可能有二、三戶，或十戶、二十戶，他們把它叫Aran（蕃社）。Aran不像我們內地有行政組織的「町」或「村」，在台灣山地只是一個部落的意思，不代表它有統一機構在管理。

一般人把得其黎社土目Harok Nawai當做外社總土

---

❺❺森氏所列舉的部落名稱，因為用日文片假名譯音，如果再用羅馬字或漢字轉譯，譯音會離泰雅原音更遠，所以保留原譯音及漢字譯音供參考。雖然約一半以上的社名，可以參照後來的文獻更正其拼音，但其餘的大部分社名可能因為部落合併、消失，在舊地形圖上早已找不到痕跡。這些部落名稱與森氏本篇文章的文脈沒有直接關係，本譯作特別保留片假名，供將來想進一步研究者參考。括弧內部分漢譯，是森氏所附加的，已出現於文中。部分片假名係明顯的筆誤者，已改正過，例如：「ダウクツ」即「グウクツ」，「ソワサン」即「ソワサル」，「トホコ」即「トボコ」；森氏耳朵最初聽出的音，部分似乎與現今通行者有些不同，例如：「バラナオ」即「ブラナオ」，「マハヤン」即「マヘヤン」，「カバヤン」即「クバヤン」等。請參照森丑之助《台灣蕃族志》第一卷中，〈タロコ蕃，花蓮港廳管內〉所列的蕃社名，頁94-100。
❺❻泰雅族的Gagaà組織是外界的人很難瞭解的大學問，一般譯為祭團（共牲團）或共獵團。請參照森丑之助《台灣蕃族志》第一卷第三篇中的〈蕃社組織〉。這篇文章中，森氏說明：北部泰雅族把它稱為Gagaà，但東部的太魯閣族則稱為リットク（Ritoku）。

目。他很頑固，家境富裕，親族很多，自然比其他人擁有更大的勢力，但是他的管轄權不及全體蕃社。❺❼

又，台東廳所認定的「蕃社土目」，並非以數個Ritotsu〔祭團〕組成的一個蕃社土目，而只是一個蕃社內代表一個Ritotsu的小土目而已。

每次官署發放月薪給領薪的土目時，「領薪土目」和「無領薪土目」（即蕃人間所認定的土目，但未蒙官署認定而沒有受到賞賜恩典者）之間，必定發生爭議，因此據報，領薪的土目每次將薪資分配給其他蕃人，或私下交給其他土目。由此可見，一個蕃社之內，沒有一個土目能夠統御整個蕃社，蕃社呈幾個Ritotsu分立的狀態。

（十一）蕃人與蕃通的關係

蕃人通常不能信賴，尤其太魯閣蕃更是如此。日商賀田組的「槍砲火藥店」主任喜多川貞次，從最早的時候就居住於古魯社，他看見加禮宛原野將來有開拓的希望，為了使永久性的開拓事業安全無慮，銳意於籠絡太魯閣蕃，另一方面計劃把內地的日本人移民到這一片原野。他對太魯閣蕃無所不用其極的懷柔手段，無非是要使他進行中的

---

❺❼據大正二年蕃務本署向台灣總督呈報的〈花蓮港廳下タツキリ溪及宜蘭廳下グウクツ方面探險復命書〉，總頭目哈洛庫在得其黎社的家是別院，他真正的家在立霧溪口北稜線突角之上，可以展望腳下的外社各部落，探險隊把這個平台叫做「哈洛庫台」，今屬大禮。當時哈洛庫命部下以十五連發的Winchester槍、Mauser槍及蕃刀全副武裝監視日警。所敘述的內容，讓人驚嘆他強大的勢力和大頭目的風采。

永久性事業順利達成。

　　為了博得蕃人的歡心，他全力以赴，其手段是輸入精銳的新式槍械（例如十五連發的Winchester槍），超額賣給蕃人，此外，私下以高價位的贈品賄賂土目，如同自己的手足一般操縱。所以，多數的蕃人把他奉為神明。

　　喜多川在古魯社的勢力是別人所望塵莫及的。但是部分蕃人看不慣他只對蕃人中有勢力者，用銀幣或槍枝籠絡，果然，屋伊里事件發生時，喜多川遭受毒刃而亡。

　　古魯社副土目Pisao，是自從古魯社學校開設以來，常常出入於教師石田貢家的少數開明派蕃人之一。他受到石田氏及其他日本人很多照顧。當年花蓮港支廳受命選派太魯閣外社蕃人到台北觀光時，Pisao和家族被選為代表，在石田氏陪伴之下前往台北拜會總督府官員。

　　但是，這個模範蕃人竟然在屋伊里事件中，剛好在現場，他率先馘首二名日本人，並公然拿著兩個首級回到古魯社。他立即召集眾社蕃，在眾社蕃面前跳上一輛牛車，揮舞著鮮血淋漓的日本人首級，大聲教唆社蕃殲殺在古魯社的全部日本人。

　　在場的古魯社土目Yaken制止他煽動社蕃，所以大家沒有響應Pisao。社蕃按照Yaken的意思，只把日本人當俘虜拘禁於一處。

　　事件中倖存的三個日本人，現在仍在支廳擔任太魯閣蕃通。他們是石田貢、本田末彥及小川源次。石田是明治

三十四年（一九〇一年）□月，古魯社開設學校以來的教師，事件發生時他剛好出差到台南。本田是明治三十七年起被學校雇用的職員，事件發生前蕃情已開始不穩時，被派往屋伊里社，事件發生時很幸運地逃離現場。（當時大山支廳長及隨行警察很多被殺，只有隨行人員中的一名巡查白濱豬八、腦丁伊藤某某及本田三人逃出。）

小川是明治三十八年□月古魯社設置警官駐在所以來的巡查，事件發生時與其他日本人一起被蕃人監禁。這時，石田從台南返回花蓮港，隨即與本田一起陪同剛就任的新支廳長大智警部及其他人員進入古魯社。

當時太魯閣蕃人認為石田的舉止顯得軟弱無能，不再信任他。本田也被蕃人看成一付輕躁痴慢的樣子，給他一個綽號，叫Pono（蕃語的意思是「狂人」），沒有把他看在眼裡。

倒是小川本人在事件中被拘留於「死地」的人，卻始終保持沈勇不屈的態度，贏得蕃人衷心佩服。上述三個「蕃通」之中，小川在蕃地工作的時間最短。他是一個警所的巡查，工作性質是取締蕃人的不法行為，所以應該是蕃人憎恨的對象，何況他又不熟悉蕃語，但是很意外地，他是最受蕃人尊敬的蕃通。

石田在古魯社服務的時間最長，但幾乎未曾跋涉過蕃地內部，只有一次例外。那是明治三十九年三月，他陪同大智支廳長、小川巡查及大島十郎理學士（賀田組所派的

專家）前往大濁水〔位於和平溪出海口北岸〕探險。

　　本田曾經陪小川巡查溯木瓜溪前往中游的巴托蘭社。他有吹牛的癖好，常常對其他人說，他曾經廣泛地跋涉太魯閣蕃地，但據蕃人所言，根本沒有這回事。本田的話不值得相信。照當時的情況來判斷，要深入太魯閣蕃地進行充分的地理探險，是絕不可能的。

　　石田和本田兩人通曉蕃語，但是還沒到精通的程度，露骨地說，他們是半吊子。小川在蕃地服務的時間最短，所以蕃語不怎麼熟悉，這是可以理解的。

　　外界的人不一定知道這三個蕃通熟悉蕃俗。目前的情形是，外社蕃常常談起小川和本田的事，但幾乎不提石田這個人。這並不是說，石田在蕃人心目中，已經是完全不能信賴的人。原來，他已經被調到花蓮港方面的豆蘭蕃童公學校繼續擔任教師。小川和本田後來升任警部補，繼續在蕃地服務，所以蕃人常常提起他們兩人的名字。

　　外社蕃對於花蓮港支廳繼續用心懷柔巴托蘭蕃的心態，感覺不快。譬如說，最近蕃人罵已經離職的岩村支廳長是壞人。巴托蘭蕃的招撫，是岩村擔任支廳長的時候完成，外社蕃當然嫉妒巴托蘭勢力變大。本田直接參與招撫工作，也許這是他被外社蕃排斥的一個原因罷。

（十二）太魯閣蕃與七腳川蕃

　　太魯閣蕃懼怕七腳川社蕃人，尤其把七腳川社土目

Chirimoto Chongao視若鬼神，敬而遠之。原來，七腳川社蕃人習慣於山野奔跑，慓悍如猛鷹，威名遠播到太魯閣地界。太魯閣蕃懼怕平地蕃，主要的原因是平地有慓悍的七腳川蕃人。

曾經有人對七腳川蕃暢談日本是如何強大，但想不到對方反過來問：「日本和我們七腳川社比較，那一個強大？」事實證明：日本已經把七腳川蕃這一個勁敵擊垮，強迫廢社。從此以後，太魯閣蕃從夢中驚醒，知道日本人的威力，不得不懾服。㊺

實際上，太魯閣蕃看到歷史上的強敵七腳川蕃被日本人消滅，心中一喜一憂，高興的是他們的眼中釘已被拔掉，平地蕃的威脅已經被解除；暗中憂慮七腳川蕃那樣強大的勢力也被日本人消滅，將來的威脅來自日本人。太魯閣蕃以為強勢的七腳川蕃被擊破的原因，是他們住在平地，不利於攻守，但幸而太魯閣蕃自己占據山區的天然要害，不容易被日本人攻破。

於是，太魯閣蕃趁機占據屋伊里險勇線以南，原來屬於七腳川蕃的山區領地，開始拓墾。以前太魯閣蕃都沿著七腳川社背後的內山稜線，向木瓜溪方面行獵，或因為其

㊺阿美族舊大社七腳川社曾經在歷史上稱霸於花蓮一帶，從森氏具體而詳盡的描繪，使我們對阿美族的印象有很大的改變。一般人只記得阿美族是住在海岸地帶、性情溫和的平地原住民，殊不知七腳川社遭受廢社之前，慓悍的威名遠及中央山脈東部的山地族群，其社址在山麓，但是，活動範圍橫跨山岳地帶與海岸地帶。森氏是第一個詳細報導七腳川的輝煌與悲哀歷史的人。

他原因沿稜遠行，但是自從七腳川社被消滅以後，大膽地從隘勇線近旁，亦即山麓地帶通行，甚至大白天行獵於七腳川社背後的舊耕地，屢次接近隘勇線，用嘲諷、怒罵的方式向隘勇線上的隘勇挑釁。他們不但向隘勇線射擊示威，還破壞多處的鐵刺網。**⑤**

這時候太魯閣蕃發覺從七腳川社離散的七腳川社蕃人及木瓜蕃等「未歸順蕃」，仍然潛伏於壽豐背後的山中，深為疑慮，埋怨木瓜蕃和七腳川社的殘餘份子，對他們往南方行獵及其他活動構成障礙。

太魯閣蕃的理由是假定當地沒有木瓜蕃及七腳川蕃潛伏，那麼他們可以往木瓜溪口、鳳林、馬太鞍方面，隨意打獵，因為這些敵蕃擋路，害他們無法向南方出入。

現有的隘勇線不僅以遮埔頭海岸為起點，伸向七腳川的山腳，現在又伸到木瓜溪口〔*應該是溪口南岸文蘭，再延伸到池南鯉魚尾分遣所*〕。南方鳳林方面沒有設隘勇線，但地方的治安很好，主要原因是壽豐背後的山區有未

---

⑤ 明治年代日政府沿襲清制，沿著山麓地帶設置隘勇線，防止山地「未歸化」原住民向平地出入。日治早期沿線架設鐵刺網，成一道更嚴密的防線，部分嚴重警戒區，鐵刺網都接通微弱電流，一觸電就被擊倒或彈回，傷重者會死。以後隘勇線向山區延伸，目的是擴大警備區，圍堵山地部落。一面討伐一面把隘線移向山區的行動，叫做「隘勇線前進」。後來因為山區遼闊，防備沒有那麼森嚴，同時也廢止通電的鐵刺網，只保留每隔五、六公里所設的「警官駐在所」。警所周圍用雙重的鐵刺網配以戰壕保護，這時候，鐵絲網不是用來防止原住民出入，而是用於保護自己。譯註者調查舊日理蕃道路，看到殘破的鐵刺網，以及沿埋蕃道路上〔*舊稱「隘勇路」*〕架設的通信電纜等，感嘆不同族群之間的敵視、對立、爭戰，占了台灣史的重要一頁。

歸順蕃人〔指與太魯閣蕃敵對的一群〕潛伏，阻止了太魯閣蕃的南進。隘勇線南端的防備比較確實，是因為日本警方不加以防備的敵蕃，在形勢上制止警方所要防備的太魯閣蕃！

分析這一個形勢後，建議他日著手「未歸順蕃處分」時，不要讓這些蕃人分散於山區，最好把他們集中於山腳過集團生活。❻⓪

（十三）太魯閣蕃現況

本次橫越中央山脈到東部之際，沒有機會和線外的太魯閣蕃接觸，但是早於今年〔明治四十三年〕一月前往調查時，曾經在兩個地點碰過面。其一是在Tamonan分遣所線外，和巴托蘭蕃及內社蕃見面；其二是在遮埔頭分遣所線外，和外社蕃見面。❻①

一月二十一日我和外社蕃見面。那一天外社蕃總土目 Harok Wunai帶領古魯社土目Yakau Pitai及Wumin

---

❻⓪ 有「台灣蕃通」美譽的森丑之助，寫本復命書時，憑他豐富的山地知識、與原住民談判的經驗，能夠把山麓地帶的原住民各族動態，做全盤的分析與瞭解，做出建議。這一個建議是一石兩鳥的作法，一方面收編「未歸順」的木瓜群及七腳川社殘餘抗暴份子為「順民」，另一方面讓他們集團定居於山腳，防止太魯閣族向南方及山麓擴充勢力。

❻① 「線外」指隘勇線鐵刺網的山區那一邊。分遣所附近設有「蕃產交換所」，山區的原住民來到這裡以山產換取平地的日用品，為了安全當時的交換所設於線外。森氏說「在線外和蕃人見面」，指他在線外交換所和下山的「外社蕃」、「內社蕃」、「巴托蘭蕃」見面，順便調查蕃情。當時甚至「外社蕃」部落全部都在線外。

Yaken，以及其他各社土目六名、十三社蕃人（來自得其黎、古魯、九宛、Shiragan、Doreku、Tashiri、Burowan、Remoan、Rosao、Suparatan、Loten、Daorashi及Wuili等十三社），共五十八名一齊來到遮埔頭分遣所線外和警方談判。

衆多蕃人和土目之中，有七名蕃女在內。蕃人中有二十四名各自攜帶一支十五連發Winchester槍，其餘的蕃人大部分都帶Mauser槍，其他還有五挺村田槍、鏢槍一支、弓箭三組。只有五名只帶蕃刀，但沒有帶槍到現場來。

我方出面與蕃人談判者，是荒屋警部和小川警部補。原來被指定為雙方可以接受的譯員，是「蕃婦通事」Chiwan，但是偏巧她本人當時回到九宛社的親哥哥家，忙於遊說九宛社蕃人也出面。Chiwan不懂土語〔漢語〕及日語，而小川警部補不怎麼熟悉蕃語，因此，雖然我也不是精通蕃語的人，臨時受命擔任這一次重要場合的譯員。

蕃人方面，只有總土目Harok（哈洛庫）、古魯社土目Wumin（烏敏）及Shiragan社土目某某向我方談話，其餘的蕃人沒有獲准發言。我方是由我代表兩位警官與蕃人交談。

談判的時候，蕃人們握著槍站在土目們的周圍警戒。我從會談中他們的舉動、措辭和語氣，猜出土目們似乎較為恭順，和倨傲放肆的巴托蘭蕃恰成一個對比。隨侍在旁

的蕃丁都保持肅靜，動作端正。

　　會談中，蕃人土目們首先描述：「自從日警封鎖蕃界以來，日用物資被杜絕流入蕃社，因而生計困難已到極點。」又說：「巴托蘭蕃先前在木瓜溪方面行兇，但是日本警方不但沒有追究罪行，反而在他們那邊開設交換所，讓他們交換所需物資，實在太不公平了。」

　　土目們也提起屋伊里事件，他們辯稱：「只有部分蕃人參加暴動，各社土目都能夠約束自己蕃社的壯丁。不但如此，留在古魯社的日本人是我們救出來的。我們對日本人只有一片好意，沒有反抗，除了參加暴動的蕃社少數人外，我們大部分蕃人和這個事件無關，所以應該准許我們交換到生計所必需的物資，何況我們不是要求貴方恢復從前那樣的蕃產交換及槍枝、彈藥的銷售。」

　　土目們改變話題，詢問我們：「我們去中央山脈方面狩獵，以前常常聽到砲聲隆隆，但最近已經沒有砲聲了。為什麼當時有隆隆的砲聲呢？」

　　我回答說：「事情的原由是這樣的，埔里社方面的內山蕃人不服從官命，所以我們用大砲攻擊他們。現在已經聽不到砲聲了。因為內山蕃已經悔悟，向官方交出槍械表示歸順的意思，自然我方就停止砲擊。被攻擊的蕃社叫做Hakku社（白狗社），蕃社的位置靠近Toroko蕃居地。聽到猛烈的砲聲，附近的Saramao蕃、Shikayo蕃及Toroko蕃驚駭之餘，差不多同時表示要繳械歸順。這些蕃人在我

們官方安排之下，曾有代表前往台北觀光。我也曾經到過他們的蕃社視察。」**62**

聽後，與會的蕃人都感動了，但部分蕃人對於我的叙述內容半信半疑。總土目哈洛庫試著問我Toroko〔靜觀、平生〕一帶的地理狀況，我的答語和他們所知道的情形，大致上一致，於是眾人臉上顯出發呆驚嘆的表情。

我們的話題隨後轉到南澳蕃的現況。我對哈洛庫說：「我已經踏查過大濁水溪上游一帶。」

「那裡地勢險峻而且南澳蕃人凶惡，太危險了，你爲什麼不顧危險到那裡走動？」

「我不是負責蕃務的官員，不知道蕃政的事情。我只

---

62 Hakku社，日文譯音為白狗社，日本理蕃當局把它稱為一群，叫做「Hakku蕃」。在早期的年代裏，白狗群（又稱馬卡那吉群）也包括Makanaji社(紅香)、Tebirun社（帖比倫）及Mashitobaon社（瑞岩）三社，位於南投縣仁愛鄉北港溪上游。「Shikayo蕃」，日文另譯為「志佳陽蕃」，志佳陽社即今之環山，位於台中縣和平鄉司界蘭溪與大甲溪匯流點。「Saramao蕃」，即撒拉矛群，今梨山下方坡地，屬於大甲溪南岸。在地理上這三個小群彼此間因為梨山（撒拉矛鞍部）把北邊的Saramao及Shikayo兩小群與南邊的Hakku小群隔開，但是北方小群是從南方小群移民過去的，有南北越嶺道相接，彼此聲氣相連。明治四十四、四十五年，隨著中部山地「隘勇線前進」與檜械沒收行動的開始，反抗的這些族群聯合起來與日警之間發生了激烈的槍戰。森氏在復命書上所寫的，是明治四十三年的事。日本警方已在山區向撒拉矛鞍部一帶進行一連串的威嚇性砲擊，大概是軍事行動的前奏。在中央山脈奔跑行獵的太魯閣族聽到了砲聲，所以趁談判的時候，質問為什麼要發砲。從這一段對談可知，太魯閣族雖然已移居於東部，在日治初期仍然縱橫於中央山脈，行動範圍很大，令人嘆服。另外，日治時代理蕃當局有時候選派頭目，及部落中的「勢力者」前往台北或東京、橫須賀等地觀光。名義上是觀光，主要的著眼點在於引導原住民參觀「兵器廠」的武器展示，繫泊於港口的軍艦，以及其他能展現武力與人力的項目，使原住民瞭解部落的力量無法與日本強大的力量抗衡，而打消反抗的念頭。

是很喜歡高山旅行，喜歡走走看看新奇的事物罷了。希望有機會從這裡到牛窟社玩玩。這是我幾年來的願望。能高主山也在幾年前爬過了。」❻❸

這時候，哈洛庫和其他土目都齊聲說：「森先生真的要去牛窟社的話，我們會隨時待命，引導您去。如果第一天在古魯社或得其黎社過夜，從那裡出發，健腳者一天之內可以到達，如果慢慢走，途中過一夜，第二天就到。您現在可以馬上到我們蕃社來罷。第二天奉陪前往Aran Gukutsu同遊。」

我說：「改天再去，屆時請多多照料。」但是，土目們仍不停地邀請我和他們一起回蕃社。他們的目的，是要我實際參觀現在的窮困，既然封鎖禁令沒打開，希望有日本人寄居於蕃社，以保持蕃社對外的連絡，同時希望藉這樣的安排，使日軍停止艦砲射擊，最後雙方簽訂和約。我在遮仔埔頭海岸觀察眾蕃人，發現他們的穿著簡單樸素，不像以前那樣有奢侈、華美之風。❻❹

依照內社蕃的對外談話，Kubayan社〔古白楊社，在天祥西方，立霧溪中游北岸〕的土目Yab　Nomin和另外一個土目Paho Wadeshi希望和日本人「和親」。他們說假

---

❻❸能高主山海拔三千二百六十一公尺，西有泰雅族霧社、萬大群，東有木瓜溪巴托蘭、木瓜群，是東西部各族群的獵區界址，地位險要。森氏是從霧社沿今日的「能高越嶺古道」向東而行，順登古道南側的能高主山，繞回霧社，向合歡山探險。請參照〈生蕃對台灣島的影響及蕃族學術調查〉，森丑之助演講記錄所列記探險路線。

如日本人同意和親，他們可以和內社方面的各蕃社交涉，勸內社蕃全部歸順，決不再加害日本人。

　　Kubayan社是一個大社，在內社方面頗有勢力。從原來是巴托蘭隘線末端的Mugilo出發，要走兩天的山路才能到達。**❻❺**

　　內社蕃本來希望和日本人接觸，以前被外社蕃阻擋，現在被巴托蘭蕃阻止，覺得很遺憾。

　　至於外社蕃則屋伊里事件結束後，常常和花蓮港支廳保持連絡，事實上，七腳川蕃反叛以前，曾經派人來支廳密告七腳川蕃的陰謀。此外，明治四十一年十二月，九宛

---

❻❹ 屋伊里事件結束以後，總督府不但封鎖太魯閣族的出入，同時為防止漢人從海上走私物資進入蕃界，特派總督府警備船「扇海丸」經常巡航於太魯閣海岸，並時而向陸地砲擊以收嚇阻效果。太魯閣族的困境由此可想而知。「土目」就是頭目。清光緒十四年，台灣巡撫劉銘傳刷新蕃社制度，裁撤原來的土目，改制後以頭目為正式名稱。明治年代日人照用舊稱未改。森氏和土目們對談的內容與氣氛顯得溫和，森氏似乎對太魯閣族抱持友愛、同情的態度。但是，他建議官署採取嚴厲制裁的做法，與本次對談中所顯示的態度很矛盾。他是不是有溫情與責任心交相煎迫的困擾呢？

❻❺ 從內社門口Tabito社（天祥）向古白楊社沿立霧溪岸走，一天即可到達。但是，內社和外社當時沒有來往，森氏也不可能從外社直接進入內社。森氏聽人家說，「從原來是巴托蘭隘線末端的Mugilo進去，兩天即可達。」Mugilo應該是指Muki-ibo社，舊址在木瓜溪口北岸，隔岸與銅門相對。據廖守臣《泰雅族的文化——部落遷徙與拓展》裡所引用的族人口述，部分社衆於明治三十五年（一九〇二年）遷到「七腳川山下」，仍沿用原來的社名「七腳川山下」，就是當年從遮仔埔頭向西南延長過來的隘勇線末端（此隘線後來再延伸到木瓜溪口，稱為巴托蘭隘線）。從七腳川山下，亦即屋伊里社背後，前往立霧溪系統的古白楊社，路途遙遠，如何走法不無疑問。不過木瓜溪及七腳川山下的部落人，古時候是從立霧溪遠道遷來的，有沿山區迂迴的古部落連絡道路，需走二天始能到達古白楊社。這是健腳的原住民才能走通的遠路。原文沒有說從外社或立霧溪口進去，所以原意不是走立霧溪岸道路。

社的蕃婦Awai被外社蕃派到遮仔埔頭海岸，想傳達重要消息時，被警戒中的岩崎軍曹誤為敵蕃予以射殺。（岩崎當時屬於防守隘勇線的警備隊，當時七腳川社事件剛剛爆發。）支廳的官員出面給予厚葬。能夠替外社蕃傳遞信息的Awai已死，從此以後，花蓮港支廳和外社蕃的連絡斷絕。

已如上述，明治四十三年一月二十一日我們支廳的官員和外社總土目哈洛庫等人在遮仔埔頭談判。哈洛庫於談判兩個月前，亦即明治四十二年十一月四日，先帶幾個部下來和官員見面。

談判中同行的屋伊里社蕃人畏畏縮縮，躲在一個角落。官員命一個蕃婦前往屋伊里社叫社蕃出來與大家見面。想不到屋伊里社蕃人一下子召喚了鄰近幾個蕃社的勢力者，連袂來會面，支廳官員盡棄前嫌，坦然和他們對談。回去以後，屋伊里社蕃人覺得日本人沒有因為發生於兩年多以前的事件而特別提防他們，又恢復舊態，常常試圖接近隘勇線嘲弄並加害戒備中的隘勇。

（十四）日本領有台灣以後進入太魯閣蕃地的日本人

過去曾經進入太魯閣蕃地的日本人很少。明治二十九年（一八九六年）入蕃人員表列如下：

年度	入蕃地點	目的	姓名	備考
明治二十九年	新城	軍隊駐屯地調查	井上亨大隊長	陸軍步少佐
明治二十九年	新城	舊道視察	某陸軍參謀	總督府軍務局陸軍部志波參謀（？）
明治二十九年	新城	駐守其地	結城享少尉	新城事件中陣亡。
明治二十九年	新城	地理勘察	長野義虎中尉	死亡（遇難於上海市外海）。
明治二十九年	新城、石空	礦物調查	成田安輝	現住北京。
明治二十九年	新城	殖民地預察	田代安定	現住恆春。
明治二十九年	新城	蕃族調查	鳥居龍藏	現住東京。
明治二十九年	新城、石空	蕃族調查	森丑之助	現住台北。

明治三十三年以後，有下列人員因爲公務進入蕃地：

年度	入蕃地點	姓名	備考
明治三十三年	九宛、古魯、得其黎	相良良綱	前任台東廳長
明治三十四年	古魯、得其黎、牛窟	石田貢	學校教員
明治三十四年	古魯、得其黎、牛窟	喜多川貞次郎	賀田組織員
明治三十六年	古魯社	賀來警部	現任警視
明治三十七年	古魯社	大島久滿總長	現任警察本署長官
明治三十七年	古魯社	久野公醫	
明治三十七年	九宛、古魯、得其黎	森尾茂助	台東廳長
明治三十七年	九宛、古魯、得其黎、巴托蘭	本田末彥	學校職員
明治三十七年	古魯、得其黎、牛窟	大智支廳長	
明治三十七年	古魯、得其黎、牛窟	大島十郎	賀田組囑託
明治三十八年	九宛、古魯、得其黎、牛窟、巴托蘭	小川久野	巡查
明治四十年	巴托蘭	岩村支廳長	

　　上列官員以外，未列名者包括台東廳長巡視蕃社時隨行的官員，以及出入於日商賀田組製腦地與槍砲店的賀田組織員。

　　列名者之中，大島十郎是專攻採礦、冶金的工學士，受託於賀田組兩度進入蕃地，進行礦物的探查。前、後任的台東廳長也曾經數次入蕃視察。大島長官則是以警視總

長的身分巡視地方治安的旅途上，訪問古魯社的。賀來警部是爲了利用太魯閣蕃膺懲南澳蕃的目的，前來古魯社的。石田、本田及小川三人當時在職務上住在古魯社。喜多川貞次是賀田組開設於古魯社的槍砲店主任，在蕃社時間最長。岩村支廳長曾經在本田、小川兩人陪同下進入巴托蘭蕃地，目的是巴托蘭蕃的招撫。**66**

明治二十九年（一八九六年）進入新城者，都通過九宛、古魯、得其黎各社，或沿途調查族群。同年也有花蓮港守備隊的官兵進入新城。次年守備軍討伐太魯閣蕃時，不少從軍人士曾經進入新城、九宛等地。**67**

（十五）關於封鎖太魯閣海岸的管見

「太魯閣蕃處分」是本島蕃政上的一個大問題，如何

---

66 本段原文寫「本田、小川兩警部補」。他們進入巴托蘭蕃地時還沒升警部補。按在台灣服務的日本警察，依照階級順序區分，是警視、警部、警部補、巡查部長、巡查、警手、警丁。巡查相當於今日的警佐，警部補以上是警官。警手由日人和漢人擔任，警丁很多是原住民充任，兩者都不是正式的警察，而是技工的性質。昭和年代部分巡查從原住民中選拔任用，叫乙種巡查，以別於甲種巡查（日人）。當年的地方廳長多半是殖產局資深主任升任，如相良長綱任台東廳長；部分由警視充任。支廳長則指派優秀的警部充任。位階最高的警視都是總督府民政部直屬，有的兼任警察本署或蕃務本署總長。上文譯註曾提到大正二年（一九一三年），為發動規模龐大的「太魯閣蕃討伐戰」，所舉行各山區探險隊，都由警視擔任探險隊指揮官，直接受台灣總督佐久間左馬太大將指揮。

67 森氏原來是長崎商業學校三年級學生，明治二十八年九月志願來台時，首先以陸軍通譯身分配屬於花蓮港守備隊，後於四十二年起服務於蕃務本署，其間多次來回於台北、花蓮間，調查「蕃情」，參加原住民訴願、談判及戰爭結束以後的事務。本文中所稱「從軍人士」，應該包括森氏本人。

解決，對於理蕃大業有很大影響。連絡東、西部的陸路交通暢通，是開發東部的先決條件，依照最近調查所得，開鑿橫越中央山脈的步道可行，但是東、西方向橫貫鐵路計劃不切實際，即使今後再三研究，還是沒有希望執行。

連絡東、西部的鐵路，如果選擇迴繞南部的路線，則過度迂迴而且太遠，暫時不能考慮。一俟東部花蓮港、璞石閣（玉里）間的鐵路工程完工後，東部對外的連絡只有花蓮港、宜蘭間的鐵路線一途，對於花蓮、宜蘭地方的開發及資源的利用方面，似乎很有希望，所以應該早日著手興建。太魯閣問題沒有作一個了結，東部的開發與經營就會落空，所以我要指出，太魯閣蕃處分豈不是當前的急務？❻❽

太魯閣內情既已如此，最先要處置的對象是屬於外社的得其黎、古魯、九宛，以及其他從得其黎以南到遮仔埔頭間，面臨太平洋的各社。處置方法尤須花很大功夫講究。至於大清水及大濁水（即Kanagan社、Gukutsu社等）各蕃社的處置，一旦鐵、公路開通，則迎刃而解。

因為地形對我方不利，如果一開始就用強硬手段對付蕃人，除非我方甘願付出很大犧牲，無法全面占領其他。

為了打通遮仔埔頭至北方宜蘭方面的海岸線，第一個階段是要占領遮仔埔以北至石空社間的淺山稜線。建議巧妙地操縱沿線蕃社，表面上答應和親，趁機占用各重要據

❻❽關於「太魯閣蕃處分」，請參照第四七四頁譯註❺❸。

點,加強軍事防禦設施。然後在一個大計劃下,採用絕對強勢,從海上全面封鎖海岸線及從山稜夾攻山麓,一氣呵成地把外社蕃人驅離東麓近海岸地帶,使遮仔埔頭分遣所以北至北方大濁水間的陸路交通完全暢通。

外社尙未擊破以前,即使操縱巴托蘭蕃使他們不要反抗,趁機拓修沿木瓜溪橫越能高主山向埔里社方面下降的山脈橫斷線,要完成此線一定會遭遇到很多危險,不得不再三考慮。

雖然南北縱貫線與東西橫斷線,預定於最近的將來開拓,要使交通全面暢通,依照愚見,最佳方法是先挫弱太魯閣蕃的勢力,完成海岸線的拓修,然後才輪到橫斷線的拓修。⑥⑨

如果此策被採用,今日所進行的巴托蘭蕃懷柔策略便沒有必要繼續執行,繼續懷柔的話,有害無益。今日的問題是如何擊破太魯閣蕃的主要抗拒勢力,務須全力處置得

---

⑥⑨海岸線道路,指清同治十三年(一八七四年)羅大春率領清兵所建的「北路」,今蘇澳、花蓮間的古道。森氏在明治年代調查的時候,因為沿線有與日方敵對的太魯閣族占據,平地人和日本人無法利用這條古道連絡宜蘭、蘇澳方面。大正三年(一九一四年),台灣總督佐久間左馬太發動大規模的「太魯閣蕃討伐戰」,全面鎮壓並沒收族人所持有的槍械,東海岸的緊張情勢得以完全解除,沿線日人設警官駐在所戒備。直到大正十四年(一九二五年),蘇花臨海公路才全面開通。至於森氏所謂橫斷線,即今日登山界所熟悉的「能高越嶺道」,本來是泰雅族古來賴以連絡東、西部族親的古道,西起霧社,越過中央山脈奇萊連峰與能高連峰間的分水嶺,沿著木瓜溪東下銅門蘭、花蓮。因為沿線有與日方敵對的「巴托蘭蕃」及「木瓜蕃」,而且勢力強大,森氏在明治年代建議置於第二優先拓修。譯文完全用「拓修」而不採用「興建」字眼,理由是此兩線原是原住民道路,路基選在,日人拓修為「理蕃道路」,維持寬一‧二公尺的步道規劃。

其黎以南太魯閣外社蕃。方法只有兩個：其一，是一開始就訴諸武力，其二是上述的籠絡策略。籠絡蕃人不需要諸多條件，易如反掌，而且現在就可以開始，最後可以打通前往大濁水的連絡道路。大濁水以北的蕃人〔南澳蕃〕目前還不知道日本人的威力，順逆與否，還不能預測。

照我多年來所瞭解的太魯閣蕃心性，他們素樸地相信「與日本人和親」就是歸順的意思，寧願說「訂立和親之約」而不願說「歸順」。他們心裡想，與日本人訂立和親之約，日久以後就能解除日本人對族人的憤怒，恢復終止已久的槍枝、彈藥的供應。他們滿腦子只有這樣一個樂觀的想法。他們根本沒想到要立即自動地提出所藏的槍枝、彈藥表示歸順。

因為外社蕃抱著這種夢想，以為海軍艦艇的海上砲擊及軍用船「扇海丸」的海岸線巡邏，是來自宜蘭方面的船艦攻擊，是那邊壞人的作為。另一方面，花蓮港方面的日本官憲和他們族人坐下來談判，所以是好人，好人不會傷害他們。因此本人相信照目前太魯閣蕃的心性與處境，我們官方有充分的空間籠絡他們。

本人的看法是不是有偏差，有待將來的驗證，現在難測好壞。但是，本人已有十多年從事全島蕃地與蕃人的實地調查，已能完全瞭解蕃人的心情。照我本人「已經蕃化的頭腦」思考，我有信心用個人的方法操縱蕃人，使他們歸順。這不是空談，而是有憑有理，經過熟慮所提出的方

法。如蒙允許，我自願單槍匹馬，挺身前往蕃地，進行遊
說與踏查任務。萬一不幸遇難而不能生還，既然已決心獻
身於蕃地學術研究，能夠為學術捐軀，算是達成宿願，死
而無憾！

依照在新城發現的羅大春「師次新城碑」，距今三十
七年前，「新城民蕃雜處，解耕種，通人理，尚喁喁然有
內附心」。看到這個歷史記載，想不到三十七年後的今
天，新城一帶的太魯閣蕃不但沒有歸附的意向，反而變成
全島理蕃事業中最棘手的問題。

想起立於蘇澳的「羅大春開路紀念碑」，碑文記載：
「……自大南澳至大濁水三十里，自大濁水至大清水二十
五里，自大清水至新城四十五里，自新城至花蓮港北岸五
十里。」（清國時代花蓮港指舊花蓮港街，位於今日花蓮
市街的南方一日里處。）

我又想起沈葆楨在〈北路、中路開山情形疏〉中的描
述：「自蘇澳起至花蓮港之北，計止途二百里，中界得其
黎，得其黎以北百四十里，山道崎嶇，沙洲間之。大濁
水、大小清水一帶，峭壁插雲，陡趾浸海，怒濤上擊，眩
目驚心，軍行束馬，捫壁蹜蹜而過，尤稱險絕。得其黎以
南六十里，則皆平地，背山面海……」，這時，我追念明
治二十九年第一次前往羅大春及沈葆楨為文描述的新城一
帶旅行的種種，不禁感慨萬千！

走筆至此，稿成後冠名〈太魯閣蕃後記〉，添附於

〈中央山脈橫斷探險報文〉文後，謹呈審閱。

第三篇：太魯閣蕃人的體質

我對太魯閣蕃的人類學調查，一共有四次，分別為明治二十九年十一月、三十三年九月、三十七年八月及四十三年一月。此外，明治三十年十二月進入蕃地，但是那次是參加討伐隊作戰，沒有辦法兼顧蕃人調查。本年（明治四十三年）一月的調查，也做了蕃人的身體計測，作成記錄。

身體計測的對象是八個健康的男子，推測的平均年齡是三十九歲或稍大一點。外觀的觀察和計測的結果列記如下：

膚色——額頭、手背及上肢三部分，用P.Broca氏膚色表加以檢測，發現是黃褐色，膚色比其他生蕃淺，妙齡女子的肌膚更白，容貌更美。這是除了部分北蕃外，在其他生蕃身上所看不到的特徵。

頭髮——黑色，直而細，濃密度中等。鬍鬚少，而且有拔毛的習俗。體毛稀少。

眼睛——屬於馬來眼，雙眼皮，眼珠的虹膜呈濃黑褐色。

眉毛——平眉。

鼻子——有美、醜兩種、鼻形大部分都很美，相當於Topinard氏鼻形表上的七號和八號間。

耳朵——耳垂很大。

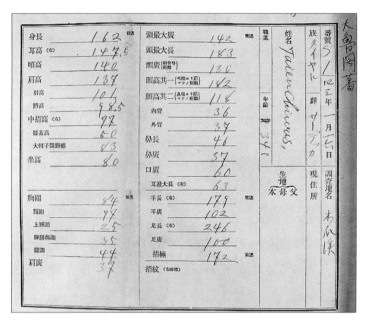

〈中央山脈橫斷探險報文〉所附的體質調查表，是由森氏親自測定、填寫的，也是目前僅見的森丑之助筆跡。

　　牙齒——直齒，細密。部分蕃人照舊俗已拔掉小門牙兩旁的一對犬牙，或四顆牙。

　　手指與腳趾——手指不粗，食指與無名指同長。腳趾中第一趾比第二趾長。

　　營養狀況——中等。肌肉堅硬，有彈性。

　　頭部——頭顱屬於短頭型（頭顱指數為八〇‧八，Toroko蕃為八一‧二，Gaogan蕃為八一‧四），臉部稍長，顴骨弓距離的平均數值為六九‧二。

　　身高——平均身高為一六二公分。

　　由於調查資料不多，以上計測的數值不能作為太魯閣

蕃人的代表性數值，不過可以看出太魯閣蕃屬於馬來人。
下面附上八份太魯閣蕃計測數值表。**❼⓪**

第四篇：太魯閣蕃語集（草案）〔譯文從略〕

附錄：太魯閣蕃的語言

在北蕃語中，太魯閣蕃語和「宜蘭方面」〔立霧溪支流陶塞溪〕陶塞蕃語、花蓮港方面木瓜蕃語，以及西部托洛閣蕃語、斗截蕃語，同屬比較特殊的一個語言系統，若與西部大料崁蕃語、東部南澳蕃語等另一個系統比較，即可發現彼此不盡相同。

北蕃語可以大別為Taiyal語和Sedeq語兩種。世人對泰雅語並不陌生，但懂Sedeq語者並不多。所以，我把太魯閣蕃語〔Sedeq語〕和大料崁蕃語〔泰雅語中的Seqoleq語〕作成一個對照表，同時附加Toroko蕃語（太魯閣蕃祖居地語言），以便和太魯閣蕃蕃語對照參考。

Toroko蕃語和太魯閣蕃語同屬於一個系統，但彼此間有細微變化。把太魯閣蕃語和大料崁蕃語加以比較，可以發現兩者的變化很大，可以作為兩個系統的代表。從語言學的立場看，這兩大類的北蕃語，同屬馬來語。就我所瞭解的，似乎太魯閣蕃語保留更多的馬來語原貌。

---

❼⓪關於體質方面的詳細資料與說明，請參照森丑之助《台灣蕃族志》第一卷第二篇頁103-144。本文所附體質調查表原件八份，是目前僅存的森丑之助筆跡，歷盡劫波仍然殘存於世，彌足珍貴，但限於篇幅，只刊載一份原件照片。

第四篇〈太魯閣蕃語集（草案）〉，尚未完成採集，把本草案公開提出並非我的本意。既然已經提報〈太魯閣蕃的過去與現在〉，以及〈太魯閣蕃人的體質〉，再將〈太魯閣蕃語草案〉一併呈報供參考。(71)

---

(71)「Toroko蕃」的說明，請參照本書第四二八頁譯註⑯。Tauda小群（韜佗，又稱Tauchua，斗截）與Toroko小群，均分布於濁水溪北支流，奇萊連峰西側、Toroko在北，Tauda在南。Tauda包括屯原、平靜、平和等五社。兩小群的語言和風俗相同，同屬西Sedeq群。森氏的意思是太魯閣、木瓜溪一帶的東Sedeq群和西部南投縣仁愛鄉靜觀、平生、平和、平靜等地的西Sedeq群語言相同，只是東部的族人是從西部遷出的，日久以後發生了細微的變化。森氏調查的年代，是「蕃語」、「族群分類」、「民族誌」的摸索、研究階段。草創期的論述及記錄文章，其可貴之處，在於摸索過程很精采，小小的發現令人興奮！由此觀之，草創期的語言記述不夠嚴謹，但不可以今日已進步的語言學水準評論其優劣。

生蕃對台灣島的影響及台灣蕃族學術調查

原載《東洋時報》第一七九號
大正二年（一九一三）八月

森丑之助演講記錄

　　台灣的生蕃目前已變成一個重大問題，因此，台灣總督府早已展開所謂理蕃事業迄今。我想，自古以來生蕃對台灣本島的影響，是最值得我們加以注意的事實。據我所知，蕃地的開拓和「蕃人處分」〔政府處置蕃人的方法〕具有密切關係，如何平衡處理，是過去三百年來不同的台灣統治者最傷腦筋的一件事。❶

　　我想，當前最有裨益的事，是瞭解過去我們對生蕃做過什麼程度的調查，或者已獲得多少蕃地知識，其內容和份量究竟是如何？

　　現在讓我按照順序，先談蕃地和蕃人的調查，然後進入演講主題，同時探討調查的必要性。

　　日清甲午戰爭結束後，台灣島已被劃入日本帝國版圖，日本國內有一些學者主張有必要進行台灣島的學術調查，於是從明治二十九年〔一八九六年〕起，東京帝國大

---

❶森氏的意思是荷、西、明鄭、清、日等不同統治者，一直想拓殖原住民的土地，但不得不面臨如何處置千百年來已定居於其地的原住民問題。三百多年來台灣原住民被相繼入主台灣的統治者以及新移民欺壓，原住民的反抗與政府的討伐層出不窮，都是統治者侵吞並強制利用蕃地所引起。

學派遣了各科學者到台灣進行調查，差不多同時，陸軍參謀本部也派出特殊探險家前往；而在島上的台灣總督府也選派一些有學術研究背景的吏員從事各方面的調查。❷

　　各科的學術調查是早於台灣占領的時刻就開始，各專家學者在兵馬倥傯之間進行探險性質的調查、研究，從今日的眼光看來，是需要極大的勇氣才擔當得起，我敢說這是一種冒險犯難的壯舉。

　　從另一個角度看這件事，因為外界對台灣內部的情形完全不明瞭，他們來台灣調查，好比是盲人騎瞎馬在陌生而危險的地方橫衝直撞。這種探險式調查行動，盛行於明治二十九年至明治三十二、三年，我想當時參與實際活動的學者所締造的成果，無論是質或量方面，都相當可觀。

　　台灣島割讓後，東京帝國大學學者們認為有必要對新領土進行學術調查，向帝國議會要求撥出專款支援調查工作。國會於明治二十九年度起編列特別預算支助，結果從那年起我國最高學府的東京帝大陸續派遣各科學者前往新領土。大學的率先行動實在是合乎時機的作法。當時年紀很輕的我們聽到這個消息的時候，都非常興奮，甚至沒有

---

❷台灣割讓後由於學者及有識之士建議，日政府指定東京帝國大學派學者前往台灣調查，經費由國會專案撥出。東京帝大理學部決議派動物、植物、地質及人類學四科的教授前往調查。人類學部門由當時任職雇員的鳥居龍藏擔任，分四次完成派遣工作，其間森丑之助曾經於一九〇〇年鳥居第四次台灣之行時，參與調查工作，歷時九個月。陸軍參謀本部同時派陸地測量部的技師人員渡台測繪五萬分之一地形圖，也派遣直屬參謀本部的步兵中尉長野義虎深入蕃社調查。

學問背景的我們，也注意到新領土學術研究的迫切性，這是我踴躍前往研究的主要動機。❸

就我記憶所及，東京帝大所派出的學者包括地質學教室的理學博士小藤文次郎及助手山崎直方、植物學教室的大渡忠太郎、人類學教室的鳥居龍藏、動物學教室的多田綱輔，以及文學部歷史教室的學者等。人類學教室的鳥居氏一共四次往台灣蕃地探險，而植物學教室也先後派出牧野富太郎、三宅驥一、早田文藏等人去調查。我記得人類學及植物學方面的調查，獲得了最多材料。

此外，在台灣總督府方面也指派了很多專家調查。服務於殖產局林務課的八戶道雄、西田又二、小西成章、有田正盛、齋藤音作等林學士進行台灣山林的全面調查。另外還有田代安定及其他一、兩個有志於植物研究的人從事植物調查；石井八萬次郎及齋藤讓從事地質與礦物調查，長野義虎的地理踏查等，都獲得豐富的成果。

在民間方面，有大和株式會社的林業家土倉龍次郎跋涉於全島蕃地，他的調查區域涵蓋了當時平地人能夠深入的極限。上述的陸軍中尉長野義虎，雖然是奉陸軍參謀本

❸明治二十八年（一八九五年）六月，日政府派軍隊接收台灣，當時森丑之助滿十八歲，就讀於九州長崎商業學校三年級。他應徵為陸軍通譯（譯員），本來被派往中國，因戰事結束而中止，九月志願到台灣。本次演講中，森氏第一次提到他本人渡台的主要動機。鑑於他本人很少談及自己的身世，以及來台灣的動機與生活情形，在本演講中他直接了當地說，他的主要動機不是謀求官職，而是要冒險遍查台灣土地與族群的決心，所以本段及下面個人的告白，顯得非常重要。

部命令進行台灣蕃地探險，實際上他以後的蕃地探險行動，很多是在土倉氏資助之下，與土倉氏共同進行的。

在那個時代，小西成章、田代安定等植物學者，也喜歡研究蕃人事情，後來林學博士本多靜六、河合鈰太郎、右田半四郎及內務省聘雇的外籍人士達伍德等人，也到部分蕃地調查。由於日本領有台灣初期，上述的學者前往蕃地進行了很多學術調查，自然地對土著蕃人各方面的情形，多多少少表示了關注。

以上所說的，是明治二十九年至三十一年台灣探險最盛的狀況。到了明治三十二、三年，探險的氣勢稍為減退，到了三十四年，探險行動像火焰被強風吹熄一般，完全停頓下來了。如果早期學術調查的氣勢維持到今天，我想，本島過去在學術上未為人所知的奧祕，會如同黑暗被日光照亮一般，顯現於世人面前，台灣的學術研究會有突破性的進展。

或許各科學者各有不同的著眼點，就我個人的情形來說，我特別注意到台灣蕃人的研究，也就是人類學方面的研究。為了達成蕃人的人類學研究，我於明治二十八年九月渡台，立即付諸行動。

次年一月，我進入「大料崁蕃地」〔大漢溪中游復興鄉泰雅族大料崁群的居地〕調查，這是我在台灣最早的田野調查。然後，從大料崁蕃地轉到「台東蕃地」〔東部蕃地〕，繼而跋涉全島蕃地，多次闖入前人足跡未至的高山

深谷。

直到現在，我已經到過台灣大部分的蕃地，得以實地觀察、研究蕃情。但是剩餘的北部蕃地中的Sylvia山〔雪山〕，及太魯閣蕃最深入的部落一帶〔內太魯閣一帶〕，因為特殊蕃情及其他不可抗拒的原因，不得其門而入，假定補足這一部分，那麼全台蕃地就印滿我的足跡。

現在我留下這一部分蕃地未查，先回內地研究在台十八年期間調查累積的資料，同時撰述我的研究成果。我現在仍在從事研究工作。❹

在台灣期間，我獻身於蕃地調查工作，努力完成的踏查行動，包括以下各項：

一、新高山周圍各蕃地的踏查。

二、從埔里社橫越中央山脈到花蓮港。

三、太魯閣蕃地探險。

四、從太魯閣蕃地，經由南澳蕃地向宜蘭方面的縱貫

---

❹森氏所留下未踏查的區域，正是雪山周圍的泰雅族及立霧溪上、中游屬於「內太魯閣」的太魯閣族，又稱泰雅族太魯閣群。森氏在日本內地演講記錄（亦即本文），於大正二年（一九一三年）刊載於《東洋時報》，剛好是同年六月森氏返回內地二個月後的事情，由此可知，這次演講是他返日後最早的演講，說明他為什麼結束十八年的在台調查，立即進入研究與撰述的階段。他的作法和晚他一年渡台調查的伊能嘉矩相似。伊能在台灣總督府服務十年，公務之餘勤於實地調查，獲得足夠的研究資料，就辭官返日從事撰述與研究工作。當時伊能滿三十九歲，而森氏晚伊能七年，於滿三十六歲時，一樣返回日本從事撰述與研究。兩人返日的表面動機除了伊能的返日照顧祖父與妻子，森氏返日研究著述外，各有其他隱情。森氏於次年八月應台灣總督府所請再度渡台，繼續工作十二年，再度返日時從船上失蹤。

探險。

五、從東洗水山橫越鹿場大山至大霸尖山方面的探
　　險。

六、能高主山至合歡山的探險。

七、從集集街橫越中央山脈至東部拔仔庄。

八、從集集街、林圯埔橫越新高山、八通關及中央山
　　脈到東部的璞石閣、大庄及新開園。

九、從蕃薯寮方面橫越中央山脈至東部內本鹿山區，
　　下至新開園、台東。

十、從荖濃溪攀上至阿里山，經新高山至中央山脈，
　　經二次翻越中央山脈，再度返回荖濃溪，以新高山
　　為中心環繞一周的探險。

其中，第二項從埔里社橫越中央山脈，強行通過太魯
閣蕃地的部分危險地區至花蓮港，以及第十項的連續翻越
中央山脈並環繞新高山一周的蕃地探險旅行，是前人所未
能嘗試的極危險行動，而其他各項行動也是前人還沒開
始、我率先進行的探險行動。❺

我是抱著置生死於度外的非常覺悟前往這些蕃地探險
的，結果從尚處於黑暗狀態的蕃地，帶回很多有關蕃地地
理與族群的科學新知，同時發現現今通用的地形圖有不少
錯誤標示，逐一做了更正。今日的蕃地仍然充滿著危險
性，所以即使有人要去嘗試探險，除非有非常的覺悟，恐
怕很難達成。

在地理上尚處於黑暗狀態的時代，我繼續在各蕃地探險，舉例如下：

一、大料崁、三角湧及屈尺方面的蕃地。

二、南澳蕃及溪頭蕃所占居的蕃地。

三、大安溪北勢蕃所占居的蕃地。

四、大甲溪南勢蕃及阿冷蕃所占居的蕃地。

五、北港溪眉原蕃、白狗蕃及馬列巴蕃所占居的蕃地。

六、濁水溪流域霧社蕃、托洛閣蕃、塔烏查蕃及萬大蕃所占居的蕃地。

七、立霧溪下游部分太魯閣蕃地。

八、木瓜溪木瓜蕃所占居的蕃地等。

不同蕃地的南北方向縱貫或東西方向橫斷的探險活動，還包括下列各項：

一、從屈尺方面蕃地越嶺至宜蘭方面蕃地。

---

❺森氏在台的各次探險路線，譯註者差不多全部可以指出，註解欄無法容納太多的說明，僅解釋部分地名。新高山：玉山；埔里社：南投縣埔里鎮；花蓮港：花蓮市；太魯閣蕃地：立霧溪兩岸的蕃地；南澳蕃地：宜蘭縣南澳鄉大南澳南、北溪兩岸的蕃地；集集街：南投縣集集鎮；拔仔庄：花蓮縣瑞穗鄉富源；林圮埔（原文寫林杞埔）：南投縣竹山鎮；璞石閣：花蓮縣玉里鎮；大庄：花蓮縣富里鄉東里；新開園：台東縣池上鄉錦園村；蕃薯寮：高雄縣旗山鎮；內本鹿：鹿野溪上游及中游的布農族內本鹿十四社；阿里山：不是現在的阿里山，而是後大埔溪上游的鄒族地界；荖濃溪：溪名，同時是指高雄縣六龜鄉荖濃一帶地名。演講中，森氏似乎忘記談到一件壯舉：明治三十一年從東部拔仔庄逆向朝中央山脈分水嶺上的關門山進發，越過中央山脈後調查丹大溪布農族部落群，向西部集集下山。逆向縱走首次由森氏完成。

二、從屈尺方面蕃地越嶺至桃園方面蕃地。

三、從宜蘭方面蕃地越嶺至新竹方面蕃地。

四、從宜蘭方面蕃地越嶺至桃園方面蕃地。

五、從阿猴方面經由古樓社，橫越中央山脈大武山南
　　稜，東下大鳥萬社。

六、浸水營越嶺。

七、牡丹社越嶺等。

　　以上我進去的蕃地，過去一直與外界隔絕，我個人的
踏查行動正是日本人的創舉，涵蓋的地區幾乎占了全台灣
大部分蕃地，所有重要地點都無一遺漏地踏查、研究過，
所花時間長達十八年。

　　在台十八年的歲月，我全部投入於蕃地調查與蕃人的
研究，從來沒有浪費時間於別事，換句話說，我拋棄了正
常人的生活，只為了自己的志趣，全心全力做這件事。因
為我沒有學術素養，加上我不喜歡事事向他人求助，幾乎
全部的調查工作都是我獨力完成的。因此，所花的時間很
長，但所得的資料反而不多。

　　就我所知，不管何人對蕃地做過何種調查，從來沒有
一個人像我這樣，花費很長時間，獨力完成廣大地區的實
地調查，我相信這是台灣有史以來空前的創舉。我不敢說
以後後繼無人，但是我私下猜測，以後大概再也找不到跟
我一樣，拋棄正常人的生活，為了個人的志趣，甘願花費
同樣長的年月和勞苦，跋涉全台蕃地的人！

我志願到台灣的目的很單純，原本就希望研究台灣這塊土地與族群，用自己的方式解開台灣的謎題，為自己留下一件值得紀念的事業。在眾多調查對象中，我特別選擇「蕃地問題」為主軸。

　　我的理由是：現在台灣有三百萬漢系住民及十二萬馬來系土著。三百萬的漢人，是過去三百年來從中國大陸來的移民，他們屬於擁有悠久歷史與古文明的漢民族，占居台灣總面積的百分之四十。

　　其餘百分之六十的土地上分布著十二萬土著，其內部幾乎是一片黑暗狀態。直到我著手調查以前，從來沒有人做過充分的學術調查。我想，既然台灣已成為我國新領土，日本人統治台灣時，非把這十二萬的所謂「化外之民」做有效的治理不可。他們所占居的土地，將是我們日本人親手開拓，並做有效利用的地方，也就是說，這是殖民事業的一個重要舞台。

　　因此，認識台灣這塊土地和土著人種，對將來的台灣經營是不可或缺的要務。基於這個想法，我到處搜求文獻資料，結果發現沒有可靠的、值得信賴的資料。最後我認定除非憑藉個人力量前往蕃地進行探險式踏查，別無他法。雖然個人的力量有限，但我決心傾注全力，把這件事當做一種志趣。我知道貫徹個人的志趣，無法同時維持正常的生活，我毅然決心要放棄正常的生活，來追求個人的志趣。❻

當初我進行台灣生蕃地實查，只是要讓我自己真正瞭解所謂「黑暗的台灣」究竟是怎樣情形？以為知道了就會滿足。所以，雖然所獲的資料累積了很多，以前未曾公開於世，也未曾考慮過如何利用這些資料的問題。

由於近來種種因緣，我先後公開了部分資料：例如，幾年前侍從武官長代表天皇陛下前往台灣視察之際，台灣總督府當局特地製作了《蕃族寫真帖》獻給陛下。我當時負責提供並編輯照片資料，同時為此寫真帖撰寫〈台灣蕃族簡介〉。❼

後來，台灣總督府所發行的文書中有關蕃族分類項

---

❻以上森氏的告白非常動人。他決心放棄正常的生活，不求名利，經年累月進入山區過野人一般的探險生活，並非人人能做到。文中他暗示鳥居的探險式調查，因為受到派遣與期限的不利因素，未能完成台灣蕃地的全面性調查；而總督府的吏員，如伊能嘉矩及其他專家也因為同樣理由，未能全力投入於調查，只有森氏本人真正做到了。文中森氏用日語「道樂」表示調查的動機。按這一個語詞，用於日常生活中，指與個人的工作或本行無關的嗜好、消遣或玩樂。語出之於佛經，原義是「精進求佛法之樂」，譯文意譯為「志趣」。按森氏從明治二十八年九月來台至大正二年六月一日返日為止，他所說的十八年調查期間，居無定所，又無固定的收入與職位的情形下，完成了偉業。森丑之助有妻子，名字叫「龍子」。據森雅文（森丑之助的曾孫）於一九九八年八月來台和譯註者交談時，說到當時「龍子」在台灣，將台北的寓所多餘的房間出租，以微薄的租金收入維持家計。森氏剛來台時還沒成家。明治四十三年（一九一○年）起他已有妻室，那麼他所謂放棄「正常人的生活」，可以解釋為放棄「正常的家庭生活」。為了貫徹台灣「蕃地與蕃人」調查，森氏一上山就像斷了線的風箏一般，毫無消息。《台灣日日新報》漢文版主筆尾崎秀真，於一次座談會說，曾經有一次森氏上山調查，差不多連續兩年，外界的人不知道他在那裡，毫無消息傳出。由此可見，森氏為了調查志趣，所付出的犧牲不能說不大。

❼《台灣蕃族寫真帖》，也就是台灣原住民各族照片集錦，似乎未曾公開出版，原件收藏於日本宮內省？或他處？待查。

目，曾經依據我個人研究心得，修正了若干錯誤，我同時公布了我的研究成果。❽

　　去年，我接受東京三省堂株式會社的委託，為《日本百科大辭典》（第六卷），撰寫〈台灣蕃族〉項目。❾

　　《理蕃概要》修正版於大正二年（一九一三年）五月發行，發行之前我曾經修訂了分類記載的錯誤，書上有關蕃族的記述是我撰寫的。

---

❽ 所謂台灣總督府所發行的文書，森氏沒有說出書名。據譯註者推測，應該是指《理蕃概要》，大正元年十二月編纂，大正二年五月（森氏本次演講同一年）出版。此《理蕃概要》已將明治四十一年版的《理蕃概要》，以及更早的版本作了大幅度修正，依據森氏意見，將原住民九分法改為六分法，也就是說，把原先的卑南族及魯凱族併入排灣族。大正二年版《理蕃概要》中的照片是森氏所提供，而且長達二十六頁的蕃族「總說」，正是森氏執筆撰寫的。他所謂「台灣總督府所發行的文書」，也可能包括明治四十四年十一月，總督府以英文發行的文書 *"Report on the control of the Aborigines in Formosa"*。此英文版的分類法則是森氏所主張的六分法，台灣總督府蕃務本署官員特別再加上森氏及伊能嘉矩所認定為平埔族之一的賽夏族，讓它獨立成為一支「蕃族」，成為七分法。

❾ 《日本百科大辭典》於大正元年出版。森氏執筆撰寫的〈台灣蕃族〉內容很出色，他首先用自己的名義發表「台灣蕃族六分法」，是繼鳥居龍藏的「七分法」（明治三十年）及伊能嘉矩的「八分法」（明治三十一年）、「九分法」（明治三十五年）後於大正元年提出，具有權威性的分類法，分為泰雅、布農、鄒、排灣、阿美、雅美六族，其中排灣族包含現稱卑南族、魯凱族兩支族。其實森氏早於明治年代就主張六分法，而總督府蕃務本署發行的英文版《理蕃概要》採納了他所列的六族，但是添加了賽夏族變成七族。直到昭和十年（一九三五年）台北帝大土俗人種教室的移川子之藏教授出版《台灣高砂族系統所屬の研究》一書，才把卑南族與魯凱族從排灣族項內分離出來。鳥居與伊能的分類都把平埔族（南庄化蕃）列為其中的一族，但其他的分類法不再包括平埔族。〈台灣蕃族〉文中穿插著十六張森氏所拍的珍貴照片，包括：盛裝的排灣族、泰雅族蕃屋及生活寫照、獵首凱旋回來的合照、頭骨架、公廨、穀倉、少年集會所、祖先柱、各族面貌及衣飾的特寫等，以及一幅「蕃族分布簡圖」。

此外，《台灣蕃地圖》也根據我對地勢、地形、蕃族類別、蕃社名的實查資料，進行若干修正作業，同時採納我對各種族、部族、蕃社名稱的意見，作了嚴密的考訂，正確地標示各蕃社位置，並附上地理學上的說明後，才正式發行。《台灣地質圖》及《台灣森林、植物分布圖》也根據我提出的資料，作了若干改訂。換句話說，以上所舉的總督府公文書與圖冊的發行，都預先採用了我的實查資料。❿

我在台灣的時期，已經開始著述有關蕃人習俗與現況，把這些長年的血汗結晶全部提供總督府，期望有一天對外發行，但是這件工作僅做了一半，我就離開台灣。離開台灣以後，總督府到底怎樣處置我的研究成果，我覺得無從瞭解。

雖然如此，所有的資料仍然留在我的腦裡，很想和學界前輩交換意見，我自己再增加學術上的研究與分析，使留在我腦裡的研究成果能夠彙集成為一系列的書。

我從蕃地帶回的植物標本，都早已交給東京帝國大學的早田文藏博士，及台灣總督府殖產局技師川上瀧彌進行研究，部分已發表過。⓫

---

❿《台灣蕃地圖》指台灣總督府民政部蕃務本署各年次測繪、發行的二十萬分之一及五萬分之一蕃地地形圖。地圖上都標示斷崖地形、各種族分布地、部落名稱與位置。比起昭和年代測繪的地形圖，在等高線描繪方面準確性差一點，但蕃社名的標示更多，所以對蕃地研究，實用功能更大。

爲了完全瞭解蓄地問題，我過去所做的工作似乎偏向於人類學上的瞭解，因爲我相信要瞭解蓄地，應該從瞭解蓄人下手，只有完全瞭解蓄人，才能完全把握蓄地的一切。從今日的眼光看來，與其像我花費很長的歲月從事探險調查，倒不如一開始就不要這樣做，先學習正規的學問，然後站在所學的學問基礎上去進行實地調查。在學問上鑽研越多，以後所能開拓的學術成果也越紮實，所付出的勞力少，但收穫則更多。

　　但是，「調查行動」與「打好學問上基礎」，以那一個爲優先，則有另一方面的考量。台灣的地形與民俗並非永遠不變，卻是逐年逐月在改變，即使我們已發覺這個情形，想要調查的時候卻已變成另一個樣子，很難考察到原狀。換句話說，想盡孝時雙親已過世；想研究的時候，研究對象已差不多喪失了原貌。❷

　　從我國領有台灣的第一年，亦即最早的年代，我就投入於實地調查，能夠考察到原狀與變遷中的蓄地與蓄人狀

---

❶明治三十八年，台灣總督府依據早田及川上的建議，在殖產局內設置「有用植物調查科」，開始全台灣的植物調查事業，由川上技師兼任主任，森氏參與採集工作。森氏從蓄地帶回的植物標本，大都是交給殖產局博物館，由兼任台灣總督府囑託的早田博士攜回鑑定，並向學界發表。按森氏直到明治四十三年擔任蕃務本署技手之前，便早於明治三十八年植物調查科成立時，就已集中精力於中央山脈及東部的植物標本採集工作。他對「蓄地和蓄社」的調查、研究，和植物採集同時進行，因爲他也是明治四十一年成立的「臨時台灣舊慣調查會蕃族科」囑託，從明治四十三年九月起又轉任改稱「台灣總督府博物館」的囑託，負責採集蓄地各族的民族誌標本及植物、地質標本。

況，雖然我的能力有限，但已傾注全部精力與時間，即使成果並非很豐富，但是我私自以爲已達成預期的目標，足堪告慰。

今天，我回顧十八、九年來的歲月，我感覺台灣蕃人之間，無論是那一方面都有了巨大變化。動、植物及地質等方面雖然免不了變化，但絕不會有遽然絕滅或消失的危機；但是人類則因爲種種的外在因素，導致他們的社會組織及生活急速變化，從某種角度看，部分的固有傳統習俗會消失殆盡，無法復見。過去五、六年間已經看不到我最早的年代曾經看到的舊俗。

鑑於政府的理蕃事業已經在加緊展開中，蕃人的生活處處受到外界的干涉，而且隨著蕃地的開拓事業快速進行，今日他們固有文化習俗消失的速度，已超越過去多年來變化的速度。其他各項調查，如林業、動、植物及地質的調查固然重要，有必要調查，但根據我個人的看法，正急速變化中的台灣蕃人，才是需要最優先加以調查、研究的。

如何處置蕃人，和如何開拓、利用他們的土地，兩者

---

❷森氏慨嘆自己學歷不高，沒有先在學校學習各種學問，卻冒然來台灣從事經年累月的田野調查，結果收穫與所付出的精力時間不成比例。但是，他沒有後悔，因為他和鳥居龍藏一起在山地調查的時候，憶起東京帝大坪井教授的勸告：「台灣的地形和民俗還沒遭受劇烈變化的時候，才是慎重研究的最佳時機。」所以本段森氏的想法，實際上是反映坪井的想法，也是森氏長時間從事蕃地與蕃人調查後所得的結論，證實了坪井的判斷一點也沒錯。

不但有密切的關係，同時是台灣統治者從早期到今日仍面臨的重要問題。我不是因為自己熱衷於蕃地與蕃人的研究，才故意主張研究蕃地與蕃人的必要性，實際上台灣蕃人的研究，是一件既非常愉快又非常有益的事。

各位試著想想看：台灣島與中國大陸只有一衣帶水之隔，今日島上仍然有土著的蕃人過著原始生活，這難道不是一件很奇妙的現象嗎？

北起日本琉球群島，經台灣、菲律賓群島，南至婆羅洲、馬來半島、蘇門答臘及爪哇，分布著不同的土著，其中馬來系住民在文化上比較進步。學者們每每在學術研究上說，馬來半島及爪哇的馬來人如何進步，相較於別處的馬來人，同屬馬來系的台灣蕃人卻過著原始生活，因為今日仍持續地保持原始未開的狀態，使台灣蕃人成為這些學者心目中「活的標本」，是觀摩、研究馬來人古俗的最佳對象。⓭

一般所謂南洋馬來人，比台灣蕃人開化得早。屬於馬來人〔南島語族〕分布區最北端的台灣，北有日本列島、

⓭ 所謂南洋的馬來人在文化上比較進步，據譯註者所瞭解的，是指馬來人與東南亞島嶼上的其他土著，例如分布於馬來半島及菲律賓群島的「小黑人」(Negritos)，及住在印尼小巽他群島的「原馬來人」(Proto-malay) 比較，顯得更加開化；而即使與同屬馬來系的台灣原住民比較，也開化得更早。今日在語言、文化上，統稱Austronesian的南島語系民族之中，菲律賓以南各地，在歷史上有印度文化及回教文化侵入的影響，也受到殖民統治者（荷蘭、美國）的影響，不像台灣原住民與世隔絕，得以保持固有文化。森氏來台調查時代，台灣山地原住民仍保持著純真的古南島文化，亦即森氏所謂馬來人古俗。

西有中國大陸，南有菲律賓群島圍繞著，四周地方住著已開化的民族，唯獨台灣島上仍有維持著馬來人最原始、最古老文化的少數民族，也就是台灣蕃族居住，所以台灣是學術研究者的寶庫，是最完備的「人種博物館」、最好的「人種標本室」，為人類學者及社會學、民族學等各科學者提供最寶貴的資料。

從統治者的立場看台灣，台灣島上今日仍有「野蠻人」居住於山區，對統治者構成難題，也是一種可悲的現實。但是，反過來從學術立場看台灣，島上所謂野蠻人的存在，卻是令學術研究者雀躍萬分的研究場地啊！❶

台灣蕃人今日仍然處於「野蠻狀態」，因而對外造成某種傷害。那麼，他們對其他「文明人」造成了什麼程度的影響呢？這是值得探討的一個問題。

世上很多人只注意到「野蠻人」對外造成傷害，或引起種種不便，但不太注意一個事實──由於「野蠻人」的存在，我們「文明人」意外地獲得很多利益。我不是故意站在同情蕃人的立場，但是對於一般人的錯誤想法，深感

---

❶森丑之助在這裡做成很動人的描述與結論，說：「台灣是最完備的人種博物館」。明治年代鳥居龍藏到台灣東部調查，不禁喊出：「台灣東部是人類學的博物館！」把台灣比喻為研究人類學的博物館，這個一針見血的貼切形容，原來最早出之於鳥居博士的口。後來，西洋學者也異口同聲地感嘆：「台灣是人類學的最佳實驗室。」森氏回東京演講時，用簡單易懂的語言，說明台灣擁有最原始、最古老的馬來習俗，亦即最古老的南島語族文化，這是最令人慶幸的。所以，他在一百年前甘願犧牲一切，從十八歲起到四十九歲失踪為止，花費三十年寶貴的歲月，在台灣研究蕃地與族群。

遺憾。

　　台灣生蕃對他們所居住的台灣島是有害嗎？還是有益？這也是值得探討的一個問題。以往久遠的年代中，聚居於台灣的生蕃，對台灣到底造成什麼樣的影響呢？這是我們必須回顧歷史上的事實來探討的另一個問題。

　　照我的看法，在以往的年代，日本與南方呂宋島之間，以中國大陸為中繼點往來交通。但是，當時從事海上交通的古代人，怎麼沒有在更早的年代注意到他們海上交通的半途，近在眼前的台灣島呢？對於這個疑問，我的回答是：古代人早已注意到，但不敢隨便接近台灣，畢竟是因為台灣島上有生蕃的緣故。換句話說，台灣島上有「野蠻的生蕃」，因而防止了外來文明的入侵。

　　從中國舊文獻可知，一千多年前就有漢人占據澎湖島，而當時的漢人知道澎湖之東有台灣島。日本的舊文獻也顯示，五、六百年前，日本求法僧入唐時，似乎已注意到航途上有一個大島，也就是今日所稱的台灣。較晚近的文獻也顯示明末年代，很多漢人移民到台灣。在這個年代，或其前後年代，日本人也移民到台灣，當時島上有漢人、西班牙人、荷蘭人各占據一處，直到中國清代，清廷開始對台灣做有秩序的統治。日、清甲午戰爭後，「馬關條約」的簽訂結束了清朝統治，台灣成為日本領土，於是改由日本人統治。

　　無論如何，明末鄭成功是最早統一台灣的人。他來台

以前，雖然有日本人與漢人割據，也有荷蘭人、西班牙人做過局部統治，但從來沒有一個充分的統治機構設於台灣，所以我認為鄭成功的軍隊來台以前，台灣沒有被正式統治過。

鄭成功統一台灣是在永曆十六年（一六六一年），距今三百三十年前〔二百五十二年前〕。台灣歸清廷統治之年，是清康熙二十二年（一六八三年），也就是距今三百零九年前的事〔二百三十年前〕。

所謂荷蘭據台，不過是占領台灣南部台南至打狗〔高雄〕一帶而已；而西班牙人據台，也只不過占領基隆至淡水一帶而已。在那個時代，很多西班牙人從菲律賓呂宋來台，也對日本貿易。依照菲律賓古文獻檔案，當時在菲律賓的西班牙人與日本交涉時，已經注意到海路中途有台灣島的存在，重視台灣猶勝於對日本的重視，這是一般日本人所沒有注意到的史實，近年來我們從西班牙人所遺留的記錄才知道這個真相。

從很早的年代，歐洲人、中國人及日本人就知道台灣的存在，但是他們為什麼不據為己有呢？理由跟我剛才說過的一樣，因為島上有「野蠻人」阻止他們作充分的占領。照文獻記載，似乎當時從事貿易或因其他目的來交涉者不多，貿易量也似乎不大，這是像荷蘭東印度公司等有組織的機構所作的貿易記錄，只有部分被保存、流傳下來的緣故。至於個人或少數人隊伍曾經到過台灣貿易或做各

種事情，似乎沒有留下什麼痕跡，我想這是個人或少數隊伍沒有給我們留下記錄的緣故。

除了文獻所記載的以外，應該有更多的人曾經在很早的年代到台灣與住民接觸過，因為屬於零細的交易或小小的接觸，沒有重大的事情發生，所以在過去的文書上看不到任何記載，這是可以想像得到的事。

我們在台灣各地方的斷層地形，或經人工發掘的考古遺址中，常常發現石器、陶器或貝塚中，混雜著三、四百年以前，或更早年代的外國器物。這些器物與貝塚、石器無關，但已埋沒於地下，經過發掘後與古代住民的土俗遺物一起出土，由此可以推測，在使用土俗品的古代住民生活的時代，已有外地的民族和他們交易，因而海外的器物流入本地住民手中。

關於考古學方面的探查，日本領有台灣的年月還不夠長，到現在為止還沒做完全面性的探查，所以我還不能提供有充分根據的斷言，至少可以明白地說，從很早的年代，就有文化上更進步的民族，和台灣島上未開化的蕃人接觸過，事實上的接觸比文獻所記載的還要早。

這些遺物的來源，並不限定於外來者所攜來，或許部分是台灣土著蕃人移入台灣以前，已經持有這些物品，他們來台時一起帶進來的。所以我們應該小心求證，外地的器物留存在台灣地下，可以直接認定是外來者曾經與台灣接觸，也可以認定土著來台以前就開始使用，結果和本土

器物一起混雜於土中。

扼要地說，外來文明進入台灣的時間最晚，是因爲島上有「野蠻狀態的生蕃」的緣故。從這一點，我們可以進一步思考，這個事實對台灣到底造成了什麼影響？

我們先做一個假設。假設漢人移入台灣的時代，島上根本沒有生蕃。假如是這樣，今日的台灣決不是現在這個狀態。與台灣島一衣帶水之隔的福建、廣東，其山區幾乎都是少有草木的禿山。假如漢人移入台灣時沒有生蕃，那麼漢人會自由地到處開墾土地，結果會造成和對岸一樣到處是禿山的後果。

對岸的山地是光禿禿的赤土，但對於整塊土地所造成的傷害不大，因爲大陸性的陸塊所受的自然破壞不是很激烈；反過來看台灣，由於它是一個孤島，其一半以上的面積是陡峭的山地，山岳所占的比例大得多，海拔一萬英尺以上的高峰，絕非十指可以算出，山與山之間都有深邃的溪谷縱橫分布，所以萬一照大陸的作法廣泛地開發，讓山林受到破壞而荒廢，平地決不是現在的狀態。我想，被破壞的大自然每年會大展暴威，爲台灣住民帶來令人恐怖的淒慘狀態！**⓯**

台灣西部山岳地帶，由於風化作用激烈，岩石分解崩落，河川沖下砂石，而在下游形成適度的沖積地和廣大的沃野平原，成爲台灣產業發展的基礎。北部的台北平原、東北部的宜蘭平原及東部花蓮港至台東一帶的縱谷平原，

其成因都和西部平原一樣。

但是，一旦山林受到極大的破壞，會造成像屏東平原那樣，隘寮溪等各溪的下游突然變爲荒涼的「砂原」。據我的猜測，隘寮溪下游的溪床上卵石磊磊，成爲一片荒漠狀態，這是因爲上、中游的排灣族爲了配合平地漢人的需求，濫砍森林，林地忽然變成草木不生的荒地所造成的。

平地漢人在山區砍伐樟樹製造樟腦，或砍伐天然林，墾成茶園。本來森林防止土壤水分的流失，調節氣候，保護自然的韻律。因爲森林仍在，茶樹的栽培和製腦事業在森林的庇蔭下順利進行，但是假如全面砍除森林，運用平地農業的作法去開墾山地，我想即使有人想要這麼做，也很難成功的。

台灣因爲有「野蠻的生蕃」居住，在歷史上防止了移墾台灣的漢人湧入山區濫伐、濫墾土地，結果，台灣的大自然受到保護，國土沒有受到戕害。❻

利用蕃地天然資源，從事生產的原意是不錯的，但如果受到眼前一時的利益迷惑，大開山林而忽略百年之計，那麼它的後果將是極悲慘的。台灣雖然是一個小島，天然

---

❺森氏的演講主題就是台灣原住民對台灣島的影響。他肯定原住民的存在是對台灣最大的恩惠，原住民爲台灣保護山林，免受外來文明人的破壞，而人爲的過度開發，就是大自然反撲的直接誘因。在一九一三年以前，森丑之助已有先見之明，提出自然保育的觀念。特別要注意的是，當時的台灣和日本還沒有這種保護自然的觀念，而且三、四百年來，從來沒有一個人挺身而出，爲「開化」稍晚的台灣原住民肯定他們存在的價值。森氏是唯一大聲擁護原住民、肯定原住民爲台灣山林守護神的人。

產物很豐富，頗有開拓的餘地，足供我們日本人經營新領土的後盾力量，這完全是台灣生蕃間接賞賜我們的。

世上很多人以為漢人移入台灣以來，已歷經三百年之久，他們到現在還不能夠征服蕃地，只能開墾大部分的平地而已，就懷疑漢人的殖民能力。論及這件事，我們應該回顧一些歷史事實。

以今論古的作法固然不值得採取，但我要指出：今日的蕃人不是一、兩百年前乃至三百年前的蕃人狀態，同樣地，今日已被開拓的地區，當然不是一、兩百年前被開拓的大小範圍。不用多說，在最初的年代，台灣全島就是蕃地！漢人不顧危險侵入其地盤，歷經三百年才爭占到一半的土地，這是流血又流汗，努力爭取到的結果，相當不容易。一千年前台灣島的存在已為世人所知，但從來沒有人敢於攫取並加以統治的原因，是蕃人占居台灣，不容他人接近。因此，我私底下認為在這種情況下，三百年來漢人在台灣努力開拓的成效，比世人所想像的，有更高的價值。

---

❿距離森丑之助在台灣的年代才幾十年，台灣的大自然已改觀，天然林已經被砍伐殆盡，林道、橫貫道路及觀光道路，像章魚腳一般到處伸入深山地區。平地人開設遊樂區、高山茶園及高冷蔬菜耕作區，而且繼續擴大到集水區及保安林區，國土因而受到無窮盡的戕害，水災與土石流不斷。高山原住民千百年來占居山地，不容文明人侵越，所依賴的方法是馘首及襲擊報復，嚇阻漢人進入他們的地盤濫伐與濫墾。今日的原住民已不再是昔日「慓悍野蠻」的衛士，他們受到文明洗禮，又因為法律限制，無法像父祖們用最原始的方法抗爭，無法捍衛自己已固守千百年的故土！台灣近年來年年遭受水患荼毒，森丑之助早已說出理由了。

關於台灣生蕃的學術調查，過去做得不夠徹底，是因為上面所說的客觀上的制約〔原住民捍衛自己的土地〕所致。到現在為止，還沒有人完成生蕃的全面調查與研究，而且世界上有關台灣生蕃的記載，也只是把零細的事實綜合起來，還沒有人從根本著手，做綜合研究。已經入主台灣的我們日本人，有義務針對這些問題尋求解答。

　　假如國人忽略研究，等到外國學者去進行研究並發表研究成果，日本人依賴西洋學者所發表的文書獲得蕃人的知識，那麼這真是日本人的恥辱。當然，學術研究不分國籍，學問無國界，我只是期盼在外國學者還沒去台灣研究以前，我們日本人應及早進去研究，享受在學術的處女地「著先鞭」的快樂。我真的要喚起我們同胞注意這一點。

　　前面已講過台灣的人類學研究，是由鳥居龍藏開始的。他曾經向東京帝大提出很多報告和論文，部分論文已經以法文發表於《理科大學紀要》，我希望他早日發表其他的研究成果。

　　當年我和他在台灣一起調查旅行的時候，隨時隨地獲得他的指導，從此以後我個人繼續進行我的調查旅行。就我所知道的，到現在為止，我還沒遇見過，也還沒聽過有人認真地進行全面性的蕃人調查。

　　過去發表過很多有關台灣蕃人的記錄者是伊能嘉矩。他的《台灣蕃人事情》是在明治三十三年（一九〇〇年）出版的，書中他首次縱論台灣蕃族及地理。這是他於前一

年奉台灣總督府命令，偕同粟野傳之丞氏到當時一般人能夠到達的平地附近蕃地巡察，他們環島一周後，將實地查察所獲的資料，加上伊能到訪各地方撫墾署（即設在各蕃地附近處理蕃人事務的專責官署）所獲的資料，以及撫墾署官員所調查、編輯的書類爲基礎，作出綜合性的編纂而成的。❼

　　比伊能嘉矩更早進入蕃地探險的我們，對於伊能氏的這一本報告，無法認定是一部調查研究報告，只能說，這不過是他編纂的作品。❽

　　我甚至不得不懷疑伊能氏爲什麼忽略了理應實地調查的事項，只利用極「薄弱的」〔無説服力的〕記錄文書及通事所提供的不正確消息，而且只到山麓地帶一般官員常去訪問的蕃社訪問，沒有深入蕃地搜求有根據的田野資料，就開始撰述他的報告。❾

---

❼關於伊能、粟野兩人全島巡察內容，請參閱楊南郡譯註，遠流版《台灣踏查日記》，以及《台灣蕃人事情》日文版。

❽本段及下文，森氏批評伊能的調查法。本段文字中「我們」似乎是指森丑之助自己和鳥居龍藏，不過鳥居氏是否持同樣的看法，不無疑問，理由是綜覽《鳥居龍藏全集》十二卷與別卷共十三册，並未看到類似的看法。或許兩人連袂調查台灣山地時，曾經談過伊能的做法。一九○○年，鳥居第四次渡台調查，抵達台北後寄宿於田代安定的官舍，當時在〈台灣通信〉（一月九日及十二日寄出）中説：「伊能嘉矩氏一如往常非常用功，……我對他勤於寫作的習慣，大爲欽佩，……本次旅行得到了他鼎力協助」，所以鳥居對伊能的爲人很欣賞。至於《台灣蕃人事情》這一本早期作品，雖然資料來源部分來自各地官署，但是做爲環島調查旅行後的報告（當時稱爲復命書），顯得非常完備。請參閱《台灣蕃人事情》，明治三十三年三月，台灣總督府民政局文書課出版。復命書原件於明治三十二年一月九日，伊能和粟野以民政部囑託身分呈交民政長官後藤新平。

因此，伊能氏記載的台灣蕃族之分類和記述內容，我已發現不少錯誤之點，就因為沒有其他專書統括地記述台灣蕃族各項要目，所以他的書過去被台灣總督府當作範本使用。我們不受公務機關派遣的人，只靠自己的力量直接到蕃地調查，不像伊能氏等官員，可以拿總督府差假令，或在各地官署支援之下進行實地調查。伊能氏迄今是拿薪資的台灣總督府囑託，享有各種方便與研究時間。他為什麼沒有作更深入的調查研究？這是我無法理解的事。

　　過去在台灣，我曾經向他指出若干記載的錯誤，請他改正過來，但我未曾看到他修正過，甚至後來他公開發表的文書，好像是他的舊書《台灣蕃人事情》的節錄，內容絲毫未改。看到他沒有細心處理誤謬，我深以為憾。

　　後來有一段很長時間，我沒有特別留意看他的文章，但最近我回到內地，在各種雜誌上又看到他所寫的、有關台灣蕃族的文章，發現內容幾乎都是舊記錄的節錄，或抄自內容不夠充實的報告之類，敷衍了一些見解，使我惋惜像他有明晰的頭腦、廣博的學識，以及萬事都很方便、有職位的人，怎麼一直都沒有進一步深入研究台灣蕃族。我

---

❶ 關於這一點，森氏的評論有偏失。伊能環島一周調查地理與蕃情，歷時一百九十二天，所訪查的山地部落很多，有些可能是森氏和鳥居氏所沒到訪的，例如南庄和五指山賽夏族的部落等，何況伊能的復命書只需將調查內容報告就夠了。至於復命書要以書籍的型態出版，當然要添加各地官署及撫墾署所蒐集的資料，這是調查旅行後的研究和編纂範圍，伊能的作法並無不當。當然，森氏所調查的範圍更大更深入，並非擔任吏員的伊能氏所能做到。有公職的人怎麼能夠每年每月上山調查呢？

懇切地希望他能夠自省。知名的學者伊能氏也不過如此，除了他，我似乎找不到其他日本人的專業蕃族研究。❷⓿

在更早時期，殖產局技師小西成章及田代安定雖然分別是森林學與植物學的專家，但是他們因為個人的興趣，到田野調查時順便研究蕃人；賀來倉太也曾經熱心地前往蕃地調查。研究語言學的小川尚義文學士在台灣的時間很長，他一直在熱心地研究台灣各族的語言。除了這些人以外，我似乎沒有遇見過熱心研究蕃族的人。

近年來，又有一批人前往蕃地進行各自領域的調查。在植物學方面，有川上瀧彌、伊藤篤太郎、佐佐木舜一等人；森林學方面，有川瀨善太郎、中井宗三、草野俊助，以及英國人埃爾衛斯（H.J. Elwes）等人。在地質礦產方

---

❷⓿ 伊能嘉矩在台灣服務期間及返回日本內地後，擔任很多職務，如負責「蕃界事務調查」的蕃務本署囑託、擔任「臨時台灣舊慣調查會」的調查編纂及「台灣史料編纂委員會」委員，同時又著手編纂《理蕃沿革志》及《理蕃誌稿》等官方文書，所以森氏以為伊能所擔任的公職，使他到蕃地調查，或在公務機關內深入研究的機會多而且享有種種方便。照道理來說，伊能氏所處的地位，比當時沒有固定的蕃族調查職務的森氏更有利，更能發揮所長，依照譯註者的看法，伊能氏在台時公務纏身，使他不像森氏能夠常常到蕃地實查，或私自研究。假如伊能氏的研究有缺陷，應該是他在台灣只有十年，除了前段幾年因公差到蕃地調查外，後來就沒有更多機會跑田野，因而沒有取得新資料；而森氏則在台灣十八年後，短期回日本內地，次年再度來台住十二年，三十年間往山地跑的時間很長。除了擔任舊慣調查會及蕃務本署的囑託外，也為殖產局不定期出差到蕃地採集植物標本，同時調查「蕃地與蕃人」，而且總督府博物館成立後，為了充實博物館的收藏品，常常獨自跑到山上蒐集民族誌標本及各種原住民資料，所以同樣在台灣，森氏比較能夠靈活地出差往山地蒐集豐富的資料。他演講的口吻，似乎在指責伊能的研究不夠徹底，其實森氏只是在表達心目中的理想，也就是說，「蕃地與蕃人」的調查、研究要徹底，要繼續研究，不可以拿舊資料敷衍了事。

面，有福留喜之助、細谷源次郎、出口雄三等人；樟腦生產方面有小川眞一前往蕃地調查。蕃地測量方面，有野呂寧、志田梅太郎、財津久平等人；在蕃政方面，佐久間左馬太總督和蕃務本署總長大津麟平，都曾經親自到各蕃地視察。

日本領有台灣初期，有橫山社次郎、成田安輝、小原林治、堀駿次郎、小笠原富次郎、月岡貞太郎、山下三八郎、大澤茂吉等人。另外，陸軍山根大佐、深堀大尉、曾根大尉、鯉登參謀，以及笠川大尉等人的事蹟，已經被世人遺忘了，但是他們都是這個時期的蕃地探險家。前往蕃地探險的次數最多而且範圍最寬的人，是鳥居龍藏、田代安定、石井眞二、小西成章、土倉龍次郎和我。

和我們一樣從事蕃地探險而且因爲通曉蕃人狀況、讓我們敬佩的人物也不少。例如熟知泰雅族現況的渡邊榮次郎、緒方正基、大野勝衛，以及近藤勝三郎、儀三郎兄弟等；熟知布農族現況的漢人通事有若干人，日本人則頂多可以舉出鴻農淸久的名字；熟知鄒族現況者，有石田常平、中村喜十郎、菅野正衛、古川茂吉等人；熟知排灣族語言者，有佐佐木豪；熟知排灣族現況者，有酒井運平、槇寺氏、升島氏、大場氏；熟知阿眉族現況者，有小城忠次郎，以及其他從事教育工作的四、五位；熟知雅美族者，有並木氏、玉城氏兩位。㉑

兩、三年前，台灣舊慣調查會開始調查蕃族，分別由

小島氏、佐山氏等人擔任。其中小島氏受到「蕃通」渡邊氏協助，對法制方面蕃族習俗的記載，最為詳盡，但是我希望大家少作議論，應該把重點放在蕃人真正習俗的實查和事實的記述。㉒

談到蕃人問題，聽起來好像任何人都可以開始著手處理，而且出入於蕃地做事的人，看起來像學者一般很有研究的樣子，但是從以蕃地調查為專職者的眼光看來，事實並非如此。我們希望世上的人認真地看清蕃人問題，重視從事蕃地調查與資料蒐集的重要性。

㉑ 以上森氏所舉人名中，部分是知名人物，例如近藤兄弟都娶泰雅女子，尤其是哥哥近藤勝三郎從明治二十九年渡台以來出入霧社、平静、静觀一帶彼此敵對的部落，參與「操縱」（懷柔、誘導）部落頭目的工作，成為早期「理蕃事業」的傳奇人物。其餘的人半數是臨時舊慣調查會囑託，半數為該會兼任人員，如警察、教師等。

㉒ 「二、三年前」應該是指四年前，亦即明治四十二年，繼明治三十四年四月臨時台灣舊慣調查會成立後，增設「蕃族科」，繼續展開蕃族調查。舊慣調查會成立時，以調查「法制舊慣」為任務的第一部，由佐山融吉、小島由道、河野喜六、平井又八等四名委員主持，分別撰述《蕃族調查報告書》八卷（大正二年至大正十年間出版）、《蕃族慣習調查報告書》八卷（大正四年至大正十一年間出版），此外岡松參太郎個人編述《台灣蕃族慣習研究》八卷（大正十年出版），共三十六卷，加上森丑之助個人著作《台灣蕃族圖譜》二卷（大正四年出版）及《台灣蕃族志》第一卷（大正六年出版）。當時森丑之助、伊能嘉矩及上段森氏所稱的「通曉蕃人狀況，讓我們敬佩的人物」，如渡邊榮二郎，石田常平等人，都名列三十名調查會囑託之中。森氏稱讚上列著作的成就，但是他認為新成立的蕃族調查科擴大調查時，應該著重於實查與據實記述，少作議論性質的空談。不幸新成立的調查科還沒發揮功能時，臨時台灣舊慣調查於大正八年（一九一九年）被撤銷，蕃族調查科被改組為「台灣總督府蕃族調查會」。當年總督府「理蕃」工作，通常借重出入蕃地頻繁的「蕃通」（通曉蕃情的人員，包括譯員、警察、蕃童教育所教師等）的知識和翻譯，進行調查工作。森氏所謂「應少作議論，多多實查真正的習俗」，大概是暗指透過非專業人士的調查，間接作出論述的缺點。

幸而台灣總督府於明治四十三年（一九一○年）五月起，在蕃務本署內增設了「調查課」，以推動這個工作，自認是「無業浪人」身分的我，也奉命加入工作。同時，早期來台調查研究的鳥居龍藏氏也答應參與這機構的工作。由於客觀因素，現在還沒充分發揮功能，拖到上個月八日（大正二年，一九一三年，六月八日）這個機構被裁撤，結果我們十多年來探查所獲的資料，想藉這機構的力量印刷、發行的一縷希望，變成泡影，這是我最感遺憾的一件事。❷❸

　　蕃務本署調查課所推動的工作，是否已經被總督府認定沒有必要，或是其他原因，所以遭受裁撤的命運，這一點我不太清楚。無論如何，我已經完全投入於這一份調查工作，鑑於前輩學者中已有人利用已蒐集的資料，從事研

---

❷❸ 蕃務本署是在明治四十二年十月二十五日成立，同時，地方機關的各廳都增設蕃務課，由主管蕃務本署的「蕃務總長」統一指揮。森氏說，成立後的次年本署內有「調查課」的增設，以正式推動蕃地調查。調查課成立後，森氏尚未離開「臨時舊慣調查會」囑託職務（至明治四十三年九月止），先兼任蕃務本署工作，然後正式就任蕃務本署調查課囑託。明治四十三年十二月，在東京帝大擔任人類學講師的鳥居龍藏，以蕃務本署囑託身分來台續做重點復查，由森氏及囑託大浦三郎陪同進行。值得注意的是，明治四十二年至大正二年，正是台灣總督佐久間左馬太發動「五年理蕃計劃」期間，蕃務本署內所設的調查課，似乎主持討伐期間的調查工作，其成效方面，森氏曾提及當時並沒有充分發揮功能。在本次演講中（可能是大正二年七月間，地點不詳）他也指出他所累積的調查資料，未能在官署支援之下，陸續整理刊印。直到大正三年他重返台灣居住後，部分資料已撰寫完畢，交由「臨時舊慣調查會」刊印，亦即我們所熟悉的《台灣蕃族志》第一卷及《台灣蕃族圖譜》第一、第二卷。續卷的龐大資料，據說於十年後（大正十二年）關東大震災時被燒燬，但無法證實。

究工作，所以我極想把我個人的資料，作一個完整的整理，並予以刊行。

　　以上向各位說明了台灣蕃人對台灣島的影響，也談到蕃人的研究、調查內容與程度。下次有機會時，我想改變講題，繼續向各位報告台灣蕃地的科學研究及觀察，同時進一步探討有關蕃人的學術問題。

生蕃眼中的台灣及他們對鄉土的感念

森丑之助演講記錄

原載《東洋時報》第一八二號

大正二年（一九一三）十一月

　　台灣生蕃對他們所居住的台灣島、對自己的鄉土有什麼樣的感念呢？這是身爲統治者的我們日本人最需要關注的一件事。❶

　　不用說，蕃族是台灣的土著種族。居住於台灣的漢人，以及我們日本人只是新移民罷了。嚴格地講，甚至蕃族也不是眞正的土著，我們只能把他們看成在更早的年代從外地移入台灣的。

　　所謂蕃族包括很多不同種族，不同的種族各自割據一地營生，使台灣成爲群雄割據之島。從蕃族在地理上的分布可以看出：他們不是屬於同一個種族，也不是同一個種族移入台灣以後分化成不同族群的。事實上，原有多數種族在不同的時代，從不同的地方，分爲不同的集團移入台灣，部分是有計劃地進入台灣，另一部分則是因爲偶然機會，或在海上發生事故，漂流到台灣島的。其中，有的是形成一個集團進入，而像漂流者則是屬於少數人的例子。他們進入台灣以後各自繁衍子孫，最後呈現今日不同的蕃族並存的局面。

---

❶森氏全文裡屢次用「感念」這個特殊詞語，似乎是指對鄉土由衷的愛護精神，帶有依戀或愛戀的感情作用，所以保留原語。

台灣蕃族被清人分爲生蕃和熟蕃。所謂未開化的蕃族被稱爲「生蕃」，大約有十二萬人；而往年居住於平地的土蕃後裔，因爲風俗已經漢化，漢人把他們稱爲「平埔蕃」或「熟蕃」，今日他們的人口共有四萬人左右。

　　從各方面的資料考察，可以推斷漢人還沒移入台灣來征服熟蕃以前，熟蕃的人口超過現在生蕃的人口總數。自從漢人到台灣以來，熟蕃的人口已減少到往年的三分之一乃至四分之一。熟蕃人口大量減少的結果，加上固有的風俗習慣幾乎已經喪失殆盡，語言也多半成爲死語，創世神話和傳說沒有流傳到今日的子孫，熟蕃已經走上衰亡之途。

　　漢人史册中有關熟蕃的記載非常簡略，所以要從史册瞭解熟蕃的情形，顯然不足。根據熟蕃所傳的祖先來歷，熟蕃在遠古年代就已經居住於台灣島上的平地，後來被移入的漢人所迫，不斷地向內陸各地遷移。

　　熟蕃主張他們是自古以來占居台灣的主人，他們甚至沒有從海外何處移入台灣的傳說。由於多年來熟蕃和漢人密切保持接觸的結果，新來的漢人用盡各種手段占有熟蕃所有的土地，熟蕃內因而產生了觀念上的變化，他們對鄉土的感念當然不同於生蕃。

　　熟蕃堅信台灣是他們祖先從遠古時代以來選居之地，自成一個國度，認爲這是祖先領有以後，傳給子孫的鄉土。漢人入侵以後，在弱肉強食的過程中，熟蕃被奪去固

有的土地，直至今日已無奈地承認這個殘酷的事實。

反觀今日仍處於野蠻狀態的生蕃，大多數的蕃人對鄉土的感念最深，心裡的想法不像熟蕃那樣簡單。因爲尚保留著原始狀態，保留著很多祖傳的神話、傳說，他們對鄉土、對台灣的觀念一直被這些神話、傳說所「涵養」。從神話、傳說的研究，我們可以窺知生蕃特有的一種民族心理。

台灣生蕃六族之中，只有東部阿美族還保留著族人從外地移入台灣的傳說，其他各族卻幾乎都只流傳台灣本土內的來歷。下面我要談談各族主要的祖先來歷。

依照泰雅族神話，太古時代大霸尖山附近的巨岩某日裂開，生出一男一女，這一對結爲夫妻後繁衍子孫，也就是今日的泰雅族。當這對男女還在岩石中時，蕃華鳥和烏鴉已經發覺岩石中有人類祖先居住，於是設法把他們叫出來。兩鳥交替飛到巨岩上鳴叫，烏鴉的祈禱沒有獲得回報，但蕃華鳥比較靈，岩石應聲裂開，生出這對男女。❷

泰雅族的古老傳說，用詩一般富有想像力的描述，來解說這一對男女骨肉相親，訂下白首偕老之約，這則傳說仍不忘告誡族人不得犯不倫之愛和不倫之婚姻。❸

---

❷蕃華就是繡眼畫眉，日名メジロチメドリ，泰雅名為Sileq鳥。泰雅、布農、排灣等各族都以此鳥叫聲次數、鳴叫位置或斜飛的方向來占卜吉凶，這就是所謂鳥占。繡眼畫眉在山中穿梭於樹木枝椏間，發出急促的唧、唧、唧叫聲，喜歡群棲、交飛。烏鴉，泰雅語叫做Chyakon。泰雅人夢見Sileq鳥是吉，夢見Chyakon烏鴉是凶。請參照森丑之助《台灣蕃族志》第五篇第二章「傳說」及第三章「巫覡」。

此外，泰雅族也有射日傳說：太古的時候天上有兩個太陽，因爲交替運行，地上沒有晝夜之別。族人不堪熱暑煎熬，於是派遣壯丁克服萬難去遠征太陽，終於走到太陽近前，張弓射中其中一個，瞬間失去光輝變成月亮，天上只剩一個太陽，地上才有晝夜之分，族人才能安息，萬物又恢復生機。

泰雅族也有祖先遷徙的傳說：祖先所生的子孫繁衍的結果，人口增加了不少，於是族人們登上Papak Waqa（**大霸尖山的蕃名**），從山頂觀看四周地勢，於是分成幾個團體，分別沿著各溪流下降，占地居住。因此，他們把屹立於「北台灣中心」的大霸尖山當做祖先發祥的靈地，堅信不移。❹

依照他們的想法，最初在台灣誕生的人類就是他們的祖先，其他的種族都是在以後的年代，從不可知的地方移入台灣的。泰雅族堅信他們的祖先是開天闢地的太古時代誕生於台灣，而這一片廣大的山河大地正是祖先所開拓的。

「北蕃」中除了太魯閣蕃之間流傳著祖先漂流至台灣

---

❸森氏所採集的傳說，提到這一對男女中的妹妹，用煤灰塗臉，巧妙地誘導哥哥發生肉體關係，結成夫妻的經過。不過傳說寓意太古時代只生出一對兄妹，爲了繁衍子孫才有這個權宜之計，規勸世人不可以仿傚這種骨肉相親的亂倫行爲。

❹Papak是「耳朵」，Waqa是「裂開」的意思。按大霸尖山（三四九〇公尺）及小霸尖山（三四四五公尺）屹立於平均高度爲三千三百公尺的高稜上，形如一對耳朵，所以Babo Papak指雙耳峰。在這裡Papak Waqa專指大霸尖山，位於雪山山脈北稜。

的傳說外，其他北蕃各群都相信他們的祖先，最早的年代都在高山頂居住，以後隨著人口增加，逐次從山頂沿著溪谷下降到山野。他們從來沒有「從平地逐漸遷到高地」的傳說，也沒有傳出他們的祖先「驅趕山上的先住民，占其地居住」的任何傳說，他們相信在太古時代，祖先一開始就開拓毫無人煙的山野。

泰雅族自古以來一直占居台灣北部一帶，埔里社〔南投縣埔里〕以北的蕃地，就是泰雅族心目中的鄉土。下面我要談布農族的情形。

依照布農族神話，太古的時代祖先從一個瓢簞誕生，又說從陶器誕生的。當時族人住在叫做那母岸（Namogan）的地方，有人說，Namogan就是南投廳林圯埔附近的社寮庄〔竹山鎮社寮〕，這是有緣由的。原來，進入布農族蕃社定居的漢人通事，大部分是社寮庄地方出身，把布農族神話中的故地附會爲他們的老家社寮庄，到處宣揚的結果。❺

布農族祖先在世的時代，台灣島全是一片渺茫的曠野，某年發生洪水，因而陸地高低不平，形成今日的群山和河流。大洪水時，蕃人都逃到Wusabihe（新高山的蕃名）和Sinkan（打訓社背後新康山的蕃名）獲救。據說大水災是由於一隻大蛇橫躺於水中，堵住大水流向所引起。相傳當時出現了一隻大螃蟹，用大螯挾死這隻大蛇，水患才退，但另一個傳說提及一隻野豬咬死這隻大蛇，洪水才

減退。據說，祖先爲了報答野豬解救族人之恩，允許野豬出入於耕地，吃所種的農作物。❻

後來，小矮人Saduso常常出來作弄布農人，布農人用計消滅了Saduso。❼

關於布農族與漢人的關係，布農族的傳說提及：布農族抽煙，煙草的種子是漢人傳進來的，不是布農族本來就有。布農族相信布農族的祖先才是台灣人類的始祖。

布農族居住於台灣中部的高山地帶，以新高山爲中心分布於北、東、南三方面。北限是埔里社，和泰雅族接界，西邊在新高山西側與鄒族鄰接，南限是高屛溪上游，與排灣族接壤。他們占居之地，最高達六千四百尺，比較集中於海拔三千尺左右的高度，分布地的平均高度居全島各族之冠。他們相信自從開天闢地以來，祖先就居住於高海拔地帶。❽

其次，我要談新高山西側一帶的鄒族。依照鄒族神話，太古的時候，他們的祖先居住於Pattonkan（新高山

---

❺移川子之藏的《台灣高砂族系統所屬的研究》所採的神話傳說，顯示布農族所傳的故地之一，是叫做Lamongan的地方，應該是指同一個地方。Lamongan是「赤土」之意，據傳說那裡有很多檳榔樹，位於濁水溪南岸的社寮庄，又一說是今日的名間庄。移川教授在昭和年代採集的傳說中有關布農族故地，還包括發音近似「林圯埔」與「鹿港」等地，其真實性不明。

❻打訓社，晚期譯爲大分社，是包括Momuraban社、Tafun社等大、小部落的總稱，位於拉庫拉庫溪上游。Sinkan山即新康山。

❼布農族各部落之間，廣泛地流傳著古時候布農族和先住民小矮人（Saduso）接觸的故事。請參照森丑之助〈ブヌン族の傳說〉，《台灣時報》第五十二號，大正三年一月。

的蕃名）山上，後來才遷到下方的阿里山方面，聚族而居。當祖先住在新高山山頂的時候，曾經向四周觀測，想要尋找良地以便舉族遷去。準備離開新高山山頂的部分族人和留在山頂的族人要分手的時候，為了來日見面時作為信物，將所攜帶的弓箭折成兩半，要離去的族人每人帶走一支已折成一半的箭，這一批人用蕃語稱呼，叫做Maya（瑪雅）。鄒族猜想日本人居住於東方，可能是Maya的後裔，所以把日本人也叫做Maya。以上是阿里山方面的古老傳說。

其南方，居住於荖濃溪方面的〔南鄒族〕Rairoa蕃，也就是漢人所稱的四社蕃，所傳的故事是這樣的：太古的時候，祖先居住於東方Raipunrok〔內本鹿〕的深山，後來逐漸向西方遷移的。❾

居住於高屏溪以南，綿延到恆春半島的山地族群，叫做排灣族。據他們的古老傳說，太古的時候，最早的祖先從大武山的大巖石誕生。又有一說，是太古的時候，古甕從天上下降，最早的祖先從這一個古甕生出來。排灣族不但把大武山視為祖先降生、發祥之靈地，同時是人死後靈

---

❽依照民族考古學者鹿野忠雄的分析，布農族是台灣原住民族中居住於最高山地的種族。部落海拔高度超過二千公尺者有四社，六十五戶，七〇五人，分布最多的是海拔一千公尺至一千五百公尺之間，共五十三社，七五一戶，六九〇三人，占全體人口的三十八・二％的高比率。其中，大崙坑社（Tarunasu）海拔高度達二三〇六公尺，打訓社（Tafun）為海拔二〇〇〇公尺、蜘蛛產社（Terusan）為海拔二一二一公尺，均屬最高上限。請參照鹿野忠雄〈台灣原住民族人口的水平的並に垂直的分布〉，1939年。

魂回歸的居所。

　　屬於這個種族的卑南蕃，因蕃社的不同而有不同的祖先發祥傳說。例如卑南社的傳說是這樣的：從海岸的竹林中，或從竹竿中生出最早的一對男女祖先。另一個傳說，是祖先從卑南社附近的巖石誕生的。**❿**

　　排灣族也相信他們最早的祖先是台灣人類的始祖，祖先出現於大武山山頂時，四周是一片泥海，只有大武山露出海上，成為唯一的陸地。

　　居住於台灣東海岸平地的阿美族所傳的古老傳說是這樣的：太古的時候，最早的祖先是一對男女，他們出現於奇密社背後的Ragasan，繁衍後代子孫。又有一則傳說：

---

❾ 漢人所稱的Rairoa（或稱Raiyu，內優），指分布於荖濃溪中游的南鄒族部落群，自稱Saaloa群，但是分布於楠梓仙溪中游的簡仔霧（Kanakanabu）群，不把他們叫做Saaloa，卻叫Naroa，那一帶漢人及平埔族把Naroa轉訛成Rairoa（內優或內攸）。鄒族「四社蕃」包括Gani（雁爾社）、Biran（美壠社）、Haisen（排剪社）及Tararu（塔蠟裌社）。內本鹿地方指分布於東部鹿野溪上、中游流域的族群。照森丑之助採集的南鄒Saaloa群的傳說，族人在往昔的年代曾經居住於內本鹿地方。據民族學者馬淵東一的考證，十八世紀末葉布農族從郡大溪向南移動，最南移到內本鹿地方；日治時代早期的調查顯示，這一群布農族不向強悍的卑南族地界出入，卻翻山越嶺到西部荖濃溪荖濃、六龜出入，交換物品。那麼，森氏所說的Saaloa群傳說所提及古時南鄒族曾經居住於內本鹿地方，應該是布農族南遷以前的事。布農族南遷至東部鹿野溪及西部荖濃溪流域時，曾經分別與卑南族、南鄒族、魯凱族爭戰，如此看來，南鄒Saaloa群可能是戰後退居西部荖濃溪的。

❿ 森氏自創六分法，把文化色彩很接近的魯凱族和卑南族納入廣義的排灣族，所以說「屬於排灣族的卑南蕃」。到了昭和年代，台北帝大移川子之藏教授認為，卑南族語言和排灣族語言的差異，大於排灣族Raval系統的排灣語及恆春下蕃社排灣語的差異；而且卑南族祖先發祥地不是大武山，而是位於今知本溪出海口南岸的Panapanayan（今卑南鄉三和村），加上其他因素，乃把卑南族列為九族之一。

古時候發生海嘯，很多族人溺死，只有一對男女乘坐一個舂小米的方形木臼，划到Ragasan避難，成為人類祖先。也有族老口述說，這一對男女是駕獨木舟登陸於Kawasan的。❶

阿美族的古老傳說都提到他們移入台灣以前，南方已有排灣族，西方中央山脈一直到秀姑巒平原有布農族，岐萊〔花蓮〕的內山有黥面的泰雅族占居，由此可以推斷阿美族移入台灣的年代，比其他種族晚得多。各蕃社有各自不同的傳說，有的說從海上漂流而至；有的說從卑南東南方的海島紅頭嶼〔蘭嶼〕移入，有的說移入台灣以前，曾經在某一年代住在紅頭嶼北方的火燒島〔綠島〕。眾多關於祖先來歷的傳說中，也包括叫做「阿頁山」的故地。古代遺址中曾經有「土俗品的破片」出土，土品似乎是阿美族祖先所遺留的。❷

住在離島紅頭嶼的雅美族也有古老的傳說，提及祖先

---

❶ 奇密社（Kiwit），今花蓮縣瑞穗鄉奇美，是阿美族的古老部落之一。所謂「奇密社背後的Ragasan」是阿美族各群所傳的祖先發祥地之一。移川教授分析各群的發祥傳說，發現分岐多樣，他將Ragasan寫成Tsirangasan。傳說裡的Tsirangasan指「某處山地」。照譯註者的解釋，阿美族最古老的祖先來歷，都指向綠島（叫做Sanasai或Vasai），族人祖先從Sanasai航向台灣，在台東附近的Kawasan（猴仔山）或Arapanai（與卑南族故地Panapanayan同址）登陸，向北推進到Tsirangasan山地，形成奇密社。Tsi是接頭詞，Rangasan即Ragasan。請參照移川子之藏《台灣高砂族系統所屬の研究》，1930年。

❷ 這段內容和移川教授所調查阿美各族群的傳說符合，呈現其多樣性。至於「阿頁山」究竟是指哪一則傳說中的故地？待查。森氏所謂「土俗品破片」，似乎是指阿美族祖先所用的民族誌用品，如石器、陶器等，森氏在本次演講中沒有指明是哪一個遺址的哪一種出土品。

是從南方的巴丹島（Batan）伊巴雅特島（Itbayat）移入紅頭嶼的。他們傳有神祕的開天闢地傳說。

在雅美族眼中，台灣是一個叫做Ridau的島。相對於Ridau，他們所住的島（Yami-Kami）是祖先所占居的鄉土。❸

雅美族之間流傳著古時候島上的雅美女子被巴丹島的男子抓去的故事，也傳有伊庫巴拉特島〔雅美族把Itbayat島稱爲伊庫巴拉特島〕的人曾經來過的傳說。從這些古老傳說可以想見，在往昔的年代，雅美族曾經和巴士海峽以南的Batan島及Itbayat島等小島嶼交流。雅美族的傳說中，沒有提及他們移入紅頭嶼以前，紅頭嶼有先住民，或者和先住民打仗，把先住民趕出紅頭嶼的故事。

但是，阿美族的部分傳說，卻提及他們的祖先曾經居住於紅頭嶼，紅頭嶼上的土蕃和阿美族既然是不同的種族，我們可以瞭解阿美族早於雅美族抵達紅頭嶼以前，曾經在那裡住過，阿美族離去以後，紅頭嶼成爲眞空狀態，然後才有雅美族從海上移入的。

---

❸台灣島很接近蘭嶼，而且面積比蘭嶼大得多，但是雅美族所傳的古老傳說，幾乎沒有關於台灣島，反而全部關聯到散列於南方海面上的巴丹島等幾個小島。森氏所謂Ridau（台灣）及Yami-Kami（雅美人之島）可能出之於雅美族口中，和鳥居龍藏的耳朵所聽出的稱呼，完全一樣。所以，現在雅美族更改爲達悟族（Tao）雖然有充分的理由，但不能把Yami（雅美族）的稱法看成誤記。假如雅美族族老沒有向不同梯次的訪問者——鳥居及森丑之助說出「Yami人，Yami-Kami」，住在蘭嶼研究的鳥居、森丑之助及鹿野忠雄怎麼會都記錄爲Yami（雅美）呢？Yami這個名稱的出處，據語言學者森口恆一的研究：Yami相當於南方巴丹語言中的i'ami，i是指位置，或指某島的接頭辭；ami是北方的意思。因此，Yami就是被南方人所稱的「北方之島」，也就是蘭嶼本身。

從以上生蕃各族群有關自己祖先來歷的傳說，可以猜想他們從古老的年代就住在台灣，成為土著種族，因此，他們對台灣，或者說對自己的蕃社，有深厚的鄉土觀念。

　　生蕃當然不瞭解國際法上的領土及領土權的概念。生蕃差不多都一致認為自己的蕃社，以及自己勢力範圍內的附近蕃地，就是自己的領土。不過，因為族群或蕃社之不同，他們對鄉土的感念呈現或多或少的差異。

　　無論是哪一族，凡是生蕃都茫然地相信自己勢力範圍內的蕃地，好像是一個國度，不容他人侵犯。每一部族割據一個有明顯界限的領域，領域內的土地幾乎全是部族全體成員所共有。

　　依照泰雅族的社會組織，像Taroko蕃、Gaogan蕃等部族，大分為二十二群，細分為二十五、六群。假定泰雅族所占有的土地叫做「泰雅國」，那麼國內有二十二郡或二十五、六郡。至於蕃社，則相當於郡內的村落。但是，泰雅族沒有一個統一機構，族內每一個部族（相當於郡的組織）都是一個獨立團體，部族與部族之間幾乎沒有橫的聯繫，只有必要的情形下才有物資上的交流，或者因為訂定攻守同盟，對外爭戰時互相救援。❹

　　部族與部族之間，有些是彼此反目、敵對的。部族是

---

❹Taroko蕃指布於立霧溪、支流托博闊溪，及東海岸三棧溪流域的泰雅族；Gaogan蕃則指分布於大漢溪中游，舊色霧鬧隧道以東至馬里闊灣溪匯入大漢溪一帶的泰雅族，漢人稱之為「大嵙崁後山蕃」。

地理上分布在一起的蕃社群，過去因爲某種歷史緣故所組成，有共同的領域。各蕃社及血族團體分享領域內的某些土地。有些土地是當初來創社的祖先所傳，子孫仍享有其所屬土地，有領主的尊榮，這是由於歷史淵源，或某家族代代繼承的關係才造成的，只有尊榮，但並非有實際的物質利益。

泰雅族是實踐人人平等的「平民主義者」，沒有階級制度，所以人人平等，甚至部族內也沒有一個統合部衆的主宰者。

有些蕃社是根據共同的生活習慣組成，但是漢人或我們日本人所稱的蕃社中，有些並沒有組成蕃社的要件，因爲社內派別分立，不太像是一個蕃社。

具備蕃社要件者，有頭目和社衆。但是，頭目沒有向社衆下達命令或執行法律制裁的權勢。社內有族老所組成的「評議員」組織，好像是一個「共和政體」，頭目沒有權力反對評議員合議後決定的事。他的職權頂多是召開評議會時提出勸告，但不能用命令方式反對議決的事。頭目不是獨裁者，只是族老們最後議決事項的執行者。

因此，部族好比是衆多蕃社的一個聯合體，有時候因爲蕃社之間意見不合而分成幾個小群，對族內重要的事情，採取不同的行動。

部族共有的領地內，各蕃社及血族團體都有固定的土地分配。土地又分爲公地和個別使用的私地，甚至高海

拔、不毛之地也因爲歷史淵源，歸某社或某血族團體所擁有。

因爲部族的勢力消長，其領地有時候有所變動，不過這是很少發生的例外。通常，各部族互相尊重對方固有的領土權，而不隨便加以侵犯。

假如某一個團體故意侵犯他人的土地，就引起紛爭。弱者屈服於強者的壓力，對強者侵占土地視而不見，自然被視爲放棄自己的權利，不過，這種事很少發生。一般的情形是在雙方同意之下，一方讓渡其所有的土地，同時接受補償。有時候，地主把土地無償讓給對方。

蕃人對自己的鄉土有強烈的愛鄉精神，爲了自己的鄉土，不惜以部族全體的生命相賭，全力加以保護，然而另一面則非常慷慨地答應外人的要求，將自己的土地割讓給對方，或讓對方使用。唯一要考慮的是土地的讓渡不會危及他們的生存安全，同時不會損傷他們的體面，在這兩種情形下才會答應。

從外界文明人的觀點來看，蕃人占有的土地領域廣大，但在蕃人的眼裡土地還不夠大。他們從事粗拙的農業，爲了維持山坡地輪耕，平時都已準備好數塊土地備用。山地適於耕作的平緩地形不多，尤其海拔高的地方完全不適於耕作。假如多數人嫌棄貧瘠的土地，都想到別處尋找適耕地，則困難重重。因爲無法像游牧人逐水草而居，蕃人只好留在自己的土地上努力耕種，因此對自己土

地的執著特別濃厚。

　　對異族或同族內的其他部族，蕃人固然表現濃厚的愛鄉土精神，但是在同一部族內，有些蕃人不認為所擁有的土地有什麼特別價值，又有些蕃人不把自己的耕地當做財產，甚至不加以重視。相反地，把土地當做重要財產的蕃人，當他們買賣或讓渡耕地時，都要收受一定的代價。

　　那麼，為什麼有的地方把土地視為有價值的財產，有的地方就不是那樣呢？這個與土地上人口的疏密有關：一片廣大的土地上，人口稀少的話，土地幾乎沒有什麼價值，但是假如土地狹小，人口又多的話，當然土地很有價值。台北縣屈尺蕃地是屬於前者的一個例子，桃園廳大料崁蕃地則是屬於後者的一個例子。❶⑤

　　布農族所占的土地比較遼闊，而且因為族人能夠利用高海拔或陡急的山坡地耕作，不介意土地的高度與陡急，耕作面很有彈性，而且有更大的空間可以發揮。

　　布農族在同族之間，只要親戚朋友需要，擁有土地者很寬大地給予使用，而不要求補償。屬於同族的其他部族要遷入其地，通常也都不加以限制。

　　本來，布農族分為丹社蕃、巒社蕃、郡社蕃、卓社蕃、卡社蕃及干卓萬蕃共六個部族。其中丹、巒、郡三個

---

❶⑤今台北縣新店至烏來之間的屈尺，和桃園縣大溪以東的大漢溪兩岸（**大料崁蕃地**），兩地適於耕種的地形同樣狹小，但森氏調查時，前者泰雅族人口不多，後者則泰雅族部落多而密集於河岸。所以說，屈尺蕃地與大料崁蕃地恰成對比。

部族中，部分已遷到東部居住，再加上郡社蕃中部分已遷到阿猴〔屏東〕方面，共十個小群。⓰

每一個部族內都有一個「本社」，蕃語叫做Takke Asanraigal，亦即「大社」的意思。相對於本社或大社，部族內各蕃社是從前從本社分出的小社。一般來講，本社內有司祭的頭目和地主身分的頭目。

地主頭目，蕃語叫做Tenpinrara，和掌司祭祀的頭目一樣，被視為有歷史淵源的尊貴階級。社蕃利用地主頭目的土地耕種，不需繳地租，只要耕種有收成時，釀小米酒贈送地主家族就可以。在布農族社會裡，土地的借貸使用很隨便，鮮少有人繳地租，所謂土地的買賣或讓渡，在布農族中幾乎沒有發生過。

鄒族對土地的關係，大致上類似布農族，但是社蕃都持有某一個範圍內的耕地和獵場。部族內有些土地被某一家族分割持有，所以鄒族對土地的感念比較深。

依照排灣族的習慣，自古以來所有的土地都屬於蕃社頭目，或掌管該社的別社頭目，社蕃對土地沒有所有權。

社蕃對地主頭目有納租義務，也就是說每年收穫農作物時，向頭目繳納部分收成，蕃語叫做Kajil，往年的年

⓰ 照以上森氏談話內容，他把「部族」視同一個「群」，再細分則有「小群」，亦即「族─部族（群）─小群─蕃社─小字」的模式，與其他學者的用語不同。依照森丑之助〈布農蕃地及蕃人〉，連載於《台灣時報》（一九一六年八月），遷到東部的「丹蕃」及「巒蕃」分別叫做"Iwatan"和"Vanuan"，而遷到南部的「郡蕃」叫做"Bu-bukun"（施武郡）。

代要繳納三分之一乃至二分之一的小米收穫量，到了今日已遞減到十分之一左右。社蕃狩獵的時候，每獲一隻獵物，要將一支後腿贈送頭目。

頭目家因為子女婚姻遷出或某種原因分戶時，頭目將部分土地分割給子女。土地的分割、讓渡只限於有歷史淵源的頭目階級，原則上平民階級的社蕃不能有土地所有權，所以在排灣族之間，根本沒有土地買賣或讓渡的情事。

只有「恆春下蕃」的部分蕃社以及卑南蕃，因為比較開化，開化的程度和漢人不分上下，他們從事水田耕作，水田都經過官方的丈量，所以已開始繳納官租。在這種情形下，這些部族之間，已有土地的私有及買賣情事。❶

排灣族頭目所擁有的「大租權」很特殊，是別族的頭目所沒有的。將來政府要實施「蕃地處分」時，我想，有必要採用買收漢人大租權的方式，加以處理蕃地的時代必定來臨。排灣族的土地全部是頭目階級所有，猶如我國在封建時代各地的「大名」領有封地。封建時代兩國的情形都是一樣。❶

---

❶ 「恆春下蕃」是地理上分布於恆春半島獅仔頭溪以南的排灣族，叫做Parilarilao，與「恆春上蕃」（叫做Chaoboobol）對稱。據鹿野忠雄和安倍明義的考證，恆春下蕃是昔日從卑南族知本社分離的一支氏族，南遷至恆春半島，語言和習俗排灣化的族群，應該叫做Suqaroqaro族（斯卡羅族）。清代所稱的下瑯𤩝十八社中，以豬朥束社頭人為總頭目，參與牡丹社戰役的牡丹社、高士佛社、女奶社、竹社等都包括在內。斯卡羅族不只已排灣化，在清、日兩個時代也已漢化，所以森丑之助說，他們已習慣於水田耕作、繳納田租，而且有土地私有權觀念。

依照排灣族古老傳說，頭目階級的始祖是太古時代降臨於大武山的「天孫人種」〔天神直傳的子孫〕，當時只有岩石磊磊的巖石山，這些祖先製造蚯蚓，蚯蚓分解了岩石，結果產生很多土壤。一般的蕃人不同於天孫派的頭目和貴族，他們住在頭目和貴族的祖先所創造的土地上，所以才有平民階級的蕃人向領主身分的頭目繳納地租和獵租，以及服侍、聽命等義務。因為頭目階級抱著家世尊貴的觀念，結婚對象也挑選有尊貴血統的別的頭目階級，極少會和平民階級身分的一般蕃人結婚。

阿美族蕃人住在台東平原和花蓮港平原，過去四、五十年來和漢人接觸過，近年來和日本人也有所接觸，因此開化程度很高，生活程度也比別族更進步。他們耕種的水田也早於清國政府時代接受過清丈，現在仍保留著當年用於清丈的「丈草」，繳納固定的地租。

阿美族移入台灣的年代更晚。據傳說，阿美族祖先從海外抵達台灣時，已經有先住蕃人占據台灣各角落，所以

⑱清代北、中、南三條開山撫蕃道路開通以後，從光緒元年起，當時的欽差大臣沈葆楨、台灣道夏獻綸及恆春知縣周有基，便開始提出「番地處分問題」（伊能嘉矩語），對「番大租」有詳細的規定。請參閱伊能嘉矩《台灣蕃政志》關於蕃地處分問題的記載，頁251～252，以及關於蕃社頭目或蕃人的大租權、蕃大租的論述，頁417～450。按「番」和「蕃」兩字的字義相同，只是日人在「番」字加草字頭，變成「蕃」，這是習慣用法，並無特殊意義。「大名」指日本江戶時代，各地封建領主臣服統一全國的幕府將軍，凡年收一萬石以上祿米的領主，都稱為大名。森氏的意思是，明治維新以後，日本天皇重掌統治權，德川將軍與大名等封建地主的土地全被收歸國有。同樣地，在台灣像排灣族頭目的土地大租權，必須由政府出面，仿照過去買收漢人大租權的方式，加以處分的時代，必定來臨。

阿美族向那些先住民交涉，接受讓渡或租用土地耕作、定居。

在卑南地方，阿美族借用排灣族卑南蕃的土地，在秀姑巒方面，則借用布農族巒蕃的土地；往年的時候從每年收穫的小米中，提供部分給卑南蕃當作年貢，對布農族巒蕃則贈送小米酒當做年貢。對於未開墾的蕃社共有地，阿美族用開會協商的方式分配給社蕃開墾。**⑲**

紅頭嶼〔蘭嶼〕的雅美族不種稻，但是每戶都開水田種水芋供食用。他們的水芋田是私產，其他的土地是蕃社所共有，而且有固定的領域。

除了阿美族和雅美族外，台灣各地的蕃族都相信他們的祖先是台灣真正的原住民，以台灣的主人翁自任。他們祖先所傳的土地是關聯到民族自尊的祖產，是後代子孫的鄉土，永遠保存自己的鄉土，不給外界的人有機會侵入，是向祖先盡孝道的方法之一，所以他們對鄉土的感念極深。他們排拒外人侵入的心理，也是出之於對鄉土的感念。

我想，假如政府要利用蕃地，一定要先清查他們對土地的習慣法，盡量採信他們族人和土地的臍帶關係，採取對他們的生活寬大、有溫情的處置，那麼不難達成目標。

---

⑲本段所謂布農族巒蕃，指從西部巒大溪的祖社「巒社」向東部遷徙的巒社群（Vanuan）。實際上向秀姑巒溪遷徙的族群是丹社群。巒社群遷往更南方一帶。此外，森氏把卑南族視為排灣族的一支，所以他用「排灣族的卑南蕃」或「卑南蕃」表示，而不稱為「卑南族」。

我們外界人對蕃人土地問題若有所誤解，就會強烈地刺激蕃人，掀起蕃情動搖的後果，只要雙方溝通後有共識，便可以避免衝突事件的發生。

　　泰雅族和排灣族的土地問題比較棘手，所以需要特別加以注意。布農族和鄒族的土地問題比較容易處理；阿美族和雅美族的土地問題很簡單，最容易處理。蕃人土地處分，是在最近的將來非解決不可的主要課題，只要妥善解決這個問題，我想會給所有的蕃人問題提供解決的基礎。

關於
台灣蕃族

森丑之助告別
台灣演講記錄

原載《台灣時報》第四十七、四十九號

大正二年（一九一三）八月

大正六年三月附錄於《台灣蕃族志》卷末

　　本篇是大正二年（一九一三年）六月二十八日，我束裝返回日本內地前夕，也就是六月二十六日，向參加例會中的台灣博物學會同仁所做的臨別演講記錄，當時承台灣教育會好意，把演講內容速記下來。論旨散漫而缺乏條理，令人難以卒讀，但是對於我的台灣蕃地探險、蕃族研究的來龍去脈，以及對將來的期盼，做了概略的敘述。也就是說，所談的內容不外是我過去在台灣有意義的生活，以及發行拙著《台灣蕃族圖譜》及《台灣蕃族志》的原由，對我來講是我畢生的紀念。

　　我的《台灣蕃族志》第一卷將公開發行之際，把這篇臨別演講記錄收在卷尾當附錄，藉以明白宣示個人將要完成全十卷的心志，同時向多年來我每次前往蕃地探險、調查蕃人時，給我懇切指導與方便的諸位親友，表達最深的謝忱。

森丑之助

　　我是剛才川上瀧彌會長所介紹的森丑之助。今天，各位在公務繁忙中，尤其冒著炎熱天氣出席台灣博物學會的

例會，還特別提前結束本次例會中的學術討論，爲我安排一場演講會，使我惶恐，又找不到適切的言辭來表達謝意。

現在我站在講壇上，手邊沒有稱得上演講的腹案和材料，只是突然要返回內地，無法向多年來給我溫馨友情的朋友，一一登門告辭，才想冒昧地藉這次開例會的機會，一次地向各位作告別台灣的演講，希望將來各位先生繼續本著愛護我的情誼，多多賜教。

台灣蕃地探險的動機

先讓我向各位說明當初我跋涉蕃地、調查蕃人的動機和經過，然後針對台灣蕃族調查談一些心得，向各位討教。

自從來到台灣做長期居留迄今，我對山地土著種族的關注有增無減，關注的背後沒有特別重要理由或意義。老實說，我從小就身體虛弱，身高只有五尺三寸四分，胸圍只有二尺四寸五分，也就是說，身材低於普通人的平均指數。

等到我長大以後，生理還是不夠成熟。幼年時期，醫師對我父母說，這個小孩身體虛弱，頂多能夠活到二十歲，最樂觀的看法是活到二十五歲左右。出生以後的孩提生活多變，一方面受制於境遇不佳，另一方面受制於發育不良的身體，雖然有時間讀書，卻沒有辦法完成正規的學

業。

　我還沒到二十歲以前，日、清兩國甲午戰爭已經結束，台灣島成為日本新領土。在此之前，我到長崎市就學，私下學習一些中國南方官話，所以志願從軍到遼東半島方面服務，但是還沒成行以前戰爭就結束，軍方不需要我前往遼東方面，最後把我改派到台灣。❶

　我於明治二十八年〔一八九五年〕九月以陸軍譯員的名義到台灣來。我到台灣並沒有什麼複雜的理由。當時陸軍當局缺少通譯人才，只要有人通曉中國話，都被立即採用，送到遼東半島戰地服務。現在回想起來覺得很好笑，即使只「聞過」中國話，懂得一點中國話的皮毛就被重用。像我才十幾歲的少年，中國話一點也不懂就加入譯員的行列。

　以後我沒有繼續使用中國官話，所以以前學到的片言隻語，現在都忘得乾乾淨淨，完全喪失了中國話的知識。但是，當時的同事雖然也不懂中國話，後來很熱心地一邊工作一邊學習，有人成為優秀的中國話譯員。

　官方所給「通譯」或「通譯官」的職銜，好像是很體面的工作，其實所謂「通譯」、「通辯」或「通事」的工作，幾乎是機械性的口譯工作，就像鸚鵡學人講話一般，這不是血性青年所樂意做的事情，所以我從頭到尾不喜歡

---

❶從日本的地理位置看，中國東北三省是北部，北京以南屬南部，所以所謂「南方官話」應該是指北京官話。

這種工作。

沒想到通譯身分變成了到海外去的一個契機。與其遊手好閒地到處玩玩，倒不如前往台灣，這是我當時的心境。談起前往台灣，年輕的我心內突然湧起一種無法以言辭形容的感覺。這種感覺是從小就聽到的南方的熱帶島國，和鬼魅一樣可怕的生蕃居住的地方，所引起的好奇和嚮往，既然台灣變成我國的新領土，有很多日本人會前往，那麼，我們這些少年們也很想去。我抱著懵然無知的幼稚心情，希望到台灣看個究竟。

希望變成事實，終於自願來到台灣了。回想起來我於未滿十九的年齡渡台，換成月數，當時是生年還未滿二百一十四個月的一個少年。那是緊接著台灣割讓，日、清兩國剛簽訂「授受條款」後才三個月的事情。

當時我搭乘陸軍公務船到基隆，船停泊於外海，下船改搭漆成五顏六色的中國戎克船，駛向依傍內海的小基隆前方。那裡有幾個砂岩磊磊的小島，戎克船穿過小島間，最後停靠於義重橋附近的溪岸，讓船客登岸。

登陸地點附近有陸軍的野戰郵局。我們看到溪溝裡到處有清兵腐爛的屍體。郵局旁有一間間長屋已改成軍用宿舍，我們就暫宿在那裡（後來這一帶成為街市，有「日新館」旅館和多家店舖。）

基隆對台北的交通都靠火車，但是當時每天只有兩班列車開往台北，火車遇到急坡，有時候旅客要下車，從後

面推動列車爬坡。下雨的時候，列車的車輪會滑動，所以要抓細砂撒到鐵軌上以增加摩擦力。清國政府留下的火車是那樣幼稚。我記得當時的火車頭都用漢字命名，好像有「飛龍」或其他漢字，每部火車頭都有類似的漢名。

基隆火車站位於朝日橋的對面，而台北火車站當時位於北門外的大稻埕。管理運輸的所謂「停車場司令部」裡，每天有軍人蝟集，爭著上火車，但是規定每天只准若干人數搭乘。

當時能夠搭上火車算是好運氣，大部分的人都乘船繞過淡水進入台北大稻埕下船，或者改乘小船沿著基隆河溯行，或者從大稻埕改為步行到目的地。

我很幸運地搭上火車到台北。沿途看到地質屬於第三紀層的丘陵蜿蜒，其間松類樹林繁茂，平原則有青翠的稻田（這裡的稻米每年有二期收成），稻田上有很多白鷺鷥交飛。景色和日本內地的鄉村相似，但是台灣有很多林投樹，樹上長滿像鳳梨的果實，此外還有淡紅色的野牡丹，像日本白藤的月桃開著白色花朵，白色野百合、赭桐也綻放出芬芳的花朵。

這些花草上方，有高大的檳榔樹、龍眼樹、榕樹等茂盛地生長，呈現出濃綠的熱帶色彩。

不只是植物景觀，甚至漢人的紅瓦房屋，以及泡在水中的水牛都引起了我很大的興趣。

火車快速駛近台北的時候，我眺望到台北城牆掩映於

相思樹林中，這時候，我開始自問：我到台灣這個島，到底要做什麼事呢？無論如何我抱定決心，既然來到這個海島，我要做一件我心裡想要做的事。「想要做」這句話只是忽然想起的，根本沒有什麼大的意義。我把「想要做」的事做完就回去，但當時連什麼時候回內地，都沒有浮現於腦中。

在這樣懵懵懂懂過日子的情形下，過了歲暮，時序已進入明治二十九年（一八九六年）正月。就在這個月，我頭一次進入蕃地，接觸到蕃人的生活狀態。當時對蕃人沒有知識，只是茫然看到不同人種的生活。❷

後來我到台東和花蓮方面工作。當時在總督府民政局殖產部服務的田代安定技師、成田安輝技手、屬於學者的鳥居龍藏先生等，開始各做各自的專業性學術探險工作。我也差不多和他們同時在台灣東部跋涉山地，後來把足跡延伸到島上所有的蕃地。

鳥居先生被理科大學〔東京帝大理學部〕派遣來台，首先在東部進行蕃人調查。當時我受教於各種學者，發覺要知道蕃地的事情，一定要了解蕃人，把蕃地調查與蕃人研究一起做才行。本來這是理所當然的事：要瞭解蕃地，非先瞭解蕃人不可。瞭解蕃人算是捷徑啊。

後來我陪同鳥居先生到台灣每一處蕃地旅行，旅行中

---

❷明治二十九年一月，他才第一次進入大漢溪的所謂「大嵙崁蕃地」泰雅族部落調查。

我個人也特別用心調查蕃地與蕃人。

我們在明治三十三年（一九〇〇年）所跋涉的範圍，比任何在台的日本人還要寬廣。從那時候到現在，我已廣泛地踏查了各地不同種族的蕃社。

今天的《台灣日日新報》剛好有一則電訊，報導坪井先生〔東京帝大人類學主任教授坪井正五郎〕去世，骨灰昨天被運到東京，明天要舉行喪禮的消息。這消息使我想起台灣的學術調查，是明治二十八年台灣割讓之際，坪井先生主張派遣學者到台灣調查所引發的。他的意見被當局採納，才撥出經費支援台灣調查。❸

我記得被派遣的理科人員中，包括人類學的鳥居龍藏；植物學的大渡忠太郎、牧野富太郎、三宅驥一；地質學的小藤博士、山崎直方；動物學的多田網輔等人；其他還包括農科的本多博士、右田半四郎，以及文科歷史學的人員。當時，我協助鳥居先生訪問蕃社，此外，看到各科學者都來台灣從事學術調查，塑造了我也要開始從人類學的觀點調查蕃地與蕃人的主要動機。

後來我繼續調查，把一點一滴成果帶到坪井先生和鳥居先生那裡請教，正要拜託坪井先生給我指導怎樣把調查成果整理出來，忽然聽到他的死訊，使我深深地感覺我的

---

❸東京帝大人類學教授坪井正五郎，前往俄國首都聖彼得堡出席世界學士院會議時，因為急性盲腸炎猝死，去世的日子是森氏演講前一個月，也就是大正二年（一九一三年）五月二十六日。

研究成果，無論如何一定要趕快整理出來。我想還有一些理由要我這麼做，但是最重要的是坪井博士猝死給了我很大刺激，堅定了我的決心。

雖然我調查研究的材料並非很充分，我決定把材料帶回東京整理成書。明天剛好是坪井先生喪禮的日子，後天我從基隆搭船返回東京時，很遺憾地已經來不及出席他的喪禮。

我過去屢次前往蕃地調查時，都沒有受到外界的有力支援。我不是有學問的人，剛才也說過，我對台灣「黑暗的蕃地」茫然無知，只抱著單純的求知心理前往調查。明治三十三年和鳥居先生進行全島各蕃地旅行的時候，也是如此。❹

我個人完全瞭解生活和個人的志趣不能兩立。蕃地探險純粹是學術問題，蕃地的科學研究在某種意涵上也是個人的志趣。我把正常人的生活棄之不顧，滿懷希望先去追求個人的志趣，多年以來奮戰不懈。❺

很幸運地，小西成章先生、田代安定先生，後來的川上瀧彌先生，以及殖產局其他先生，都充分瞭解我的心情，我入山調查時都給我很多幫忙與方便。

---

❹鳥居龍藏和森丑之助來台進行人類學調查時，對學術上尚未為外界所知的台灣山地，沿用十九世紀末英國的非洲探險家斯坦利（Henry M. Stanley）把非洲叫做「黑暗的非洲」的稱呼，把台灣山地叫做「黑暗的蕃地」。探險時代的熱潮正方興未艾，看多了西洋學術探險家的著作，自然會沿用這個術語。「黑暗」只是指學術上尚未為人知的程度，對原住民並無歧視的意涵。

幾年前，總督府在民政局之下創設蕃務本署，當時這幾位先生勸我進入工作。我本來不喜歡加入理蕃機構，當時蕃地和蕃人事務完全劃歸警察系統，我以個人身分進入蕃地，做蕃人體質測定或民族誌資料的採集，已不能像撫墾署時期那樣自由行動，想一想還是加入後比較方便，所以任職於這個機構迄今。❻

　　總督府已經對蕃人實施新的多項計劃。我記得上禮拜搭船離台返日的大津麟平氏，曾經表示了同樣的看法：為了推行計劃，我們都要貢獻個人力量加以完成，甚至拋棄生命也在所不惜，即使個人力量有限，至少在推動計劃時，靠自己的努力與工作精神，使傷亡減到最低限度。因為這個理由，我是暫時不會考慮返回內地的。❼

　　本月十四日早晨，我突然決心要束裝回內地，辦完了返日的手續後，於十六日起「切斷」我和蕃務本署，及台灣總督府其他機構的關係。

　　那麼，從現在起我要做什麼事呢？這自然成為我要面

---

❺森氏把他冒險進入蕃地調查，當做個人的一種志趣──「道樂」。原文「道樂」出之於漢譯佛經，原來是指「精進求佛法之樂」，日人在日常生活中常用「道樂」以表示個人在本行外所作的消遣、玩樂的事情。照森氏原文，他把「道樂」與正常人生活做成對比，可見他的意思不是單純的玩樂，而是追求個人的志趣，語意相當微妙，只做權宜的意譯，譯成「個人的志趣」。

❻由於總督府官制的改正，從明治四十二年（一九○九年）十月起，新設蕃務本署，以代替警察本署以往掌管的蕃務事項。因為各廳的警務課長兼任蕃務課長，都受蕃務本署指揮；管轄地是蕃地而專設的支廳，同樣受蕃務本署指揮。明治四十三年五月起增設「蕃務本署調查課」時，森氏被聘僱為囑託，因此出入蕃地方便多了。

臨的問題。過去我一直把「生活」置之於度外，斷絕了物質上的慾望，也拋棄了家庭和親人，不顧一切地追求我個人的志趣。

本來我想繼續留在台灣，做一些整理調查資料的事情，爲了這個個人的志趣，即使學引車賣漿之流討生活也在所不辭。在這種構想下，我不打算求職，也不考慮生計問題，寧願挨餓繼續留下來研究。但是，我最後考慮到時勢問題，認爲現在還是回內地才對。

自己的出路一經決定，終究面臨另一種危險：我是不是眞的能夠把自己研究出來的資料整理成書？即使是個幻想，我願意朝這個目標邁進，仍請各位朋友一如過去常常

---

❼本段森氏談話內容，似乎故意迴避了敏感問題。所謂總督府實施新的多項計劃，指擔任蕃務本署總長的大津麟平，在佐久間左馬太總督授意之下研擬、提出，並通過帝國議會預算審查而實施的「五年理蕃計劃」，於明治四十三年（一九一〇年）四月開始實施。計劃的目的是要利用五年時間，全面收繳原住民所持有的槍械，而遇到集體反抗時，就訴諸於討伐手段，務必強行實施。森氏決定於大正二年（一九一三年）六月離台返日，正是這個強硬的理蕃計劃如火如荼實施的時候。森氏說，爲了推行這個新計劃，身爲調查課囑託的他，也要全力以赴，但是站在他個人的立場，希望官、民雙方的傷亡減到最低限度。由此看來，他似乎不是很贊同理蕃當局強硬作風，甚至用討伐的手段推行計劃。緊接著這一段話，森氏便說他突然決定要辭職，與蕃務本署及其他單位斷絕關係（如下一段譯文）。

那麼，他的舉動是不是與「五年理蕃計劃」有關聯？本來對外界尚稱友好的原住民，由於槍械沒收行動而集體反抗的事件層出不窮，使森氏無法和從前一樣自由地出入蕃地調查，絕望之下決定放棄一切，返回內地？這是值得研究的問題。森氏回內地後，在東京連續發表了幾場演講，其中在七月的一場談話，似乎暗示了他辭職返日的原因，引用如下：「幸而台灣總督府於明治四十三年五月起增設調查課，我也奉命加入工作。由於客觀因素，現在還沒充分發揮功能，拖到上個月八日〔大正二年六月八日〕這個機構被裁撤了，結果我們十多年來探查所獲的資料，想藉這個機構的力量印刷發行的一縷希望，變成泡影，這是我最感遺憾的一件事。」

給我激勵。我的話已經離講題太遠了，真不好意思。

蕃族調查工作

　　今天的講題是〈關於台灣蕃族〉。有關台灣蕃族的書籍，已經出版的有粟野傳之丞先生和伊能嘉矩先生合著的《台灣蕃人事情》，書中作者做了概括的敘述。此外，伊能先生也寫了一些關於蕃族的文章，只是內容似乎是從他自己的書中抄襲出來的，有似是而非的論斷。其他，短篇文章還是無甚可觀。總而言之，他的書《台灣蕃人事情》被視為他的代表作。

　　至少我是貫徹實地調查的人，我實查內容不一定和伊能先生所敘述的一致。我是站在我個人的立場做實地調查，當然有我獨特的見解。剛好有一個機會，讓我發表部分的研究成果。

　　東京的三省堂當時要發行《日本百科大辭典》，因為書中的「台灣蕃族」專欄，向東京理科大學〔東京帝大理學部〕查詢適當的人撰寫。那是前年的事。據說，理科大學的人回答說：「台灣有個姓森的人，請他撰寫怎麼樣？」三省堂接著向內田民政長官表明意向，請他代為轉達。長官跟我提到這件事，當時我問他：「是不是可以把自己調查出來的事實，照樣寫下來？」內田長官說：「可以」。

　　於是我將研究出來的資料用簡潔的句法寫下來，原稿經過內田長官審閱後送到三省堂編輯部。《日本百科大辭

典》第六卷已經在去年八月左右出版了，這一卷裡有我寫的一篇文章〈台灣蕃族〉。❽

寫在百科大辭典裡的〈台灣蕃族〉，內容和前人的記載有很多不同之點，蕃族的分類方面，也將別人的分類法加以修正過。❾

大概是前年夏天罷，侍從武官長奉旨前來台灣時，總督府交待我提供蕃人照片並附上文字說明，合彙成一冊，請武官長帶回獻給明治天皇陛下。當時我也問過內田長官：「解說文章是不是可以照自己的看法寫下來？」他回答說：「可以」。剛才提到的〈台灣蕃族〉和《台灣蕃人寫眞集》中有關蕃族的分類，一樣地分成六族撰述。這是我調查蕃人成果的一小部分，第一次將蕃族分類法對外公開的機緣。

---

❽ 向三省堂推薦森丑之助的人，是人類學主任教授坪井正五郎博士。審稿者是台灣總督府民政局局長內田嘉吉。內田是執行「五年理蕃計劃」時期上任的局長，很愛護森丑之助。森氏負責〈台灣蕃族〉欄的撰寫，果然是一篇論述內容涵蓋很多新事實，文筆簡潔有力，文字頗長而且附有十六幅珍貴照片的文章，當時的確引起了一陣轟動。第六卷於大正元年（一九一二年）八月出版。森氏提供文稿與照片後隔了一段時間才出版，其間森氏曾於明治四十四年（一九一一年，亦即出版前一年）十月在《台灣時報》發表〈台灣蕃族概說〉。森氏說他根據該文手稿再增補幾段文字而成的，例如原住民的頭形與身體的測定資料等，並且自負這篇論述是他多年研究的成果，含有不少新事實，值得向學界介紹。不過，他的蕃族總論迄今已被中外學者重複引用，而且日治後期年代學者繼續研究並發表過很多論述，從今日的眼光看來並非新鮮資料。森氏的功勞在於第一次根據他多年實查的事實，寫下「台灣蕃族總論」，為台灣原住民族研究史上埋下一個重要基石。

❾ 森氏的分類法和伊能嘉矩、鳥居龍藏不同，最重要的一點是他把所謂澤利先族（今稱魯凱族及西排灣群的一部分）及卑南族併入一族，叫排灣族。

後來，台灣總督府方面採納了我調查研究的內容，二、三個月前出版的《理蕃概要》、各種蕃界地圖，以及其他官方文書，都依據我的調查成果進行了修訂工作，不久就會對外發行。❿

其他，例如法規文書中有關台灣蕃族的「法例」，因為蕃族新分類法與新資料的提出而需要修訂，我想今後有關當局將用某種方式公布。⓫

我在蕃務本署服務期間，一直在撰述全島蕃族的分類、各部族名稱及所屬系統的查定、各蕃社名稱的查定、各蕃社地理位置，以及其他一般性的概說，大概已經完成了百分之七、八十⋯⋯但是，我突然決定要離開台灣了。

本月八日，我私下決心要辭去一切職務，但是又拖了幾天才提出辭呈。原因是過去幾個月以來，我撰寫的文稿需要辦理付梓前的手續，另外，蕃族種類、部族及蕃社名稱等我重新查定的部分，需要放入法規者，都要依法定形式對外正式公布，我要等到這些手續辦完，法規修訂後正式發布之日才離職，但是我現在已經顧不了那些就要離開，覺得很遺憾。還沒寫完的部分，都還留在我的腦子

❿《理蕃概要》，大正元年（一九一二年）十二月編纂，大正二年五月二十五日由蕃務本署發行。森丑之助以蕃務本署囑託身分，修訂了明治四十一年（一九○八年）十月發行的舊版。新版中所增補的第一章〈總說〉係出之於森氏的手。雖然新版已於五月二十五日出版，森氏於六月二十六日演講時，他本人和在座的學者們可能還沒看到新書，所以森氏說不久就會發行。

⓫日文「法例」，是指明治三十一年（一八九八年）公布的法律，規定法規的適用關係。

裡，我回內地後，無論如何會把它整理出來。**⑫**

生蕃的種類

　　對於被稱爲生蕃的種族，學者之間有不同的看法，到現在爲止差不多分爲九族：北部的泰雅族、其南方位於新高山方面的布農族、新高山西側的鄒族、鳳山廳和阿猴廳方面山地的澤利先族、最南端的排灣族、東部卑南平原的卑南族、卑南以北至花蓮港廳方面平原的阿美族、紅頭嶼的雅美族，以及新竹廳方面南庄的賽夏族。

　　照我的看法，澤利先、排灣和卑南應該合而爲一，叫做排灣族。賽夏族只是一個群的名稱，也就是一個部族，相傳他們是古時候住在新竹廳、苗栗廳方面道卡斯平埔族的一支，好比是屬於布農族的施武郡群，或者是屬於泰雅族的卡奧灣群，不應該把他們看成一個族。

　　賽夏族在清代叫做南庄化蕃，被看成既不是生蕃，又

---

⑫ 森氏在蕃務本署寫的稿子，部分供修訂法規時採用，用何種形式出版，留待將來查證。他說，關於各族、各蕃社名稱、位置及概說的文稿，已完成百分之七、八十。《理蕃概要》中的〈總說〉已用上了一部分，另外大部分的原稿，是否留在蕃務本署，未及帶走？這一點也需要將來查證。所謂「還留在腦子裡」的資料，森氏準備用於撰寫《台灣蕃族志》十卷，後來於大正六年（一九一七年）出版了第一卷，續卷則沒有出現。六月八日森氏「決心辭去一切職務」，這一天正是蕃務本署調查課被裁撤的日子，森氏被迫離開。而所謂「一切職務」，除了蕃務本署囑託外，還包括臨時台灣舊慣調查會於明治四十二年（一九〇九年）二月增設「蕃族科」以來，森氏所擔任的囑託職務，以及明治三十八年（一九〇五年）起，以殖產局川上瀧彌技師爲首的「台灣島有用植物調查事業」，森氏也以殖產局局員身分，長期參與植物採集的工作。

不是熟蕃，是生、熟蕃之間的一種，叫做「化蕃」。我想清人把他們看成化蕃比較符合實際。我這次趁修訂《理蕃概要》的機會，把賽夏族從九族中剔除，歸類於熟蕃。❸

　　台灣島上還有很多土著住民，漢人把他們一律稱為平埔蕃。平埔蕃原來占居西部平原，多年來和移入台灣的漢民做了生存競爭，今天平埔族明顯地已經走上衰亡之途，只剩少數人留在漢人部落內。他們被漢化後，固有的語言和習俗幾乎和漢人一樣。

　　平埔蕃並不是單一種族的名稱，好像山地生蕃可以分為泰雅族、布農族……一樣地平埔蕃也可以分為幾個獨立的種族。從古文書所記載的土蕃習俗，以及仍有少數平埔族在使用的語言，可以瞭解平埔族只是一個通稱，實際上包括很多種族。

　　台灣土著，也就是說台灣蕃族，是屬於馬來系統的人種，已經移入台灣的馬來人種中，有的是「馬來變種」，有的是「馬來亞變種」，種類很多。照現在的學術進展的程度，現在學界還是無法確定這台灣蕃人的祖先，到底是

---

❸森氏於大正元年（一九一二年）編纂《理蕃概要》時，把賽夏族剔除，但有趣的是，明治四十四年（一九一一年）十一月出版的《理蕃概要》英文版，卻率先把賽夏族列入九族中之一。英文版也是蕃務本署發行的。在大正二年（一九一三年）六月本次演講中，森氏說要把賽夏族除列，果然日文版真的只分為六族。雖然森氏反對把賽夏族列入，後來的台灣總督府官方文書，仍保留賽夏族。本段原文中，有關族稱都用日文片假名標音，森氏特別把舊式標音法，更改為新式的標音法，補列如下：アタイヤル→タイヤル，ヴォヌム→ブヌン，ツォオ→ツォウ，アミス→アミ，ヤヤミ→ヤミ，中文譯名不變。

馬來人種中的哪一支？我們只能籠統地把他們叫做廣義的馬來人。在現階段裡，我們還沒對生、熟蕃歷史，和現況進行詳細而具體的調查，至少我們必須調查他們的現況。

⑭

隨著理蕃事業的進展，蕃地陸續地被開發利用，站在經濟利益上這是一件可喜的事；但是另一方面，蕃人生活受到很大變革，急速變化引起固有的習俗遭受破壞，傳說和信仰方面變成一片荒蕪狀態，文化遺址和遺物也被破壞得失去影踪。我很擔心台灣蕃族固有的民族性，千百年來錘鍊而成的「崇高品性」，也由於外來文明的侵入，好像蟬蛻一般再也看不到實質的光輝！**⑮**

動物和植物除了少數部分外，不會在五年、十年，乃至二、三十年內絕滅，或引起突變。但是人就不同了，尤其是蕃人。照目前的趨勢看來，未來的最短期間內，蕃人社會組織將陸續瓦解，生活習慣將發生顯著變化，而他們原有的民族性也將自然地消逝！

---

⑭ 森氏在一九一三年要離開台灣的時候，還在呼籲全面調查生、熟蕃歷史和現況。大正和昭和年代已有不少學者做到了。所謂「馬來人種」、「變種」、「亞變種」等稱呼，代表明治末年、大正初年的階段性知識，現在已不這麼稱呼，譯文中保留原稱，以忠實反映舊時代的看法。

⑮ 本段森氏沈痛的控訴今日仍適用。所謂原住民的「崇高品性」是什麼呢？森氏在後半段演講中舉出三種：原住民固有的獨立自主精神、尚武精神和純情。他們沒有文明人特有的偽善、不義、虛飾。森氏多年入山和原住民各族相處，發現原住民有優秀的品德和情操，十八年後，要離台返日之際，面對眾多學者不忘歌頌原住民崇高的品性，令人感動。譯註者三十多年來與原住民一起登山探查古道，所獲的印象和心中的感懷，完全和一百年前森氏向學界和一般民眾說出的感懷一樣。

當這個事實被注意到，有人開始呼籲文化保存或保護的時候，已經為時已晚。俗語說：「樹欲靜而風不止，子欲養而親不待」。我們要著手調查蕃情、蕃俗時，被調查的對象已經不在，這樣的例子太多了。

我們要趁地形和民俗還沒發生巨變以前，趕快到現場做充分的調查。雖然我這樣講帶有「賣瓜者說瓜甜」的味道，我敢說現階段的急務是趕快前往蕃地各處調查、瞭解。這個不只是學術上的問題，也是當局經營蕃地時，必須和「蕃地處分」一併進行的重要工作。就「蕃地處分」的意涵來講，假如不去探查蕃地與蕃人的真相，不把事實當基礎來推行計劃，那麼一切都是騙人的。最重要的是知己知彼，要掌控蕃人之前，一定要先知道蕃情。**❶⑥**

我們知道臨時舊慣調查會已經建立了優秀的調查項目著手調查，當時不像現在專做論述的工作，而是蒐集資料的階段。我想最好不要站在日本人的立場，不要帶著日本人主觀意識去瞭解，最急需做的是客觀地瞭解蕃人並蒐集蕃人資料，不要把蕃人硬裝進日本人的思考模式來敘述。

閒話少說，再回到本題罷。下面我要談生蕃各族的正名問題。

---

❶⑥「地形和民俗還沒發生劇烈變化以前，要趕快到現場調查」，這句話是坪井正五郎教授親自對森丑之助說的話。森氏以行動實踐老師的勸告。「蕃地處分」在這裡是指蕃地的開發與利用，照森氏的意思，開發和利用蕃地時，必須配合以「蕃地和蕃人的調查」才行。蕃地的實情未經調查的情形下，貿然開發、利用，將會遺害無窮。

占居台灣北部、臉上刺墨的種族叫做泰雅族。泰雅是「人」的意思，是一種狹義的自稱，只限於同一種族。日本北海道的阿伊努土人自稱「阿伊努」，意思相同。泰雅族中，分布於太魯閣和別處的一群自稱Sədeq、Səjeq或Sedeq，不叫Taiyal，其他地方都自稱Taiyal。由於方言的關係，不是每一個地方都唸Taiyal，有的地方自稱Taizeel，有的地方自稱Taiyan或Taiyen。

布農族的布農（Bunun）也是「人」的意思，布農族都自稱Bunun；鄒族的鄒（Tsou）也是「人」的意思。

至於排灣族，則因爲地區不同也有不同的稱法。分布於台灣最南部的自稱排灣（Paiwan）。「排灣」不是「人」的意思。排灣語的「人」是Tau、Tao或Tautautsautsau，所謂 Paiwan原來是指他們祖先發祥的靈地——大武山的一個部位，子孫繁衍後從大武山向各處分布，他們取靈地的名稱作爲族名。

比較北部的澤利先蕃（Tsalisen），也是以他們所住的地方——「山地」，做爲這個部族的族稱。卑南蕃（Piuma）也是一個部族，原來不是族名，只是蕃社名。一般把卑南社名當作卑南蕃八社，或卑南蕃九社的總稱，是毫無意義的，非常不妥的事。假如把澤利先和卑南都獨立看成「族」，那麼泰雅族裡的Taroko部族、Gaogan部族都可以稱爲「族」了。

我把排灣、澤利先、卑南三者做了綜合研究，認定無

論在體質、傳說、習俗或語言方面，三者幾乎是一致的，所以我覺得把這三者各稱爲「族」很不妥當。排灣族在以往的年代和別族接觸而發生變化，例如恆春下蕃、卑南蕃及下三社蕃身上，有局部性的極端不同特徵，也就是說已經變成混血種。但是，無論如何這三者都可以看成排灣族較爲適當。⑰

阿美族裡面混雜著極端不同的小群，從體質測定也可以看出他們決不是一個單純的種族，他們古老的傳說也傳達這個消息。阿美族內的各群在生活習慣上看不出有什麼不同，但深入觀察各群的「土俗」，就可以看出有顯著的混血痕跡。⑱

阿美族語言中的Ami，是「北方」的意思，卑南方面的蕃人把北方的族群叫做Ami，好比是我們把日本京都、大阪地方叫做「上方」，把東北地方叫做「北方」，把江戶

⑰「恆春下蕃」，簡稱「下蕃」，指恆春半島獅仔頭溪以南的排灣族。「下三社蕃」，指分布於高雄縣濁口溪下游的族群，今稱「魯凱族下三社群」，包括茂林、多納和舊萬山。澤利先族，今日已不這麼稱呼，當時所謂澤利先，包括今日的魯凱族西魯凱群及部分的排灣族西排灣群。

⑱演講中，森氏沒有時間說明阿美族不同小群在體質上有什麼不同。關於這一點，鳥居龍藏在一八九六年前往調查時，測定過南勢群的體質，發現甚至同一群內竟有兩種體型，他們有共同的語言和風俗，而且彼此通婚。詳細內容請參照鳥居龍藏〈台灣東部各蕃族及其分布〉，收入遠流版《探險台灣——鳥居龍藏的台灣人類學之旅》頁160—161。「土俗」是森丑之助時代的學者常用的名詞，指民族誌學的內容，某一族群的地方性習俗（如祭祀、禁忌）、傳說、信仰等。森氏說從土俗方面深入觀察，就可以發現原來阿美族內包容「異分子」。關於這一點，台北帝大教授移川子之藏在他的《台灣高砂族系統所屬の研究》裡，舉例說明阿美族內混雜著「卑南系統的阿美族」及「布農族系統的阿美族」等，主要是通婚（入贅），或從別族、別部落遷入後「阿美化」者居多。

〔東京〕叫做「關東」或「東」。阿美族自稱Pangtsah，是「人」的意思，跟泰雅族自稱「人」（Taiyal），布農族自稱「人」（Bunun）一樣。

最後談談雅美族。他們把所住的地方叫做Yami-Kami，也就是「雅美之國」的意思，我們取「雅美」作為族稱。⓳

凶蕃和良蕃

現在哪一種蕃人造成最大的困擾呢？他們是「北蕃」，也就是泰雅族。目前總督府把蕃務工作重點放在解決北蕃問題，其次才解決俗稱「南蕃」的布農、鄒、排灣、阿美各族。

從今年六月八日起，總督府透過《府報》發布一道行政命令，依照重新修正過的規定，部分南蕃和北蕃原來位於「線外」者，將被劃入普通行政區域。但是，這行政區域內的蕃人中，還混雜著危險份子，造成治安問題。我想可能不會全面開放納入「線內」，當局會依然把它視為蕃

⓳ 「雅美」這個族稱，是一八九八年鳥居龍藏在〈台灣通信〉裡首先命名的。近年來有人懷疑這個稱法，但是南島語學者森口恆一，最近從事菲律賓方面的語言資料的研究，指出：鳥居在蘭嶼調查時，從住民口中聽到的是Yami，他沒有記錯，蘭嶼住民是雅美族。森口氏所舉出的理由是，蘭嶼南方島嶼中的Ivatan語把「北方之島」叫做i'ami，"i"表示位置，"ami"是北風、寒季，合起來指北風島、北島或北村的意思。現今島上住民寧願自稱Tao（達悟族）也有道理，Tao就是「人」的意思，菲律賓很多種族的方言，用Tao指稱「人」。參照森口教授〈ヤミ族とは何處の部族なる乎？〉，收錄於《台灣原住民研究》第三號，1998。

地，施行特別措施加以拘束。尤其被劃入線內，成為「線內蕃人」的北蕃，他們的性情和「線內的南蕃」大不相同，不能視同溫順的蕃人。**⓴**

北蕃問題逐漸浮出檯面後，很容易使人誤信：北蕃原來就是台灣最「獰猛、凶惡」的蕃人。照我的看法，台灣蕃人中最強大、最可怕的族群，就是布農族；最開化的似乎是排灣族；最溫和而且大概原來就不是獵首者，就是分布於花東地區的阿美族和住在紅頭嶼的雅美族。**㉑**

生蕃、熟蕃之別

以前的人把台灣蕃人分為生蕃和熟蕃。我想從文字上

⓴ 隘勇線把山地區隔為「線內」、「線外」兩地。軍警力量有效控制範圍內的地區，就是「線內」；仍然被隘勇線從外面圍堵、封鎖的區域，亦即蕃地，就叫做「線外」。日治時代，線外的原住民地區適用「特別行政法」，線內部分原住民地區，就跟平埔族、漢人一樣，適用「普通行政法」治理。例如殺人罪，平地用嚴厲的刑法治罪，在山地就不能用刑法處斷；又如普通行政區域內的人，有繳納租稅的義務，線外的山地則不然。明治、大正年代，理蕃當局用武力把隘勇線延長至山地，擴大線內區域，縮小線外區域，叫做「隘勇線前進」，常常引起流血抗命與討伐行動。一旦被有效控制的地區，不一定馬上納入普通行政法地區。森氏針對這件事提出他的看法：將被納入線內的大部分泰雅族，不像南蕃那樣溫順，不會很快就適應，是因為泰雅族比較強悍不羈的緣故。小標題「凶蕃和良蕃」是討伐時代日本官方的慣用語，被森氏襲用。譯註者閱讀森丑之助的全部文章，發現他並沒有歧視原住民，反而比較站在同情、愛護的立場。沿用「凶蕃」一語，並無特別用意。

㉑ 關於阿美族以前是否有獵首風俗問題，森氏在演講中沒有多加思考，逕說大概沒有。也許他過去比較熱衷於高山部族的調查，忽略了阿美族的古俗。日治時代的調查文獻都顯示阿美族也有獵首和獵首祭。請參照古野清人的《高砂族の祭儀生活》。古野氏指出阿美族南勢群的獵首風俗直到大正年代才廢止，獵首祭也同時廢止。該書頁218，頁351及頁443-454。

可以看出：依然保持原始狀態的蕃人，叫做生蕃，而已經「化熟」，也就是開化的蕃人，叫做熟蕃。雖然過去這種分類有很多不同的意見，讓人聽起來好像生蕃和熟蕃，原來同樣是蕃族。

有人說，在某一個年代居住於平地的生蕃，因為受到別族移民的壓迫，退入山中沒有受感化的機會，在山中過著原始生活，他們仍然是生蕃；生蕃留在平地，受到漢人感化後變成熟蕃。如果這個說法正確，那麼，生、熟蕃是同族。

雖然直到現在，族群調查還不夠充分，至少現在的認知是這樣的：生蕃和熟蕃是不同的種族，彼此之間的體質和固有習俗互不相同，差異的程度不低於泰雅族和布農族之別。

古時候台灣是「生蕃國」的時代，山上的生蕃是否住在平地？這是一個很大的疑問。依照我的看法，荷蘭人和西班牙人來台灣，到了清朝的時候，很多漢人也來了，當時生蕃依然在山中，平埔蕃依然在平地。所謂「平埔蕃」是原來就住在平地的生蕃，用「平埔蕃」這個名稱和「山蕃」對稱。平埔蕃受到荷蘭人和漢人的感化，成為「熟蕃」，和住在東部平地的「平地蕃」〔阿美族、加禮宛族等〕一樣溫順。他們和山蕃不同。山蕃經常割取漢族移民的頭，像北部蕃界，我們常常見到北蕃和平地人之間有激烈的生存競爭。

歷史的事實顯示，台灣島上的住民中，南部系統比北部系統更早開化。假定泰雅族住在南方，我想今日蕃界的大問題，不致發生在泰雅族身上。

蕃人最初對槍械的印象

我旅行於北蕃所住的地方，聽取了他們的口碑傳說，從傳說可以瞭解，火繩槍是比較晚近的年代才傳入，他們本來不知有火繩槍，反而平地蕃在更早的年代就擁有一些，而且會使用。

後來，漢人漸漸侵入山中伐樟製腦並且開路伐木，為了自衛把火繩槍帶進山區，據說當時生蕃害怕火繩槍的威力，幾乎不敢出手對抗。生蕃有時候躲在樹上或草叢中用弓箭射殺行人，據說漢人放空槍，生蕃聞聲就驚慌逃竄。這是乾隆年間有個漢人在西部平原旅行時報導的情形。

漢人以墾戶為首進入蕃地開闢荒地，因為是有組織的一群，防蕃工作也很周到。他們雇用持槍的隘勇或類似隘勇的「民壯」、「流隘」駐守隘寮，蕃人懼怕隘勇的火力，不敢接近。不瞭解文明利器的蕃人，一看到火繩槍就以為是一種魔術，不敢伸手碰槍枝，以為蕃人自己根本無法取得這樣的武器，即使拿到手也不知道怎樣操作。以上是蕃社裡的族老對我講的話。

最初使用槍枝

我現在講一個故事來說明。大約三、四十年前，很多駐守於大料崁〔桃園縣復興鄉大溪〕的清兵，從枕頭山起開路，越過蚋哮山，來到屬於卡奧灣蕃地的爺亨社。清兵睡覺的時候，有一個膽大妄為的蕃人半開玩笑地偷走了一支槍，用手撥弄時不小心放了一槍，後來試著向漢人放槍，居然打中了人。

這個消息在蕃人之間傳開了，於是蕃人開始相信火繩槍不是魔術，他們也可以操作這個很有威力的武器。道路沿線的蕃人大舉搶奪清兵的火繩槍，最後把清兵趕走了。從這個故事可以知道，直到晚近的年代，才開始有大量的槍枝流入蕃地。

槍枝流入蕃地

槍枝流入蕃地的年代，是距今大約一百多年前的清乾隆末年。最初只有少數火繩槍流入，至於新式槍枝，大部分是清光緒年代，台灣巡撫劉銘傳開始積極開拓蕃地的年代流入的。

差不多在同一個年代，北蕃也因為種種機緣，獲得了大量的新式武器。北蕃的土地上樟樹林繁茂，漢人貪圖巨利，競相入山伐樟製腦，因為漢人之間發生惡性競爭，產生了槍枝流入蕃社的弊害。另一方面，蕃人有獵首風俗，一旦手裡有槍，甚至不是祭祀需要也要獵首為樂，因此漢人設隘寮防範，蕃人自然有機會去搶奪隘寮內的武器。當

時，有些貪利的社商私下把槍械賣給蕃人。結果，北蕃中大多數蕃人都擁有槍枝，助長了出草割首的風氣。

此外，值得注意的一點，是隨著台灣割讓，清兵所丟棄或出售的大量槍枝流入蕃地。清朝時代，假如有一個統一機構管理分散於各蕃地的製腦事業，假如有效地取締槍枝的流失，那麼不會發生那種弊端的。清代和我國開始領有台灣的最初幾年，沒有統一機構負責取締，所以各製腦業戶競相進入各處蕃地，只顧自己的利益，用種種惡劣手段「操縱」蕃人，而不顧其他業戶的死活。操縱蕃人的手段是給予槍枝，換取擴大伐樟製腦的利權，這樣地造成了蕃人勢力坐大，蕃人馘首之風更盛。

群雄割據的泰雅族和同心協力的布農族

假如北蕃住在南方的話，早已被治理得很好，不像現在仍然弊害百出。至於布農族方面，在更早的年代，清國人對他們施行種種措施，而且沒有像北部蕃地漢人業戶紛紛侵入，造成弊害，所以布農族能夠無為而治。假如把布農族倒過來移到北部，我想會給當局的理蕃事業和對策，造成更大的困擾。㉒

站在統治者的立場看，幸而北蕃各地的風俗各異，成

㉒森氏的意思是日本人主台灣以前，清廷對水沙連二十五社（其中包括所謂濁水蕃的布農族）實施對各社頭目發放銀兩，並派通事進駐於蕃社內傳達政令，所以是無為而治的狀態。北蕃的問題是漢人業戶所造成的弊害，所以難治。假如把布農族移到北部蕃地，因為漢人業戶的存在，布農族一樣地難治，對理蕃事業造成更大困擾。

為群雄割據的狀態。各部族平時沒有互助的習慣，所以討伐時攻打某一部族，不會引起別的部族派兵救援。討伐軍即使遭遇某種程度的抵抗，只要堅持下去，可以把對方討平。但是，布農族就不一樣。他們個個很勇敢，而且部族之間能夠同心協力對抗外敵。

布農族維持大家族制度，最多有六、七十人，甚至八十人家族住在一間房子內。他們能夠長時間勞動，家中貯藏的穀物，可以維持三年左右。他們的體力非常好，我們去攀登新高山的時候，已經證實了這一點。他們所揹的重量驚人，能夠揹一百五十斤到二百斤以上的行李翻山越嶺，而不以為苦。女子也能夠揹著重負走數十日里山路，或攀登高山。

布農族居地分布於高山幽谷之間，蕃社都選在非同小可的地形，例如斷崖上面，易守難攻。

布農族的活動領域

一般蕃人都不願意，也沒有勇氣走出自己的領域，單獨地走進別族的領域；只有布農族敢單獨超越自己的領域旅行，或單獨到別族的領域狩獵。我們有一次從埔里到花蓮時，途中把一面國旗和一個飯碗留在能高主山山頂留念。後來另一次從合歡山到奇萊主山時，也把一些紀念品留在接近奇萊主山附近的山頭。過了幾個月、幾年後，布農族從他們南方的領域，長程跋涉到屬於泰雅族領域的能

高主山、奇萊主山方面打獵，竟然從山頂收回我們留下的東西，帶到集集街的支廳。這是別族做夢也不敢做的一件事。

以前曾經有一群布農族受到外界的煽動，一口氣割下泰雅族霧社群一百多個頭顱。幸虧強悍的布農族大都不願跟日本人對抗。萬一當局對布農族有處理不當的狀況發生，那麼事情會一發不可收拾。㉓

泰雅族不如布農族

幸而泰雅族很多地方不如布農族，所以即使他們的領域發生很多問題，理蕃當局還是有能力應付各種局面。

泰雅族蕃社建於較低的山麓，蕃社內各戶貯藏的穀物無法維持一年，所以種些雜糧補充小米的不足，貯藏量頂多勉強維持一年的消耗而已。假如發生戰爭，或者其他原因使他們無法照顧農業，這一年內蕃人個個將無法填飽肚子。

更糟的是部族和部族之間，甚至蕃社和蕃社之間互相不聯絡。相隔很遠的蕃社之間或部族之間，維持著敵對狀

㉓本段森氏所談的故事確是一件事實。明治三十六年（一九○三年），埔里社支廳的日警鑑於霧社群各社不聽政令，不但加以封鎖，而且唆使與泰雅族敵對的布農族干卓萬群，假裝講和，把霧社群誘騙到干卓萬社和巴蘭社間的族界談判。那年十月五日，干卓萬社及附近的布農族二百名埋伏在談判地點附近，不知情的霧社群一出現，立即被攻擊，約一百多名壯丁當場被鹹首，從此以後，霧社群意氣消沉，被迫向日警歸順。森氏說布農族雖然強悍，但在那個時代對日本人沒有表示好惡，彼此相安無事。因為布農族比泰雅族更強、更團結。萬一叛變的話，當局可能無法收拾殘局。

態，同樣的事情也發生在彼此鄰近的蕃社和部族。所以，泰雅族從來不團結，當局很容易討平叛亂。

已馴化的鄒族

相傳一個叫吳鳳的通事犧牲自己的生命制止這一族獵首的風俗，所以鄒族在歷史上留名。其實，鄒族獵首之風最盛，強悍的程度和布農族不相上下，能夠與布農族對抗。

我曾經訪問過鄒族蕃社。每一個蕃社都有公廨，裡面都用二、三百顆頭骨裝飾著。他們的領地從新高山西側向南延伸到接近中央山脈的荖濃溪上游一帶。這一族個個勇猛善戰，勢力強大，但是清朝時代和漢人接觸後被感化成溫順的蕃人。他們對漢人和日本人友善，但對別的生蕃和熟蕃不怎麼友善。

變化很大的排灣族

目前排灣族很溫順。大家知道我國在明治七年（一八七四年）對台灣出兵，這「征台之役」是排灣族所引起的，可以想見早期的年代排灣族不是現在的樣子。❷❹

後來清國政府用軍事力量制壓排灣族，所採取的方法是開鑿隘勇路，沿路設置隘寮，派清兵駐守。這隘寮當時叫做「碉堡」，現在到處都看得到遺址。碉堡用石塊砌造，雙層，很堅固，每隔一華里設一座碉堡，派十至十五

名清兵防守；每隔五、六處碉堡就有一處屯營，大的屯營維持五十名至一百名清兵，警戒排灣族的動靜。現在從枋寮到恆春，沿路還可以看到雙層的石造遺跡，可見清國政府的防蕃規模是多麼大。

清國政府有時候興兵進行選擇性的蕃社討伐行動，每次清軍都蒙受重大傷亡，所以到處都有「千人塚」。現在可說是和平的排灣族，三、四十年前原是又獰猛又危險的蕃人，當時要對付排灣族很棘手，好像我國政府現在對付北蕃一樣。所以清國政府改用威壓及綏撫兩種手段，一樣地，今天我國理蕃當局也採取類似手段處理北蕃。

---

❷❹「征台之役」指明治四年（一八七一年）琉球漁民漂流到台灣東南海岸，登陸後被牡丹社及高士佛社排灣族殺害五十四人，日本以所謂「琉球藩民」被殺，要「處分凶蕃」為藉口，於三年後的明治七年（即清同治十三年，一八七四年）派兵三千六百五十八名，分乘十二艘運輸艦，於五月七日登陸車城射寮港，兵分三路掃蕩牡丹社、高士佛社和竹社，於十月三十一日才撤兵。牡丹社討伐戰本質上是日本歷史上首次向台灣出兵，所以日本近代史上稱為「征台之役」。表面上當時的牡丹社、高士佛社的排灣族獰猛殺人，但是排灣族真的凶悍愛殺人嗎？事實並非如此。台灣史上曾經發生過不少漂流者在台灣東部海岸，被噶瑪蘭族或排灣族剝光衣服並搶奪船上鐵器的情事，卻很少有殺人情事。原來，原始人最需要的是鐵器以便改造為槍械、獵具或農具，而衣服當然也很需要。真正殺人者是高士佛社人，不是牡丹社人。藤田捨二郎在《崎嶇》一書裡，報導他與高士佛社「老蕃」面談的內容。這一個排灣老人當年參與搶奪琉球漁民的衣服，而且石門之戰時負傷。名字叫Kalisin Palipuji的老人回憶說：「當年的我族沒有殺意，為了確定這些漁民是何方人士，把所抓的漁民帶到漢人處用筆談詢問，結果漢人回答說『不知是從哪裡來的人』，排灣人解釋成『殺之無妨』才殺的。」

愛好和平的阿美族

清朝時代，除了秀姑巒溪附近的阿棉山社（外界誤傳是奇密社）及花蓮竹窩宛社，分別在不同時期被清軍討伐過以外，阿美族從來沒有遭受過清軍的大規模討伐。剛才提到的兩次小規模討伐，不是因爲蕃人凶暴才引起，寧可說是清國政府因爲政策上的必要，故意做選擇性的軍事行動。在舊政府時代，阿美族幾乎沒有反抗過，他們是愛好和平的種族。

與世無爭的雅美族

雅美族不用說是離島紅頭嶼上的蕃人。我們可以形容他們爲與世無爭的種族，連一支火繩槍、一把取人頭的刀都沒帶過，歷史上從來沒有紅頭嶼蕃人砍取人頭的報導，這一族沒有強到取人頭的地步。❷⑤

從前，曾經有美國帆船在紅頭嶼海岸發生海難，坐在救生艇上的船客遭受雅美族搶奪財物。在不同的時期，洋人和日本人因爲海難上岸時也被搶奪過。剛好那次海難船的船主是美國人，所以變成國際事件，那時候的我國政府派兵去討伐。我們說，「派日本兵到紅頭嶼討伐雅美

---

❷⑤ 本段原來的小標題，如果直譯則成「無戰鬥力的雅美族」，在這裡意譯爲「與世無爭的雅美族」。沒有錯，雅美族沒帶過火槍及蕃刀等攻擊他人的武器，以前雅美人出門或遠行，男女都拿一支矛或一把長刀，目的是驅趕惡靈Anito，不是要打仗。

族」，聽起來好像很嚴重。實際上「討伐隊」一上岸，島上的雅美族都做鳥獸散。日本兵不得已到山中抓來一些雅美人，帶到卑南〔台東〕丟進牢獄裡，但隨後雅美人逃出，日本兵又把他們抓回，經過幾次逃走又被抓回後，雅美人生病了，日本兵覺得太麻煩，乾脆把他們送回紅頭嶼。

關於這一件事，我曾經問雅美族人有什麼看法？他們說，他們不知道為什麼外國船在他們的海邊失事，日本人就派兵來攻打他們，把一些人帶走。日本人大概知道為什麼這樣做，但他們雅美人根本不知道這到底是怎麼一回事。

掠奪財物的辯解

以下是雅美人對掠奪財物的辯解，但我不知道是不是事實：

「海難船來了，我們划船去救他們。我們叫他們上我們的船，他們卻很害怕要划走。我們很親切地說，我們是來救你們的，同時幫他們把行李搬到我們的船上，又拉他們到我們船上，他們很害怕地拒絕了。我們完全是好意要幫他們，沒有加害的意思，也沒有掠奪財物的意思。我們可憐他們才要救他們的，他們不了解我們的同情心，才拒絕同我們一起上岸。我們不得已划船回來。有些人被我們救上岸來，因為言語不通又不聽話，就逃走了。我們說，

你們的東西很新奇，是不是可以跟我們交換？他們把東西丟下來就逃到山上去，但是我們沒有追上去加害他們。如果他們接受我們的好意和保護，從山上下來的話，就不會在山上挨餓。如果聽話，我們可以把熱騰騰的水芋拿上山給他們吃。一部分的人逃走了，我們還是沒有加害他們。他們不要亂跑，留在我們這裡等候救難船開過來就好了，因為不了解我們的好意，才弄成很壞的結果……後來日本兵來打我們，現在我們還是搞不清楚為什麼派兵來打我們？日本兵沒有把有關係的人帶走，只隨便抓我們幾個人到台灣島，這是什麼意思呢？我們真的不知道啊！」

也許上面引用的雅美族的話，是一種辯解，或者是事實的敘述。照我的看法，雅美族說出了真話。不同種族之間的誤會，在以往的年代是所在多有。㉖

平安無事的紅頭嶼探險

發生這個海難事件的幾年前，也就是明治三十年（一八九七年）冬天，鳥居先生到紅頭嶼探險。當時總督府派遣上嶺君同行，隨行人員只停留幾天就回台灣島，只剩下鳥居先生和他的老同鄉中島藤太郎留在那裡。他們兩人完全不懂雅美語，也沒有什麼資訊，居然停留七十天，一半時間過帳篷生活，另一半時間住在蕃人的小屋，在雅美蕃

㉖以上森氏直接引用雅美朋友的話真有趣。原始人的敘述樸實，雖然有些重複，但是充分反映古樸、可愛、有同情心，幼稚但真實動人的風味。這也是森丑之助談話的魅力之一。

人保護之下進行調查。

　　雅美族雖然聽不懂日本話，但是大致上瞭解鳥居先生為什麼住在那裡，停留期間很親切地照顧他。鳥居先生調查完畢後，搭上來接他的船回台灣。

　　假如紅頭嶼上的雅美族有意加害毫無抵抗力的少數訪客，或者假定有壞主意對訪客施壓、搶奪，或施暴，那麼數年前鳥居先生等人去調查時一定遭受到迫害。在島上，鳥居先生事實上過了平安的日子。鳥居先生回去以後，我本人也去紅頭嶼旅行，當時根本沒有像今天到處都有的巡查駐在所或派出所，什麼宿泊設備都沒有。定期汽船駛離以後，我在紅頭嶼上到處走走看看。雖然彼此語言不通，雅美族對我們很親切，給我們種種方便。

　　我們所帶的東西，都引起他們好奇心，為了多看一眼，始終跟在身旁。我們一行中有人很粗暴，覺得雅美人像蒼蠅叮人一般很討厭，就丟石頭驅趕他們，甚至把遲遲不離去的雅美人抓起來毆打頭部，但是雅美人沒有反抗，也沒有還手。

研究蕃性的必要

　　我們可以想像明治三十六年（一九○三年）那一次外國船海難事件發生時，紅頭嶼蕃人的態度，絕對不像別的蕃人那樣粗暴。

　　和紅頭嶼蕃人相比，澎湖群島的吉貝島、八罩島及附

近島嶼的住民就大不相同。這裡的住民以海盜為本業，看到外國船觸礁遇難，或駛近暗礁處就認為天賜良機，故意升火引誘船隻接近，等到船底碰觸暗礁，進退兩難時，划小船接近，把外國船上的財物搶奪一空，所以附近海底有不少海難船殘骸枕籍，猶如墳場。

一邊是漢人的海賊島，另一邊是紅頭嶼蕃人的和平之島，呈現鮮烈的對比。至少我個人體驗到雅美蕃人待人親切的風度。

如果幾年前他們對我講的話是真實無誤，我想，充分瞭解蕃人對方的性情和想法，是理蕃工作上必須做的第一件事。

紅頭嶼蕃人過去與世隔絕，所以一直過著與世無爭的生活。一般人可能認為紅頭嶼是個極端的例子，台灣島的蕃人完全不一樣。但是，我要指出，如果我們能夠瞭解對方，彼此之間能夠充分溝通的話，本島蕃人應該是和紅頭嶼蕃人一樣友善的。

反過來講，如果蕃人能夠充分瞭解我們的道理，「蕃」字頭不可能繼續用下去。一般人以為對方沒有能力瞭解我們的道理，所以堅持稱呼他們是「蕃人」，直到今天還不承認對方的人格。

獨立自主的蕃人

最重要的事實，是所謂「化外之民」或「生蕃」，從

來沒有臣服於任何外界的政權，至少他們內心裡深信自己是獨立自主的人。從他們的立場看來，外界人所謂「順從」、「歸順」或「順從的義務」等概念，從來不存在，大多數蕃人不瞭解這些概念的涵義。

他們占居的蕃地，在他們眼中是一個國度，是祖先傳下的，自主的國度，我曾經聽到蕃人親自對我這麼說。自從台灣割讓後，日本帝國領有台灣，蕃地也跟著被放在日本政府統治下，但是大多數的蕃人對外界統治權的更替究竟有什麼崇高的意義，完全不瞭解。蕃人的看法是這樣的：清國政府片面把台灣割讓給日本，所割讓的土地，就是漢人勢力所及，漢人所征服的土地，但是不包括蕃地。蕃地依然是蕃人自己的國度，不在漢人統治範圍之內。在這情形下，清國政府即使已宣布台灣割讓，蕃人到現在為止，還弄不清楚所謂蕃人祖先所傳的土地觀念，和新政府統治者對於包括蕃地的領土觀念，有極大差別。

歸順就是和解

蕃語中，我們絕對找不到有「歸順」、「順從」等意涵的語詞。在過去的年代清國政府經常討伐蕃人，每次打仗的時候，清軍遭受重大傷亡後才收拾殘局。通常清兵的傷亡比蕃人的傷亡大，可以說是每次都由清軍主動地要求和解。

收拾殘局後，清軍總是自誇「生蕃已經歸順」，但蕃

人則反過來指稱是「清軍要求和解」（意思是清軍向蕃人歸順）。

和解都透過通曉蕃語的漢人通事居間處理。通事翻譯給清軍時，說「生蕃願意歸順」，但是翻譯給蕃人的時候，因爲蕃語中沒有「歸順」的語詞，就用代表「和解」、「和約」的蕃語代替，北蕃語叫做Sibarai、Sibirak，或Mohetono。

日本領有台灣以後，蕃人同樣地使用「和約」或「和解」代替「蕃社歸順」的意思。辦理和約時，蕃人幾乎認爲他們和日本人是對等的地位。

在北蕃地區雖然公務機關的通譯使用「歸順」的字眼，但是北蕃把它解釋爲「和解」，對於「歸順」、「順從」等語詞沒有清晰的概念。㉗

馘首與生蕃精神

蕃人的馘首行爲多半是種種的迷信所引起，或習慣所支配，很少用以表示對統治者的反抗。所以，蕃人取人頭並不是反抗的意思，也不是罪惡的行爲，寧可說是一種神

㉗台灣原住民沒有所謂「歸順」、「順從」的語言，也沒有「處於劣勢就需要屈服求和」，或「主動順從敵方的意思」，或「歸順敵方」等概念。理由有二，其一是原住民在自己的土地上生活了千百年，自己的土地猶如一個獨立國家，豈有大開門戶給人侵者，臣服入侵者之理？其二是即使是這次打敗仗，只是運氣不好，和解是一種手段。只要保持不屈的戰鬥精神，終有一天反敗爲勝，哪有主動投降、乞憐爲臣之理？即使和解或簽訂和約，雙方還是對等的地位。以上是原住民古來一直沒有改變的想法。

聖的行為，一種很有男子氣慨的行為。他們把馘首當作唯一的「生蕃精神」，同時承認它具有一種神祕的威力，能夠左右族群心理。

他們相信事情的是非曲直訴之於馘首，好比是信賴最高神的審判，如何裁決都信守不誤，所以對於馘首行為，統治者用政治或軍事力量加以膺懲或興兵討伐，大多數的蕃人不瞭解官方要革除馘首習俗的意思，也不甘承受外來的干預。

因此，對於官方的討伐行動，蕃人鼓勇做起正當防衛，激起敵愾同仇，氣勢之大簡直是不戰而震懾敵人。我記得蕃人們曾經這樣表示過：

「這是我們運氣不好，時勢對我們不利，不幸一時受到壓迫，受到迫害，但是我們只要做正當防衛，即使打了一場敗仗，也不算是恥辱。一次被打敗，最後還是有機會打一場勝仗。

我們靠這個信念安慰自己，好像太陽被雲霧遮臉，不久雲開日出，讓我們再次拜見太陽的臉。除非日出西方，有時候被雲霧遮住的太陽，會再露出燦爛的臉，照耀在我們頭上！」

死而後已的意氣

蕃人即使無力抵抗征伐者的攻勢，預知全軍將覆沒，仍然奮戰至死。他們誓死抵抗漢人或日本人的征討，不是

針對敵人要不要顧及個人的面子問題。照他們的想法是，如果不奮戰至死，在同伴之間沒有面子，同時也對不起祖先。

最根本的理由是自己的土地，是祖先所傳下的，最初祖先以死抵禦異族及其他蕃人的侵略，才把土地保存下來給後代子孫，而身為後代子孫，當然不能坐視異族蹂躪自己的土地，橫奪土地。即使侵略者強大，身為蕃人絕對不能把土地拱手讓人，因為不抵抗而白白地讓土地給侵略者奪去，是蕃人間最大的恥辱。

萬一全力防衛自己的土地，仍然被打敗而不得不暫時屈服，那是形勢不利於自己，力有不逮的緣故。即使有人嘲笑這樣的結果，蕃人還是覺得對得起祖先和同伴。在這種情形下以和解或簽訂和約收場，就是所謂「力盡而降」。蕃人大都抱著這種見解，預知會打敗戰還是要堅持拼到底，過去有了不少這樣的例子。

再次呼籲研究蕃性的必要

假定我們能夠充分地研究蕃人的習慣、感情、思想，以及民族心理，互相瞭解對方的處境，那麼在蕃人「領土」上進行「隘勇線前進」、「開鑿道路」、「開拓蕃地」或「全面沒收槍械」時，因為蕃人反抗而釀成的人命犧牲，我相信應該可以減低一些。

剛才談到紅頭嶼蕃人對海難船好意的救援動作，被船

主誤解看成財物的掠奪，結果引起日本派兵去逮捕蕃人坐牢，這是一個明顯的例子。理論上發生在紅頭嶼的實例，也可能發生於台灣本島上的蕃地。我相信只要雙方的意思能夠正確地溝通，就可以避免無謂的紛爭和犧牲。

以誠涵養崇高品性

我們所稱的蕃人同樣是有感情的人，和他們交往做朋友，甚至要駕御他們，最安全、最近捷的方法是保持感情上的融和以及意思的溝通。眞理是「野蠻人」和文明人所共同追求的目標，比起人性複雜的文明人，「野蠻人」社會少有僞善、不義及虛飾。他們身上本來有一種崇高的品性，使缺乏崇高品性、大言不慚地說已「文明開化」的現代人羞煞！

蕃人所具有的品性和信仰是用什麼涵養的呢？我願意指出只有一個「誠」字。各位試著看看他們的社會：蕃人社會沒有法律，但能夠維持秩序，也就是說無爲而治，這是因爲他們心中有誠，有信仰所致。❷❽

我出入蕃地後，立即發現和他們相處的妙法，只有一個「誠」字，以誠對待蕃人。我憐憫他們物質匱乏的生活，但不由得不尊敬他們心靈上的純潔。發現這個事實以後，從此對蕃人產生濃厚的同情心，和他們相處也更加心

---

❷❽ 所謂「信仰」，照譯註者的看法，森氏所想到的可能是原住民對祖先遺訓的虔誠心

安理得了。蕃人被外界視爲「獰猛慓悍」的人種，但是如果同樣地以誠對待他們，再獰猛慓悍也不可怕。我有信心指出坦誠和他們交往，他們會以溫暖的友愛回報我們。㉙

蕃地踏查的唯一武器

我以誠對待蕃人，所以我到蕃地各處做我的「探險旅行」，心裡一點也不怕。各次旅行中，我從來不帶任何武器。帶武器去有什麼用呢？帶武器到山地行動，好比是讓猴子扛著步槍和人類對抗一樣，一點用處也沒有！

在山上行動，我們的體力遠不如蕃人，隨身攜帶的武器可能對突發的暴行有某種程度的防護作用，但絕不可能完全防衛自己。我抱著這個想法，從來不帶武器進入蕃地。我所依靠的是對蕃人習慣、信仰〔禁忌、道德觀念等精神文化〕的尊重，該尊重的全部加以尊重；同時對蕃人的境遇給予同情。

雖然我的蕃語詞彙不足，無法充分表達自己的意思，但是一直抱持「以誠待人的精神」當作唯一的武器，所以

㉙ 至演講日為止，森氏在台十八年，其間多次單身入山而且身無寸鐵，居然在各部落長期逗留進行人類學調查，每到一處都被頭目和手下看成兄弟一般。舉例來說，明治三十九年（一九○六年）第二次訪問位於米亞桑溪溪畔的台灣最高部落太魯那斯社（大嵙崁社）時，頭目看到森氏即將遭受復仇者的毒刃，冒死保護他，可見他和部落人及頭目有兄弟般的深厚交誼。森氏在山上部落以誠待人的作風，也見於長野義虎、田代安定、伊能嘉矩、鳥居龍藏等學術探險家，但森氏作風更大膽，更親近山上部落人，而且不像長野中尉帶軍刀，鳥居帶短槍上山（雖然刀、槍是制式配備，作爲護身之用），他什麼武器都不帶。

能夠從容地巡迴各地蕃社，探查他們種族系統、各蕃社間的關係、蕃人的心性、習俗等，至少達成了進入蕃社探險的初志，也完成了部分既定的目標。

只有像我這樣的人，一生不顧正常的生活，只一昧追求人生志趣者，才敢單槍匹馬闖入危機四伏的蕃地，從容地進行探險旅行，所以蕃人絲毫不加害我這個對危險沒有戒心的旅行者。另一方面，統治者要治理蕃地、征服蕃人，蕃人會不會心甘情願地順從，或者採取反抗的態度，也端看統治者有沒有誠心，有沒有尊重蕃人的習慣和信仰。我私下在想，要治理蕃地者應該認清誠心和尊重蕃人，對工作的推展將極有影響力。❸

我今後希望做的事情

到現在為止，世上沒有一部有關台灣生蕃的完整記錄書，也就是說，蕃地和蕃人的真相從某種意義看來，依然是一片黑暗狀態。我抱著瞭解真相的希望，多年來徬徨於蕃地內外，或長驅直入蕃地踏查、研究。我曾經有繼續留在台灣研究的意思。為了貫徹工作目標，即使從事引車賣漿或在公共澡堂為人擦背的工作以糊口也甘願，這種想法不是沒有。但是，照目前的狀態看來，今後一、兩年內繼續進入蕃地調查，也無法超越已往的成果。如果是這樣，

❸本段演講記錄直接反映講話者的口氣，所表達的理路不清晰，內容隱晦，所以特別採用意譯的方式，把森丑之助真正的意思演繹出來。

我繼續留在台灣就沒有意義了。**㉛**

　　我想回內地後充分利用時間整理資料，能不能如願做到，我現在還不知道。我當然不是學者，沒有足供參考的專門學識，在撰寫過程中如有什麼不清楚的地方，理應會就教於前輩和學者。

　　我的動機很單純，想把我多年蒐集的全部資料整理出來提供學術界，讓學者們藉由我的著作，多多關注台灣蕃人和蕃地的實情。

　　我是本月十四日才決定離開台灣。回內地後要做的工

㉛ 在台十八年，森氏席不暇暖地前往蕃地調查族群、調查植物、蒐集標本，並拍攝生動的原住民生活照片，已累積了資料，可以撰寫一系列有關原住民的書。他說本來有意繼續留在台灣，但因為蕃地已開始遽變，一方面是固有習俗流失，另一方面是從明治四十三年（一九一〇年）四月開始的「五年理蕃計劃」實施後，一連串軍事行動激化了原住民的反抗，到了森氏演講的大正二年（一九一三年六月），森氏已經感覺蕃地調查的黃金時代已悄然遠離，不允許他從容出入蕃地調查，所以查出的新資料日漸枯竭，繼續留在台灣也沒有什麼意義，不如束裝回日本內地。那麼，他為什麼不能留在台灣撰書呢？他在蕃務本署的職位受到他個人學歷限制，無法提升。相較於他的能力與超人的蕃地學識，他沒有受到應有的重視，因此憤而離職，一度想屈就任何卑微行業，一邊照顧他一家三口的生活，一邊撰寫，但是環境因素使他連這一絲希望都無法實現，最後決心返回內地。

　　本段談話內容簡潔，但仔細參考當時的形勢，使人想像空間無限擴大。另外，森氏說到他告別演講的日子為止，還沒出現一本「有關台灣生蕃的完整記錄書」，這句話反映森氏的信心與自負。他將要撰寫的《台灣蕃族志》十卷（**按每一族一卷**）及《台灣蕃族圖譜》十卷，是他積極構思中的重大工程，基礎資料是到大正二年六月為止在台十八年，出生入死、踏查所有蕃地所獲的。照森氏所訂的標準看來，甚至明治三十三年（一九〇〇年）出版的伊能嘉矩《台灣蕃人事情》也被排除在外。伊能的書雖然是根據明治三十年（一八九八年）五月至十二月一百九十二天蕃地巡迴調查的成果，但是森氏在別篇文章中說，伊能的書部分資料並非個人實際到山上部落實查的成果，而是把當地官署，如撫墾署官員資料的引用和編輯，不算獨立完成的、涵蓋各蕃社的完整記錄。

作，現在還沒有準備好，未來工作上所需要的知識，現在也沒有，我只帶著一個夢想回內地。

離開半生研究的鄉土

不管預期的工作能不能順利完成，只要我的夢想能夠逐步變為事實，那麼，我再次回台灣和各位見面，向各位請教的機會不是沒有。我期盼各位瞭解我工作上的處境，多多賜教。

現在要離開我本人曾經受到很多照顧的台灣，我內心有濃濃的感慨。在台灣，我度過了比在內地更長的歲月，所獲得的是什麼呢？請看這張簡圖，圖上的紅線代表我長期踏查的實際路線，沿著這很多條路線，我深入蕃地窺看蕃人的實際生活，彌補了我知識的不足而已。我趁這個機會向各位告別。

本來我不一定要急急忙忙地回去。但是，坪井先生在俄國首都參加學術活動的旅次病歿後，又從報紙獲知前途被看好的飛行專家武石浩玻也突然死於工作崗位上。人生在世，隨時隨地都有死亡的影子，所以死神叩門之前，最好把生前有意要完成的宿志趕快著手。我要把所有的資料先整理成書，至於不夠完備的部分，我會留待後日再修訂。㉜

本來只能活到二十歲、二十五歲的我，想不到上天讓我在台灣活到三十多歲，平平安安地回內地，而且托老天

爺的幫忙，來台灣蕃地觀看蕃人生活的夢想實現了，現在我內心充滿著幸福的感覺，抱著充滿喜悅的心情回去。

今天很榮幸地看到各位朋友在炎熱天氣中趕來會場，長時間聽我的演講，這是我衷心感謝的。我回東京以後，決不會忘記在台灣度過的半生歲月。我祈求上蒼賜給台灣更多的繁榮，我願繼續愛護台灣土著蕃民，為他們的進步和開化貢獻我的力量，同時，我也期盼各位跟從前一樣，攜手為台灣各自貢獻個人的力量。臨別之際，祝各位身體健康！

---

❸❷森丑之助回日本內地一年又二個月後，再度於大正三年（一九一四年）八月，應台灣總督府民政長官內田嘉吉的邀請來台灣撰寫《台灣蕃族志》第一卷及《台灣蕃族圖譜》第一卷、第二卷。在內地一年多的時間似乎已做了初步的資料整理，來台後才寫完上面三冊，分別於大正四年（一九一五年）及大正六年出版，其餘各卷因為種種原因未能完成，這是台灣和日本學術界最大的遺憾。

附錄

〈附錄一〉里程換算表

公　里	公　尺	華　　里	日　　里	日　　町	日　　間
1	1000	1.736	0.255	9.167	550.03
0.001	1	0.001736	0.000255	0.0092	0.55
0.576	576	1	0.417	5.28	316.8
3.927	3927	6.818	1	36	2160
0.109	109.09	0.189	0.0278	1	60
0.001818	1.818	0.003	0.00046	0.0167	1

　　華制　　1里=180丈=1800尺

　　日制　　1里=36町=2,160間=12,960尺

　　　　　　1台尺=1日尺=0.30303公尺

　　　　　　1華尺=0.32公尺

*本表採自楊南郡《八通關古道西段調查報告》，1987年。

〈附錄二〉森丑之助年譜

　　本年譜為1999年初稿，資料來源是森丑之助本人的作品、他去世後友人的追述、當時的新聞報導，以及森氏後裔的口述。隨著新資料的發現，將會增補內容或作若干修正。

　　年譜中打☆號者，表示森丑之助未提及月份；或有照片拍攝年月的記載，但無文章記載的情形下，所做的推測。

　　大正三年（1914年）第二次來台以後的十二年間，森氏所寫的行動記錄大量減少，次年出版《圖譜》以後所拍的照片，也沒有繼續出版，所以無法推斷此十二年期間的全部動態，這是譯註者最感遺憾的。

（＊黑體字部分為與森丑之助相關大事紀要）

一八七七年 （明治十年）	一月十六日　出生於日本京都市五條室町。父親森太助，母親トミ，生為次男，有一個哥哥和五個姐妹。 幼年時期身體虛弱，發育不良，由乳母養育。 就讀於九州長崎市長崎商業學校，其間，學習中國南方官話。
一八九三年　　16歲	春　森：「棄家、輟學、決心過流浪生活。」
一八九四年	**八月　中日甲午戰爭開戰。**

一八九五年　18歲　志願前往遼東半島從軍。

四月　甲午戰爭結束，中、日簽訂馬關條約，台灣割讓，日本歸還遼東半島。

五月　日軍抵台接收台灣。

九月　改志願到台灣，以陸軍通譯身分抵達台灣。

秋　隨陸軍部隊駐紮於宜蘭時，第一次看到台灣原住民。

年底至翌年初，派往澎湖群島三個月，宿於漁翁島西嶼燈塔宿舍。

一八九六年　19歲　一月　因公務往桃園縣復興鄉「大料崁蕃」蕃地，因而結識「大料崁前山蕃」總頭目Taimo Misel。（第一次進入蕃地）

六月～七月，前往桃園縣復興鄉踏查「大料崁前山蕃」蕃地各社。

八月～十二月，隨陸軍部隊調到花蓮，配屬於米崙山下花蓮守備隊本部，職稱是「守備隊本部付通譯」。

其間，巡察新城、太魯閣海岸的泰雅族「太魯閣外社蕃」及鯉魚潭一帶的「木瓜蕃」各社。

秋　第一次和正在台灣東部調查旅行中的鳥居龍藏見面。（鳥居的第一次台灣「蕃族調查」）

與鳥居一起，在花蓮新城清代營盤址的草叢中，發現清陸路提督羅大春「師次新城碑」，抄下碑文。此石碑後來被沖入大海，今只留碑文。

十一月　前往花蓮新城，繼而往北調查古魯社、九宛社，得其黎社、石硿社，繼續偕同石硿社泰雅族族老至大清水溪展望形勢，聽取族老說明歷史沿革。

十二月　從東海岸向南迴繞台灣島南端至東港，進入大武山周邊巡訪排灣族各部落。

十二月，花蓮新城事件爆發。

一八九七年　20歲　二月　以通譯身分隨同「太魯閣蕃討伐軍」進入戰地，再度出入於部分「太魯閣外社蕃」及「木瓜蕃」各社。

八月　在花蓮米崙山山下寓所，接見里留社（里漏社）阿美族頭目，並一起赴里留社參觀船祭。（森氏的第一篇民族誌報導）

一八九八年　21歲　　春　從花蓮縣瑞穗鄉拔仔庄（富源），
　　　　　　　　　　　　經由倫太文山橫越中央山脈主脊關
　　　　　　　　　　　　門，順西部丹大溪及濁水溪下至南投
　　　　　　　　　　　　縣集集鎮。（森氏第一次取丹大線中
　　　　　　　　　　　　央山脈橫斷探險，第一次橫越布農蕃
　　　　　　　　　　　　地。森林調查）

　　　　　　　　　　☆月　單獨前往南投縣信義鄉丹大溪及
　　　　　　　　　　　　巒大溪蕃地調查布農族。

　　　　　　　　　　八月～十二月　偕同鳥居龍藏前往台東
　　　　　　　　　　　　及恆春半島，調查卑南族、排灣族、
　　　　　　　　　　　　斯卡羅族（結識豬勝束社總頭目潘文
　　　　　　　　　　　　杰）及平埔族（結識馬卡道族頭人潘
　　　　　　　　　　　　萬金）。

　　　　　　　　　　森：「我已學到一些排灣語，邊走邊
　　　　　　　　　　　　和排灣人用排灣語交談。」

一八九九年　22歲　　二月　從台北縣烏來鄉「屈尺蕃」蕃
　　　　　　　　　　　　地，西走桃園縣復興鄉「大豹蕃」蕃
　　　　　　　　　　　　地後繞到東海岸。（路線未指出）

　　　　　　　　　　四月　從花蓮搭戎克船向北到宜蘭縣大
　　　　　　　　　　　　南澳，由此走海岸舊道至蘇澳調查。

　　　　　　　　　　森：「鳥居氏於一九○○年第四次來
　　　　　　　　　　　　台以前，我已跑遍了台灣東部、恆
　　　　　　　　　　　　春、阿猴（屏東）蕃地，以及新竹、

東勢角方面、宜蘭方面蕃地，也翻越中央山脈，沿著東部山區南北縱走，又從西海岸南部北上阿里山。」

《排灣蕃語集》及《阿眉蕃語集》成稿，交付民政部警察本署。

一九○○年　23歲　一月　和鳥居一起調查基隆獅球嶺出土的石器。鳥居第四次來台調查，一月至九月森氏全程陪鳥居進行廣範圍的人類學調查。

森：「我擔任鳥居先生的地理嚮導兼土語、蕃語譯員，同時參與調查工作。」

從基隆搭船航向台南安平，途中船停靠於媽宮城（馬公港），兩人上岸訪問澎湖廳公署及軍營裡森氏的老同事，並圍爐吃海鮮火鍋。

和鳥居在安平訪查熱蘭遮城，當時日本海關官署借用城堡辦公。

在屏東縣東港，森和鳥居兩人看歌仔戲「陳三五娘」，閩南話和南京官話並用，森氏忙給鳥居翻譯，看得目瞪口呆。

一月～二月　到屏東縣春日鄉力里社訪

問排灣族，被捲入社蕃被馘首的復仇戰。訪查文樂社、望嘉社、白鷺社、古樓社後回潮州，再度上山至來義社、丹林社、佳興社、佳平社、庫瓦魯斯社等排灣族部落，下山回到潮州。

鳥居和森氏兩人在望嘉社用調包方式，偷了一個膚髮未脫的力里社壯丁頭顱，隨即趕夜路下山。頭顱標本轉寄到東京帝國大學人類學教室。

三月　偕同鳥居轉往高雄縣桃源鄉小關山山腳下的布農族「施武郡蕃」各社調查，包括荖濃溪中游寶來溪北岸的透仔火社、寶來溪上游北岸的浦來溪頭社，以及位於楠梓仙溪上游的南鄒族「簡仔霧蕃」。

兩人站在小關山半腰，望見積雪的玉山映照著旭日光輝的莊嚴景象。（登玉山的意念萌生心中）

三月　抵達嘉義縣阿里山鄉，分別宿於鄒族達邦社及知母勝社（特富野社）公廨。鳥居和森氏在兩處各偷了五個頭骨，準備帶回大學當標本。順訪鄒

族化的布農人部落「勃仔社」。

四月　偕同鄒族嚮導從知母勝社出發，前往南投縣信義鄉「濁水溪方面」，要沿著陳有蘭溪下山。鄒族嚮導揹著笨重的行李，包括兩人在蕃社蒐集的弓箭、盾牌、刀槍、石器時代遺物——石器及陶片，以及鳥居暗藏於行李中的三個頭骨登山。鳥居皮箱中另祕藏二個頭骨，偷運成功。途中，兩人臨時起意，改登玉山。

四月十一日　登上玉山主峰頂。創下台灣登山史上玉山主峰首登記錄，也完成揹著重要的人類學標本，從西部翻越玉山，東下八通關的壯舉。

五月　繼續偕同鳥居進入苗栗縣大安溪泰雅族「北勢蕃」八社，及大甲溪「南勢蕃」各社探險。

六月　往台中縣和平鄉阿冷社，並進入「眉原蕃」蕃地調查泰雅族。

六月～七月　與鳥居在南投縣埔里「埔里社方面蕃地」調查各族，包括埔蕃、眉蕃、平埔蕃、黥面蕃及南蕃（布農族）。

八月～九月　與鳥居一起從南投縣集集
　　　　　及東埔社，取八通關線橫越中央山脈
　　　　　東下花蓮縣玉里。（森氏第一次取八
　　　　　通關線，亦即清代中路，進行中央山
　　　　　脈橫斷探險，第二次橫越布農蕃地。
　　　　　蕃族調查）

　　　　　兩人連袂轉往花蓮，調查泰雅族「太
　　　　　魯閣外社蕃」及「木瓜蕃」。

　　　　　繼續北上，調查宜蘭縣南澳鄉「南澳
　　　　　蕃」及大同鄉「溪頭蕃」。

十月　經鳥居龍藏介紹，加入東京人類
　　　　學會爲會員。

　　　　　一九〇〇年至一九〇一年，森氏住在
　　　　　台中縣殖產課課長小西成章（林學技
　　　　　師）的台中市官舍，學習森林與植物
　　　　　學，並多次一起上山。

　　　　　其間，森氏與台中縣岸裡大社頭目墩
　　　　　仔之孫潘永安交遊，向他學習巴則海
　　　　　平埔族歷史。

　　　　　森氏《布農蕃語集》已成稿。

　　　　　父親森太助去世，丑之助繼承戶長身
　　　　　分，同時將戶籍由京都市遷至東京
　　　　　市。把東京的家當作日後回日本內地

時的工作場所。

一九○一年　24歲　一月　前往苗栗縣大湖鄉「大湖蕃」及
「汶水蕃」兩蕃地調查泰雅族。

二月　第二次前往苗栗縣大安溪泰雅族
蕃地調查，並在台中縣東勢調查漢人
與泰雅族間所訂的「和親契約」。
轉往南投縣信義鄉卡社溪和丹大溪方
面，調查布農族「卡社蕃」及「丹社
蕃」。

**四月　台灣總督府臨時台灣舊慣調查會
成立。**

六月～七月　從南投縣埔里鎮進入濁水
溪上游調查南投縣仁愛鄉泰雅族。
（☆月：拍照托洛庫（Torok）蕃
Burayau社的蕃社住屋、榛樹林及突
出白雲之上的奇萊主山──《圖
譜》。）

☆月　單身前往蘭嶼，停留二十四天
調查雅美族民族誌。當時北海岸的舊
社（Iwauo社）尚在，三戶。

十二月　從南部潮州再度到望嘉社調
查。☆

（十二月：在南部排灣族望嘉社入口

處拍照頭骨架──《圖譜》。）

一九○二年　25歲　一月～二月，登玉山山脈北稜的郡大山，下山至巒大溪調查布農族。（路線未指出）

（一月：拍照日月潭邵族男女服飾以及划獨木舟情景；同月：分別在東埔社及巒大社拍照布農族住家及因祭日大醉的布農族青年；二月：拍照卓社大山腳下的卓社布農族住屋──《圖譜》。）

四月　往嘉義縣阿里山鄉，經由知母勝社登玉山。☆

（四月：拍照知母勝社頭骨架，也拍照玉山頂附近植物帶及鄒族壯丁──《圖譜》。）

六月　往台北縣南勢溪泰雅族「屈尺蕃」蕃地調查。

（五月：拍照南勢溪上游吊橋等──《圖譜》。）

九月　寄信給東京帝大坪井正五郎教授，說已收到「體質測定用紙」。從台北寄上他所採到的石器時代遺物多件，以及「烏來、屈尺蕃」照片十五

幅給坪井。

十二月　第一次在《東京人類學會雜誌》發表〈台灣石器時代遺物發現地名表〉，計列出九十三處遺址及收集的遺物種類，並論述石器垂直分布與現住原住民的地理位置相符的事實。

☆月　從屏東縣內埔鄉溯隘寮溪至德文社，經由巴利桑社橫越中央山脈到東側內本鹿社，經由大南社下至台東。（首次採取內本鹿迂迴路線中央山脈橫斷探險成功，第三次橫越布農蕃地。蕃族與地理調查）

一九〇三年　26歲　二月　往台北縣烏來社調查泰雅族。☆（二月：拍照烏來社泰雅族男女、穀倉、住屋、頭骨架，以及舉槍射擊的姿勢──《圖譜》。）

四月　往台北縣林望眼社（福山）調查。☆

（四月：拍照南勢溪Rimongan社男女──《圖譜》。）

五月　往大漢溪「大料崁蕃」烏來社（小烏來）調查。☆

（五月：拍照大料崁烏來社婦女及住

屋、穀倉──《圖譜》。）

一九○四年　27歲　☆月　第二次前往蘭嶼調查。

四月～五月　警察本署武裝警察在台北縣獅仔頭山至加九嶺方面進行「隘勇線前進」，森氏帶泰雅族嚮導隊前行至目標偵查，並構築隘勇線碉堡。

八月　進入南投縣仁愛鄉「干卓萬蕃」蕃地調查布農族。

（八月：拍照干卓萬社蕃人提著泰雅族首級，以及「丹社蕃」男子──《圖譜》。）

八月～九月　往花蓮縣馬太鞍、木瓜溪下游及「外太魯閣蕃地」調查阿美族與泰雅族。☆

（八月：拍照馬太鞍社公廨；木瓜溪下游的泰雅族。九月：拍照「太魯閣蕃」男女；花蓮七腳川社廢墟阿美族之墓；里留社的井──《圖譜》。）

九月～十月　往台東調查卑南社卑南族與馬蘭社阿美族後，從大武沿浸水營古道翻越中央山脈尾稜下至水底寮，轉往牡丹社調查。（森氏第一次走浸水營線中央山脈橫斷探險，第一次橫

越排灣蕃地。蕃族與地理調查）

（九月：拍照台東阿美族馬蘭社公
廨；卑南社盛裝的卑南族戰士。十
月：拍照「恆春下蕃」牡丹社住家及
男女；高士佛社男女及服飾——《圖
譜》。）

十月　從阿猴方面（屏東）登越大武山
後東下東海岸。（森氏第一次走大武
山線中央山脈橫斷探險，第二次橫越
排灣蕃地。蕃族與地理調查）

（十月：拍照大武山頂附近山勢——
《圖譜》。）

☆月，從東部玉里橫越中央山脈到西部
郡大社，經八通關登玉山，原路退
回，轉往新武呂溪方面，下山到新開
園（池上）。（森氏第二次八通關線
中央山脈橫斷探險，第四次橫越布農
蕃地。蕃族與地理調查）

一九〇五年　28歲　**台灣總督命殖產局創設「有用植物調查
科」。**

森氏以殖產局囑託身分參加植物調查
與植物標本的採集，私底下繼續個人
的蕃族調查。

三月～十月　前往台灣南部及恆春半島
調查排灣族與小部分魯凱族。☆

（三月～十月：拍照來義社全景及貴
族與頭目住宅；古樓社頭目住宅及男
女、服飾；佳平社頭目住宅及男女、
服飾；文樂社頭目；佳興社貴族；望
嘉社頭目住宅；三地門社頭目住宅及
婦女；北葉社頭目住宅；丹林社頭目
住宅；瑪家社頭目住宅；口社頭目住
宅；德文社頭目住宅前庭，筏灣社遠
景；霧台社附近吊橋；內文社頭目住
宅、頭骨架及從清軍擄獲的大砲；萃
芒社住屋及頭骨架；「恆春下蕃」高
士佛社住屋等──《圖譜》。）

森：「自一九○四年至一九○五年二
年餘，爲了蕃族研究流浪於布農及排
灣兩族蕃地。」

一九○六年　29歲　　一月～二月　前往南投縣仁愛鄉霧社
「托洛庫（Torok）蕃」蕃地一帶調查
泰雅族。☆

（一月：拍照霧社男女。二月：拍照
托洛庫蕃Sado社泰雅族男女──《圖
譜》。）

三月　前往恆春半島調查排灣族。☆

（三月：拍照「恆春上蕃」內文社男
女及頭骨架──《圖譜》。）

四月　往埔里社拍照下山的布農族「郡
蕃」。☆

（四月：拍照布農族郡蕃男女及服飾
──《圖譜》。）

（五月：拍照台北縣屈尺蕃烏來社泰
雅族男子──《圖譜》。）

五月　前往苗栗縣南庄鄉攀登加禮山
（即加裡山，賽夏族聖山），經五指山
進入泰雅族「卡拉排蕃」（Kalapai）
蕃地調查。

（☆年月：拍照「卡拉排蕃」及「馬
里闊灣蕃」住家及穀倉──《圖
譜》。）

六月　前往台北縣「屈尺蕃」蕃地，然
後橫越山脈（雪山山脈北段阿玉山山
階）至宜蘭叭哩沙（宜蘭縣三星）。

（路線未指出）

**六月二十六日～七月八日　剛上任台灣
總督一個月的佐久間左馬太巡視台灣
中南部。阿里山至埔里段由森氏陪同**

解說。

（七月：拍照大漢溪Kala社泰雅族女

子——《圖譜》。）

七月～八月　從嘉義經阿里山鄉登玉

山，東下八通關，然後轉往郡大溪郡

大社及巒大社方面布農族古部落群，

原路退回八通關，翻越中央山脈主脊

東下花蓮縣玉里。

（森氏第三次取八通關線中央山脈橫

斷探險，及第五次橫越布農蕃地。蕃

族及森林調查）

八月～九月　前往苗栗縣大湖鄉「大湖

蕃」蕃地，經「南勢蕃」蕃地前往南

投縣「眉原蕃」及「霧社蕃」蕃地，

調查泰雅族各部落群。

十月　陪殖產局技師川上瀧彌，經阿里

山鄉登玉山調查植物，並採集植物標

本。

（十月：拍照阿里山鄒族及服飾，知

母勝社鄒族少年；八通關布農族男女

露營情景；邵族靈樹；布農族干卓萬

社住屋及男子——《圖譜》。）

十一月～十二月　陪淡水海關支署署長

及斗六廳廳長登玉山，同時安置小神祠於山頂。下山至八通關後，森氏單身帶六名東埔社布農族，橫越中央山脈調查山脈兩側植物帶並採集植物標本。東下大崙坑社後投宿於頭目家。被打訓社副頭目阿里曼‧西肯及二十七名部下追殺五天，幸而大崙坑社頭目挺身保護，派七名部下隨行，晝伏夜行朝玉里方向下山。

（森氏第四次取八通關線中央山脈橫斷探險，及第六次橫越布農蕃地。植物調查）

（十一月：拍照鄒族楠仔腳萬社住家、頭骨架及公廨；十二月拍照秀姑巒山附近森林；十二月拍照台東卑南社公廨、蕃屋、豚舍及送郵件壯丁——《圖譜》。）

一九○七年　30歲　一月　從南投縣埔里、霧社橫越中央山脈主脊能高主山，東下花蓮。

（森氏第一次取能高主山線橫斷探險，第一次橫越中央山脈探查泰雅族蕃地。蕃族與地理調查）

二月　前往台北縣「屈尺蕃」蕃地，登

合屯山，經由熊空山、彩和山、馬武督及「大料崁前山蕃」之部分蕃地，下至內灣。

（二月：拍照新竹縣尖石鄉那羅「馬里闊灣蕃」泰雅族男女──《圖譜》。）

四月　偕同川上瀧彌技師往蘭嶼調查植物。（森氏第三次蘭嶼行）

（四月：拍照雅美族造船、婦女織布及男女服飾──《圖譜》。）

七月～八月　往南投縣埔里社方面的阿冷社、眉原社、霧社、萬大社調查泰雅族。

九月　往新竹縣五峰鄉五指山，轉往「馬里闊灣蕃」蕃地調查泰雅族。

前往高雄縣桃源鄉南鄒族「四社蕃」蕃地調查。☆

（九月：拍照排箭社鄒族男女及服飾；「四社蕃」男女古老服式──《圖譜》。）

十月　從苗栗縣大湖鄉大湖溯大湖溪探險鹿場大山，想登越大霸尖山，卻因蕃情不穩，中途折返。（森林與地理

調查）

十二月　往宜蘭方面蘭陽溪中游泰雅族「溪頭蕃」蕃地探險。

一九〇八年　31歲　一月　從南投縣埔里社方面，經霧社、萬大社登上能高主山，沿中央山脈主脊向南縱走，循知亞干溪向下游下降至花蓮。（森氏第二次取能高主山線中央山脈橫斷探險，第二次橫越泰雅蕃地。地理與蕃族調查。）

二月　前往高雄縣荖濃溪關山方面調查南鄒族與布農族「施武郡蕃」。（同行者志田梅太郎負責地形測量，森氏進行蕃族調查。）

往南投縣信義鄉卡社溪布農族「卡社蕃」蕃地調查。☆

（二月：拍照布農族卡社部落全景──《圖譜》。）

五月　往台北縣「屈尺蕃」蕃地測定泰雅族體質。之後，再度登鹿場大山。☆

（五月：從鹿場大山拍照大霸尖山至雪山間主稜（聖稜線）──《圖譜》。）

六月　往苗栗方面登加禮山（加裡山）。

八月　從苗栗縣大湖鄉大湖經洗水山至馬那邦山。

十月二十三日　台灣總督府殖產局附屬博物館開館。

森氏在開館前即已多年進入蕃地，蒐集人類學及植物學標本。開館後立即被任命為「歷史部門陳列員」，負責展示資料的蒐集、陳列與解說工作。（歷史部門分為「土俗」及「蕃族」二組）

十一月～十二月，南中央山脈探險。從高雄縣桃源（雁爾社）出發，環繞玉山山脈南半段一周，途中二次橫越中央山脈，在南、北鄒族及布農族「施武郡蕃」蕃地連續行動二十五天，最後重返雁爾社。（森氏第五次取八通關線中央山脈橫斷探險，第一次關山線橫斷探險，及第七、八次橫越布農蕃地。地理與蕃族調查）

一九○九年　32歲　**二月　台灣總督府臨時舊慣調查會增設**

蕃族科。

森氏受聘爲三十名囑託之一。伊能嘉
矩也是該會的囑託。前一年森氏即已
開始爲舊慣會工作。

三月〜五月　從台北縣屈尺橫越雪山山
脈阿玉山階，東出宜蘭叭哩沙（三
星），通過泰雅族「溪頭蕃」蕃地，
並到「南澳蕃」蕃地，首次完成「南
澳蕃十五社」的全面探險。
（五月：拍照泰雅族南澳蕃住家、婦
女與小孩——《圖譜》。）

四月　森氏《排灣蕃語集》及《阿眉蕃
語集》由蕃務本署發行。（均爲小册
子）

五月　往南投縣仁愛鄉北港溪調查泰雅
族「馬列巴蕃」，之後，轉往屏東縣
三地門鄉口社及大社調查排灣族。☆
（五月：拍照北港溪馬列巴（Malepa）
群泰雅族男女。拍照口社溪口社及隘
寮北溪德文社排灣族男女及服飾——
《圖譜》。）

五月二十五日　長女「富美」出生於台
北市。（森丑之助與龍子尚未登記結

婚）

夏，森氏寄信給東大坪井教授，說：

「目前繼續做『蕃人的生體測定』（體
質測定），自己加印記錄用紙，並利
用公務出差的機會，私底下進行蕃人
體質的研究；目前台灣總督府開始調
查全島蕃人的習俗，想利用此機會，
充分地整理我個人十五年來跋涉蕃地
所累積的人類學資料。」

八月　往南投縣仁愛鄉濁水溪上游「托
洛庫及塔烏查蕃」蕃地調查，並登奇
萊主山。

十月　前往阿里山達邦社。☆

（十月：拍照達邦社公廨與竹橋——
《圖譜》。）

**十月　台灣總督府官制改革，創立蕃務
本署，下設蕃務監視區，刷新蕃政施
設。**

**十一月　台灣總督府《二十萬分之一北
蕃圖》出版。**

十一月～十二月　陪蕃務本署測量囑託
志田梅太郎從阿里山登玉山測量。森
氏到中央山脈主脊兩側調查植物。

（十二月：站在中央山脈主脊，拍照玉山連峰及森林——《圖譜》。）

☆月　偕同志田梅太郎往花蓮縣卓溪鄉拉庫拉庫溪上游打訓社，由此登越新康山，南下新武呂溪方面，通過布農族「施武郡蕃」蕃地，從「關山」（小關山）西下雁爾社，經高雄縣茖濃下山。（森氏第二次取關山線中央山脈橫斷探險，第九次橫越布農蕃地。地理測量與蕃族調查）

本年起，長文〈北蕃行〉連載於日本愛國婦人會台北支部的雜誌《愛國婦人》，並接受該會委託調查、撰述〈台灣之蓆草〉及〈椰子與其栽培〉，展現自然科學方面的造詣。

一九一〇年　33歲　一月　因爲公務出差到花蓮，在新城鄉北埔海岸遮埔頭分遣所，數次和泰雅族「太魯閣外社蕃」及「內社蕃」各代表會面，也在木瓜溪口塔摩南（Tamonan）分遣所與泰雅族「巴特蘭蕃」會面。（一九〇六年屋伊里事件及陸海封鎖後的交涉，日方由「蕃通」森丑之助出面聯絡。）

一月二十一日　「太魯閣蕃地」與外海被日軍全面封鎖後的正式談判開始。

森氏陪同兩名警部（日方代表）在花蓮新城鄉北埔海岸的遮埔頭分遣所線外，與泰雅族外太魯閣總頭目哈洛庫・宇內（Harok Wunai）及武裝的五十八名代表（包括重要部落頭目）談判。森氏同時給泰雅族做體質測定。

三月　從南投縣埔里社出發，經霧社登合歡山。

四月　森氏《布農蕃語集》由蕃務本署發行。

陪蕃務本署野呂寧技師等人，從南投縣集集橫越中央山脈，東下拔仔庄，沿線調查森林、地質及集集・拔仔庄古道整修之可行性。

（森氏第二次取丹大線中央山脈橫斷探險，第十次橫越布農蕃地。森林、地質、地理及蕃族調查）

向台灣總督府民政長官呈報《集集・拔仔庄中央山脈橫斷探險報文》（為

原稿謄寫本，署名爲「囑託森丑之
助」），同時呈交〈太魯閣蕃之過去與
現在〉、〈太魯閣蕃語集〉及〈太魯
閣蕃體質測定資料〉。

**五月　台灣總督府蕃務本署增設調查
課。**

森氏屬於舊慣調查會囑託，故以兼任
囑託身分參與調查工作。

**台灣總督府「五年理蕃計劃」開始實
施，山地進入「隘勇線前進」、「收
繳原住民槍枝」及「討伐戰爭」的殺
伐時期。**

六月六日　森丑之助向東京戶政單位申
報他和龍子，原名リャウ，在台北結
婚。（森龍子生於明治二十二年，即
1889年，八月十一日，結婚時丑之助
33歲，龍子21歲。）

八月　往南投縣仁愛鄉北港溪上游調查
泰雅族「白狗蕃」（Hakul）、「馬列
巴蕃」（Malepa），及台中縣和平鄉梨
山「撒拉矛蕃」（Saramao）。

九月　離開臨時舊慣調查會囑託工作，
專任蕃務本署囑託職務。

☆月　嚮導殖產局技師中井宗三、出口
　　雄三等人，從南投縣集集出發，登玉
　　山，繼而經八通關橫越中央山脈主脊
　　大水窟。從此，森氏與中井氏沿山脈
　　主稜向南縱走，繞至新康山一帶調查
　　森林，然後南下清水溪流域調查森
　　林。出口氏由大水窟東下大崙坑社，
　　經蚊仔厝社、卓溪社下至花蓮縣玉
　　里。（森氏第六次取八通關線中央山
　　脈橫斷探險，第十一次橫越布農蕃
　　地。森林調查）

十二月　前往花蓮縣吉安鄉調查阿美族
　　「南勢蕃」。

　　（十二月：拍照花蓮薄薄社阿美族男
　　女及服飾——《圖譜》。）

　　**台灣博物學會成立於殖產局附屬博物
　　館。森氏爲會員。**

**十二月二十五日　鳥居龍藏第五次由東
　　京帝大來台，以台灣總督府囑託身分
　　調查蕃族。**

十二月底至翌年一月，陪鳥居調查大漢
　　溪泰雅族「卡奧灣蕃」（Gaogan）部
　　落，並走通北部隘勇線（今北橫公路

前身，橫越雪山山脈東北段），下至
桃園縣大溪。

一九一一年　34歲　一月　在《台灣時報》第二次發表〈台
灣石器時代古物遺跡發現地名表〉，
一共列出一六九處遺址及出土遺物種
類，並論述台灣原住民製造石器、陶
器及使用法。
再度陪鳥居前往泰雅族「卡奧灣蕃」
蕃地，及「溪頭蕃」蕃地調查。

二月　與蕃務本署同事大浦元三郎囑
託，陪鳥居巡察泰雅族「北勢蕃」及
「大湖蕃」蕃地。二月十一日連袂登
上馬那邦山。

三月　陪鳥居轉往泰雅族「馬里闊灣蕃」
蕃地，登李崍山後，再查「卡奧灣蕃」
蕃地才下山。

六月　從屏東縣潮州前往來義鄉古樓
社，由此橫越中央山脈，東下台東縣
大武鄉大鳥萬社，然後轉往太麻里溪
大麻里社調查排灣族。
（森氏第一次走清代「南路」中央山
脈橫斷探險，第三次橫越排灣族蕃
地。蕃族調查）

（六月：拍照大麻里社頭目夫人及其
服飾──《圖譜》。）

七月三日　菲律賓伊巴雅島（Itbayat
島）土人漂流至宜蘭大溪海岸，森氏
到現地，就土人身體及頭部進行體質
測定，並調查其語言、傳說、習俗
等，與台灣各族資料做比較研究。

一九一二年　35歲　**四月一日　英國植物學者H.J.Elwes來**
（大正元年）　　**台灣做植物調查，並在台北演講。**
森氏聽他對台灣原住民的觀感言論：
「率先進入蕃地，與蕃人一起生活，
熟悉其語言與習俗，入鄉隨俗，充分
溝通彼此想法的必要性」，發出強烈
共鳴。

四月　前往南投縣仁愛鄉干卓萬社、卓
社及信義鄉卡社調查布農族。

（三月：拍照「卓社蕃」及「卡社蕃」
女子及其服飾 ──《圖譜》。）

八月　日本三省堂《日本百科大辭典》
出版。
第六卷內有「台灣蕃族」一欄，這是
經東京帝大坪井教授推薦，台灣總督
府民政長官親自交代之下，由森氏撰

寫的。文長7,500字，附有16張珍貴照片，當時被視爲最權威的台灣蕃族介紹。（森氏已被視爲「台灣蕃族研究」的權威。）

十月　往新竹縣尖石鄉「馬里闊灣蕃」蕃地，轉往「奇那吉蕃」（Kinaji）蕃地巡察泰雅族各部落。

十二月　參與編纂台灣總督府蕃務本署《理蕃概要》，其中的〈蕃族總說〉出之於森氏手筆，照片也是森氏所提供，一九一三年五月出版。其後，甚至一九三八年出版的《理蕃概要》仍沿用森氏照片及大部分文字。

一九一三年　36歲　三～四月　前往「馬里闊灣蕃」蕃地調查，從李崍山轉往「卡拉排蕃」及「大湖蕃」蕃地巡察。

（五月：拍照Tabaho社（田埔）泰雅族男子及小孩——《圖譜》。）

六月八日　蕃務本署調查課被裁撤。

森氏決心辭去在台全部官方職務返回日本。

六月二十六日　在台北「台灣博物學會」例會席上作告別台灣演講，講題是

〈關於台灣蕃族〉，回顧他十八年來調查台灣蕃地與蕃人的動機與成果，並寄望於將來與諸位學者攜手努力調查研究。

六月二十八日　於基隆搭船返日本。回東京後到東大人類學敎室訪問鳥居龍藏講師。森氏對他說：「往年平穩無事的蕃地，現在已變成危險之境。」鳥居對於台灣蕃地變遷快速大爲驚嘆。兩人憶起當年在台灣攜手同遊的種種往事，不禁長歎不已。

東京帝大主動地給予「理科大學囑託」職位，以方便森丑之助著述與研究。

七月～十二月　在東京，應東洋協會的邀請，多次演講台灣蕃族學術調查、史前時代台灣原住民，原住民對傳統習俗及對鄉土的感念等。

在東京尋求「英國亞細亞協會」出資出版《台灣蕃族志》。

一九一四年　37歲　**五月～八月　慘烈的「太魯閣討伐戰」實施，戰線擴及立霧溪、木瓜溪及各支流，以及太魯閣海岸的內、外太魯閣部落。**

八月　接到台灣總督府民政長官內田嘉吉的邀請，再度來台回任台灣總督府臨時舊慣調查會蕃族科囑託，並整理資料。

中止與亞細亞協會交涉出版事宜。

十月　「南蕃叛變事件」爆發，戰線擴及南部及東部排灣族地界。次年一月，討伐軍隊解散，於是充滿殺伐的五年理蕃計劃，在排灣族平定後宣告結束。

十月～十二月　前往花蓮「太魯閣蕃地」調查泰雅族與阿美族。

（十月：拍照花蓮豆蘭社住屋及阿美族男女服飾；薄薄社住屋及阿美族男女服飾；大巴塱社阿美族男子；薄薄社女子正在製陶；阿美族汲水、搗粟穗等生活照。十月：在立霧溪泰雅族布洛灣社拍住家及男女；落芝煙社泰雅族少年；也到宜蘭大濁水溪南岸牛窟社（Gukutsu），拍照泰雅族男女及服飾；宜蘭南澳蕃女子及服飾——《圖譜》）。

十二月　前往阿里山鄒族達邦社。☆

（十二月：拍照達邦社住屋及男女服
飾；鄒族婦女從耕地回來——《圖
譜》。）

一九一五年　38歲　一月　前往宜蘭大濁水溪出海口南岸調
查，橫越中央山脈至西部埔里，到日
月潭後轉往濁水溪源頭「Torok蕃」
蕃地，及大甲溪南岸「撒拉矛蕃」蕃
地調查。（森氏未寫探險報導，也沒
有說明確實路線）

（一月：拍照Gukutsu社泰雅族婦女揹
起籐籠往耕地途中；西部濁水溪上游
「托洛庫蕃」Tarowan社，泰雅族婦女
刺青的場面，以及採麻、紡紗、織布
的連續生活照；「托洛庫蕃」Sado
社，拍照泰雅族彈Robo口簧琴、舂小
米、織布等生活照，以及住屋、穀
倉、望樓等；在南投縣日月潭拍照湖
畔邵族男女和駕獨木舟的生活照——
《圖譜》。）

鳥居龍藏：「著名的生蕃研究家森丑
之助，這次從東海岸橫越中央山脈至
西部埔里社的消息傳來，本人相信他
本次探險行動能夠把迄今尚未為人所

知、呈現混沌狀態的泰雅族種種有趣而且有益的事實，全部探查出來，他的探險報告不久之後將刊載於本學會雜誌吧。」──《人類學雜誌》大正四年一月二十日。

八月　參加南洋視察隊，前往赤道以南南洋廳管轄地──帛琉群島安吉魯島，視察燐礦開採事業。回台灣後撰述有關燐礦與土著的專文報告。

八月二十日　台灣總督府博物館開館。

繼續參與原住民標本的蒐集與陳列工作。原住民各族蠟像及固有服飾的穿著展示，係森氏的創意。

八月～九月　森丑之助著《台灣蕃族圖譜》第一卷及第二卷，由臨時台灣舊慣調查會發行。

一九一六年　39歲　擔任台灣總督府博物館「主事」（據森龍子：〈森丑之助──台灣蕃族研究〉）

「始政二十年紀念台灣勸業博覽會」開幕。

一九一七年　40歲　三月　森丑之助著《台灣蕃族志》第一卷（泰雅族篇），由臨時台灣舊慣調查會發行。

一九一九年　42歲　臨時舊慣調查會被裁撤，其蕃族科改名
　　　　　　　　　　為台灣總督府蕃族調查會。

一九二○年　43歲　四月　台北顯正會舉行春季大祭之夜，
　　　　　　　　　　演講〈我的惡魔主義〉，演講記錄連
　　　　　　　　　　載於《台灣日日新報》。

一九二一年　44歲　七月　在博物館的職階最後調整為「屬
　　　　　　　　　　四、勳八」。

一九二三年　46歲　九月一日　日本關東大震災發生。
　　　　　　　　　　森：「我二十年蕃地研究的結晶──
　　　　　　　　　　《台灣蕃族志》及《台灣蕃族圖譜》
　　　　　　　　　　共二十卷中，只出版三卷，其餘未刊
　　　　　　　　　　印的原稿資料全部化為灰燼。」

一九二四年　47歲　春　辭去博物館及蕃族調查會職務，決
　　　　　　　　　　心專事蕃族研究。
　　　　　　　　　　接受台灣「佐久間財團」研究補助
　　　　　　　　　　費，同時接受日本「大阪每日新聞社」
　　　　　　　　　　學術獎勵資金的計劃正洽談中，準備
　　　　　　　　　　以囑託身分研究並撰寫《台灣蕃族志》
　　　　　　　　　　及《圖譜》的餘卷。

一九二五年　48歲　六月　以大阪每日新聞社特派員名義，
　　　　　　　　　　參加台灣總督伊澤多喜男及隨員的全
　　　　　　　　　　島視察旅行。（事後森氏寫〈巡轅雜
　　　　　　　　　　觀〉。）

在《實業之台灣》雜誌發表生前最後一篇文章〈台北博物館的回憶〉，署名丙牛生。

一九二六年　49歲　**鳥居龍藏首先發表台灣巨石文化的存在。**

鳥居〈台灣の古代石造遺物に就いて〉（《民族》第1卷三號），正是根據森丑之助在台灣東部海岸白守蓮及新庄拍下的石棺、石壁、石柱等照片與文字說明，向學界發表的。森氏是台灣巨石文化的第一個調查、記錄者。

春　返回日本。

五月　兩次攜數十枚台灣原住民標本的圖片，到東京帝大人類學教室訪問，談起出版計劃，顯得很有精神。

與著名評論家土田杏村連袂訪問京都帝大考古學教室的濱田耕作教授。

六月　由日本返回台灣。留下遺書，赴花蓮意圖自殺，之後悄然回台北。

七月三日　失踪。親人和朋友到處尋找未果。本人當天到基隆港，下午四點登上航行於台、日間的輪船「笠戶丸」。

七月四日　凌晨「笠戶丸」出航，船上的旅客發覺森丑之助投海，船上只留下鞋子、毛巾、手錶和雨傘，但沒有留遺書。

七月三十日　回航的「笠戶丸」載著遺物進基隆港，親人和朋友往基隆辨認遺物，確定是森氏遺物。

七月三十一日　《台灣日日新報》以〈蕃通第一人：森丙牛之死〉大標題及半身照片作大報導。死時身分是大阪每日新聞社囑託。

八月四日　下午四點起，假台北市三板町葬儀堂舉行日本神道式公祭。

遺孀森龍子和女兒森富美繼續住在台北。當時富美滿17歲，就讀於台北第一高女（今北一女前身）。

森丑之助的墳墓位於東京都文京區本鄉的大林寺。沒有骨灰，只在家墓刻上姓名而已。

一九三五年　已經返回日本居住的遺孀森龍子，應日本黑龍會的邀請，撰寫森丑之助略傳，約三百字。此為森丑之助唯一的傳記。同年，龍子去世於德島市。

	森龍子：「森丑之助被稱爲台灣生蕃研究的第一人，終其一生認眞求知，甘冒無數次生命的危險與困苦，奉獻於人類學研究和台灣理蕃事務，素爲人欽佩。」
一九三六年	六月　黑龍會編《東亞先覺志士記傳》出版。森龍子的〈森丑之助——台灣蕃族研究〉被收錄於下卷，第七三四頁。（森丑之助被視爲東亞先覺志士之一。）
一九四七年	二月十五日　森富美根據台灣報紙記載，向東京戶政單位申報森丑之助失踪事宜，戰後才正式被受理，「失踪宣告」成立，森丑之助戶籍欄上記載爲「昭和8年7月4日確認業已死亡」。
一九九六年	邱若山在日本天理大學「台灣學會」之第六回研究大會，首次發表〈森丙牛考〉。
一九九七年	十月　日本順益台灣原住民研究會研究員宮岡眞央子，發表〈森丑之助の著作目錄及び若干の解說〉，收錄於《台灣原住民研究》第二號，一九九七年十月。

十一月　宮岡眞央子繼續發表〈野人の
　　　文化人類學──森丑之助の生涯と研
　　　究〉，收錄於《南方文化》雜誌，第
　　　二十四輯，一九九七年十一月。

一九九八年　　　八月　森丑之助的曾孫森雅文應邀，在
　　　笠原政治教授和宮岡眞央子研究員陪
　　　同下，攜帶森丑之助的遺照來台北訪
　　　問楊南郡，互換珍貴資料。

二〇〇〇年　　　一月　楊南郡《生蕃行腳──森丑之助
　　　的台灣探險》出版。
　　　本書爲森丑之助著作選集中文譯註
　　　本，含年譜、著作、論文目錄、攝影
　　　集解說，以及記述森丑之助一生事蹟
　　　的專文。

〈附錄三〉
森丑之助著作、論文目錄

附註：有 ★ 符號標示的專書或論文，只知出處，但未見原文。

專書

● 《ぱいわん蕃語集》
　　明治32年（1899年）定稿
　　明治42年4月台灣總督府蕃務本署發行

● 《阿眉蕃語集》
　　（仝上）

● 《ぶぬん蕃語集》
　　明治33年調查
　　明治43年4月台灣總督府蕃務本署發行

● 《大魯閣蕃語集》
　　明治33年調查之修正稿
　　明治43年5月呈交台灣總督府蕃務本署

● 《埔里社方面トルコ蕃語集》
　　未定稿之修正稿
　　明治43年5月呈交蕃務本署

● 《ブヌン族記事稿本》
　　明治43年調查記錄
　　民政部蕃務本署藏 ★

- 《集集‧拔仔庄間中央山脈橫斷探險報文》，附《大魯閣蕃の過去及現在》
    原稿裝訂本，未刊行
    明治43年4月調查並呈報台灣總督府民政長官
- 《台灣蕃人寫眞帖》
    明治43年經由侍從武官長呈獻明治天皇
    （日本宮內省藏）★
- 《台灣山岳景觀解說》
    與中井宗三合著
    台北新高堂書店發行
    大正2年（1913年）11月
- 《台灣蕃族圖譜》第1卷，第2卷
    臨時台灣舊慣調查會發行，台北
    大正4年8月及9月
- 《台灣蕃族志》第1卷
    臨時台灣舊慣調查會發行，台北
    大正6年3月

論文

（一）《台灣日日新報》刊載（1999年止已查出18篇）

- 〈南方蕃社に於ける人類學的研究〉　森鞆次郎
    （一）～（七）

明治33年（1900年）4月25日～5月3日

- 〈北蕃行〉　森丙牛

    （一）～（八）

    明治33年6月6日～13日

- 〈アミ蕃族の言語に就て〉　　森鞆四郎

    明治33年6月13日～14日

    〔註：森鞆四郎是森鞆次郎之誤植〕

- 〈中央山脈の森林〉　　丙牛生

    （一）～（三）

    明治41年2月1日～5日

- 〈中央山脈の地質〉　　丙牛生

    （上）、（中）、（下）

    明治41年2月6日～8日

- 〈岐萊の蕃人〉　　丙牛生

    （一）～（十二）

    明治41年2月12日～28日

- 〈首取懺悔〉　　丙牛生

    明治41年5月3日

- 〈鹿場大山探險談〉　　殖産局囑託森丙牛氏談

    （一）～（六）

    明治41年11月

- 〈奧の奧の蕃社より〉　　森丙牛

    明治41年12月26日

寄自大崙坑社頭目家

● 〈南中央山脈探險〉　森丙牛氏談

　　（一）～（十九）

　　明治42年1月7日～2月4日

● 〈北蕃のお伽噺〉　丙牛生

　　（一）～（五）及（六）～（七）

　　明治42年5月16日～21日及5月23日～30日

● 〈南澳蕃の警樓〉　丙牛生

　　明治42年6月13日

● 〈台灣蕃族の種別に就て〉　森丙牛

　　（一）～（八）

　　明治43年7月3日～31日

● 〈十五年前の蕃界〉　森丙牛

　　（一）～（六）

　　明治45年5月1日～7日

● 〈加藤智學師の東歸を送る〉　森丙牛

　　大正9年4月21日

● 〈肉に亡ぶも靈に生きたいと云ふ人生觀を實現せる私
　　の惡魔主義〉　森丙牛

　　（一）～（四）

　　大正9年（1920年）4月30日～5月4日

　　〔註：台北顯正會春季大祭之夜演講記錄，缺（一）

　　及（三）〕

- 〈ヤップ島情一斑〉　　丙牛生

  （一）～（四）

  大正10年5月10日～17日
- 〈堯舜時代の如き平和鄉紅頭嶼の蕃人〉

  總督府博物館森丑之助氏談

  大正11年11月16日

（二）《東京人類學會雜誌》刊載（共24篇）

- 〈台灣蕃地探險日記〉　　森鞆次郎

  第15卷第171號

  明治33年（1900年）6月20日

  〔註：〈南方蕃社に於ける人類学的研究〉的節錄
  轉載〕
- 〈台北、台中の間にて石器時代遺物あるべき地〉

  森鞆次郎

  第16卷第176號

  明治33年11月20日
- 〈台灣奇萊里留社の舟祭〉　　森丑之助

  第16卷第180號

  明治34年3月20日

  〔註：轉載自《台中新聞》，明治34年1月9日、11
  日、17日。〕
- 〈森丑之助の台灣通信〉　　森丑之助

第18卷第199號

明治35年10月20日

● 〈台灣に於ける石器時代遺跡に就て〉　　森丑之助

第18卷第201號

明治35年12月20日

● 〈台灣顆面蕃のお伽噺〉　　森丑之助

第24卷第280、281號

明治42年7月20日、8月20日

● 〈森丑之助の台灣通信──台灣舊慣調查會の蕃人調

查〉　　森丑之助

第24卷第282號

明治42年9月20日。

● 〈ガオガン蕃人の體質〉　　森丑之助

第26卷第298號

明治44年1月20日

● 〈台灣の生蕃に就て〉　　森丑之助

第29卷第2號

大正3年（1914年）2月20日

〔註：例會中之演講記錄〕

● 〈不具者の淘汰〉　　森

第29卷第2號

大正3年2月20日

● 〈生蕃の副乳〉　　森

第29卷第3號

大正3年3月20日。

● 〈台灣生蕃の山中生活〉　　森丑之助

　　第29卷第4號

　　大正3年4月20日

　　〔註：例會中之演講記錄〕

● 〈阿眉種族の現狀〉　　森

　　29卷第4號

　　大正3年4月20日

● 〈台灣と漂著船〉　　森

　　第29卷第4號

　　大正3年4月20日

● 〈台灣生蕃の記事に就て〉　　森丑之助

　　第29卷第5號

　　大正3年5月20日。

● 〈生蕃中の漢人と其雜種〉　　森

　　第29卷第6號

　　大正3年6月20日。

● 〈台灣に於ける各蕃族の埋葬法に就て〉　　森丑之助

　　第29卷第7號、第9號

　　大正3年7月20日、9月20日

　　〔註：例會中之演講記錄〕

● 〈台灣蕃族の靈地〉（口繪說明）　　森

第29卷第7號

大正3年7月20日。

● 〈粟の種を奪ひ來る〉（パイワン族の傳說）　　森

第29卷第8號

大正3年8月20日

● 〈熊と豹の話〉　　森

第29卷第10號

大正3年10月20日

● 〈穿山甲と猿〉（台灣パイワン族の傳說）　　森

第29卷第12號

大正3年12月20日

● 〈犬の媒に結婚〉（台灣パイワン族の傳說）　　森

第30卷第1號

大正4年1月20日

● 〈リキリキ社（台灣パイワン族）の傳說〉　　森

第30卷第2號

大正4年2月20日

● 〈卑南社の祖先〉（台灣蕃族の傳說）　　森

第31卷第1號

大正5年1月20日

（三）《台灣時報》刊載（共34篇）

● 〈蕃人の製鹽〉　　（無署名）

第13號

明治43年（1910年）7月20日

● 〈蕃社地名考〉　　森丑之助

（一）、（二）、（三），第13號、15號、25號

明治43年7月20日、9月20日，明治44年8月31日

● 〈蕃人の鹽と云ふ言葉補白〉　　　UM

第14號

明治43年8月20日

● 〈人類學上より見たる北蕃の體質〉　　森丑之助

第14號

明治43年8月20日

● 〈台灣の蒲草〉　　丙牛生

（上）、（中）、（下），第14號、15號、16號

明治43年8、9、10月20日

● 〈台灣生蕃と熟蕃〉　　森丑之助

第17號

明治43年11月20日

● 〈台灣に於ける石器時代の遺跡に就て〉　　森丑之助

（上）、（中）、（下），第19號、20號、21號

明治44年2月27日、3月28日、4月20日

● 〈過去に於ける北勢蕃〉　　丙牛生

第22號

明治44年5月30日

- 〈北蕃の迷信〉　森丑之助

　　（自序）、（一）～（十三），第23號～第36號

　　明治44年6月20日、7月30日、8月31日、9月20
　　日、11月20日、12月20日，大正元年1月20日、2
　　月28日、3月30日、4月30日、5月30日、6月30
　　日、7月31日、9月20日

　　〔註：森氏自云：續篇草稿已佚失，日後將重查補
　　述。〕

- 〈イバヤッ島土人と台灣蕃族〉　森丑之助

　　第24號、28號、29號

　　明治44年7月30日、12月20日、大正元年1月20日

- 〈台灣蕃族の調查に就いて〉　丙牛生

　　第30號

　　大正元年（1912年）2月28日

- 〈蕃族標本の陳列に就て〉　丙牛生

　　第31號

　　大正元年3月30日

- 〈蕃人と其心性〉　ＵＭ

　　（一）、（二），第35號、36號

　　大正元年7月31日、9月20日

- 〈台灣蕃族概說〉　森丑之助

　　第37號

　　大正元年10月20日

- 〈中部台灣に於ける民庄と蕃社の和親契約の實例〉

    森丑之助

    第38號、39號

    大正元年11月20日、12月20日

- 〈花蓮港と新城〉　丙牛生

    第42號、43號

    大正2年3月31日、4月25日

- 〈パイワン族の迷信〉　森丑之助

    （一）～（五），第42號、43號、44號、45號、51號

    大正2年3月31日、4月25日、5月20日、6月30日、

    12月15日

- 〈新城の過去〉　丙牛生

    第43號

    大正2年4月25日。

- 〈同治より光緒年間に於ける太魯閣蕃の勢力〉

    丙牛生

    （上）、（中）、（下），第44號、45號、50號

    大正2年5月20日、6月30日、11月15日

- 〈台灣蕃族に就て〉　森丑之助

    （上）、（下），第47號、49號

    大正2年8月25日、10月15日

    〔註：在台灣博物學會例會中告別台灣演講記錄〕

- 〈ブヌン族の傳説〉　　丙牛生

  第52號

  大正3年1月15日

- 〈ツオウ族の傳説〉　　丙牛生

  第53號

  大正3年2月15日

- 〈紅頭嶼の蕃民〉　　森丑之助

  （一）、（二），第69號、70號

  大正4年6月25日、7月22日

- 〈蕃俗百話〉　　丙牛生

  （一）～（十三），第69號、70號、72號、79號、

  81號、84號、85號、87號、88號、91號、97號、

  98號、101號

  大正4年6月25日、7月22日、9月15日，大正5年4

  月15日、6月15日、9月15日、10月15日、12月15

  日，大正6年1月15日、4月25日、10月15日、11月

  15日、大正7年2月15日

  〔註：分爲26篇，連載13次〕

- 〈鈴木氏の琉球弁を讀む〉　　森丙牛

  第72號

  大正4年9月15日

- 〈アンガウル島の燐礦〉　　森丑之助

  （上）、（中）、（下），第79號、80號、81號

大正5年4月15日、5月25日、6月15日

● 〈ブヌン蕃地及蕃人〉　森丑之助

（一）～（十），第83號、84號、86號、90號、92號、93號、95號、96號、98號、99號

大正5年8月15日、9月15日、11月15日，大正6年3月15日、5月15日、6月15日、8月15日、9月15日、11月15日、12月15日

〔註：分爲27篇，連載10次〕

● 〈土器に因むパイワン族神話の一例〉　丙

第84號

大正5年9月15日

● 〈台灣森林と蕃人との關係に就て〉　森丑之助

第89號

大正6年2月15日

〔註：舊臘林友會演講記錄（節錄）〕

● 〈椰子及其栽培〉　丙牛生

（上）、（中）、（下），第92號、93號、96號

大正6年5月15日、6月15日、9月15日

● 〈拔仔庄奧の森林に就いて〉　森丑之助

第94號

大正6年7月25日

● 〈南洋占領地の民族〉　森丑之助

第109號

大正7年10月15日

● 〈生蕃行腳〉　丙牛生

（一）～（五），新第55號、56號、57號、59號、
62號

大正13年4月15日、5月10日、6月10日、8月10
日、11月10日

● 〈南方民族と古銅鼓の史的關係〉（上）　森丑之助

新第61號

大正13年10月5日

〔註：本篇續文（下）未刊載〕

（四）《東洋時報》刊載（共6篇）

● 〈生蕃の台灣に及ぽせる影響及び蕃族の學術的調查〉

森丑之助

第179號

大正2年（1913年）8月

〔註：演講記錄〕

● 〈有史以前の台灣住民に就て〉　森丑之助

第180號

大正2年9月

〔註：演講記錄〕

● 〈生蕃の觀たる台灣及其の鄉土に對する感念〉

森丑之助

第182號

大正2年11月

〔註：演講記錄〕

● 〈生蕃の首狩に對する感念と其慣習〉　森丑之助

第183號

大正2年12月

〔註：演講記錄〕

● 〈生蕃の傳說〉　森丑之助

（一）、（二），第184號、185號

大正3年1月、2月

● 〈台灣蕃族〉　森丑之助

（一）、（二），第186號、188號

大正3年3月、5月

〔註：只有布農族，其餘各族的部分未刊出。〕

（五）《愛國婦人》刊載（共1篇）

● 〈北蕃〉　森丑之助

明治42年（1909年）至大正2年（1913年）連載 ＊

（六）《台灣農事報》刊載（共4篇）

● 〈北蕃の農業〉　森丑之助

第68號

大正元年（1912年）7月

- 〈北蕃の農事に關する迷信〉　森丑之助

    第71號

    大正元年10月

- 〈蕃人の農業〉　森丑之助

    第100號

    大正4年3月

- 〈蕃人の主食物〉　森丑之助

    第103號

    大正4年6月

（七）《日本百科大辭典》（共1篇）

- 〈台灣蕃族〉　森丑之助

    收錄於《日本百科大辭典》第6卷

    大正元年（1912年）8月三省堂發行

（八）《理蕃概要》（共1篇）

- 〈總說〉　森丑之助

    收錄於《理蕃概要》

    大正元年12月編纂

    大正2年5月台灣總督府蕃務本署發行

（九）《台灣教育》刊載（共2篇）

- 〈小學地理卷二，蕃人の插畫に就いて〉　森丑之助

第127號

大正元年11月

● 〈台灣蕃族に就いて〉　　森丑之助

第138號、139號

大正2年10月、11月

〔註：本篇演講記錄與刊載於《台灣時報》者相同〕

（十）《台灣博物學會會報》刊載（共3篇）

● 〈紅頭嶼の蕃人〉　　森丑之助

第7號

大正元年11月

● 〈小學地理卷二，蕃人の插畫に就いて〉　　森丑之助

第8號

大正元年12月

〔註：由《台灣教育》雜誌轉載〕

● 〈台灣蕃族に就いて〉　　森丑之助

第12號

大正2年10月

〔註：本篇演講記錄與刊載於《台灣時報》及《台灣教育》者相同。〕

（十一）《蕃界》刊載（共3篇）

● 〈ブヌン族の祭祀〉　　森丑之助

創刊號

大正2年（1913年）1月

● 〈タイヤル族の祭祀〉　　森丑之助

第2號

大正2年3月

● 〈北蕃の迷信〉　　森丙牛

第3號

大正2年5月

（十二）《新台灣》刊載（共1篇）

● 〈領台當初の蕃界〉　　丙牛生

第36號

大正7年（1918年）6月 ⋆

（十三）《實業之台灣》刊載（共7篇）

● 〈浪人氣質〉　　丙牛生

第16卷第10號

大正13年（1924年）

● 〈台灣の生蕃問題〉　　森丙牛

第16卷第12號

大正13年

〔註：原載《日本電報通信社台灣支局開設三周年
紀念號》，已由作者訂正過。〕

● 〈台日社說の蕃人に關する社說を讀みて敢て世人の謬

　相を解く〉　　森丙牛

　第17卷第7號

　大正14年

● 〈巡轅雜觀〉　　森生

　（一）、（二），第17卷第7號、第8號

　大正14年（1925年）

● 〈蕃地開發の先決問題として蕃務法規制定の必要〉

　森丙牛

　第17卷第8號

　大正14年

● 〈川上農學士と台灣植物調查事業〉　　森丙牛

　第17卷第9號

　大正14年

● 〈台北博物館の思ひ出〉　　丙牛生

　第17卷第9號至12號

　大正14年9月至12月

　〔註：《科學の台灣》雜誌有轉載，第4卷第2號，

　昭和11年（1936年）5月〕

（十四）其他（共1篇）

● 〈台灣に於ける高地帶の住民に就て〉　　森丑之助

　大正2年（1913年）7月

　〔註：於東京演講，記錄發表於何種報刊不明〕★

〈附錄四〉
研究森丑之助事蹟與學術之
參考文獻

- ＜蕃山の二大樂園地＞
  宮川次郎作
  《台灣、南支、南洋パンフレット》第16冊
  拓殖通信社台北支社發行
  大正15年（1926年）6月
- ＜蕃通森丙牛の死因＞
  宮川次郎作
  同上第21冊
  大正15年（1926年）8月
- ＜森丑之助氏逝く＞
  佐佐木舜一作
  《台灣博物學會會報》第86號
  大正15年（1926年）10月1日
- ＜森丑之助氏の遠逝＞
  《東京人類學會雜誌》第41卷第9號
  大正15年（1926年）9月
- ＜森丙牛君と近藤技師＞
  岡本要八郎作

《台灣博物學會會報》第87號

大正15年（1926年）11月

- ＜森丙牛氏の死＞

土田杏村作

《思想、人物、時代》

千倉書房發行

昭和7年（1932年）

- ＜森丑之助——台灣蕃族研究＞

遺孀森龍子作

《東亞先覺志士記傳》（下卷）

黑龍會發行

昭和11年（1936年）6月

- ＜森丑之助氏著ぶぬん蕃語集（台灣總督府出版）＞

鳥居龍藏評論

《東京人類學會雜誌》第290號

明治43年（1910年）5月20日

- ＜創立三十年紀念座談會＞

《創立三十年紀念論文集》

台灣博物館協會發行

昭和14年（1939年）3月

- ＜台灣考古學研究簡史＞

《台灣考古誌》

金關丈夫、國分直一合著

法政大學出版局發行

昭和54年（1979年）10月

● 《鳥居龍藏全集》第11卷

「有關鳥居龍藏和森丑之助的台灣探險報導」

朝日新聞社發行

昭和52年（1977年）

● ＜森丙牛考＞

邱若山作

日本天理大學台灣學會第6回研究大會發表

1996年

● ＜森丑之助の著作目錄及び若干の解說＞

宮岡眞央子作

《台灣原住民研究》第2號

日本順益台灣原住民研究會編，風響社發行

1997年10月

● ＜野人の文化人類學——森丑之助の生涯と研究＞

宮岡眞央子作

《南方文化》雜誌第24輯

1997年11月

● ＜幻のツァリセン族

——台灣原住民ルカイ研究史（その１）＞

笠原政治作

《台灣原住民研究》第2號

日本順益台灣原住民研究會編，風響社發行

1997年10月

- ＜早期日本學者與台灣研究＞

  楊南郡演講記錄

  《史匯》第2期

  國立中央大學歷史研究所發行

  1997年6月

- ＜台灣早期拓山血汗史＞

  楊南郡演講記錄

  《中華山岳》第159期

  中華民國山岳協會發行

  1998年7月

- ＜日治時代台灣人類學調查研究＞

  楊南郡演講記錄

  國立東華大學族群關係與文化研究所

  《族群關係與文化公開學術講座演講記錄彙編（5）》

  1999年1月

- ＜學術探險家森丑之助＞

  楊南郡作

  《生蕃行腳──森丑之助的台灣探險》

  遠流出版公司發行

  2000年1月

〈附錄五〉
〈學術探險家森丑之助〉補註

第三○頁「因為自幼病弱……二十歲」，出自〈台灣蕃族に就て（上）〉，《台灣時報》四七號，一九一三年。

第三○頁「在十六歲之前……到外地流浪」，出自〈肉に亡ぶの靈に生きたいと云ふ人生觀を實現させる私の惡魔主義（二）〉，《台灣日日新報》，一九二○年。

第三二頁森丑之助自述，出自〈浪人氣質（六）〉，《實業之台灣》十六卷十號，頁六二，一九二四年。

第三三頁「帶武器……一點用處也沒有」，出自〈台灣蕃族に就て（下）〉，《台灣時報》四九號，一九一三年十月十五日。

第三七頁「明、清兩代……傳聞而已」，出自〈首取懺悔〉，《台灣日日新報》，一九○八年五月三日。

第三七頁「照目前的趨勢……已經不存在了」，出自〈台灣蕃族に就て（下）〉，《台灣時報》四七號，一九一三年。

第三八頁「與其返回內地……更鮮活的社會學事實」，出自〈浪人氣質（六）〉，《實業之台灣》十六卷十號，頁六二，一九一四年。

第四○頁「我出生入死……負責的態度」，出自〈川上農學士と台灣植物調查事業〉，《實業之台灣》十七卷九號，頁二七，一九二五年。

第四〇頁「《台灣蕃族圖譜》……這些照片」，出自《台灣蕃族圖譜》第一卷，一九一五年。

第四一頁「認識台灣……追求我的志業」，出自〈生蕃の台灣に及ぽせる影響及び蕃族の學術的調査〉，《東洋時報》一七九號，頁三三～三四，一九一三年。

第四一頁「師次新城碑」，出自〈太魯閣蕃ノ過去及現在〉，《集々抜仔庄間中央山脈橫斷探險報文》，森氏原稿，一九一〇年四月。

第四三頁「鳥居氏於明治……北上阿里山」，出自〈生蕃行腳（一）〉，《台灣時報》五五號，一九二四年四月十五日。

第四四頁「夏日來到老榕……熱帶風情畫」，出自〈蕃俗百話（四）〉，《台灣時報》七十號，一九一二年七月。

第四四頁「我親自到……也在於此」，出自〈生蕃行腳（四）：高雄から枋寮へ〉，《台灣時報》五九號，一九二四年四月十五日。

第四四頁「我們在適用……溫馨的慰藉」，出自〈生蕃行腳（四）〉，《台灣時報》五九號，一九二四年八月十日。

第四六頁「我自願……死而無憾」，出自〈太魯閣蕃ノ過去及現在〉，《集々抜仔庄間中央山脈橫斷探險報文》，一九一〇年四月。

第四九頁「談到在台灣的行為……的資格」，出自〈肉に亡ぶの靈に生きたいと云ふ人生觀を實現させる私の惡魔主義（四）〉，《台灣日日新報》，一九二〇年五月三日。

第五五頁「探險隊此去……悲壯情懷」，出自〈南中央山脈探險（十）〉，《台灣日日新報》，一九〇九年一月十七日。

第五六頁「兩年前追殺……枯骨了」，出自〈南中央山脈探險（十五）〉，《台灣日日新報》，一九〇九年一月二十七日。

第五九至六〇頁「筆者認為……森氏所提供的」，出自〈森丑之助氏逝く〉，《台灣博物學會會報》八六號，頁一九七，一九二六年十月一日。

第六六頁「橫臥者……推舉為土目」，出自〈台灣通信──坪井理科大學教授宛て森丑之助氏よりの來書〉，《東京人類學會雜誌》十八卷一九九號，頁四十，一九〇二年。

第六六至六七頁「照片上的男子……神戶等地」，出處同上。

第六八頁「他在〈關於台灣蕃族之調查〉……必做的工作」，出自〈台灣蕃族の調査に就て〉，《台灣時報》三十號，一九一二年二月二十八日。

第七三頁「往年蕃地……越趨複雜」，出自〈台灣の生蕃問題〉，《實業之台灣》十六卷十二號，頁十六，一九一四年。

第七三頁「例如花蓮烏伊里社事件……所引起的」，出自〈蕃務法規制定の必要〉，《實業之台灣》十七卷八號，頁七，一九二五年。

第七四頁「只會憎恨蕃人……他們的愚昧」，出自〈蕃人と其心性〉，《台灣時報》三六號，一九一二年。

第七四頁「台灣蕃人……容易溝通協調的」，出自〈台日社說の蕃人に關する社說を讀みて──敢て世人の謬相を解く〉，

《實業之台灣》十七卷七號，一九二五年。

第七四頁「在內山蕃地……是非常親切的」，出自〈台灣森林と蕃人との關係に就て〉，《台灣時報》八九號，一九一七年二月十五日。

第七五頁「最重要的事實……對等的地位」，出自〈台灣蕃族に就て（下）〉，《台灣時報》四九號，一九一三年。

第七六頁「蕃人即使……最大的恥辱」，出處同上。

第七六頁「蕃人社會……友愛回報」，出處同上。

第七七頁「由於台灣……不可能成功的」，出自〈生蕃の台灣に及ぼせる影響及び蕃族の學術的調查〉，《東洋時報》一七九號，頁三八～三九，一九一三年。

第七七至七八頁「假如漢人……賞賜我們的」，出處同上。

第七八頁「蕃人住在山中……有什麼的水源」，出自〈台灣森林と蕃人との關係に就て〉，《台灣時報》八九號，一九一七年二月十五日。

第七九至八〇頁「所謂蕃人……重要的因素」，出自〈北蕃の迷信〉，《台灣時報》二三號，一九一一年六月二十日。

第八七頁「是幸還是不幸……重新開始著述」，出自〈浪人氣質（六）〉，《實業之台灣》十六卷十號，頁六四，一九二四年。

第八九至九〇頁「我在整理過去……人情的機微了」，出自〈浪人氣質（六）〉，《實業之台灣》十六卷十號，頁六三，一九二四年。

第九一頁「明治三十四年……照片和圖版」，出自〈例言〉，
　　《台灣蕃族圖譜》第一卷，一九一五年七月。

第九五至九六頁「布農族維持……難以收拾的後果」，出自〈台
　　灣蕃族に就て（下）〉，《台灣時報》四九號，一九一三年。

第九六至九七頁「認識台灣……不可或缺的要務」，出自〈生蕃
　　の台灣に及ぼせる影響及び蕃族の學術的調查〉，《東洋時
　　報》一七九號，頁三三，一九一三年。

第九七頁「丙牛氏行事……遊說抗命的頭目」，出自〈蕃通の第
　　一人者　森丙牛氏の死〉，《台灣日日新報》，一九二六年七
　　月三十一日。

第一〇〇頁「丙牛氏的大計劃……實踐他的抱負」，出處同上。

第一〇一頁「今年春天……極大的挫折」，出處同上。

第一〇二頁「本年五月……精神奕奕」，出自〈森丑之助の遠
　　逝〉四一卷九號，頁四六九，一九二六年九月。

第一〇二頁「森氏在東京震災……回內地洽商」，出自〈森丙牛
　　氏の死因〉，《思想・人物・時代》，頁三四二～三四三，
　　一九三二年。

第一〇三至一〇五頁「森氏於一九二三年……崩潰的前兆」，出
　　自〈蕃通　森丙牛の死因〉，《台灣・南支・南洋パンフレッ
　　ト》二一號，頁十四～二六，一九二六年。

第一〇八至一〇九頁「《台灣日日新報》報導」，出自〈蕃通
　　の第一人者　森丙牛氏の死〉，《台灣日日新報》，一九
　　二六年七月三十一日。

第一一一頁「台灣蕃族志……完成續卷……」，出自〈序言〉，《台灣蕃族志》第一卷，一九一七年。

第一一三頁「台灣蕃人……的語詞……」，出自〈台灣蕃族に就て（下）〉，《台灣時報》四九號，一九一三年。

台灣調查時代 5

生蕃行腳 森丑之助的台灣探險

原著——森丑之助　　譯註——楊南郡

原版編輯群

總策劃——莊展鵬　　副總編輯——黃盛璘　　主編——林皎宏　　副主編——連翠茉
美術總監——唐亞陽　　圖文整合——中原造像股份有限公司
照片提供——楊南郡　　照片翻拍——陳輝明、徐志初
地圖製作——楊南郡、陳春惠、余靜慧　　企劃——賴惠鳳

新版編輯群

主編——陳懿文　　封面設計——陳文德　　美術設計——陳春惠
行銷企劃——舒意雯　　出版一部總編輯暨總監——王明雪

發行人——王榮文
出版發行——遠流出版事業股份有限公司　104005 台北市中山北路一段11號13樓
　　　　　　電話：（02）2571-0297　傳真：（02）2571-0197　郵撥：0189456-1
著作權顧問——蕭雄淋律師

□2000年1月1日　初版一刷
□2021年9月1日　四版一刷
定價——新台幣680元
ISBN 978-957-32-9252-4

遠流博識網 http://www.ylib.com E-mail: ylib@ylib.com
遠流粉絲團 https://www.facebook.com/ylibfans

圖片來源

本書圖片除圖文說明所附個別提供者之外，均由國立台灣圖書館提供，特此致謝。

國家圖書館出版品預行編目(CIP)資料

　生蕃行腳：森丑之助的台灣探險 / 森丑之助原著；楊南郡譯註. -- 四
　版. -- 台北市：遠流出版事業股份有限公司. 2021.09
　　面；　公分. --（台灣調查時代；5）
　　ISBN 978-957-32-9252-4（平裝）

　1.台灣原住民　2.田野工作

536.33　　　　　　　　　　　　　　　　　110013075

本書榮獲　財團法人|國家文化藝術|基金會 National Culture and Arts Foundation 獎助調查研究暨出版

台灣調查時代・典藏推薦

百岳攀登時代，楊南郡老師在關山主峰。（徐如林提供）

我寫的書就是我的紀念物

徐如林（自然文學作家、知名古道探勘及登山學者）

時光飛逝，轉眼間楊南郡老師過世已經五年了。

遠流出版公司準備重新出版二十五年前楊南郡老師譯註的【台灣調查時代】系列，我想這是最好的紀念方式。因為楊老師在住進安寧病房後，就有好幾個人委婉地問他：「是否可以為他在台南故鄉設置『楊南郡紀念館』？或者把哪一座山、哪一條路改用他的名字來紀念他？」

楊老師說：「我寫的書就是我的紀念物，只要有人還在看這些書，還能從書中得到一點感動、一點幫助，我就永遠還活著。」

六〇年代，楊南郡老師在登百岳的過程中，曾經參考日本時代台灣山岳會的登山報告。一九七六年六月底，他完成台灣百岳攀登後，決定開始踏查台灣的古道與部落遺址，於是更大量地接觸了日治時代的山地文獻。

當時這些資料還在控管中，借閱難度很高，少數能拿到文獻的學者，就藉此以「翻譯代替著作」的方式，將日本時代的調查成果據為己有。

楊南郡老師非常鄙視這種行為，因此當他看到有用的資料時，很自然地就翻譯出來，提供給有需要的登山界人士和學生參考。養成這樣的習慣後，他用來抄寫、翻譯、註解的筆記本就愈積愈多。

一九八九年底，楊老師從職場退休後，有更多的時間閱讀自己喜歡的書籍。那時原本深鎖在台灣圖書館的日本時代文書，也開放給大眾閱覽。面對成排成列的書架，先看哪些呢？思考了一下，他決定從最初、

最原始的報告開始。

　日治時代初期，人類學家鳥居龍藏、伊能嘉矩、森丑之助以探險家的精神，深入台灣原住民部落，為當時台灣少為人知的山域留下最原汁原味的紀錄。那些未曾被文明汙染過的純粹，是人類學的瑰寶，更是台灣最珍貴的寶藏。

　原本的戒嚴時代，在圖書館閱覽日本書刊時，只能快速潦草地抄下重點片段。現在能夠一一影印下來，帶回家仔細閱讀。然而他竟然就把這些文章一字不漏地翻譯註解出來！

　「翻譯是最深刻的閱讀。」楊老師說：「因為要翻譯，我必須思考作者的原意，使我能夠更深入文字背後的內涵。」

　那麼，為什麼要加上註解？「因為我的記憶力不好，這些瞬間的領悟或查證到的資料，是寫給自己看的。」

　就這樣日復一日的翻譯註解、踏查古道、部落遺址、訪問耆老、反覆求證……十年之後，竟然累積成五本深受大家讚譽的【台灣調查時代】系列。

　原本楊南郡老師只是做自己喜歡做的事，沒想到能夠讓大家得到很大的助益，年輕學者可以獲得百年前的調查成果，並以此為基礎進行自己的研究。更重要的是，體悟前輩們認真踏實的學術研究精神。

　不只台灣的讀者受到這一系列書籍的好處，已經被稱為「台灣調查三傑」的鳥居龍藏、伊能嘉矩和森丑之助，他們本身與後代親屬也獲得了莫大的安慰與榮耀。

　森丑之助的曾孫森雅文曾說：「以前我們家族都避談森丑之助，大家都以為他的自殺是家族的恥辱，幸虧楊先生對曾祖父的研究和翻譯他的

調查鳥居龍藏和森丑之助曾一起走過的清代八通關古道。到達這個高山水池前，已熬過兩天無水之苦。

勘查舊古樓社遺址，大家坐在整理好的「白骨塚」前。裡面埋葬著歷年來割下的頭顱。

1998年，台灣大學舉辦伊能嘉矩台灣研究特展，邀請台日伊能嘉矩研究者共同參與。

伊能嘉矩與臺灣研究特展

（本頁照片由徐如林提供）

作品，讓大家，特別是我們家族，體認到森丑之助原來是這麼偉大的一個人。」

《生蕃行腳》這本書的最前面，楊南郡老師爬梳了當時所有的報導與森氏自己的作品，寫出了四萬字的森丑之助傳記〈學術探險家森丑之助〉，被宋文薰老師譽為最嚴謹與完整的森丑之助研究。之後，兩位日本學者將這篇專文翻譯為日文，以《幻の人類學者 森丑之助》為書名出版，大受讚譽。

一九九五年是伊能嘉矩渡台一百週年，他的故鄉日本遠野市特別舉辦了學術研討會，主要的研討基礎就是《平埔族調查旅行》、《台灣踏查日記（上、下）》這三本書，楊南郡老師也被邀請到場，針對伊能嘉矩的台灣調查足跡發表演講，他的鄉親們個個感動到淚流滿面。

《探險台灣》的作者鳥居龍藏只留下一個兒子，已經高齡八十二歲的鳥居龍次郎。當時擔任「德島縣鳥居龍藏博士紀念博物館」館長的龍次郎，特別邀請楊南郡老師到博物館參觀，並以豪華的會席料理招待。楊南郡老師入座後，白髮蒼蒼的鳥居龍次郎先生竟以最高敬禮的「土下座」叩首。

楊南郡慌忙地從座位跳起來扶他，問說：「何以向我行如此大禮？」

龍次郎正色地說：「先生不辭勞苦，追隨先父的足跡深入高山部落，翻譯註解先父的文章，彰顯先父的名聲。小生感激莫名，何止是一個大禮所能表達？」

這一次，在楊南郡老師故世五週年時，遠流出版公司用「典藏紀念版」的方式再度出版這套書，讓楊南郡老師能夠繼續活在讀者的心中。

我終於能夠體會鳥居龍次郎的感動和感謝了。

「台灣學」與「台灣魂」

陳耀昌（醫師、台灣史小說作家）

　　遠流要我寫一篇文章推薦楊南郡老師這一套書，我的感覺是，這很像我在醫學會介紹大師級貴賓最喜歡用的一句開場詞「Dr. ○○○ needs no introduction」，然後我就開始敘述與這位大師是如何結緣，交情多好等等。講白了，就是一篇炫耀詞。

　　楊老師這套書，當然是need no introduction，人人皆知，毋庸介紹。但是因為適逢楊南郡老師逝世五週年，我想寫一些對楊老師的感謝與思念。

　　楊南郡老師與徐如林老師，是我「台灣古道學與原住民學」的啟蒙老師。二〇一二年四月二十三日，是我這一生最重要的日子之一，因為這是我有幸與兩位老師結識的日子。更珍貴的是，那一天，兩位老師送了我一本「祕帖」，是一九九三出版、在二〇一二年已絕版的《與子偕行》，那裡面有我遍尋不到的一九九二年《中國時報》報導文學獎作品〈斯卡羅遺事〉。

　　九年後的今天，因為公視改編了《傀儡花》，並改名「斯卡羅」，大家對這三個字已不陌生，但對其真正來龍去脈及真正定義，相信真正了解者仍不多。那時，我才剛開始寫「傀儡花」（書名是二〇一五年完稿後才決定），但當時的我無法了解「下瑯嶠十八社」與「斯卡羅」的微妙差別。楊老師的書為我解了心中大謎團，我也從此自詡為楊老師的關門弟子。

楊老師的著作，愈後期愈精采。他與徐如林老師合著經典的【台灣古道系列】，都是他八十歲以後才陸續發表的。每一本新書發表會都是高朋滿座，人山人海，讓聽眾及讀者充滿讚美與驚訝。在二〇一六年六月三十日《合歡越嶺道》的發表會時，老師已經罹癌並剛動完大手術，卻依然神采奕奕地講了三十分鐘。樂觀充沛的精神力量，是楊老師人生的特質。

楊老師的最後一段人生，也展現了他一向的流暢達觀、有條有理與沛然之氣。二〇一六年八月十五日，楊老師做了重大決定，他決定掌握自己最後的日子，不拖累他人，於是住進安寧病房。在八月十五日到八月二十六日間，他的病房終日訪客不絕，笑聲不斷，偶爾還會傳出楊老師以日文吟誦的歌聲。訪客包括老中青三代、原漢各族、國內外人士。大家熱情道別，歡喜合影。我向楊老師和師母說：「您們這是最不安寧的安寧病房。」

在這十二天中，他簽約將手稿與藏書贈與台大圖書館，央廣來錄存名人聲影。楊老師內心已經知道，自己豐富的譯作與著作皆將可傳世。他的名字，也將與伊能嘉矩、鳥居龍藏、森丑之助齊名，而直追移川子之藏、鹿野忠雄等，因為他比這些日本前輩更開創了另一片結合土地、原住民與歷史的領域，成為「台灣山林學與古道學」的第一人。而且他最長壽、最健康，更重要的，他有一位終生「與子偕行」的妻子……

八月二十七日，楊老師瀟灑地向另一空間出發。我寫下：「這是我行醫四十多年來看到的最美好的臨終，不聞病房呻吟，不勞家人外傭，不必有長照，只有朋友與學生的歡樂送別，合照留影……」

時間真快，五年過去了。遠流這套【台灣調查時代】典藏紀念版正是

緬懷楊老師極具意義的第一步。楊老師的書代表了「台灣學」，不會因時間而褪色；就好像「楊南郡」三字，代表了「台灣魂」，將永遠長存在台灣人的心中。

田野調查的人類學對話

陳偉智 （中央研究院台灣史研究所助研究員）

　　一九九〇年代，遠流出版公司【台灣調查時代】系列的出版，向台灣社會介紹了日治初期伊能嘉矩、鳥居龍藏與森丑之助的台灣田野調查報告，可以說是當時剛剛獲得市民權的台灣歷史與文化知識的重要出版史事件。我自己對於日治時期殖民地人類學史的興趣，也是來自於當時閱讀楊南郡老師作品的影響。

　　從早期登山學術化的古道調查，到一九九〇年代前後《與子偕行》到《尋訪月亮的腳印》的報導文學，楊南郡老師在寫作之餘陸續翻譯日治時代的人類學家、博物學家的田野調查報告。最初北台灣平埔族的翻譯曾發表在台北縣立文化中心與宜蘭縣史館的刊物上，隨後在遠流出版公司台灣館獨具隻眼的企劃下，伊能嘉矩、鳥居龍藏與森丑之助的重要作品成為台灣調查時代的經典。

　　對當時解嚴後不久的台灣社會認識本土歷史文化的需求，楊南郡老師充滿同情與理解的筆觸，帶領讀者進入文化接觸與族群互動，以及近代國家與資本主義的生產體制對原住民族的衝擊之歷史場景。對原住民族，特別是平埔族群而言，這些日治初期的田野調查作品是當時文化復振運動的重要資料。

　　楊南郡老師的翻譯特色除了生動的譯筆外，針對早期調查者日記與報告中相關的事件、地名、自然環境、族群文化等，更撰寫了豐富的譯註，而這些都是他長久累積的山林經驗、原住民族知識以及人生經驗，我認為是原來文本以外的重要參考資料，也像是楊南郡老師與伊能嘉

矩、鳥居龍藏、森丑之助的對話。閱讀時，往往會覺得好像他們在山上或田野調查途中相遇，就開始討論起來的樣子。

【台灣調查時代】的出版，讓更多的讀者更容易接近並認識日治初期近代國家與近代知識體系如何進入台灣，從而透過實際的田野調查，建立台灣原住民族的分類與族群文化知識。這些日治初期的台灣調查成果，原先大都發表在東京的學術刊物如《東京人類學會雜誌》等，代表了日本近代人類學隨著帝國擴張在殖民地的調查成果。在台灣現地，這些調查成果也多少影響了殖民地當局的原住民政策，甚至是日後的原住民族歷史發展。

鑲嵌在日本殖民主義知識生產的文化政治中，伊能嘉矩、鳥居龍藏與森丑之助各有特色，也有各自的知識與文化關懷。透過他們的作品，我們了解當時的台灣族群文化狀況，也透過楊南郡老師深入並詳細的解說與註釋，讓我們更加熟悉這些日治初期調查者的思想、關懷與限制。作為當代讀者，殖民地時代早已結束，更經歷了後殖民挪用與再生，今日我們更有餘裕面對殖民地知識的協商、挪用與再詮釋，甚至翻轉調查者與被調查者的位置。

重讀這套書，不在於重述日治時期人類學的論述，而是與之對話，藉以探索屬於我們當代的課題。

用生命喚起的記憶

孫大川（前監察院副院長、台大及政大台文所兼任副教授）

　　對原住民來說，面對日據時代的田野調查資料，心情是複雜的。一方面，理解到這些囑託調查的工作，是為帝國統治的需要而設的，是對原住民傳統生活現場進行破壞、改變之前的最後凝視和記錄。但另一方面，也慶幸因為有了這些勤奮、嚴謹的田野記錄者，才讓我們後代的原住民得以跟上祖先的腳步。

　　【台灣調查時代】這批豐富的田野資料，和台灣原住民的歷史命運一樣，在戰後有長達半個世紀以上的時間，被冷落、塵封在圖書館庫房的底層，彷彿沒有發生過一樣。

　　感謝楊南郡先生，他以比前人更堅強的意志重返歷史現場，用手、用腳翻譯、訂正、註釋、消化了調查時代所留下來的資產。楊先生的生命好像就是為了完成這件事而來。他花了大半輩子，專注地為台灣原住民清理湮埋的線索，銜接我們斷裂的記憶。他用再踏查的堅實證據，告訴我們中央山脈並不是沉默不語的，台灣的文化和歷史也不是漢人的獨白！

無盡的寶藏

夏曼．藍波安 （海洋文學家）

　　人類居住的星球有多少種語言，就有多少個相異的民族；然而，有多少個相異的民族，卻不代表就有相對等的文字。台灣泛原住民族就是個例子，他們的歷史，是被他人書寫的，零碎且易碎的瓦片史。

　　一八九五年以後，日本有志於研究人類體質、民俗文化、物質文化，生態植物的學者相繼來台，後來被稱之為人類學者。雖然我個人十分難理解他們來台的動機，以及目的，但他們在當時極為險峻的環境下翻山越嶺，深山幽谷尋古道，不畏懼被馘首，走訪原住民原初的聚落，最終留住了當時原住民族質樸的身影圖像。

　　對台灣的原住民族而言，那是民族記憶的圖騰，也是回憶裡的幻覺；當然更襯托了台灣多元民族的存在，撐開了台灣人文多異性的美麗，也給了當代台灣原住民族許多自我省思的珍貴資料。那些就是台灣最為踏實、有文字圖像的瓦片歷史，這多少彌補了台灣歷史缺席者的板塊，也拉長了台灣人文歷史超越四百年，確立台灣島就是泛原住民族固有的島嶼。

　　然而，我們把話收回到舌尖源頭；鳥居龍藏、伊能嘉矩、森丑之助等日本人類學家這套【台灣調查時代】系列鉅著，若沒有楊南郡先生，絕難重現。楊南郡先生在毫無任何豐厚奧援之下，花其一生的精力，踏查走訪他們曾經鑿刻腳印的峰頂深谷、跨海離島；繼而日日夜夜耐力耐性

地翻譯，又以深山幽徑裡潔淨溪水般的耐心，細膩地加以譯註。此等精神的長年投入，就像一位孤寂的航海家，在廣袤無邊際的太平洋海上牽著他的夫人徐如林女士，尋覓北極星照明的那座港澳登岸。

沒有楊南郡先生用生命譜曲，沒有遠流出版公司有顆膽囊地出版，【台灣調查時代】系列鉅著就不可能像宇宙上天空的眼睛，襯托出夜空深深的奧妙。

找回文化的根與魂

雪羊 (知名登山部落客)

故事，是山之於人而言最有溫度的一面；道路，則是書刻著族群記憶的蜿蜒載體。唯有踏上古老的路，看見故事的起點，我們才能對土地懷有最真實的想像。

《生蕃行腳》是已故台灣古道研究巨擘楊南郡老師譯註、集結森丑之助佚散文章的台灣踏查文學經典，也是台灣山林最早的文字紀錄之一。森丑之助一八九五年來台，年方十八便矢志調查原住民文化。往後二十年間，他走遍大小部落，更十數次藉由原住民社路、清代古道等途徑橫越中央山脈踏查；光是最高部落太魯那斯就去了四次，還跟頭目成為好友，堪稱台灣山岳與原住民調查第一人。

森丑之助對台灣原住民的癡迷、對山的愛戀，僅有後起之秀鹿野忠雄能稍稍相提並論。他以訪問部落為主軸的登山足跡，與交錯其間的原住民文化和地貌紀錄，讓我們得以見證現代文明尚未入侵年代中關於台灣山岳的真、美與險，並被他的真誠所感動，透過古老的路，認識最純粹的福爾摩沙。你會不由自主問自己，如果能踏上森氏走過的路，見證山林百年的變化，會是件多麼深刻的事？

森丑之助與其前輩鳥居龍藏、伊能嘉矩各有千秋，【台灣調查時代】系列即是楊南郡老師多年實地踏查、嚴謹考證並譯註三人著作而成的文化寶藏。不僅賦予登山深邃的文化意涵，讓珍貴史料跨越語言藩籬重見天日，更讓後世得以跟著偉大學者們的踏查足跡，依循故道找回台灣的根與山岳的魂，開啟台灣文化的耀眼新章。

生蕃行腳 經典推薦

　　我已經很久沒有看到令人感動的論文，最近，看到楊南郡先生所撰寫的〈學術探險家──森丑之助〉，卻讓我深受感動。楊南郡先生在《生蕃行腳──森丑之助的台灣探險》書中所投注的精神，絲毫不遜於森丑之助本人。我敢說這一本書，不僅是台、日兩地最完整的森氏研究紀錄，保證也是全世界最完整的森氏研究。

──**宋文薰**（台灣考古學家）

　　森氏畢生獻身於台灣原住民研究，他的研究成果，已成為百年前台灣原住民的珍貴證言，也許可以說，森丑之助是台灣原住民特地請來為他們作見證的人！由於楊南郡先生的努力，森丑之助一生被埋沒的作品始能重見天日。此外，楊先生率先完成森丑之助的年譜，以及完整的著作目錄，並明晰地刻畫森氏作為一個學術探險家的一生，提出獨創的見解。對於想要了解森丑之助一生行誼與學術成就的人，提供了完整的資訊。

──**笠原政治**（日本橫濱國立大學名譽教授）

數十年前，結識譯註者時，就知道他已持續追探森丑之助的傳奇事蹟好幾年了。日後有幸和他在野外旅行，閒聊到有關於森丑之助調查的種種豐厚文獻，如今竟也逐一累積成冊；緊繼鳥居龍藏、伊能嘉矩的踏查譯註後，再次結集為這本重要的著作，不免擊節、稱羨。因而恕我妄言，不論就譯註者生平精采的野外追探，或者是二十世紀初台灣自然科學的踏查，如果鳥居是最漂亮的分號，伊能是華麗的句號，那麼森就是最神祕的驚歎號了。

——**劉克襄**（作家、自然觀察者）

楊先生對森丑之助的熱烈共鳴，並努力把森丑之助的學問和事蹟傳達給學術界和一般讀者的熱情，使在東京的家父和我，感到無比的感動與欣慰。在楊南郡先生超乎常人的努力下，家祖森丑之助一生的業績得以彰顯，並介紹給現代的台灣各界讀者。對於這件事，本人內心充滿感激，並深感榮幸。

——**森雅文**（森丑之助曾孫）